Georg Schreiber • Raimondo Montecuccoli

Georg Schreiber

RAIMONDO MONTECUCCOLI

Feldherr, Schriftsteller und Kavalier

Ein Lebensbild aus dem Barock

:STYRIA

Bildquellen:
Aus dem Archiv des Autors: Abb. 1, 2, 3, 6, 7, 9, 10, 18, 19, 20, 21, 30.
Bildarchiv der Österreichischen Nationalbibliothek: Abb. 5, 13, 17.
Österreichisches Staatsarchiv: Abb. 15.
K. A. Wilke in der Zeitschrift „Die Mölkerbastei": Abb. 22, 23, 24, 25.
Siebmachers Großes allgemeines Wappenbuch, 1. Bd., 3. Abt., Reihe III A: Abb. 28, 29.
Ansichtskarte Kaufhaus Anton Oezelt, Hafnerbach: Abb. 27.

Die Deutsche Bibliothek – CIP-Einheitsaufnahme

Schreiber, Georg:
Raimondo Montecuccoli : Feldherr, Schriftsteller und
Kavalier / Georg Schreiber. –
Graz ; Wien ; Köln : Verl. Styria, 2000
ISBN 3-222-12817-0

Layout und Umbruch: Helmut Lenhart, Graz
Umschlaggestaltung: Graphik-Design Mag. Kurt Rendl, Wien
Druck und Bindung: Wiener Verlag, Himberg
ISBN 3-222-12817-0

Im Gedenken an meine Frau Doris,
die mir bei allen meinen Arbeiten hilfreich
und verlässlich zur Seite stand.

Die Dienstränge der Kaiserlichen Armee im XVII. Jahrhundert

General-Lieutenant (als Stellvertreter des Kaisers)
General-Feldmarschall
General
Feldmarschall-Lieutenant
General-Wachtmeister (oder Generalfeldwachtmeister)
Obrist
Obristlieutenant
Obristwachtmeister (oder Obristfeldwachtmeister)
Hauptmann (bei den Kürassieren Rittmeister)
Lieutenant
Cornet (Fähnrich)
Wachtmeister
Feldwebel
Korporal
Gefreiter
Gemeiner (bei den Kürassieren „Einspänner", d. h. ohne Dienerschaft)
Der Volontär (Freiwillige) aus hoher Familie konnte gleich den Offizieren und dem Wachtmeister Diener und Roßknecht haben.

Inhaltsverzeichnis

Vorwort

Raimondo Montecuccoli ist eine der weniger bekannten Persönlichkeiten der österreichischen Geschichte, obwohl er der größte Feldherr zwischen Wallenstein und Prinz Eugen war. Darüber hinaus spielte er eine wichtige Rolle als Diplomat, war allgemein gebildet und interessiert, ein Freund der Wissenschaften und der Künste, verfasste zahlreiche Werke zur Geschichte seiner Zeit und zur Theorie des Kriegswesens, die lange Zeit maßgeblich blieben. Sein reger Briefwechsel bietet viele Details zur Kulturgeschichte des Barock, speziell des Hoflebens mit seinem Zeremoniell, seinen Festlichkeiten und Intrigen.
Seinen großen Sieg von Mogersdorf/St. Gotthard 1664 habe ich bereits in fünf Büchern dargestellt, aber erst mein Bruder, Prof. Dr. Hermann Schreiber in München, gab mir den Rat, eine Biographie Montecuccolis zu verfassen. Die war tatsächlich nötig, denn seit der kurzen, ziemlich ungenauen von Johann Pezzl aus dem Jahre 1790 gibt es nur knappe Schilderungen seines Lebens und Wirkens in zahlreichen Lexika und viele Aufsätze in Zeitschriften über einzelne Ereignisse und Leistungen sowie zwei Dissertationen. Eine richtige Biographie verfasste der Marchese Cesare Campori 1876 in italienischer Sprache, hatte dafür aber fast nur italienisches Quellenmaterial zur Verfügung; die verdienstvolle Gesamtausgabe der Schriften Montecuccolis aus dem österreichischen Kriegsarchiv lag ihm noch nicht vor.
In jahrelanger Arbeit habe ich die vorhandenen Quellen und den größten Teil der Sekundärliteratur ausgewertet, die Orte von Montecuccolis Tätigkeit aufgesucht und mich bemüht, bei aller Sympathie, die ich für ihn gewann, seine menschlichen Schwächen nicht zur verschweigen, um ein objektives Bild zu geben.

Wien, im Herbst 2000 Dr. Georg Schreiber

I.

Familie und Jugendzeit

Südlich von Modena endet die Poebene, zwischen den ersten Hügeln werden die grünen Täler allmählich enger, waldreiche Höhen steigen auf und auf manchem der Berge steht ein Kastell. Das Kastell auf dem Kuckucksberg (Montecucculo) trägt dessen Namen und gehörte etwa ein Jahrtausend lang den Herren, die sich danach benannten, eben den Montecuccoli. Wegen der vielen Grenzkämpfe und Kleinkriege dieser Gegend, des Ländchens Frignano, achteten sie auf guten Zustand der Befestigungswerke. Als Wachmannschaft genügte eine geringe Schar, denn der Zugang war schwierig, die Straßen waren schlecht, schmal und oft steil. Hauptort des Frignano war früher Sestola in 1020 m Höhe, das auch heute noch nicht leicht zu erreichen ist, jetzt hat Pavullo diesen Rang inne, eine hübsche, lebhafte Kleinstadt an der Staatsstraße Nr. 12 von Modena nach Lucca.

Die Beziehung der Familie Montecuccoli zur Stadt Modena war immer gut. Schon 1060 und 1080 ist in Urkunden des Stadtarchivs der Name eines Bernardino da Montecucculo zu finden, zwischen seinem Geschlecht und der Stadt bestand ein Schutz- und Trutzbündnis. Nicht so gut gesichert ist die Vorgeschichte der Familie. In dem Dekret, mit dem Kaiser Leopold I. 1689 den Sohn seines großen Heerführers, den Grafen Leopold Philipp Montecuccoli, in den Reichsfürstenstand erhob, ist zwar wörtlich zu lesen, dass die Grafen Montecuccoli *„von dem uralten und königlichen Geschlecht der Montegaleatiner, so um das Jahr 896 bei denen Burgundern nachgehends in der Ardenne ihren Sitz gehabt, herstammen“*, aber vielleicht ist das nur eine unbewiesene Familienüberlieferung.[1]

Als Modena im Verband der Lega Lombarda, des lombardischen Städtebundes, dem Kaiser Friedrich I. Barbarossa entgegentrat, war 1173 auch ein Gherardo da Montecucculo dabei. Aber die politischen Verhältnisse wechselten mehrmals, oft standen die Montecuccoli auf der Seite des Kaisers gegen den Papst, Kaiser Otto IV. bestätigte ihnen 1212 ihre Besitzungen im Frignano.

In der Cronaca Albinelli, der berühmten Chronik des Frignano, ist zu lesen, Kaiser Karl IV. habe auf der Rückkehr von seiner zweiten Romfahrt 1369 die Familie Montecuccoli besucht und sich auf ihrem Schlosse Montefiorino drei Tage lang prächtig bewirten lassen. Er verlieh dafür ein ansehnliches Wappen: jedes der vier Felder zeigt den gekrönten Doppeladler, zweimal für sich allein, zweimal auf einer dreigeteilten Bergkuppe, dem Kuckucksberg.

Niccolò III. d'Este, Herr von Modena und Begründer der Universität von Ferrara, erhob 1425 den Burgherrn Gasparo Montecuccoli in den Grafenstand. Zu den Pflichten eines Ritters und noch mehr eines Grafen gehörte auch die Barmherzigkeit, deshalb nahmen die Montecuccoli sich des Hospitals San Lazzaro an. Es stand in dem Dorf Pavullo, das sich nunmehr vergrößerte und bekannt wurde. Papst Sixtus IV. bestimmte mit einer Bulle vom 26. Mai 1475, dass dem wohltätigen Grafen Cesare und seinen Nachkommen das Recht zustehe, die drei Leiter des Hospitals auszuwählen. Es war ursprünglich für Leprakranke bestimmt, denen man lieber nicht zu nahe kam, aber sobald auch Pilger und andere Durchreisende aufgenommen wurden, hatten die Wirte, Hufschmiede und Wagner guten Verdienst und waren den Grafen dankbar.

Über ein halbes Jahrhundert später, am 22. Februar 1530, setzte Papst Clemens VII. in Bologna Karl V. die Eiserne Krone der Lombardei aufs Haupt, zwei Tage darauf krönte er ihn zum Kaiser. Zu den Gästen des großen Festes zählten auch etliche aus der Familie Montecuccoli. Wenn es stimmt, dass damals der Kaiser sie in den Stand der Reichsgrafen erhob (es ist nicht völlig einwandfrei erwiesen, doch sehr wahrscheinlich), hatten sie Grund zu großer Freude.

Einer dieser Herren, der junge Sebastiano, erlitt aber wenige Jahre später ein fürchterliches Schicksal, das ihn traurig bekannt machte. Als jüngerer Sohn, der kein Gut erben würde, musste er sein Glück auswärts suchen, ging erst nach Deutschland, dann nach Frankreich, vielleicht im Gefolge der Katharina Medici. Der hübsche Jüngling wurde bei Hofe eingeführt, gewann Sympathien und errang das Amt eines Mundschenken (oder Stallmeisters oder gar Hofmeisters) des Dauphins Franz. Als dieser während einer Reise rhôneaufwärts in der Sommerhitze des 6. August 1536 nach einem Ballspiel ein kühles Getränk verlangte, reichte Sebastiano es ihm – und der Dauphin starb nach drei Tagen. Sein Vater, König Franz I., hatte große Hoffnungen auf ihn gesetzt und war nun untröstlich, dachte gleich allen anderen an Gift und ließ Sebastiano festnehmen. Es gibt noch eine andere Version der Geschichte: Sebastiano kam als armer Abenteurer nach Lyon, wohnte bei einer Frau in Untermiete und musste bei der Abreise einen Koffer als Pfand für seine Schulden zurücklassen. Der Koffer wurde geöffnet, darin fanden sich zwei Bücher über Gifte, man dachte gleich an einen Zusammenhang mit dem Tode des Dauphin und verhaftete Sebastiano. Jene Bücher scheinen auch in der ersten Version auf, und nun stimmen die beiden überein: Unter den Schmerzen der Folter gestand Sebastiano alles, was man ihm vorhielt, widerrief es danach, aber das half ihm nichts mehr. Man verurteilte ihn zu einem besonders grausamen Tode: Arme und Beine wurden je an ein Pferd gebunden, die Tiere auseinandergejagt und der lebende Körper in Stücke gerissen. Schon damals hatte der untersuchende Arzt keine Spuren von Gift in Magen oder Darm des Dauphins festgestellt, die neuere Geschichtsforschung hält Sebastiano Montecuccoli für unschuldig.

Modena war im Mittelalter eine Markgrafschaft des Heiligen Römischen Reiches, bis im Frühjahr 1452 Kaiser Friedrich III. auf der Rückreise von seiner Krönung in Rom den dringenden Wunsch seines treuen Anhängers Borso d'Este erfüllte und Modena mit Reggio und Ferrara zu einem Herzogtum machte. Wenn die Montecuccoli innerhalb dieses Staates eine gewisse, zeitweise sogar bedeutende Rolle spielten, verdankten sie es nicht dem Gelde. Die Liste ihrer Besitzungen enthält klingende Namen, außer Montecucculo noch Sestola, Montecenere, Renno, Vigorola, Montefiorino, Polinago, Rancidoro und andere, aber diese Orte waren nur befestigte Bergnester oder Dörfer, verteilt auf die zwei Hauptlinien und weitere Mitglieder der Familie. In der zweiten Hälfte des 16. Jahrhunderts bewirtschafteten die Brüder Fabrizio, Massimiliano und Ottavio gemeinsam Burg und Dorf Montecucculo, denn der Besitz war zu klein, um noch weiter geteilt zu werden.
Von diesen drei Herren ragt der älteste, Fabrizio, über die anderen em-

por, denn er studierte die Rechtswissenschaft, erwarb das Doktorat, lehrte selbst und war eine Zeit lang Präsident des Gerichtshofes zu Genua, bevor er dem Ruf des Herzogs Ferrante Gonzaga nach Mantua folgte. In seiner Studentenzeit hatte Fabrizio ein Liebesverhältnis mit einer Paola Stavoli; sie gebar ihm einen Sohn, der den Vornamen seines Großvaters Galeotto erhielt. Fabrizio heiratete die Frau nicht, erreichte aber durch ein Gesuch an Kaiser Rudolf II., dass dieser das Kind für legitim erklärte.

Zur Zeit des Grafen Fabrizio war das Bergkastell Montecucculo nicht nur ein einigermaßen wohnliches Schloss, sondern auch ein kleines kulturelles Zentrum. Gebildete Herren aus Modena und anderen Städten hielten Vorlesungen, brachten viele Bücher mit und hatten erfolgreiche Schüler.[2] Ein Vetter des Fabrizio, Graf Cesare, ließ 1588 alle Statuten, Gesetze und Dekrete sammeln, die sich auf die Herrschaft bezogen.[3]

Die meisten anderen Männer in der Familie waren Condottieri, Söldnerführer im Dienste der italienischen Städte des 14. und 15. Jahrhunderts, einige kämpften für Venedig oder Modena, einer hatte für Papst Pius V. ein Amt in Avignon inne, einer war Gouverneur der päpstlichen Stadt Carpentras, Fabrizios Bruder Massimiliano diente in Frankreich unter dem Kommando des damals berühmten Feldherrn Emanuele Filiberto di Savoia, des Urgroßvaters von Prinz Eugen.

Auch Galeotto, der Sohn des Fabrizio, wurde ein Kriegsmann. Mit älteren Verwandten zusammen stand er ab 1593 im Verband der Truppen aus Ferrara und dem Kirchenstaat, die im kaiserlichen Heer gegen die Türken kämpften, machte mehrere Feldzüge in Südungarn mit und befehligte schließlich drei Kompanien. 1602 kehrte er endlich heim, musste aber bald wieder den Panzer anlegen, denn Herzog Cesare d'Este war in einen Grenzstreit verwickelt und brauchte für sein Aufgebot von 500 Mann einen erfahrenen Anführer. Galeotto löste seine Aufgabe gut, der Herzog war ihm dankbar, und das wirkte sich günstig aus.

Nach dem Tode des Fabrizio hatte dessen jüngerer Bruder Massimiliano Schloss und Herrschaft Montecucculo verwaltet; als er um 1603 starb, entstand Streit um die Nachfolge. Galeotto wollte als Sohn des Erstgeborenen den Besitz übernehmen, aber einige Verwandte erklärten, er sei dazu nicht berechtigt, weil er illegitim geboren war. Während des Prozesses verwaltete die herzogliche Kammer das Gut, bis im Jahre 1604 der Herzog für Galeotto entschied.

Der Herzog erwies sich noch in anderer Hinsicht als hilfreich. Die Kriegsjahre und die unsicheren Besitzverhältnisse während des Erbschaftsstreites hatten Galeotto gehindert, eine standesgemäße Ehe einzugehen, nun fand Herzog Cesare eine geeignete Gemahlin für ihn: Anna Bigi[4], ein junges Fräulein aus ferraresischem Adel, Hofdame der Herzogin Virginia. Eine Mitgift brachte sie vorläufig nicht mit, denn ihr Vater Antonio Bigi war bereits verstorben und die Mutter versprach nur, dass nach ihrem Tode ihr Landbesitz unter die beiden Töchter aufgeteilt werden solle.

Die jungen Eheleute fanden rasch Zuneigung zueinander und lebten glücklich zusammen, zunächst in Modena. Im Mai 1606 übersiedelten sie nach Montecucculo. Gräfin Anna war entzückt von dem festlichen Empfang, der ihr zuteil wurde, und von der Tatsache, Schlossherrin geworden zu sein. Am 30. Oktober dieses Jahres brachte sie ihr erstes Kind zur Welt, das den Namen Fabrizio erhielt. Taufpaten waren Herzogin Virginia und Ferdinando I., Großherzog der Toscana, der allerdings nicht die Mühe der Reise auf sich nahm, sondern sich durch seinen Gesandten in Modena vertreten ließ.

Um den Fortbestand der Familie zu sichern, hatten die adeligen Damen die schwere Pflicht, möglichst viele Kinder zu gebären, denn die Gefahr, dass etliche von ihnen bald sterben würden, war damals groß. Jener Erstgeborene Fabrizio lebte nicht sehr lange, drei Mädchen, die jedes den fremdartigen Namen Havaniglia erhielten, folgten einander ins Grab, die Söhne Alberto und Niccolò starben noch in jungen Jahren. Übrig blieben Raimondo, der am 21. Februar 1609 zur Welt kam, Massimiliano, der um vier Jahre jünger war, und Giuliana, geboren am 30. August 1618. Sie trat in das Kloster San Geminiano in Modena ein und erhielt dort den Namen Suor Giulia Teresa. Als schließlich noch ein Sohn zur Welt kam und wieder den Namen Galeotto erhielt, lebte sein Vater nicht mehr.

Graf Galeotto Montecuccoli, der Vater der Kinderschar, war in seinen Kriegsjahren ein harter Mensch geworden und deshalb im Frignano nicht überall beliebt. Ärger wurde es noch, als er das Amt eines Gouverneurs von Brescello antrat, einer stark befestigten Stadt am Po nahe der Grenze zum Herzogtum der Gonzaga von Mantua, denn vorher hatten andere Familien dort die erste Rolle gespielt. Man setzte sich im Stile der Zeit auseinander: erst ging der Streit nur um Jagdrechte, dann hinderten einige junge Grafen den Grafen Galeotto, auf einem Weg, der durch ihren Besitz führte, Korn zu einer seiner Mühlen schaffen zu lassen, und er schickte dafür seine Leute mit Hunden eine Meile weit ins Jagdgebiet der jungen Herren. Daraufhin verklagte deren Mutter, Ersilia Pallavicini, den Gouverneur Galeotto vor Gericht. Er wusste, wie viele Feinde er hatte, und als er 1619 schwer erkrankte, ließ er Ärzte und Priester von auswärts kommen, offenbar weil er denen von Brescello nicht vertraute. Man sprach von Gift, der Verdacht liegt nahe. Als er im Frühjahr starb, veranstaltete der Bürgermeister von Brescello Ballfeste und ließ Freudenfeuer anzünden. Er behauptete zwar, das habe nichts mit dem Tode des Gouverneurs zu tun, sondern sei das gewohnte Fest der Madonna von Reggio, doch Gräfin Anna Montecuccoli glaubte ihm nicht und ließ ihren Gemahl nicht in Brescello bestatten, sondern in der Kirche San Pietro in Modena. Am 29. Mai 1619 wurde er dort beigesetzt.

Gräfin Anna blieb auf Schloss Montecucculo mit ihren Kindern, deren ältestes, Raimondo, erst zehn Jahre zählte.[5] Auf ihm beruhten die Hoffnungen der jungen Witwe, die nun laut dem Testament ihres Gemahls die Vormundschaft führte und mit allgemeiner Zustimmung den Besitz verwaltete. Man bemühte sich teilnahmsvoll, ihr beizustehen: sobald Massimiliano das erforderliche Alter erreicht hatte, wurde er als Page an den Hof nach Modena geholt; der Bruder des Herzogs, Kardinal Alessandro d'Este, berief Raimondo zu sich und nahm ihn auch mit, als er 1621 zum Bischof der einträglichen Diözese Reggio erwählt worden war.

Zum Konklave, das nach dem Tode von Gregor XV. im Sommer 1623 einen neuen Papst wählen sollte, musste Kardinal Alessandro d'Este nach Rom reisen, Raimondo begleitete ihn als Page. Nach der Wahl Urbans VIII. war der Kardinal zu erschöpft und krank, um die Rückreise antreten zu können. Er begab sich nach Tivoli, um in der Ruhe und guten Luft des Bergstädtchens Erholung zu finden, starb aber dort in der Nacht des 13. Mai 1624. Damit hatten Gräfin Anna und ihre Kinder ihren Beschützer und väterlichen Freund verloren, bald tauchten neue Sorgen auf.

Der Kardinal hatte zwar in seinem Testament die ganze Familie bedacht und dem jungen Raimondo eigens noch eine Pension von 100 Scudi jährlich ausgesetzt, aber die Buchhaltung des Vatikans behielt davon 30 ein, wohl für Kost und Logis, und zahlte ihm nur 70 römische Scudi aus, das entsprach 90 modenesischen. Für diese Wohltat sollte nun Raimondo das Gewand eines Priester-Studenten anlegen und sich die Tonsur scheren lassen!

Herzog Cesare d'Este wollte jedoch nicht einen hoffnungsvollen Knaben, dessen Vater gute Kriegsdienste geleistet hatte, an die Kirche und den Kirchenstaat verlieren. Zunächst erreichte er, dass Raimondo noch weiterhin weltliches Gewand tragen durfte, dann erklärte er ihn als Pagen des estensischen Hofes und ließ ihn aus Rom abholen. Damit wendete sich das Schicksal des Knaben, ohne dass dieser Einfluss darauf gehabt hätte, in eine ganz andere Richtung. Der Herzog ging in seiner Fürsorge noch weiter: Raimondo brauchte nicht Hofdienst zu leisten, sondern sollte in Bologna in das berühmte Collegio Montalto eintreten, ein Internat für junge Studenten.

In diesem Collegio war jedoch kein Platz frei, sosehr der Herzog sich auch bemühte. Wie dann die weitere Ausbildung des jungen Grafen sich gestaltete, ist nicht verlässlich festzustellen, es gibt nur das Zeugnis des Historikers Graf Aldo Priorato einige Jahrzehnte später. Raimondo hatte ihn während des Dreißigjährigen Krieges kennengelernt und dann mit ihm Briefe gewechselt; am Reichstag zu Regensburg 1664 trafen sie wieder zusammen. Während eines abendlichen Gespräches erzählte Priorato von der Verteidigung der Stadt Kandia auf Kreta gegen die Türken, Raimondo von seiner Jugendzeit, und zwar mit einigem Stolz: seine Lehrer hätten ihn anerkannt und ihm eine große Zukunft vorausgesagt, er habe sich aber neben seinen Studien auch im Gebrauch der Waffen und als Reiter bewährt. Vielleicht studierte er in Ferrara, wo Herzog Cesare d'Este mehr Einfluss hatte als in Bologna und leichter einen Platz in einem Collegio verschaffen konnte. In einem Brief aus späterer Zeit erwähnte Raimondo jene Lebensjahre, in denen er sich den Vergnügungen der anderen jungen Adeligen entzog, um sich die Zeit nicht zu vertreiben, sondern sie auszunützen; er studierte oft bis in die Nacht hinein.

Freilich könnte es sein, dass er sich von den unbeschwerten Vergnügungen der Gleichaltrigen nicht nur deshalb fernhielt, weil sie ihm zu albern erschienen, sondern zum Teil auch, weil ihm die Mittel dafür fehlten. Das geringe Taschengeld, das ihm die Mutter zukommen ließ, wäre zu schade gewesen, um beim Würfel- und Kartenspiel und den ersten

Erfahrungen mit dem Wein oder gar einem Küchenmädchen vergeudet zu werden. Er hatte immer vor Augen, wie sehr sich die Mutter abmühte, selbständig den Besitz zu verwalten, um ihre Kinder mit dem Nötigsten versorgen zu können.
Außer dem Pflichtgefühl trieb ihn auch der Ehrgeiz zu den Studien und Waffenübungen, denn viele Mitglieder der Familie erwarben bereits einigen Ruhm und bestätigten den der vorigen Generation, vor allem Ernesto Montecuccoli. Dessen Vater Alfonso hatte 1607 als Admiral des Großherzogs der Toscana eine kleine Flotte gegen die Türken in den Krieg geführt, Ernesto kämpfte schon seit seinem 20. Lebensjahr im Dienste des Kaisers in Ungarn, Siebenbürgen und auch gegen die Franzosen. Im Jahre 1612, wieder in Ungarn, war er in Gefangenschaft geraten. Das Lösegeld musste die Familie aufbringen, Gräfin Anna steuerte 200 Scudi bei.
Nach seiner Befreiung befehligte Ernesto als Obrist ein Regiment kaiserlicher Kürassiere. Als er 1615 auf Urlaub in der Heimat das Schloss Montecucculo besuchte, erkannte er den frühreifen, wachen Geist des kleinen Raimondo, während dieser den Kriegshelden bewunderte. Aus Ehrfurcht und wegen des Altersunterschiedes von 25 Jahren redete er ihn mit „Onkel" an, obwohl sie eigentlich entfernte Vettern waren.
Der Urlaub war nur kurz, Ernesto musste bald zur Armee zurückkehren. Im Sommer 1618 erhielt er eine besondere Aufgabe. Erzherzog Ferdinand, der spätere Kaiser Ferdinand II., wollte einen politischen Gegenspieler, den Kardinal Melchior Klesl, in Wien ausschalten, ließ ihn durch eine List in die Hofburg locken und dort verhaften. Drei verlässliche Obristen leisteten ihm diesen Dienst, die Grafen Heinrich Dampierre, Rombaldo Collalto und Ernesto Montecuccoli.
Im Jahre 1625, zehn Jahre nach seinem Besuch auf Schloss Montecucculo, war Ernesto schon ein namhafter Truppenkommandant unter Wallenstein, sein Bruder Girolamo war Geheimkämmerer des Großherzogs der Toscana und befehligte dessen deutsche Leibgarde, der 16-jährige Raimondo aber war immer noch Student, voll von Wünschen und Hoffnungen, nur vorläufig ohne Aussicht, sie verwirklichen zu können. Krieg war allerdings auch in seiner nächsten Umgebung zu spüren.
Die Gunst des Herzogs von Modena hatte nämlich auch ihre Schattenseiten. Andere Gutsbesitzer konnten auf allerlei Art versuchen, sich

den Pflichten gegenüber dem Staate zu entziehen oder sie doch zu vermindern, Gräfin Anna durfte das nicht. Immer wieder musste sie die Söhne ihrer Bauern zur Verfügung stellen, weil der Herzog sie für einen kleinen Feldzug oder als Besatzung befestigter Ortschaften brauchte, musste Pferde für das Heer liefern, und wenn sie etliche der Tiere auch nachher zurückerhielt, waren sie meistens zu Schanden geritten und weder zur Feldarbeit noch zur Zucht zu gebrauchen. Als es an Pferden fehlte, holten die Leute des Herzogs Maultiere und Esel für Befestigungsarbeiten oder als Zugtiere.

Nun, im Jahre 1625, sollten 85 Mann des Aufgebotes aus dem Frignano die Stadt Brescello verteidigen – und Raimondo durfte nicht mitziehen! Dabei vermutete er, dass der Kommandant dieser Kompanie, ein bescheidener Giovanni Massari, ihm gern den Posten abgetreten hätte, denn es war eine undankbare Aufgabe, vom Heimweh geplagte Bergbauern hinab in die Sommerhitze der Poebene zu führen, damit sie in einer ihnen gleichgültigen Stadt Wache hielten und dabei vielleicht sogar Gesundheit und Leben aufs Spiel setzten.

Gerade zu dieser Zeit erschien in Modena der kaiserliche General Rombaldo di Collalto, ein Graf aus dem Friaul, um Verwandte zu besuchen. Wahrscheinlich hatte Ernesto Montecuccoli ihn ersucht, den tatendurstigen kleinen Vetter zum kaiserlichen Heer mitzunehmen, vielleicht hatte auch der Herzog von Modena seine Hand im Spiel, jedenfalls schloss Raimondo sich begeistert dem General an und reiste mit ihm nach Deutschland in den Krieg.

II.

Die ersten zehn Jahre im Heer

Der Grafentitel und die ritterliche Erziehung hätten damals einem jungen Mann von vornherein den Rang eines Fähnrichs verschafft, aber Raimondo zählte erst 16 Jahre, zu wenig für einen so verantwortungsvollen Posten. Vetter Ernesto nahm sich zwar seiner an, doch nicht als Protektor, sondern als gewissenhafter Lehrmeister. Bevor er befehlen würde, sollte er gehorchen können und den Kriegsdienst von unten her erlernen, ganz wörtlich „von der Pike auf", denn der lange Spieß war im Dreißigjährigen Krieg die Hauptwaffe der Infanterie. In der ersten Reihe standen nur kampferprobte Männer, die Pike konnte jedoch auch ein Sechzehnjähriger führen, wenn er dazu kräftig genug war, und die hinteren Glieder kamen ohnehin nicht so bald in den Kampf. Schwieriger war der Dienst als Musketier, der musste die Pulverladung des schweren Gewehrs mit einer brennenden Lunte entzünden, nach dem Schuss aber sich eilig in den Schutz der Pikeniere begeben, bis er seine Muskete wieder geladen hatte.

Später, als Montecuccoli seine Erfahrungen schriftlich niederlegte, rühmte er den Dienst in der Infanterie als *„die Art, die militärische Disziplin gut zu erlernen, welche die Grundlage jeder Pflicht und Ehre ist"*. Mehr Freude bereitete ihm jedoch der Dienst zu Pferde. Der Lanzierer gebrauchte noch nach alter Art die ritterliche Lanze, der Kürassier kämpfte mit dem Pallasch, einer schwertähnlichen Waffe, und Pistole, der Arkebusier hatte auch Pallasch und Pistole, schoss aber aus dem Sattel mit der Arkebuse, einem Reitergewehr, das kürzer und leichter war als die Muskete der Infanterie, doch mit größerem Kaliber. Das waren die drei standesgemäßen Varianten der zumeist adeligen Reiterei, noch bis zu den Stiefeln hinab gepanzert. Die neue Waffengattung der Dragoner stieg zum Feuergefecht gewöhnlich vom Pferd ab, war also eher eine Art berittener Infanterie, nicht so vornehm wie die andere Reiterei, aber damit musste Raimondo beginnen. Sein Vetter Ernesto ließ ihn alle Arten des Kampfes kennenlernen, teilte ihn sogar zeitweise bei der Artillerie ein. Es war eine harte, aber sehr nützliche Schulung.[6]

Während des Jahres 1626 befand Raimondo sich nach kurzem Urlaub in die Heimat in dem Heer, das in Schlesien gegen den jungen, später berühmten Herzog Bernhard von Sachsen-Weimar kämpfte. Sein Vetter Ernesto führte als General für eine Weile, während Wallenstein krank war, den Oberbefehl und erzielte in einigen Gefechten beachtliche Erfolge. Im Juni und Juli besiegte er die Truppen des Gegners, 12.000 Mann, zersprengte sie und eroberte dabei 35 Standarten und viele Fahnen; Wallenstein schickte sie als kostbare Beute nach Wien.

Als Raimondo Jahrzehnte später die „Hauptaffären", das heißt die wichtigsten Ereignisse und Stationen seines Soldatenlebens im Dreißigjährigen Krieg, kurz zusammenfasste, rühmte er sich keiner besonderen Taten, sondern erwähnte für dieses Jahr 1626 nur, er sei im Frühling bei Ulm gewesen, im Sommer bei Köln, bis in den Spätherbst beim Kürassier-Regiment des Grafen Rombaldo Collalto in Schweinfurt. Sobald die Truppen ihre Winterquartiere bezogen hatten, ersuchte Raimondo um längeren Urlaub und reiste in die Heimat.

Wenn er vom Krieg erzählte, hörte die Familie aufmerksam zu, aber so stolz Gräfin Anna auch war, wünschte sie, er möge nicht mehr sein Leben aufs Spiel setzen, und versuchte, ihm für die Zukunft andere Möglichkeiten vor Augen zu führen – es gab für einen jungen Herrn ja nicht nur den kaiserlichen Kriegsdienst! Da traf es sich gut, dass ein Verwandter, Graf Francesco Montecuccoli, in irgendeiner politischen Mission eine Reise nach Rom und Neapel unternahm. Ihm vertraute Gräfin Anna den Sohn an.

Graf Francesco freute sich über den hilfsbereiten, umsichtigen Reisegefährten, Raimondo begeisterte sich gleich wieder für die Ewige Stadt, die er als Page kennengelernt hatte, und begann historische und archäologische Studien, aber mit anderem Erfolg, als die Mutter erhofft hatte. Angesichts der antiken Bauwerke, der Statuen berühmter Männer und der Berichte über sie verstärkte sich in Raimondo nur das Verlangen, ebenfalls Ruhm zu erwerben und den bewunderten Großen nachzueifern. Als Weg dazu erschien ihm jedoch nicht das Studium, sondern der Kriegsdienst für den Kaiser.

Anfang April 1628 wurde Raimondo unter den Kavalieren genannt, die den Prinzen Francesco von Modena, den späteren Herzog, an den Hof von Savoyen begleiten sollten, am 24. April kündigte er in einem Brief seine Abreise aus Rom an.[7] Die Mutter freute sich schon, ihren Sohn vom Krieg abgelenkt zu haben, aber Raimondo wollte nicht auf seine militärische Laufbahn verzichten. Prinz Francesco hatte Verständnis dafür und gab ihm einen Brief, datiert vom 21. Juni, an Ernesto Montecuccoli mit, in dem er den hoffnungsvollen jungen Mann der Gunst und Förderung des Generals empfahl. Das war freilich nicht nötig, Ernesto hatte schon selbst die guten Anlagen und Fähigkeiten seines Vetters erkannt.

Im Ulm traf Raimondo mit Ernesto zusammen, begleitete ihn nach Köln und erhielt zunächst militärische Aufgaben, wieder im Regiment Collalto in Franken, dann in Flandern, danach aber weit wichtigere: Ernesto brauchte einen Vertrauensmann in Wien, von dem er gutes Auftreten und Verschwiegenheit erwarten konnte. Also reiste Raimondo im Spätherbst 1628 nach Wien und trat in den Dienst des Ottavio Bolognesi, der dort als diplomatischer Vertreter und Geschäftsträger des Herzogs von Modena residierte.

Leider sind keine Briefe erhalten, die berichtet hätten, welche Pflichten Raimondo im Stab oder Büro des Geschäftsträgers zu erfüllen hatte, wie er sich überhaupt in Wien fühlte, mit wem er verkehrte. Sicher ist nur, dass er sich mit Bolognesi gut vertrug, ihn sogar zum Freund gewann. Es ist anzunehmen, dass der Winter 1628/29 in Wien erfreulicher war als in einem Quartier der kaiserlichen Truppen, aber diese Frist der Ruhe dauerte nicht lange.

Bereits im Januar 1629 beschloss Kaiser Ferdinand II., ein Hilfskontingent in die Niederlande zu schicken, das dort den verbündeten Spaniern gegen die Holländer beistehen sollte, und übertrug den Befehl über diese 17.000 Mann dem General Ernesto Montecuccoli. Mit ihm zog Raimondo, nicht mehr als einfacher Soldat, sondern als Fähnrich in einem Infanterie-Regiment.

Ernesto besiegte die Holländer in drei Feldschlachten, aber es gelang ihm nicht, die Stadt Hertogenbosch (Bois le Duc), die Hauptstadt der Provinz Nord-Brabant, aus der Belagerung zu befreien. Der Prinz von

Oranien hielt dieses Bollwerk, das ganz Flandern schützte und noch nie erobert worden war, fest eingeschlossen und ließ sich durch kein strategisches Manöver weglocken. Eine dieser Unternehmungen richtete sich gegen Amersfoort in der Provinz Utrecht. Sobald die kaiserliche Artillerie in eines der Befestigungswerke vor der Stadt eine Bresche geschossen hatte, eilte Raimondo dorthin, die Fahne in Händen, die Soldaten folgten ihm nach. Auch die Stadt selbst betrat er als Erster, obwohl sich noch 2000 Mann feindlicher Infanterie und zwei Kompanien Reiter darin befanden. Das war seine erste größere Waffentat.

Er diente damals im Infanterie-Regiment des Obristen Johann Wangler,[8] der ihm als Lohn für seine Tapferkeit eine eigene Kompanie verlieh. Während die anderen kaiserlichen Truppen in den Niederlanden ihre Winterquartiere bezogen, wurde diesem Regiment der Raum Köln zugewiesen. Von dort schrieb Raimondo an den Herzog von Modena einen Brief, der die Lage schilderte:

„Im stolzen Vertrauen auf die Gunst des Schicksals belästigen uns die Holländer sogar in den Quartieren und zwingen uns, uns gut befestigt unter starker Bewachung zu halten mit allem, was dazu gehört. Trotz aller Vorsicht wurden ein Hauptmann der Infanterie und ein Rittmeister besiegt und gerieten in Gefangenschaft. Die Hauptursache dafür ist die böse Natur dieser Einheimischen, die sich zwar einem katholischen Fürsten, dem Herzog von Neuburg, unterworfen haben, trotzdem aber rebellisch gesinnt und zum großen Teil calvinistischen Glaubens sind.“

Aus der Heimat kamen traurige Nachrichten: In das Herzogtum Modena war die Pest eingeschleppt worden. Gräfin Anna Montecuccoli war in der Bergluft und Einsamkeit ihres Schlosses ziemlich sicher, aber ihr Sohn Fabrizio lebte als Page des Prinzen Francesco in der Stadt. Erst befiel die Pest einen seiner Diener, dann ihn selbst, beide fielen der Seuche zum Opfer. In diesem Jahr war auch Herzog Cesare von Modena gestorben, dem Raimondo sich in Dankbarkeit verpflichtet gefühlt hatte.

Von dem großen Krieg, der von Pommern bis Siebenbürgen zahllose Menschen unglücklich machte oder gar dahinraffte, sah Raimondo Montecuccoli nur jeweils einen begrenzten Abschnitt. Obwohl er im Regiment Wangler zum Rang eines Hauptmanns aufgestiegen war, konnte er die strategische Lage wenig überblicken, noch weniger die politische, er hörte nur von neuen Feinden: Ende Juni 1630 griff König Gustav II. Adolf in den Krieg ein. Etwa 30.000 Mann gut gerüsteter Soldaten gingen in Pommern aus den schwedischen Schiffen an Land und drängten mit ihren frischen Kräften die schon abgemühten Kaiserlichen weit zurück.

Dieser Krieg kannte noch keine geschlossenen Fronten. Die Heere marschierten dorthin, wo es den Feldherren günstig erschien, den Gegner aufzuhalten, ihm entgegenzutreten oder zum Rückzug zu zwingen, wo Quartier und Verpflegung für die Soldaten zu erhoffen war, aber nicht immer war die Lage klar, die Feldherren zu raschen Entschlüssen bereit. Oft murrten die Offiziere höheren oder mittleren Ranges, wie Raimondo einer war, konnten aber keinen Einfluss nehmen, hatten nur zu gehorchen.

Der kaiserliche Feldmarschall Johann von Tilly, in dessen Heer Raimondo sich befand, belagerte im Winter 1630/31 Magdeburg, damals eine der reichsten und schönsten Städte Deutschlands. Der Schwedenkönig wollte ihn davon ablenken, indem er gegen Frankfurt an der Oder zog. Tilly brach auch wirklich gegen ihn auf, ließ aber mehr als die Hälfte seiner Truppen rund um Magdeburg stehen. Aus Rücksicht auf den Markgrafen von Brandenburg marschierte er nicht geraden Weges nach Osten in Richtung Frankfurt, sondern machte einen Umweg nach Nordosten in das Herzogtum Mecklenburg. Auf dieser Route lag die Stadt Neubrandenburg, die von 2000 Schweden besetzt war; Tilly wollte sie erobern, er führte ja starke Artillerie mit.

Eines seiner Regimenter war das des alten Obristen Wangler und eine Kompanie davon hatte die ehrenvolle, allerdings gefährliche Aufgabe, als erste den Sturmangriff zu führen. Es war diejenige, die der junge Hauptmann Raimondo Montecuccoli befehligte. Er drang allen voran in die Stadt ein und nahm den schwedischen Kommandanten Kniphausen gefangen. Dabei soll er verwundet worden sein, aber wohl nicht schwer, denn er durfte zum Lohn für seine Tapferkeit dem Feldmarschall die Schlüssel der eroberten Stadt überreichen. Die Lobesworte, die Tilly aussprach, freuten Raimondo, Tillys Grausamkeit dürfte ihn erschüttert haben.

In Frankfurt an der Oder schossen am 3. April 1631 die Bürger aus den Fenstern auf die Kaiserlichen, die unter General Ernesto Montecuccoli die Stadt verteidigten, und öffneten den Schweden die Tore. Ernesto geriet in große Gefahr und konnte sich nur mit knapper Not davor retten, gefangen zu werden. Die Bürger von Frankfurt hatten als Protestanten ihre Hoffnung auf die Schweden gesetzt, erlebten aber eine bittere Enttäuschung: die Sieger unterschieden nicht zwischen Freund und Feind, sondern plünderten und richteten in der Stadt alle Greuel an, die im Kriege üblich sind.

Als Tilly erfuhr, dass Frankfurt gefallen sei, marschierte er nicht weiter nach Osten, sondern kehrte an die Elbe zurück, um Magdeburg weiter zu belagern. Die Besatzung der Stadt bestand nur aus 2000 schwedischen Soldaten; da konnten die Bürger noch so tapfer Beistand leisten, es half wenig gegen die 25.000 Kaiserlichen. Raimondo erlebte alle Kämpfe mit, sah jeden Tag befriedigt, wie die Verteidiger unter dem schweren Artilleriebeschuss erst einzelne Stellen der äußeren Befestigungswerke räumten, dann diese insgesamt preisgaben, die Vorstädte in Brand steckten und sich darauf beschränkten, die Stadtmauern zu halten.

Tilly, schon im 72. Lebensjahr, war ein erprobter Heerführer, wollte nicht mehr Soldaten verlieren als unbedingt nötig und wandte eine Kriegslist an: An einem Maimorgen ließ er das Feuer einstellen, die von der Nachtwache übermüdeten Gegner hofften auf eine Kampfpause, vielleicht sogar Verhandlungen, und verließen zum größten Teil ihre Posten – da begann der Sturmangriff. Die Kaiserlichen unter Führung des Generals Gottfried Heinrich Graf Pappenheim drangen zuerst am Krökentor in die Stadt ein, heftige Straßenkämpfe entbrannten, dabei fiel Falkenberg, der Kommandant der Schweden. Unversehens brach an mehreren Stellen zugleich Feuer aus. Ein Prämonstratensermönch, der jenen Tag in Magdeburg miterlebte, berichtete als Augenzeuge, Falkenberg habe die Bürger dazu aufgefordert, die Stadt lieber zu zerstören als in die Hände der Feinde fallen zu lassen. Aus den brennenden Häusern war keine Beute zu holen, dafür rächten sich die Soldaten durch arge Grausamkeit an den Bürgern. Die Gegenseite warf Tilly später vor, dass er die Soldaten nicht an der Plünderung gehindert habe, ja es hieß sogar, er habe erst nach der Plünderung die Stadt planmäßig niederbrennen lassen. Raimondo Montecuccoli äußerte sich in seinen Schriften nicht darüber; er hatte ja alles unmittelbar miterlebt und wusste sowohl, dass die Plünderung einer eroberten Stadt als selbstverständlich galt, als

auch, dass eine ausgebrannte Stadt dem Sieger keinen Nutzen brachte. General Ernesto Montecuccoli meinte, sein junger Vetter sei lang genug beim Fußvolk gewesen, und da er in seinem Kürassier-Regiment einen tüchtigen Offizier gut brauchen konnte, bot er Raimondo an, eine Kompanie zu übernehmen. Dieser sagte gerne zu. Feldmarschall Tilly hatte sein Hauptquartier nicht im zerstörten Magdeburg, sondern 10 km nördlich in Wolmirstedt. Die Kürassier-Regimenter Holck, Bernstein und Ernesto Montecuccoli lagerten in den umliegenden Ortschaften.
Die Schweden waren als Gegner nicht zu unterschätzen, sie galten damals sogar als die besten Soldaten in Europa. Am Abend des 17. Mai 1631 rückten sie unbemerkt an und überfielen die drei Regimenter der Kaiserlichen, als diese gerade die Pferde versorgt und sich zum Abendbrot gesetzt hatten. Es ereignete sich nahezu eine Katastrophe, viele Soldaten wurden getötet oder gefangen, die anderen versprengt. *„Ich rettete mich“*, schrieb darüber Raimondo in seinen Erinnerungen, *„mit der Standarte in ein Wäldchen und ging zu Fuß ins Lager zurück.“*
Am 7. November 1631 standen die beiden Heere bei dem Dorf Breitenfeld wenig nördlich von Leipzig einander gegenüber, Tilly mit 30.000 bis 40.000 Mann, die verbündeten Schweden und Sachsen etwa ebenso stark, aber an Artillerie weit überlegen. Tilly hätte gern die Schlacht noch hinausgezögert, denn er hoffte auf die Verstärkung von 15.000 bewährten Soldaten, die General Aldringen aus Italien heranführte, aber die waren noch drei Tagesmärsche entfernt. General Pappenheim war nur halb so alt wie Tilly und nicht so bedächtig; mit ungestümen Angriffen hatte er schon manchen Sieg errungen. Auch diesmal ließ er sich nicht zurückhalten, wollte nicht dulden, dass seine Kürassiere vom Feuer der feindlichen Feldgeschütze dezimiert würden, lieber griff er an, ohne dass es ihm befohlen war. Tilly durfte ihn nicht im Stich lassen und musste nun gegen seine Absicht die Schlacht schlagen. Zunächst hatte Pappenheim auch Erfolg und auf dem anderen Flügel wichen die Sachsen vor Tilly zurück, doch König Gustav II. Adolf wusste seine Schweden so einzusetzen, dass sie schließlich siegten. Tilly wurde zweifach verwundet, hatte die erste Niederlage seines Lebens erlitten. Er entging nur knapp der Gefangenschaft, Raimondo Montecuccoli aber, ebenfalls verwundet, fiel den Feinden in die Hände. Die Schweden brachten ihn und viele andere Gefangene aus der Schlacht bei Breitenfeld nach Halle an der Saale. Darüber, wie es ihm

dort erging, liegen weder eigene noch fremde Berichte vor, man kann es nur nach der Wahrscheinlichkeit und auf Grund der späteren Ereignisse einigermaßen rekonstruieren.

Militärspitäler gab es noch nicht, aber ein verwundeter Offizier konnte sich auf eigene Kosten von einem ansässigen Arzt behandeln lassen, und offenbar hatte Raimondo Glück bei der Wahl des Arztes. In den langen trüben Tagen und Nächten, sowohl als Patient wie nach der Genesung, dachte er an die Heimat, die Mutter, die Geschwister, er erinnerte sich an die Kriegszeit, die er bisher erlebt hatte, prüfte sie, schrieb aber noch nicht darüber; das blieb den späteren Abschnitten seines Lebens vorbehalten. Wenn er versuchte, sich seine künftige militärische Tätigkeit vorzustellen, verglich er die Heerführer, die er bei den Kaiserlichen und als Feinde kennengelernt hatte, sei es persönlich, sei es nur aus ihren Taten. Dabei begann er, den Schwedenkönig zu bewundern, als Feldherrn sowohl wie als Menschen. Jenem verdankte er zwar Verwundung und Gefangenschaft, kannte ihn als Feind des Kaisers und des katholischen Glaubens – dass er ihn dennoch als Helden sah, entspricht ritterlicher Gesinnung. Außerdem dürfte er schon damals erkannt haben, wie gut Wallenstein das Heer führte und dessen Versorgung organisierte, welche Autorität er und Tilly bei ihren Truppen besaßen, wie man sie trotz ihrer Strenge schätzte, und sich beide zum Vorbild genommen haben.

Das Schicksal eines Gefangenen hing im 17. Jahrhundert von vielerlei ab. Einfache Soldaten konnten in das Heer des Siegers überwechseln oder wurden sogar gezwungen, Offiziere wurden standesgemäß gut behandelt, denn man erwartete, den eigenen Offizieren, die in die Gefangenschaft der Gegenseite geraten waren, würde es dort ähnlich ergehen. Wer über genügend Geld verfügte, konnte sich nach seinem Geschmack verköstigen lassen, auch einen Diener halten und durfte damit rechnen, nicht bis zu Ende des Krieges gefangen zu bleiben. Für die Freilassung gab es die Möglichkeiten, entweder „ranzioniert", das heißt gegen einen gefangenen Offizier gleichen Ranges ausgetauscht zu werden, oder sich durch Lösegeld freizukaufen. Das gelang Raimondo Montecuccoli.

Allerdings besaß er nicht so viel, wie die Feinde forderten, seine Mutter und die Verwandten hätten das Geld nur schwer aufgebracht, aber da bewährte sich wieder die Freundschaft des Herzogs von Modena.

Soldaten anzuwerben, doch die Summe reichte nicht aus, Ernesto musste selbst Geld aufwenden und dafür Schulden machen. Er leitete die Verteidigung von Breisach am Rhein, unternahm oft Ausfälle, um den Gegner zurückzutreiben und den Wagen, die Lebensmittel und Munition in die Stadt bringen sollten, freien Weg zu bahnen, aber dabei geriet er einmal in einen Hinterhalt. Er schlug sich tapfer gegen die Übermacht, bis er, von Musketenschüssen und Säbelhieben schwer verwundet, vom Pferd stürzte.

Die Schweden nahmen ihn gefangen und brachten ihn nach Colmar. Sie sorgten gut für ihn, denn sie achteten ihn, außerdem war er ein wertvolles Pfand für einen Austausch. Der Kaiser versuchte auch sogleich, diesen Austausch zustande zu bringen, ebenso Erzherzogin Claudia von Tirol, denn ihr Minister Girolamo Montecuccoli hatte Nachricht erhalten, die Verwundungen seines Bruders seien nicht tödlich. Leider war das nicht richtig. Ernesto starb am 18. Juli 1633, 49 Jahre alt. Er ist heute so gut wie vergessen, damals trauerten viele um ihn.[9]

In diesen Monaten kämpfte Raimondo als Obristlieutenant des Regiments des Obristen August Vitzthum von Eckstädt in Bayern und Schwaben. Ein Unternehmen gegen die württembergischen Städte Biberach und Munderkingen, die von den Schweden besetzt waren, hatte keinen Erfolg; der Obrist und der Obristlieutenant machten einander Vorwürfe, die Stimmung zwischen ihnen wurde schlecht. Der kaiserliche Feldmarschall-Lieutenant Rudolf von Ossa erteilte Raimondo den Auftrag, Lindau anzugreifen. Raimondo eroberte die schöne Stadt am Bodensee und nahm den feindlichen Obristen König gefangen.

An der Verschwörung Wallensteins und dessen Ermordung hatte er keinerlei Anteil. Sein kurzer Bericht, den er darüber verfasste – sei es aus allgemein historischem Interesse oder zur Information des Herzogs von Modena –, folgt der offiziellen und wahrscheinlich weitgehend richtigen Version, der Generalissimus habe sich vom Kaiser losgesagt, seine hohen Offiziere zum Gehorsam ihm, nicht dem Kaiser gegenüber verpflichtet und im eigenen Interesse mit den Feinden Frieden schließen wollen.

Nach Wallensteins Tod übernahm der Sohn des Kaisers (der spätere Ferdinand III.) und bereits gekrönter König von Ungarn das Kommando über das Heer. Er war in religiösen Belangen duldsamer als sein Vater, klug, sehr musikalisch, aber erst 26 Jahre alt und militärisch kaum erfahren. Zum Glück wusste er das selbst, als er zwei bewährte Feldherren als Berater erhielt, Mattia Galasso (als Graf Matthias Gallas bekannt) aus dem Trentino und Ottavio Piccolomini aus der Toscana. Schon damals regte sich manches Ressentiment gegen die führende Stellung der Italiener im Heer, Raimondo Montecuccoli bekam es auch bald zu spüren.

Gut gelenkt, belagerte der König von Ungarn die Stadt Regensburg, die der Herzog von Sachsen-Weimar im Vorjahr erobert hatte, und nahm sie ein. Raimondo hatte rühmlichen Anteil daran, die gegenseitige Abneigung zwischen ihm und seinem Obristen bestand aber weiter. Auf die Dauer hätte der Dienstbetrieb im Regiment darunter gelitten, deshalb verzichtete Raimondo auf seine Stellung. Er schloss sich, im Augenblick ohne militärische Charge, dem Prinzen Borso d'Este an, der als Bruder des Herzogs Alfonso von Modena ein italienisches Truppenkontingent führte.

Jeder Obristlieutenant wartete ungeduldig darauf, einmal ein eigenes Regiment zu führen. Auch Raimondo hegte diesen Wunsch und reiste im August dieses Jahres 1634 nach Wien, um das Regiment von 1000 Kürassieren zu erbitten, das sein Vetter Ernesto früher kommandiert hatte; der folgende Obrist Kronenburg war gefallen, das Regiment also frei. Aber leider hatte sich schon ein anderer Herr darum beworben, der bessere Protektion hatte: er war ein Neffe des Feldmarschalls Ottavio Piccolomini. Der Kaiser suchte einen Kompromiss und teilte das Regiment, das ja ungewöhnlich stark war; die eine Hälfte erhielt der junge Piccolomini, die andere aber nicht Raimondo, obwohl er unter den Bewerbern an der ersten Stelle stand, sondern ein anderes Protektionskind. Die Nachricht darüber stammt von Bolognesi, ist nicht völlig verlässlich. Raimondos Reise nach Wien ist jedoch einwandfrei beglaubigt; in einem Brief aus Ingolstadt berichtete er seiner Mutter davon und dankte für das Geld, das sie ihm gesandt hatte – ohne dieses hätte er die Reise nicht unternehmen können.

Das kaiserliche Heer hatte nicht gerade Überfluss an tüchtigen Offizieren. Wie lange Raimondo bei Prinz Borso d'Este blieb, wann er wieder als Obristlieutenant gebraucht wurde, ist nicht genau festzulegen, jedenfalls trat er mit diesem Rang in das Kürassier-Regiment des Don Annibale Gonzaga ein – wieder eines Italieners. Somit war er dabei, als der König von Ungarn die Freie Reichsstadt Nördlingen in Schwaben belagerte, das schwedische Heer, das zum Entsatz anrückte, am 5. und 6. September 1634 vernichtend schlug und danach noch Donauwörth eroberte. Bei Speyer ging dieser Heeresverband über den Rhein, Raimondo kämpfte in einigen Gefechten mit und auch bei dem Überfall auf Philippsburg.

Als im Frühjahr 1635 die Kaiserlichen über den Rhein vorstießen und Kaiserslautern in der Rheinpfalz angriffen, das die Schweden seit vier Jahren besetzt hielten, hatte Raimondo die gewohnte ehrenvolle und gefährliche Aufgabe, die Avantgarde zu führen. Seine Erfahrung bei allen Waffengattungen sagte ihm, wie er durch eine Bresche eindringen müsse: zu Pferd war es nicht möglich, deshalb ließ er seine Reiter absitzen und zu Fuß vorgehen. Kürassiere taten das ungern, denn die schwere Rüstung behinderte sie, aber da ihr Obristlieutenant voranstürmte, folgten sie ihm nach. Kaiserslautern wurde erobert.

III.

Vom Obristen zum Generalfeldwachtmeister

Im Jahr 1635 erhielt Raimondo sein eigenes Regiment. Er sagte „endlich!", doch für einen Sechsundzwanzigjährigen war das eine beachtliche Aufgabe nicht nur im militärischen Bereich, mit dem er vertraut war, sondern auch deshalb, weil viele seiner Untergebenen älter waren als er, mancher doppelt so alt. Don Annibale Gonzaga schätzte ihn, hatte ihm noch nicht die Würde eines Obristen verschaffen können, doch immerhin ein Kürassier-Regiment. Es war laut Patent vom 21. September 1634 aus fünf Kompanien des Regiments Aldobrandini gebildet und dem Baron della Trappola für dessen Tapferkeit bei Nördlingen verliehen worden. Nach seinem Tode war das Regiment frei, Raimondo übernahm es und verstärkte es durch Werbung auf zehn Kompanien.[10]

Zu Ende des Jahres 1635 erlebte er noch eine zweite große Freude: als er mit seinem Regiment bei Friedberg nördlich von Frankfurt am Main im Winterquartier lag, besuchte ihn dort sein jüngster Bruder Galeotto. Der Krieg war in ein neues Stadium getreten, Frankreich hatte in den Krieg eingegriffen. Raimondo sah voraus, dass es bis zu einem Frieden noch lange dauern würde, daher sollte auch Galeotto das Kriegshandwerk lernen. Deshalb hatte Raimondo in einem Brief den Herzog von Modena gebeten, den Pagen Galeotto zur Ausbildung nach Deutschland zu schicken, und versprochen, sobald der Jüngling genug Erfahrung gesammelt habe, werde er in den Dienst des Herzogs zurückkehren.

Die verhältnismäßig ruhige Zeit im Winterquartier bot Raimondo Gelegenheit, den Bruder in die Grundlagen des Kriegsdienstes einzuweihen. Mit dem Reiten, Fechten und Schießen war Galeotto vertraut, das gehörte ja zur ritterlichen Erziehung, nun musste er auch das Exerzieren zu Fuß und zu Pferd erlernen, dazu die organisatorischen Aufgaben eines Offiziers, und zwar gleich in der Praxis. In Speyer, nicht gerade nahe, doch erreichbar, hatte Prinz Borso d' Este sein Winterquartier. Als die beiden Montecuccoli ihn besuchten, stellten sie fest, dass seinen Soldaten seit neun Tagen kein Brot geliefert worden war. Da erlebte Galeotto mit, wie der große Bruder mit ein paar raschen Maßnahmen dem Prinzen aus der Verlegenheit half.

Raimondo begriff, dass das winterliche Lagerleben den jungen Bruder nicht befriedigen konnte, und schickte ihn mit Einverständnis des Herzogs nach Innsbruck zu ihrem Vetter Girolamo. Dieser nahm Galeotto mit, als er nach Wien reisen musste, und stellte ihn dem Kaiser vor. Offenbar riet Ferdinand II., der hoffnungsvolle Jüngling solle weiter an der Seite des Bruders bleiben, denn die beiden zogen im Frühjahr 1636 zusammen im Heer des Generals Melchior von Hatzfeld in die Markgrafschaft Brandenburg.

Der Kurfürst von Sachsen war schon im Vorjahr enttäuscht von dem Bündnis mit den Schweden, die sein Herzogtum ausplünderten, als wäre es Feindesland, und war auf die Seite des Kaisers getreten in der Hoffnung, ein kaiserliches Heer werde die Schweden aus dem Lande treiben, zunächst Magdeburg befreien. Die Stadt hatte sich nach dem Brand von 1632 einigermaßen erholt, musste aber eine schwedische Besatzung erdulden.

Der Herzog von Sachsen, Kurfürst Johann Georg I., und Hatzfeld belagerten Magdeburg. Das war der erste Feldzug, an dem Galeotto teilnehmen durfte; er bewunderte den Bruder, wich nicht von dessen Seite und schrieb viele Briefe an die Mutter und den Herzog von Modena. Als drei schwedische Regimenter anrückten, um die Stadt zu entsetzen, und bei Tangermünde an der Elbe lagerten, sandte General Hatzfeld seine Reiterei aus, sie zu überfallen, voran die Kürassiere des Regiments Montecuccoli. Da sie sahen, wie ihr Anführer sich jeder Gefahr ungescheut aussetzte, waren sie ebenfalls dazu bereit. Sie zersprengten die drei feindlichen Regimenter, trieben sie in die Flucht; Galeotto war stolz, daran teilgenommen zu haben. Der Entsatz von Magdeburg war somit gescheitert, die schwedische Besatzung ergab sich.

Schlecht erging es jedoch den Kaiserlichen im Frühherbst 1636 im Nordosten der Mark Brandenburg bei dem Städtchen Wittstock an der Dosse, einem Nebenfluss der Havel: dort siegte der Feldmarschall Johann Banér, genannt „der schwedische Löwe", über Hatzfeld, obwohl dessen Truppen an Zahl weit überlegen waren. Die Schlacht dauerte bis zum Abend; die Feinde bereiteten sich vor, am nächsten Tag weiterzukämpfen, aber da waren die Kaiserlichen bereits abgezogen.

Ein sächsischer Berichterstatter hätte wahrscheinlich die Tapferkeit seiner Landsleute gerühmt, die angeblich 5000 Tote auf dem Schlachtfeld ließen, Montecuccoli dagegen schrieb in seinen späteren militärtheoretischen Werken, die sächsischen Kanoniere seien gleich zu Beginn der Schlacht geflohen, ohne nur einen Schuss abgegeben zu haben. Hatzfeld hatte sie allerdings schlecht postiert, nämlich nicht verteilt, sondern alle Geschütze beisammen in einem Wäldchen, wo unter dem Feuer der schwedischen Artillerie die Bäume auf sie stürzten. Weil sich auch die Fahrkanoniere mit der Bespannung davongemacht hatten, fielen alle 23 Kanonen den Schweden in die Hände, 50 Fahnen, der Tross und viel Geld des Kurfürsten, das für die Bezahlung der Truppen bestimmt gewesen war.

Die Reste der Infanterie marschierten in dieser Nacht nach Südosten und brachten sich über die Elbe auf Booten in Sicherheit, die Kavallerie deckte den Rückzug. Mit vier Regimentern zog Montecuccoli die Verfolger auf sich und warf sie sogar mehrmals zurück, bevor er weiter südlich die Havel überquerte. Es gab weder eine Brücke noch genug Boote, die Reiter mussten eine Furt suchen und ihre Pferde durch das Wasser treiben. An den hohen Verlusten des kaiserlichen und sächsischen Heeres waren jedoch nicht allein die Schweden schuld. Die Bauern der Umgebung erschlugen erbarmungslos jeden Soldaten, der ihnen in die Hände fiel, sowohl aus Hass gegen alles Militär, das ihnen schon viel Böses angetan hatte, wie auch wegen der Beute, die dabei einzubringen war.

Diese Schlacht beendete die militärische Laufbahn des jungen Galeotto Montecuccoli. Gegen die schwedischen Reiter hatte er sich tapfer gewehrt, aber eine Kanonenkugel traf ihn ins Bein. Raimondo konnte ihn davor bewahren, in Gefangenschaft zu geraten, er nahm den Verwundeten mit sich und ließ ihm alle Fürsorge angedeihen; dennoch blieb Galeotto für den Rest seines kurzen Lebens fast ein Krüppel. Eine Weile hielt er sich noch bei seinem Bruder auf, später wurde er in Modena Kammerherr des Herzogs.

Die Winterquartiere waren in sicherer Entfernung vom Feind in Halberstadt und Umgebung vorgesehen, aber es gab nur wenige Wochen der Ruhe, denn die Schweden rückten mit Übermacht auch dorthin vor. Das kaiserliche Heer wich nach Westen über den Harz nach Westfalen aus. Die Soldaten hatten also weit zu marschieren, wie das die Feldherren schon früher immer von ihnen verlangt hatten.

Sie verlangten es auch im Jahr 1637. Die Kaiserlichen zogen früh im Jahr los, voran Hatzfeld und Montecuccoli mit der Reiterei, überschritten die Weser, solange sie noch zugefroren war, dann auch die Elbe, bogen nach Thüringen ab und trieben den Feind nordwärts bis nach Pommern. Dies alles hielt Montecuccoli in Notizen fest, aber sie geben in ihrer knappen Form zuweilen Rätsel auf, erfordern Recherchen und lassen nur erahnen, wieviel die Soldaten leisteten und verschuldeten, was die Bevölkerung erlitt.

„Man übersetzte durch Anwendung einer Kriegslist die Peene und schlug den General Wrangel. Prinz Mattia de' Medici eroberte Wolgast, ferner fielen auch Loitz, Demmin und Triebsees in unsere Hände, worauf man nach Mecklenburg marschierte und daselbst alle Lebensmittel mit Beschlag belegte. Zu Ende des Feldzuges ging Gallas nach Sternberg, Prinz Mattia nach Grevesmühlen, während die Regimenter in der Nähe von Wismar Quartier bezogen. Ich wurde in Sternberg in Arrest gesetzt."

Wie die Soldaten beider Seiten sich der Bevölkerung gegenüber verhielten, ist aus Grimmelshausens „Simplicissimus" bekannt, aber hier in Pommern und Brandenburg befanden sie sich in Ländern, deren Herr seit zwei Jahren mit dem Kaiser verbündet war. Als die Kürassiere des Regiments Montecuccoli in der Nähe von Küstrin auf der Landstraße einen Zug von Karossen und Lastwagen erblickten, versprach er ihnen bessere Beute, als was einem einfachen Bürger oder Bauern abzuknöpfen war. Sie machten sich gleich darüber her, verjagten die Kutscher und Trossknechte und teilten untereinander, was sie vorfanden, prachtvolle Staatsgewänder, Wäsche, Bettzeug, ohne zu fragen, wem das gehöre. Leider war ihre Beute Eigentum des Landesherrn.

Kurfürst Georg Wilhelm, Markgraf von Brandenburg, hatte mehr Freude an gutem Essen und der Jagd als an der Politik. Er war es gewohnt, Klagen seiner Untertanen zu vernehmen und meistens zu überhören, aber wenn es um seinen eigenen kostbaren Besitz ging, konnte er in Zorn geraten. Er schrieb Beschwerdebriefe nach Wien, wo Montecuccoli unter den höchsten Herren des Kaiserhofes wenige oder gar keine Freunde hatte. Wahrscheinlich kannte man ihn noch kaum, sondern stellte nur fest, wenn Soldaten sich ungewöhnlich schlecht benommen hatten, sei ihr Kommandant dafür verantwortlich und müsse bestraft werden, schon um den verbündeten Kurfürsten nicht zu vergrämen. Vergeblich setzten sich Gallas, Gonzaga und andere Feldherren für Montecuccoli ein. Schon vor der Untersuchung, vor seiner Verteidigung wurde er in Haft genommen.

Wenn ein höherer Offizier aus altem Adel verhaftet wurde, erwartete ihn natürlich kein Kerkerloch, sondern zumeist nur Stubenarrest, das heißt, er durfte sein Quartier nicht verlassen, aber auch da konnte er auf die Hilfe eines Freundes rechnen. Dies war besonders dann wirksam, wenn der Freund ein hoher Herr war – in Sternberg war es Mattia de' Medici, der Bruder des Großherzogs der Toscana.

„Dann nahm mich Prinz Mattia zu sich und wir bezogen gemeinsam die Winterquartiere", heißt es in Montecuccolis Notizen anschließend an den vorhin zitierten Text.

Anfang Oktober 1637 kam ein weiterer Montecuccoli nach Wien, nämlich Francesco, Marchese di Polinago. Im Auftrag des Herzogs von Modena sollte er dem jungen Kaiser Ferdinand III. zur Geburt des Sohnes Philipp August gratulieren, aber das war nur ein Vorwand. Der Herzog von Modena sah eine gute Gelegenheit, das kleine Herzogtum Mirandola nördlich von Modena als erledigtes Reichslehen an sich zu bringen. Darüber sollte Francesco Verhandlungen beginnen und auch an alte Rechte auf Ferrara und Comacchio erinnern. Er blieb bis Ende November in Wien und reiste von dort mit neuen Aufträgen des Herzogs nach Bayern weiter. Mit seinem Vetter Raimondo konnte er freilich nicht zusammentreffen.

Prinz Mattia hatte also dem Freund die weitere Haft in Sternberg erspart, aber die Anschuldigungen des Kurfürsten von Brandenburg bestanden weiterhin. Darüber berichtete Montecuccoli: *„Im Frühjahr 1638 erhielt ich die Erlaubnis, mich an den kaiserlichen Hof zu begeben; ich reiste nach Prag, wo bald darauf der Kaiser von Wien kommend eintraf. Nun brachte ich bezüglich der Angelegenheiten in Brandenburg meine Entschuldigungen vor und verlangte meine Freisprechung; da aber die Hofminister noch weitere Antworten des Kurfürsten abwarten wollten, erbat und erhielt ich bis dahin drei Wochen*

Urlaub, um nach Italien zu gehen. Ich nahm zu Prag die Post, reiste über Regensburg, Innsbruck und Trient nach Verona, wo sich gerade der Herzog von Modena befand.“

Obwohl Raimondo Montecuccoli im Dienste des Kaisers stand, wollte er die alten Beziehungen zum Herzog von Modena, seinem unmittelbaren Landesherrn, nicht vernachlässigen; sie erwiesen sich wie früher, so auch in der Folgezeit noch recht nützlich. Der Grund zur Reise nach Italien war aber ein anderer, sehr trauriger: Er hatte Nachricht vom Tode seiner Mutter erhalten. Sie war immer kränker und schwächer geworden, hatte sich nach Modena begeben und in der Pfarre der Hl. Dreifaltigkeit, der die Familie seit langem verbunden war, ihre Wohnung bezogen. Dort starb sie am 5. März 1638, ihre letzte Ruhestätte fand sie neben ihrem Gemahl in der Kirche San Pietro. Raimondo konnte sich aber nicht ungestört der Trauer hingeben, als ältester Sohn musste er sich um viele lästige Angelegenheiten kümmern.

Eine davon war der Streit mit einem Cavaliere Panzetti aus Modena, der Anspruch auf die Güter des Hospitals San Lazzaro in Pavullo erhob. Diese Güter hatten einst das Land Frignano und die Familie Montecuccoli dem Hospital geschenkt, aber Panzetti behauptete, die Pfründe der Heiligen Maurizius und Lazarus seien ihm vom Herzog von Savoyen übertragen worden. Er hatte gute Verbindungen zum Vatikan, Raimondo bat seinen Herzog um Hilfe, aber der Prozess endete ganz anders, als er erhofft hatte: er verlor seine Rechte auf die Güter des Hospitals, doch auch Panzetti erhielt sie nicht, sondern Herzog Francesco I. von Modena schanzte sie später seinem Bruder Obizzo d'Este zu, dem Bischof von Modena.

Herzog Francesco I. herrschte über Modena, seit sein Vater Alfonso abgedankt und sich in ein Kapuzinerkloster in Tirol zurückgezogen hatte. Das Urteil der Historiker über ihn ist zwiespältig, aber die Montecuccoli hatten Respekt vor ihm als ihrem Landesherrn, Marchese Francesco Montecuccoli-Polinago war sein Obersthofmeister. Raimondo traf mit dem Herzog noch einmal zusammen, bevor dieser mit ungeheurem Aufwand eine Reise nach Madrid antrat, und musste selbst an die Rückkehr denken, denn seine Urlaubszeit war abgelaufen. Die noch unerledigten Angelegenheiten, vor allem den Streit um die Güter des Hospitals in Pavullo, musste er jemand anderem übertragen. Der Vetter Francesco begleitete den Herzog nach Madrid, der Bruder Galeotto vermutlich auch, jedenfalls war er nicht verfügbar. Also wandte Raimondo sich an einen Herrn, dem er vertrauen konnte, Girolamo della Torre. Diese Familie hatte im 13. und zu Beginn des 14. Jahrhunderts über Mailand geherrscht, in Deutschland ist sie unter dem Namen der Grafen von Thurn und Taxis bekannt.

Den Rückweg nahm Raimondo über Mantua nach Peschiera, fuhr auf dem Gardasee, an dessen Ufern es noch keine Straßen gab, nach Riva am Nordende des Sees, weiter über Trient nach Innsbruck, auf dem Inn bis Passau, von dort mit der Post nach Prag. Als der Kaiser von Prag wieder nach Wien übersiedelte, folgte ihm Raimondo in Gesellschaft der Prinzen Annibale und Camillo Gonzaga, und während der Kaiser in Nikolsburg eine Unterredung mit dem König von Polen hatte, befand sich auch Raimondo in dieser schönen Stadt an der Grenze zwischen Niederösterreich und Mähren. Es kostete viel Zeit und Geld, in der Nähe des Kaisers zu bleiben, aber die Ausdauer hatte endlich Erfolg. Nach der Rückkehr aus Nikolsburg nach Wien erhielt Raimondo ein Dekret, dass die Angelegenheiten mit dem Kurfürsten von Brandenburg beigelegt seien und er sich zu seinem Regiment zurückbegeben solle.

Das kaiserliche Heer unter dem Kommando des Feldmarschalls Gallas wurde in der Lausitz neu organisiert, da war es schon wichtig, dass Raimondo Montecuccoli dabei war und seine Interessen wahrnehmen konnte; es gelang ihm. Das Kürassier-Regiment Maestro war durch Verluste und wohl auch Fahnenflucht jämmerlich zusammengeschmolzen, nun wurden seine Reste in das Regiment Montecuccoli eingegliedert, das der Ergänzung bedurfte.

Das Winterquartier war dem Regiment in Schlesien zugewiesen worden, aber die Ruhe dort dauerte nicht lange. Der Hofkriegsrat in Wien befahl Montecuccoli, mit auserwählter Mannschaft nach Dresden zu reiten, dort fand er schon einen neuen Auftrag vor: er sollte unter dem Befehl des Generals Hofkirchen den Elbübergang bei Brandeis in Böhmen bewachen.

Der schwedische Feldmarschall Banér überschritt die Elbe aber nicht dort, wo man es erwartete, sondern bei Nacht gut 20 km unterhalb bei Melnik mit einer Schiffsbrücke, ohne dass die Wachtposten des Regiments Braganza es bemerkten. Als Hofkirchen am Morgen des 19. Mai 1638 Nachricht davon erhielt, ließ er in der Stadt Brandeis eine Besatzung zurück und eilte mit 500 Infanteristen sowie seiner gesamten Ka-

vallerie nach Melnik, um den Feind noch während des Flussüberganges anzugreifen. Banér aber hatte indessen schon so viele Truppen übergesetzt, dass er die kaiserlichen Reiter zurückwerfen konnte. Nach einem allerdings nicht verlässlichen Bericht sollen sie kaum 50 Pistolenschüsse abgegeben haben und dann geflohen sein.
Die drei Kommandanten kämpften tapfer, aber da ihre Mannschaft sie verlassen hatte, gerieten sie in Gefangenschaft. Graf Fürstenberg konnte mit der Hilfe eines Kroaten doch noch entkommen, die anderen nicht mehr. Hofkirchen, Montecuccoli und weitere hohe Offiziere, darunter ein Obristlieutenant Marchese Pallavicini, wurden zunächst nach Leitmeritz gebracht. In dieser Stadt im nördlichen Böhmen befand sich ein Sammellager für die Gefangenen des Kriegsschauplatzes; wie es ihnen dort erging, ist nicht bekannt. Nach zwei Monaten kamen sie nach Stettin in Pommern.
Gefangenschaft ist naturgemäß nichts Erfreuliches, aber Montecuccoli schrieb später in seinen Erinnerungen, er würde diesen Abschnitt seines Lebens nicht missen wollen. Während er, von einer Wache begleitet, spazieren gehen durfte, lernte er die Stadt kennen. Stettin war ein wichtiger Seehandelsplatz an der Oder in hübscher Lage am steil ansteigenden linken Flussufer. Von der Stadtmauer aus hatte Montecuccoli den Blick auf die ziemlich weit entfernten Vorstädte, nach Osten auf den Fluss, den Handelshafen am rechten Ufer der Oder und dahinter weite Wald- und Wiesenflächen, durchschnitten von zahlreichen Wasserläufen. Innerhalb der Stadt konnte er, wenn er Lust dazu hatte, die alten Kirchen und das Rathaus betrachten und sich am Leben auf den Märkten erfreuen. Dabei merkte er jedoch, wie sehr die Städter unter den schwedischen Soldaten litten, ebenso die Bauern, die zum Markt hereinkamen.
Die Schweden hatten auch das Schloss der Herzoge von Pommern besetzt. Es war keine alte düstere Festung, sondern erst vor 60 Jahren im Stile der Zeit erbaut worden, großzügig und recht wohnlich. Dort waren die gefangenen hohen Offiziere untergebracht und durften sich einigermaßen ungehindert bewegen. Für Montecuccoli war es ein großes und für die Folgezeit wichtiges Erlebnis, als er die Bibliothek entdeckte und die Erlaubnis erhielt, sie zu benützen.
Bogislaw XIV., der letzte Herzog von Pommern, war vor zwei Jahren gestorben, die reiche Ausstattung der Bibliothek war aber vorwiegend

einem seiner Vorgänger zu verdanken, dem hochgebildeten Philipp II. Montecuccoli hatte in jungen Jahren genug Latein gelernt, um Werke des klassischen Altertums lesen zu können, Caesar und Tacitus, die Architektur des Vitruvius und eine lateinische Bearbeitung der Geometrie des Eukleides, der um 300 vor Christus in Alexandria gelebt hatte.

Ein Lehrer, der erklärt, geholfen und angeleitet hätte, war nicht zu finden, Montecuccoli war auf das Selbststudium angewiesen. Ohne planmäßige Führung befasste er sich mit allem, das ihn gerade anlockte, Rechtswissenschaft, Medizin, Philosophie, Astrologie, und gewann damit eine teilweise nur oberflächliche, doch recht umfassende Allgemeinbildung. Mit der Mathematik und technischen Problemen beschäftigte er sich weniger um ihrer selbst willen als im Zusammenhang mit seinen militärischen Interessen. Er legte ein Verzeichnis aller Bücher an, die er damals gelesen hatte, 45 Titel in lateinischer, italienischer, deutscher und französischer Sprache.

Besonders hatten es ihm die Werke des Machiavelli angetan, der ja nicht nur ein großer Politiker und Historiker, sondern auch hervorragender Militärtheoretiker war. In mehreren Werken, besonders aber den sieben Büchern der Kriegskunst („Dell' arte della Guerra") behandelte er Strategie und Taktik früherer Epochen und seiner eigenen Zeit. Mit dieser Lektüre gewann Montecuccoli eine sinnvolle Beschäftigung für die Zeit seiner Haft. Gleich Machiavelli fand er bei den antiken Schriftstellern vieles, das auf die Gegenwart anwendbar war, vermerkte aber auch, was sich im Kriegswesen in den mehr als 100 Jahren seit dem Tode des großen Florentiners geändert hatte.

Aus diesen Studien erwuchs der Wunsch, selbst etwas über dieses Thema zu schreiben, und so entstand 1641 die „Abhandlung über den Krieg". Der Originaltitel lautet „Trattato della guerra", denn Montecuccoli schrieb in seiner Muttersprache, in der er sich naturgemäß am besten ausdrücken konnte. Das war jedoch nur ein erster Versuch; Montecuccoli dachte nicht daran, ihn zu veröffentlichen, wenn sich einmal eine Möglichkeit dazu böte, dafür war er zu selbstkritisch. Seine „Abhandlung über den Krieg" beruhte noch vorwiegend auf angelesenem Wissen, denn er hatte bisher höchstens ein Regiment geführt, war immer einem Feldherrn unterstellt gewesen, da hatte er bestenfalls die Taktik erlernt, die Verwendung der Truppe im Gefecht,

noch nicht die Strategie, die Verwendung des Gefechtes im Rahmen eines Feldzuges.
Das wusste er und veröffentlichte das Werk erst viel später, nachdem er es sorgfältig ausgearbeitet und mit eigener Erfahrung bereichert hatte. Immerhin ist diese erste Fassung für den Militärhistoriker interessant, da er im Vergleich zwischen ihr und den späteren Werken Montecuccolis feststellen kann, wie sich im Laufe einiger Jahrzehnte der Horizont des Verfassers erweiterte, das Kriegswesen sich veränderte.[11]
Manche Tatsache hielt Montecuccoli nicht eigens fest, weil sie für ihn selbstverständlich war, z. B. dass nicht nur die Offiziere, sondern auch Unteroffiziere und einfache Kürassiere Adelige waren, die sich zwei bis drei Pferde samt Rossknecht, oft sogar noch Diener hielten. Daher war das Werbegeld für Reiter auch höher, 30 Reichstaler für einen Kürassier, 20 für einen Dragoner, nur 8 bis 10 für einen Infanteristen („Fußknecht").
Die Fassung des „Trattato" von 1641 enthält dafür viel allgemein Gültiges, z. B. über das Verhältnis eines Generals zu seinen Soldaten, wie er ihr Vertrauen und ihre Zuneigung gewinnt, ohne seiner Autorität etwas zu vergeben, und dass sie Strenge ertragen, wenn sie gerecht ist, über die richtige Tapferkeit im Gegensatz zur Tollkühnheit und vieles andere. Daran hielt Montecuccoli sich sein Leben lang; seine Fürsorge im Sinne einer patriarchalischen Verantwortung erstreckte sich auch auf Kleinigkeiten, dafür achteten und liebten seine Soldaten ihn.
Daneben zeugt der Trattato auch für die Frömmigkeit des Autors. Er glaubte an die Kraft von Gebeten und Gelübden, bewunderte es, dass in den protestantischen Heeren regelmäßig Gottesdienste gehalten wurden, was im kaiserlichen Heer anscheinend nicht selbstverständlich war. Dass er auch Vorzeichen und warnenden Träumen Bedeutung beimaß, entsprach den Anschauungen seiner Zeit.
In dieser Zeit seiner Gefangenschaft schrieb Montecuccoli noch ein weiteres militärtheoretisches Werk mit dem Titel „Sulle battaglie". Es war ebenfalls noch sehr abhängig von Machiavellis „Arte della guerra", im selben Stil geschrieben, oft mit wörtlich gleichen Sätzen, doch realistischer als Machiavelli, denn dieser hatte nie ein Regiment Kürassiere in den Kampf geführt.
Ab und zu erhielt Montecuccoli Nachrichten vom Kriegsgeschehen, sei es durch andere Gefangene, die neu eingeliefert wurden, sei es im Ge-

spräch mit schwedischen Offizieren, und mitunter erreichte ihn auch ein Brief. So erfuhr er, dass noch im Jahre 1639 Feldmarschall Graf Gallas das Oberkommando des kaiserlichen Heeres abgeben musste, freilich mit der stillen Hoffnung, man werde ihn doch wieder brauchen. An seiner Stelle wurde vorläufig Erzherzog Leopold Wilhelm zum Generalissimus ernannt, ein Herr von erst 25 Jahren, jüngerer Bruder des Kaisers. Er war für die geistliche Laufbahn bestimmt und brachte es bald zu hohen, sehr einträglichen Würden als Bischof von Passau, Straßburg, Magdeburg, Olmütz und anderen Orten, hegte aber auch militärischen Ehrgeiz und bewährte sich; schon 1640 vertrieb er die Schweden aus Böhmen und Schlesien. Im nächsten Jahr starb der schwedische Feldmarschall Banér, wohl an den Folgen seines zügellosen Lebens, man sprach aber auch von Gift. Sein Nachfolger wurde der ebenso fähige Linnard Torstensson.

Die anderen gefangenen Offiziere hatten nur wenig Verständnis dafür, dass Montecuccoli sich den Studien hingab, statt mit ihnen Karten zu spielen, zu würfeln, zu saufen oder noch andere Vergnügungen zu suchen. Hier wiederholte sich, was er schon in jungen Jahren erlebt hatte; er entfremdete sich den Kameraden. Einer dieser Herren, ein früherer Freund, machte ihm Vorwürfe, beleidigte ihn sogar schwer, sodass es zu einem Duell kam. In diesem Falle wirkte es sich nicht gut aus, dass die Gefangenen weitgehend sich selbst überlassen blieben und sogar ihre Degen behalten durften. Zum Glück ging die Sache unblutig zu Ende: es gelang Montecuccoli, dem Gegner die Waffe aus der Hand zu schlagen, und dann brachte er es nicht über sich, den Wehrlosen zu erstechen, sondern bot ihm die Versöhnung an.

Montecuccoli schrieb viele Briefe, teils in familiären Angelegenheiten, vorwiegend aber um zu erreichen, dass er aus der Gefangenschaft befreit würde, denn wenn sie auch erträglich, in mancher Hinsicht sehr ertragreich war, konnte doch geistige Tätigkeit allein einen Mann, der bisher sehr aktiv gewesen war, auf die Dauer nicht befriedigen. Prinz Mattia de'Medici, Herzog Francesco I. von Modena, Bolognesi, Marchese Francesco Montecuccoli-Polinago und noch andere Herren bemühten sich, einen Austausch herbeizuführen, vorläufig leider vergeblich.

„Folgenden Winter“, berichtete Montecuccoli später, *„verlangte ich von Torstensson, nach Mecklenburg gebracht zu werden, um der Arme*

näher zu sein; er gestattete mir, nach Wismar zu gehen. Wir überschritten den Meeresarm über das Eis. In Wismar hielten wir uns gegen sechs Monate lang auf."

Hier hatte er nicht mehr die Bibliothek der Herzoge von Pommern zur Verfügung, dürfte aber den Wunsch gehegt haben, weiterhin zu schreiben, und deshalb ein aktuelles Thema behandelt haben, die Art der Kriegsführung der Schweden in Deutschland („Relationi del modo che tengono in Svedesi nella guerra della Germania"). Auch dieses Werk veröffentlichte er erst später mit einigen Ergänzungen, denn zunächst hatte er das schwedische Heer zwar kennengelernt, es fehlte ihm aber die Erfahrung, alles überblicken zu können. Immerhin erregte schon diese erste Fassung das Interesse des Feldmarschalls Piccolomini, sobald er sie zu Gesicht bekam – natürlich erst nach der Freilassung Montecuccolis.

Dieser wartete schon ungeduldig darauf und beschwerte sich im Februar 1642 in einem Brief, dass er immer noch nicht ausgetauscht worden sei, während jüngere Obristen, die nach ihm in Gefangenschaft geraten waren, bereits die Freiheit wieder erlangt hätten. Die „Ranzionierung" war eine komplizierte Angelegenheit, ein Tauschhandel, bei dem viele Interessen mitspielten, welchen ihrer Offiziere die Schweden zurückhaben wollten, wen sie dafür anboten, und auf der katholischen Seite hatten nicht nur die Kaiserlichen, sondern auch die verbündeten Bayern ihre besonderen Wünsche.

Im Frühjahr 1642 war es endlich so weit. Die Kaiserlichen gaben den Obristen Slang und andere Offiziere den Schweden zurück, diese ließen dafür die Obristen Raimondo Montecuccoli und Tonio de Pompei frei. Sie reisten über Stettin nach Glogau in Schlesien.

Die kaiserliche Armee stand bei Breslau. Montecuccoli war erschüttert, als er dort sein Kürassier-Regiment wiedersah: es war auf 150 Mann zusammengeschmolzen, und diese hatten keine Pferde! Um Geld für die Werbung neuer Soldaten und den Ankauf von Pferden zu erlangen, begab Raimondo Montecuccoli sich sogleich nach Wien. Sein Vetter Graf Girolamo bot ihm freundlich Quartier, hatte aber leider eine sehr traurige Familiennachricht für ihn: Sein jüngster Bruder Galeotto, Kammerherr des Herzogs von Modena, war nachts in seinem Schlafzimmer erstochen worden. Der Täter war ein deutscher Diener, der auch Raimondo bekannt war und „Anz" (Hans) gerufen wurde. Nachher hieß es, Galeotto habe ihm nicht recht getraut und nur ausnahmsweise seine Dienste in Anspruch genommen. Es war ein Raubmord, die Beute bestand aus einer goldenen Halskette sowie einigen Gold- und Silbermünzen. Die Tat wurde erst am nächsten Abend entdeckt, Hans war inzwischen mit dem Postwagen entflohen, doch der Herzog schickte Boten nach allen Richtungen aus. Der Mörder wurde in Padua gefangen, nach Modena gebracht und ohne langen Prozess an den Galgen gehängt.

Eine andere betrübliche, wenn auch nicht so arge Nachricht erhielt Raimondo vom Herzog von Modena: sein Bruder Massimiliano war schon vor Jahren in den Jesuitenorden eingetreten, und zwar heimlich, denn er wusste, dass die Familie damit nicht einverstanden sein würde. Tatsächlich hatte Raimondo seinem jüngeren Bruder eine ganz andere Laufbahn zugedacht und bat nun den Herzog in einem Brief, er möge irgendwelche strengen Maßnahmen ergreifen, die Massimiliano zwingen würden, die Mönchskutte abzulegen, doch der Herzog antwortete, es sei schon zu spät, um etwas unternehmen zu können.

Auf militärischem Gebiet erlebte Montecuccoli Erfreulicheres. Erzherzog Leopold Wilhelm stellte ihm 3000 Gulden zur Verfügung, um das Kürassier-Regiment wieder zu ergänzen. *„Ich ging dann mit den besten Hoffnungen zur Armee und fand Piccolomini zu Brünn in Mähren. Der Erzherzog kam nach und wir marschierten nach Olmütz. Ich wurde mit 2000 Reitern gegen Slang gesandt, fand ihn jenseits von Troppau und schlug ihn; die Armee folgte nach.“* Mit diesen knappen Worten hielt Montecuccoli in seinem „Auszug aus meinem jährlichen Aufenthalt in Deutschland" die Ereignisse des Frühherbstes 1642 fest, sie lassen sich jedoch aus zeitgenössischen Berichten genauer darstellen:

Raimondo Montecuccoli hatte seinen Verwandten Andrea bei sich, der mit Borso d'Este nach Deutschland gekommen war, um an der Seite seines großen Vetters oder Onkels Kriegserfahrung und womöglich auch ersten Ruhm zu erwerben. Schon das erste Unternehmen war interessant: Raimondo sollte mit seinen Reitern die Schweden unter Torstensson beobachten. Dieser wandte sich nach Schlesien, um die Stadt Brieg zu belagern. Die kaiserlichen Truppen unter Erzherzog Leopold Wilhelm und Piccolomini, die Brieg entsetzen sollten, brauchten eine Avantgarde, um die Lage zu erkunden. Deren Führung wurde Raimondo übertragen, der sich bei solchen Aufgaben schon oft bewährt hatte. Mit 2000 Kürassieren und 500 Dragonern brach er auf, traf nordöstlich von Troppau auf die Truppen des schwedischen Obristen Slang, gegen den er vor kurzem ausgetauscht worden war, besiegte ihn, machte 200 Gefangene, eroberte die Burg von Troppau und befreite die Bürger, die Slang als Geiseln für die Bezahlung von Kontributionen festgenommen hatte. Die kaiserliche Armee konnte ungehindert vorrücken, Torstensson musste die Belagerung von Brieg aufgeben und sich nach Nordwesten zurückziehen. Der junge Andrea Montecuccoli war froh und stolz, das miterlebt zu haben. Bald sah er aber die Wirklichkeit dieses grausigen Krieges: Sobald die Schweden durch neue Truppen aus der Heimat verstärkt worden waren, rückten sie wieder vor. Es war das Hin und Her, das schon über zwei Jahrzehnte lang andauerte und viele Länder Deutschlands heimsuchte, manche immer wieder. Dabei litt die Bevölkerung noch mehr als die Soldaten.

„Indessen traf ein Kurier des Herzogs von Modena bei mir ein sowie der Befehl des Kaisers, dem Herzoge im italienischen Kriege Beistand zu leisten und ihm zu dienen." Mit diesem Satz leitete Montecuccoli den Bericht von einem neuen Abschnitt seiner militärischen Tätigkeit ein. Er hatte wohl schon erfahren oder zumindest vermutet, dass die Bemühungen des Herzogs, ihn aus der Gefangenschaft frei zu bekommen, nicht nur der alten Sympathie für die Familie Montecuccoli zu verdanken seien, sondern auch ein politischer Grund dafür vorliege; das war nun bestätigt. Um diesen Grund darzulegen, ist ein kurzer Exkurs nötig.

Der Nepotismus, das Bestreben der meisten Päpste jener Jahrhunderte, ihren Verwandten zu geistlicher und weltlicher Macht zu verhelfen, erregte wieder einmal Sorge in Italien. Vor etwa 100 Jahren hatte Papst Paul III. (Alessandro Farnese) das Land Castro, das trotz seines geringen Umfanges Herzogtum genannt wurde, als Lehen des Kirchenstaates seinem Enkel Ottavio verliehen. Nun gehörte es zum Herrschaftsgebiet von dessen Urenkel Odoardo Farnese, des Herzogs von Parma und Piacenza. Dieser hatte bei römischen Bankiers große Schulden gemacht, und das erschien den Neffen Papst Urbans VIII. ein günstiger Vorwand, das Herzogtum Castro an sich zu bringen. Bei den Verhandlungen, die einen Krieg vermeiden sollten, spielte Francesco Montecuccoli, Marchese von Polinago, eine große Rolle, hatte aber keinen Erfolg, der Krieg stand unmittelbar bevor. Die norditalienischen

Kleinstaaten befürchteten, nach Castro würden die Barberini, die Familie Papst Urbans VIII., sich auch Parma und Piacenza einverleiben wollen, deshalb schlossen Modena, die Toscana und Venedig ein Bündnis, die „Lega per la pace d'Italia". Geld, um Söldner anzuwerben, war vorhanden oder sollte aus den Untertanen noch herausgepresst werden, aber ein Feldherr fehlte dem Herzog von Modena – da dachte er an Raimondo Montecuccoli.

Auch der Papst wollte sich einen kaiserlichen Feldherrn italienischer Abstammung mieten, wandte sich an Ottavio Piccolomini und versprach ihm einen Kardinalshut, einen zweiten für seinen Bruder, ein Geschenk von 60.000 Scudi, ein Jahresgehalt von 24.000 und nach dem Krieg noch einmal 12.000. Das war ein verlockendes Angebot, aber Piccolomini zögerte, es anzunehmen, denn da hätte er gegen den Herzog der Toscana kämpfen müssen, des Landes, aus dem er stammte. Er brauchte sich nicht zu entscheiden, denn der Kaiser misstraute dem Papst und war nicht bereit, diesem einen seiner fähigsten Heerführer zur Verfügung zu stellen.

Im Vergleich zu Feldmarschall Piccolomini war Montecuccoli als Obrist keine gleichwertige Persönlichkeit, doch das Interesse des Herzogs von Modena für ihn hob sein Ansehen so, dass ihm auf Drängen des Piccolomini am 29. September 1642 der Rang eines Generalfeldwachtmeisters zugesagt wurde. Er meinte allerdings, das sei nichts Großartiges, denn diese nächste Rangstufe über dem Obristen hätte er ohnehin schon erreicht, wenn er nicht so lange in Gefangenschaft gewesen wäre.

Der Kaiser und seine Räte hegten jedoch Bedenken, Montecuccoli nach Italien gehen zu lassen, denn sie befürchteten, er werde dann in seinem Vaterland bleiben wollen. Da bewährte sich wieder Bolognesi als Beauftragter des Herzogs von Modena in Wien. Er wies darauf hin, dass Graf Girolamo Montecuccoli geneigt sei, seinen jüngeren Vetter Raimondo als Erben einzusetzen; die Aussicht auf die Erbschaft einiger Güter in Österreich unter der Enns, größer und wertvoller als die Besitzungen in Italien, würden Raimondo sicherlich veranlassen, nach diesem Feldzug in Italien wieder in kaiserliche Dienste zurückzukehren.

Sobald Raimondo Montecuccoli die Erlaubnis erhalten hatte, übergab er sein Kürassier-Regiment dem Obristlieutenant und reiste nach Wien, von da nach (Kaiser-)Ebersdorf, wo Ferdinand III. Hof hielt und sich an der Jagd erfreute. Hier wurden ihm die schriftlichen Befehle und das Patent seiner Ernennung zum Generalfeldwachtmeister ausgehändigt. Das gab Grund zu einem Festmahl; Girolamo Montecuccoli stellte dafür sein Haus in Wien zur Verfügung, einige kaiserliche Minister und Räte waren dazu geladen, auch der treue Bolognesi. Raimondo trank auf das Wohl des Herzogs von Modena.

IV.

In Modena und auf Schloss Hohenegg

Schon am nächsten Tag fuhr Montecuccoli mit der Post ab und gelangte binnen fünf Tagen und sechs Nächten über Graz, Laibach, Görz, Treviso und Padua am 6. Oktober 1642 nach Modena. Sein Vetter Marchese Francesco und der Herzog empfingen ihn mit großer Freude, er erhielt das Patent als modenesischer General der Kavallerie. Sogleich begann er die Tätigkeit, für die er hinberufen worden war, inspizierte die vorhandenen Milizen, ordnete und übte sie, ließ kleine Feldkanonen nach schwedischem Muster gießen, im Arsenal Kriegsbrücken, die von Ochsengespannen befördert werden könnten, und Backöfen herstellen. Die herzogliche Kanzlei dürfte über dieses Arbeitstempo eher erstaunt als erfreut gewesen sein, sie fügte sich aber, ließ weitere Truppen ausheben und verhandelte über die einzelnen Punkte des Bündnisses mit der Republik Venedig und dem Großherzogtum Toscana. Als alles in die Wege geleitet war, begab sich Raimondo ins Schloss Montecucculo, dann nach Siena, besuchte den Prinzen Mattia de'Medici, der dort Statthalter war, und fuhr weiter nach Florenz zum Großherzog.

Auf der Rückreise über die Höhen des Apennin überraschten ihn Schneefall und heftiger Wind, sodass er nur mit Mühe und unter Gefahr weiter kam. Als er erschöpft und durchfroren in Modena anlangte, traf er den Herzog nicht an und musste ihm nach Venedig nachreisen. Dort oder vielleicht auch schon früher erfuhr er, dass Torstensson das kaiserliche Heer bei Breitenfeld nördlich von Leipzig besiegt habe, er notierte nur *„die Nachricht von dieser Niederlage kam mir in Italien zu"*. In Venedig wartete noch eine andere traurige Botschaft auf ihn, ein Brief seines Vetters Girolamo, dass dieser schwer erkrankt sei. Raimondo begleitete den Herzog noch nach Modena, dann erbat er Urlaub nach Wien. Er erhielt ihn unter der Bedingung, dass er unverzüglich wiederkommen werde,

sobald der Herzog ihn rufe, ließ den Trompeter, der ihn begleitet hatte, und seine Pferde in Modena zurück und reiste nach Wien.
Als er zu Beginn des Jahres 1643 dort eintraf, fand er den Vetter nicht mehr lebend vor, konnte nur dem Requiem beiwohnen und versuchen, die Witwe zu trösten. Die Güter des Girolamo erbte er freilich nicht, denn dessen Gemahlin lebte noch. *„Die Gräfin-Witwe versprach mir jedoch ein gutes Einverständnis, weil ich ihr von dem sterbenden Gatten empfohlen worden war. Sie schenkte mir einen Teil der Güter von Juppendorf und verriet noch weitere gute Absichten“*, vermerkte Raimondo darüber.
Auf der Reise nach Wien war er mit dem Erzherzog Leopold Wilhelm zusammengetroffen, in Wien mit Ottavio Piccolomini. Die beiden hatten durch ihre Niederlage bei Breitenfeld einiges an Ansehen verloren. Der eine verzichtete für eine Weile auf den undankbaren Kriegsdienst und wollte sich seinen weniger anstrengenden geistlichen Pflichten widmen, der andere bereitete sich vor, nach Spanien zu reisen, wo er auf eine ehrenvolle Aufgabe rechnen durfte. Den Oberbefehl über das kaiserliche Heer hatte wieder Graf Gallas übernommen.
Montecuccoli erreichte es, dass er Gallas zugewiesen wurde, und erhielt die Zusicherung, sein Regiment werde ihm erhalten bleiben, da kam ein Eilkurier des Herzogs von Modena mit der Aufforderung, unverzüglich nach Italien aufzubrechen, denn der Krieg habe dort schon begonnen. Der Kaiser gab die Erlaubnis dazu und ordnete an, dass sein Gepäck ihm nachgeschickt werde. Mit nur einem Begleiter reiste Montecuccoli auf der üblichen Poststraße nach Modena.
Die verständnisvolle Fürsorge des Kaisers ging sogar noch weiter. Er vermutete, dass die Truppen der Lega nicht absolut verlässlich und wohl auch wenig geübt sein würden, und stellte deshalb 1100 schwedische Kriegsgefangene als Soldaten zur Verfügung. Sonst wurden ja meistens Gefangene in das eigene Heer eingereiht, aber wenn Schweden gegen ihre Landsleute ins Feld geschickt würden, konnte man sicher damit rechnen, dass sie bei nächster Gelegenheit überlaufen würden; hielt man sie jedoch weiter gefangen, kostete das viel Geld; da war der Krieg in Norditalien eine günstige Möglichkeit, sie loszuwerden. Für ihre Ausrüstung und Verpflegung erhielt Montecuccoli 12.000 Taler und freute sich schon darauf, mit kampferprobten Soldaten in den Krieg ziehen zu können, da kam aus Wien der Gegenbefehl. Man befürchtete,

den Papst zu verärgern, der ohnehin kein Freund der kaiserlichen Sache war und sich noch mehr auf die Seite der Franzosen stellen würde. Die 1100 Schweden waren bitter enttäuscht, denn gegen den Papst hätten sie gern gekämpft, noch dazu in einem Lande, das noch nicht ausgeplündert war. Montecuccoli musste sich mit der Tatsache abfinden und die 12.000 Taler zurückzahlen.

Der Krieg, in den er nun eintrat, unterschied sich wesentlich von allem, was er bisher in Deutschland kennengelernt hatte. Die Gegner waren keine harten Schweden, aber die eigenen Truppen kaum besser als die päpstlichen. Das befestigte Städtchen Crevalcore nordöstlich von Modena nahmen sie durch einen Überfall ein, aber die Besatzung, die nun hinein kam, zeigte sich ebenso sorglos und nachlässig wie die, die gerade besiegt worden war. Crevalcore ging durch einen Überfall bald wieder verloren.

Wesentlich besser lief es beim Entsatz der belagerten Stadt Nonantola am 20. Juli 1643, denn daran nahmen keine Venezianer teil, denen der Krieg recht gleichgültig war, sondern nur Modeneser unter dem Befehl ihres Herzogs, und sie kämpften für ihre Heimat – Nonantola liegt nur 15 km nordöstlich von Modena. Herzog Francesco wurde später als einer der besten Heerführer in Italien gerühmt, weil er die Kriegskunst von Montecuccoli erlernt hatte. Dieser führte bei Nonantola die Reiterei und siegte durch seine Schnelligkeit, mit der die Gegner nicht gerechnet hatten.[12]

Auch der Papst hatte nicht erwartet, dass seine Truppen einem General gegenüberstehen würden, der im Dienste des Kaisers große Erfahrung gesammelt hatte, beschwerte sich beim Kaiser darüber und verlangte von ihm, Montecuccoli zu bestrafen. Ferdinand III. wusste, dass der Papst für Frankreich Sympathien hegte, wollte ihn nicht völlig zum Feind haben und gab wieder nach, wie er es in der Frage der 1100 Schweden getan hatte. Um zu beweisen, dass Montecuccoli kein kaiserlicher Offizier sei, nahm er ihm das Regiment Kürassiere weg.

Montecuccoli äußerte in seinen Aufzeichnungen aus Respekt vor der Entscheidung des Kaisers kein Wort des Ärgers darüber, zählte nur in einem an Ferdinand III. gerichteten Memoriale seine Leistungen im Kriege in Deutschland auf und auch die hohen Summen, die er für sein Regiment aufgewendet hatte: dreimal hatte er es auf eigene Kosten neu ausgerüstet und durch Werbung verstärkt, einmal hätten seine Leute kein Winterquartier gefunden, wenn er nicht sein gesamtes eigenes Vermögen dafür aufgewendet hätte. Auf Grund dieser Tatsachen konnte er erwarten, bald nach seiner Rückkehr wieder ein Regiment zu bekommen. Für den Augenblick war es ein kleiner Trost, dass sein Regiment nun keinem Unwürdigen zufiel, sondern dem bisherigen Obristlieutenant Claudius Franz Freiherrn von Lanan.[13]

Da Montecuccoli gewohnt war, den Reiterangriff persönlich anzuführen, und sich jeder Gefahr aussetzte, wurde er einmal an der Hand verwundet. Mit seinen Reitern war er zufrieden, nicht mit der Infanterie. In einem Brief, in dem er Prinz Mattia de'Medici zu dessen Siegen gratulierte, schrieb er, er beneide ihn, dass Mattia mit eigenen Truppen operieren könne, während er selbst unter der Saumseligkeit und den Ausreden der Venezianer leide. Über diese urteilte er: *„...ist es vollkommen klar, dass man gewiss keinen guten Erfolg mit Leuten hätte erwarten können, die nur widerwillig vorwärts gingen, sehr erschreckt waren und schon am selben Morgen mehr als einmal den Beweis geliefert hatten, dass sie stets bereit seien, die Flucht zu ergreifen, ohne auch den Feind nur gesehen zu haben."*

Obwohl er seine Meinung stets offen, manchmal zu offen sagte, befolgte er im Stile seiner Zeit alle Pflichten der Höflichkeit in rhetorischen Phrasen, die heute fast lächerlich klingen. Am 24. September schrieb er aus dem Feldlager bei Finale, einer Stadt am Tanaro westlich von Ferrara, an Prinz Mattia: *„Ich habe mit Jubel die Nachricht vom Siege Eurer Hoheit über Don Vincenzo della Marra und von der trefflichen Ausnützung des Sieges vernommen, die Ihre hervorragenden militärischen Tugenden neuerlich in glänzendem Lichte zeigt. Gott sei stets mit Ihnen, dann wird auch unser Jahrhundert seinen Caesar und seinen Alexander haben."* Am Schluss des Briefes steht ein Zeugnis für das Kriegswesen jener Zeit: Die toskanischen Truppen hatten einen feindlichen Offizier gefangengenommen, dessen Name aber schien dem Herzog von Modena bekannt; offenbar war der Gefangene derselbe Obrist, der von ihm Geld zur Werbung von Soldaten erhalten hatte und damit zu den Päpstlichen übergelaufen war.

Gegen Ende des Jahres 1643 erhielt Raimondo Nachricht, die Gräfin Montecuccoli, Witwe seines Vetters Girolamo, sei ernstlich erkrankt. Da schon Friedensverhandlungen begonnen hatten, konnte er guten Gewissens Urlaub vom Herzog erbitten. Wäre er in Modena geblieben, wäre ihm sicherlich neben dem Dank mit Worten, den er erhielt, auch materieller zuteil geworden, aber dazu hätte er sich in den Wettstreit mit den Höflingen einlassen müssen, die sich mit offener Hand um den Herzog drängten. Das war nicht seine Art, lieber verzichtete er auf Belohnungen und fuhr mit einem Schiff von Venedig nach Triest, ritt von dort zur nächsten Station der kaiserlichen Post und fuhr mit dieser über Laibach und Graz nach Wien. Wenige Tage vor Weihnachten 1643 traf er dort ein. Die Gräfin starb, das Requiem wurde abgehalten, das Testament eröffnet – und Raimondo sah sich als Haupterben genannt.

Es gab allerdings noch einen Sohn der Gräfin aus ihrer ersten Ehe mit einem deutschen Protestanten namens Hans Friedrich von Gienger, der in ihrem Testament als Miterbe eingesetzt war. Der Vergleich mit diesem Herrn kam Raimondo teuer zu stehen; er musste sich verpflichten, 27.000 Gulden bar in drei Jahresraten zu zahlen, ferner eine Forderung von 11.000 Gulden abtreten, die er an die Landeskammer hatte, und dazu alle bekannten und unbekannten, erwiesenen und unerwiesenen Schulden der Grafen Ernesto und Girolamo sowie der Gräfin Barbara auf sich nehmen. Wie er so viel Geld aufbringen solle, bereitete ihm etliche Sorgen. Gleichzeitig dachte er daran, dass ihm im Kriege ja etwas zustoßen könne, und verfasste ein Testament, in dem er, solange er ledig und kinderlos war, einen Herrn als Erben einsetzte, dem er zu Dank verpflichtet und herzlich zugeneigt war, den Vetter Francesco Montecuccoli, Marchese di Polinago. Danach nahm er Besitz von der Erbschaft und blieb, da er ja kein Regiment mehr hatte, bis zum Frühjahr 1644 auf Schloss Hohenegg und machte sich mit seinen neuen Aufgaben als Gutsherr vertraut.

Es ist eine lange und komplizierte Geschichte, wie die Montecuccoli auf Hohenegg sesshaft geworden waren. Diese Herrschaft im Dunkelsteinerwald bei Hafnerbach westlich von St. Pölten in Niederösterreich, damals „Österreich unter der Enns", war landesfürstliches Lehen. Im Jahre 1624 entzog es Kaiser Ferdinand der evangelischen Familie Enenkel, wie das zur Zeit der Gegenreformation häufig vorkam, und belehnte seinen General Ernesto Montecuccoli. Damit erhielt Ernesto die Herrschaftsrechte, es bleibt aber fraglich, wieweit er – und ob überhaupt – sie bei seiner dauernden militärischen Tätigkeit tatsächlich ausübte. Zudem bedeutete Belehnung noch nicht privatrechtlichen Besitz. Die Herrschaft Hohenegg war durch Steuerrückstände schwer verschuldet, auf die Enenkel folgten andere Besitzer, zuletzt der würdige Hofrat Georg Caspar Herr von Neuhaus und Freiherr zu Hartenstein. Auch er war Protestant und wurde deshalb gedrängt, die Herrschaft an einen Katholiken zu verkaufen. Ernesto Montecuccoli hatte sich in Gegensatz zu manchem anderen Heerführer im Krieg nicht bereichert und besaß daher nicht die Mittel, Hohenegg zu erwerben, aber wenn der Besitz schon nicht ihm erreichbar war, dann seinem Bruder, dem Grafen Girolamo Montecuccoli und dessen Frau Barbara, geb. Gräfin Concin. Die beiden waren nach einem Zerwürfnis mit Erzherzogin Claudia aus Tirol nach Wien übersiedelt; die Gräfin veräußerte Häuser, die sie in Wien besaß, und erwarb 1629 die Herrschaft Hohenegg verhältnismäßig billig, einerseits weil der Herr von Neuhaus ja verkaufen musste, andererseits wegen der Schulden, die noch auf der Herrschaft lasteten. Im folgenden Jahr wurde die bisher lehenspflichtige Herrschaft zum freien Eigen erklärt.

Es ist möglich, dass Raimondo Montecuccoli das Schloss früher gelegentlich besucht hatte, aber da nur als Gast, der Zimmer und Bedienung brauchte, sich sonst um nichts zu kümmern hatte. Nun als Eigentümer musste er erst richtig kennenlernen, was alles ihm gehörte und wofür er die Verantwortung trug. Der große Rittersaal hatte Gemälde an den Wänden, einen weißen Marmorboden und schwere, mit Schnitzwerk verzierte Möbel; zwei Messingluster konnten mit 60 Kerzen festliche Beleuchtung bieten. Außerdem gab es die Schlosskapelle, 32 größere und kleinere Stuben, Kammern, Vorhaus und Kellergewölbe, drei Küchen, Vorratsräume, Hausmühle, Backstube und Ziehbrunnen.

Dergleichen kannte Raimondo vom Schloss seiner Eltern her; noch leichter war es ihm, die vorhandenen Jagdwaffen und die Pferde samt den Ställen zu beurteilen, die Hufschmiede, die Weinpresse und den Weinkeller. Für alle Fälle – die Schweden kamen ja oft bedenklich nahe – ließ er auf den Bastionen des Schlosses Geschütze aufstellen und sorgte dafür, dass die Zugbrücken in gutem Zustand blieben.

Schwieriger war es, sich in der Verwaltung zurechtzufinden, denn das Schloss war nicht nur ein Wohnsitz, sondern auch das Zentrum einer Wirtschaftseinheit. Selbstverständlich gab es einen Schlosshauptmann, einen Rentmeister, Forstmeister, Stallmeister, vielleicht einen Falkner, sicherlich eine Schafferin, die das Haus- und Küchengesinde beaufsichtigte, aber als Offizier hatte Raimondo gelernt, sich nicht von vornherein auf Untergebene zu verlassen, sondern ihre Angaben und die ganze Tätigkeit zu überprüfen, auch die Abgaben, die von den leibeigenen Untertanen geleistet wurden. Seine Tante Barbara hatte ihn im Testament ermahnt, die Bauern zum katholischen Glauben zurückzuführen und darauf zu achten, dass sie nicht heimlich noch der lutherischen Ketzerei anhingen; über das leibliche Wohl der Bauern stand nichts im Testament. Raimondo wusste jedoch, dass ein Soldat nur dann willig marschiert und kämpft, wenn er genug Verpflegung erhält, und konnte daraus schließen, dass ein Bauer selbst satt werden müsse, um Robot und Zehent ordentlich zu leisten.

Die Pflichten als Schloss- und Gutsherr hätten gereicht, Raimondos Leben auszufüllen, doch der Krieg dauerte noch an, Kaiser Ferdinand III. konnte nicht auf einen bewährten Offizier verzichten. Er sparte nicht an Angeboten und Versprechungen, und die waren auch nötig, denn er hatte ihm ja wegen der Beschwerde des Papstes das Kürassier-Regiment entzogen. Also versprach er ihm als Ersatz der Unkosten für das frühere Regiment 30.000 Gulden nebst einem anerkennenden Diplom für die bisherigen Taten sowie weitere 3000 Gulden für die augenblicklichen Auslagen, vor allem aber das nächste Regiment, das frei würde.

Um darüber genauer zu unterhandeln, natürlich nicht mit dem Kaiser persönlich, sondern mit den zuständigen Stellen bei Hofe, weilte Montecuccoli im April 1644 in Wien, und da stellte sich heraus, dass nicht alles Versprochene sogleich zu verwirklichen war. Am 16. April schrieb er deshalb an den Kaiser: *„Euer Majestät haben huldreichst zu befehlen geruht, dass mir sofort 3000 Gulden vom General-Kriegs-Zahlmeister ausbezahlt würden, welcher sich aber entschuldigt, kein Geld in Bereitschaft zu haben, und verlangt, man solle ihm die Art und Weise angeben, woher er es zu beschaffen habe. Ich bitte untertänigst um die Gnade dieser Anweisung, damit ich im Falle eines Befehles bereit sei abzugehen und der Mangel dieses Geldes keine Verzögerung in Euerer kaiserlichen Majestät Dienst mit sich bringe."*

Damit sagte er höflich, aber deutlich, er werde erst wieder in den Krieg ziehen, wenn zumindest dieser Teil der Versprechungen erfüllt worden sei. Außerdem hatte er einiges in Italien zu regeln, denn er war nun, wie es Bolognesi dem Kaiser angedeutet hatte, angesichts der Erbschaft entschlossen, in Österreich zu bleiben. Deshalb schrieb er an seinen Vertrauensmann Dr. Ricci in Modena am 23. April:

„Ich werde mich hier mit Kutschen und Wagen und allem Erforderlichen versehen, aber Pferde für meine Person findet man nicht oder sie sind äußerst teuer. Also werdet Ihr mir gleich meine Pferde senden, und zwar den Braunen ‚Duca', den Schwarzschimmel ‚Rangone' sowie den Schimmel ‚Breslau'. Diese werden mit ihrem Sattelzeug und mit Kotzen bedeckt an der Hand geführt werden … Die Stallknechte werden die Route von Modena nach Padua und über Treviso, Palmanova und Graz nach Wien nehmen, wo man sie beim Herrn Ottavio Bolognesi, der hier Resident unseres Herzogs ist, einstellen … wird. Am Transport muss man kurze Märsche machen, jeden dritten Tag Rasttag halten und die Pferde gut versorgen, damit sie nicht leiden. Für die Reise werdet Ihr den Stallknechten Geld geben, welches Ihr Euch, falls es nicht vorhanden sein sollte, ausleihen oder auch durch den Verkauf des Wagens, der Weine, des Getreides und der anderen Vorräte für die Hauswirtschaft beschaffen werdet. Das Silberzeug werdet Ihr im Hause des Herrn Marchese Francesco aufbewahren, da ich hier ein anderes sehr schönes Service habe, sowie Ihr auch auf meinen Schreibtisch Acht geben müsst, in dem ich Dinge habe, die mir sehr wichtig sind. Bei dieser Gelegenheit werdet Ihr mir den silbernen Napf, der zum Rasieren dient, sowie die Feldflasche schicken, ferner meinen Original-Geburtsschein und die Familien-Dokumente, den Besatz für die Livreen, zwei Paar der besten Pistolen, aber so gemacht und geschäftet, wie es in Italien Sitte ist; zwei echte Bologneser-Hündchen, endlich zwei Schachteln der schönsten Seiden- oder Silberblumen, die man dort verfertigt … Um Gottes Willen trachtet, zu einer Vereinbarung mit meiner Tante Frau Giulia zu kommen oder Geld zu beheben, ebenso meine Güter in Ferrara zu verkaufen; ich muss hier eine Menge Schulden bezahlen, die mir die Gräfin Barbara hinterlassen hat …"

Dieser Brief, hier gekürzt wiedergegeben, zeigt Raimondo einmal von der privaten Seite mit seinen wirtschaftlichen und ganz persönlichen Problemen. Die Sorge um die Pferde entspricht der Erfahrung des Kavalleristen, die zwei Bologneser-Hündchen und die Seiden- oder Silberblumen aber waren zweifellos als ein Geschenk für eine Dame in Wien gedacht. Von ihr ist nur der Vorname Katharina bekannt, zwei Liebesbriefe an sie sind im Konzept erhalten. Der vom 27. April 1644 lautet:

„Gestern hatte ich Audienz bei Seiner Majestät und ging später in den Prater in der Hoffnung, die Augen durch den Anblick meiner Sonne zu

erfreuen, aber es traf nicht ein. Ich betete Sie daher im Herzen an; zum Zeichen der Verehrung sende ich meinem Idol diese Wohlgerüche mit jener Andacht, mit der man den Göttern Weihrauch spendet. Es ist ein Schiffchen, das das Bild meiner Seele darstellt, welche immer schwankend und unruhig sein wird, bis sie Ruhe und Frieden im Hafen Ihrer Gunst finden wird.“

Der Prater war noch nicht allgemein zugänglich, nur unter gewissen Bedingungen für Kavaliere zu Pferd und Equipagen. Da Montecuccoli gehofft hatte, die angebetete Dame dort zu treffen, muss sie von höherem Stande gewesen sein – einer anderen hätte er ja auch nicht so poetische Worte gewidmet. Zwei Tage später sah er sie in Gesellschaft, sie entfernte sich aber vorzeitig, wie er im nächsten Brief bedauerte, und nahm ihm damit die Möglichkeit, sich von ihr zu verabschieden, bevor er von Wien abreisen musste.

In der Postkutsche nach Prag verfasste er ein Liebesgedicht voll Trennungsschmerz, acht Zeilen lang in italienischer Sprache. Von Prag ging es weiter nach Eger, wo er sein neues Regiment vorfand, die Kürassiere des Grafen Christian von Nassau-Hadamar, der im Vorjahr gefallen war. Die neue Aufgabe lockte ihn, er dachte nicht ernstlich daran, der Einladung Herzog Francescos I. zu folgen und nach Modena zurückzukehren, ganz abgesehen davon, dass der Kaiser ihn jetzt brauchte, während in Italien doch endlich Frieden geschlossen wurde. Papst Urban VIII. hatte noch in den letzten Monaten seines Lebens den Nepoten die Unterstützung entzogen, das kleine Herzogtum Castro wurde dem Herzog Odoardo I. Farnese von Parma zugesprochen, dem Schwager des Herzogs von Modena.

In Eger wohnte Montecuccoli in dem Kastell, in dem zehn Jahre vorher Wallenstein ermordet worden war, genoss ruhige Tage und nützte sie aus. Zunächst schickte er das Manuskript des „Trattato sull'arte della guerra", die militärtheoretische Abhandlung, die er während der Gefangenschaft in Stettin verfasst hatte, an Herzog Francesco I. von Modena. Dieser hatte ihn darum ersucht in der Überzeugung, dass er allerlei von dem Feldherrn lernen könne. Im Begleitbrief vom 6. Juni 1644 bat Montecuccoli den Herzog, das Werk zu lesen, aber nicht in andere Hände gelangen zu lassen, denn es sei noch nicht überarbeitet, er besitze auch keine Kopie davon und wolle sich noch eingehend damit befassen. Der Briefverkehr blieb rege, der Herzog teilte ihm auch Privates mit,

den Tod seines Vaters Alfonso in diesem Jahr und den Tod des Bruders Obizzo d'Este, des Bischofs von Modena. Er dürfte Montecuccoli auch an dessen Verpflichtung erinnert haben, in die Heimat zurückzukehren, sobald er dort gebraucht werde, denn in einem Brief vom 27. Juni versicherte Montecuccoli, dass er dazu bereit sei.
An jenem 6. Juni in Eger verfasste Raimondo auch einige Privatbriefe, den ersten an einen Verwandten, den Grafen Alfonso Montecuccoli. Dieser junge Herr wollte im Gefolge seines schon berühmten Vetters oder Onkels und mit dessen Protektion Kriegsruhm erwerben, hatte deshalb schon im Mai zweimal geschrieben, aber Raimondo war anscheinend nicht sehr neugierig darauf, denn er lehnte ab und begründete es nicht sehr glaubwürdig damit, die Jahreszeit sei schon zu sehr vorgeschritten und bis Alfonso einträfe, würde der größere Teil des Feldzuges schon vorbei sein.
Die anderen Briefe waren in deutscher Sprache an Damen in Wien gerichtet. In dem an ein Fräulein Anna Maria Rhein (Rain) von Bellais dankte Montecuccoli für Nachrichten aus dem Wiener Gesellschaftsleben, Hochzeit im Hause Brandeis, Erkrankung der Gräfin Hardegg, und schloss mit dem höflichen Satz *„Ich habe die Prager Frauen gesehen, aber außer einer erreicht keine auch nur annähernd die Schönheit der Wienerinnen."*
Am selben Tage schrieb er auch an das Fräulein Katharina. Er war ihr offensichtlich schon näher gekommen, denn er redete sie vertraulich mit „Katherl" an und beteuerte, dass er große Freude über ihre Zeilen empfunden und den Brief tausendmal gelesen habe, da er ihm tausend Freuden bereitete; ihre künftigen Briefe an ihn möge sie an den modenesischen Residenten Bolognesi schicken. Das war ein vernünftiger Rat, denn Bolognesi wusste immer, wo sein großer Landsmann sich gerade befand.
Anscheinend konnte Montecuccoli sich noch nicht zwischen den beiden Damen entscheiden, denn am 16. August 1644 schrieb er wieder an Anna Maria Rhein von Bellais in deutscher Sprache: *„Ich hab vor etlichen Wochen her so viel zu thun, dass, wie gerne ich auch gewolt, keine Weil meiner allerliebsten Freile zu schreiben nit gehabt."*
Die Entschuldigung, dass er viel zu tun hatte und deshalb nicht schreiben konnte, war keine bloße Ausrede, denn die ruhigen Tage in Eger waren plötzlich zu Ende gegangen. Der Hofkriegsrat hatte ihn weit

umher geschickt, zuletzt mit einem sehr ehrenvollen Auftrag nach Dresden: er sollte mit dem Kurfürsten von Sachsen die nächsten militärischen Maßnahmen beraten. Dann begann für ihn der Feldzug des Jahres 1644; den Brief vom 16. August verfasste er in Schweinfurt.

Das frühere Regiment Nassau-Hadamar betrachtete seinen neuen Kommandanten mit gemischten Gefühlen, denn er genoss schon einiges Ansehen im Heer, war aber dafür bekannt, dass er strenge Ordnung hielt, mancher Offizier hatte auf einen gemütlicheren Obristen gehofft, der es dulden würde, wenn sich jemand unrechtmäßig bereicherte. Durch einen raschen Sieg gewann Montecuccoli jedoch einige Sympathie; unter seiner Führung wurde die Stadt Zeitz im südlichen Sachsen erobert.

Danach schickten ihn Gallas und Erzherzog Leopold Wilhelm, der wieder Mitra und Krummstab mit Helm und Pallasch vertauscht hatte, nach Schlesien; dort sollte er das Kommando übernehmen und die vorhandenen Regimenter zur Hauptarmee führen. Bei seiner Ankunft fand er ein Diplom des Kaisers vor, das ihn zum Feldmarschall-Lieutenant ernannte. Das war eine gewiss verdiente Beförderung, aber nicht gerade selbstverständlich für einen Herrn von erst 35 Jahren.

Anscheinend hatten sich seine Landsleute Gallas und Piccolomini für ihn eingesetzt und den Widerstand überwunden, der von anderer Seite her kam. Feldmarschall Graf Hatzfeld soll erklärt haben, er sei nicht bereit, mit jeder beliebigen Person zusammenzuarbeiten, soll überhaupt seine Menschenfeindlichkeit besonders auf die Italiener im kaiserlichen Heer konzentriert haben, und Graf Schlick, Präsident des Hofkriegsrates, hielt Montecuccoli noch für zu jung. Diese vertraulichen Nachrichten kamen von Bolognesi, der über jeden Tratsch, jede Intrige Bescheid wusste. Er riet Montecuccoli, den kaiserlichen Kriegsdienst zu verlassen und in die Heimat zurückzukehren, wo Herzog Francesco I. noch immer auf ihn warte.

Dazu war Montecuccoli jedoch nicht bereit. Er schrieb nur am 14. September 1644 aus Nürnberg an Gallas und verteidigte sich gegen den Vorwurf des zu geringen Alters: von den großen schwedischen Heerführern sei Torstensson nur vier Jahre älter, Königsmarck jünger als er, der französische Marschall Turenne gar erst 33 Jahre alt, und er, Raimondo Montecuccoli, habe seine 18 Jahre im Dienste des Kaisers gut ausgenützt. Mit berechtigtem Stolz schrieb er: *„Die Reisen, für die andere 25 Tage brauchen, habe ich immer in acht oder zehn Tagen zurückge-*

legt. Die Nächte, die andere durchzuschlafen pflegen, habe ich von Kindheit an niemals mehr als zur Hälfte geschlafen, das Geld, das andere aufgehäuft haben, um bequemer zu leben, habe ich für meine Soldaten aufgewendet oder um Nachrichten zu erhalten und zu lernen, die Stunden, die andere in Vergnügungen verbringen, habe ich der Erwägung und Übung des Kriegshandwerks gewidmet.“

Es ist bekannt, dass der Krieg an den verschiedenen Schauplätzen von den Soldaten große Marschleistungen verlangte; die Kommandanten konnten reiten oder in Kutschen fahren, wurden aber noch viel mehr umherdirigiert. Montecuccoli musste sich aus Schlesien nach Franken begeben, um während der Abwesenheit des Feldmarschalls Hatzfeld die Armee zu führen, dann zu Gallas nach Bernburg an der Saale zurückkehren. Hier bewährte er sich wieder als Truppenführer, aber nicht im Kampfe, sondern anderweit nützlich: bei einer glücklichen Fouragierung brachte er Lebensmittel und Pferdefutter für zwei Wochen ins Heerlager. Nach einigen Gefechten warteten neue Aufträge auf ihn, er reiste nach Linz, um dem Kaiser, der sich gerade dort befand, Mitteilungen von Gallas zu überbringen, und wurde vom Kaiser am 28. Dezember 1644 nach München gesandt. Die Armee hatte nämlich schwere Verluste erlitten, Torstensson rückte gegen die Oberpfalz und gegen Böhmen vor, deshalb forderte der Kaiser vom bayerischen Kurfürsten eine Unterstützung von 5000 Mann. Montecuccoli erreichte, dass sie in Marsch gesetzt wurden.

Der Erfolg der Mission in München, die Achtung vor früheren Leistungen Montecuccolis und der Wunsch, ihn an den Kaiserhof zu binden, damit er nicht doch etwa nach Modena zurückkehre, dürften die Gründe dafür gewesen sein, dass ihm im Laufe des Jahres 1645 zwei hohe Würden zuteil wurden. Zunächst wurde er zum Mitglied des Hofkriegsrates ernannt und legte am 18. Februar zu Prag am frühen Vormittag im Hause des Hofkriegsrats-Präsidenten Grafen Schlick mit zwei erhobenen Fingern den Amtseid ab. Dieser verpflichtete ihn zur Treue gegen seine Majestät den Kaiser, ferner dazu, jedesmal, wenn er gerufen würde, im Rate zu erscheinen, und schließlich, über alle verhandelten Angelegenheiten Stillschweigen zu bewahren. Für ihn war das eine Ehre, für das Kollegium des Hofkriegsrates nützlich, dass wieder einmal ein Herr von unmittelbarer Erfahrung aufgenommen war.

Die Wechselfälle des Krieges führten Montecuccoli 1645 nach Schlesien und Bayern, nach Ungarn, nach Schwaben und an den Rhein.[14] Neben seiner Aufgabe als Truppenkommandant hatte er sich jedoch auch um private Dinge zu kümmern. Er hatte schon mehrmals finanzielle Schwierigkeiten erlebt, war auch nicht sparsam und die Erbschaft hatte mit den Schulden, die noch auf ihr lasteten, noch weitere Sorgen beschert, während die 30.000 Gulden kaiserlicher Belohnung versprochen, aber noch nicht ausbezahlt waren. Um diese Summe oder wenigstens einen Teil davon musste er sich erst bemühen; das schilderte er so: *„(ich) erhielt vom Hofkriegsrat einen Urlaub nach Graz in der Steiermark, um einige Zahlung auf das mir vom Kaiser angewiesene Geschenk zu begehren; ich erhielt auch tatsächlich eine hübsche Summe Geldes."*

Die Fortsetzung dieser Nachricht im „Auszug aus den Hauptaffären" führt zu einem anderen Kapitel des Privatlebens: *„Ich begab mich nach Stein, wo sich die Kaiserin-Witwe sowie Fürst Dietrichstein als ihr Obersthofmeister befanden, und sah dort das Fräulein Clara, der ich lebhaft den Hof machte."* Wenn dieses Fräulein Clara eine Tochter des Fürsten Max Dietrichstein war, wie der Zusammenhang es glaubhaft erscheinen lässt,[15] hätte der Kontakt in Stein zu einer standesgemäßen, sehr erstrebenswerten Verbindung führen können. Die Verwandten in Italien hatten Raimondo ohnehin ermahnt, sich zu verheiraten und einen Sohn in die Welt zu setzen, der die Hauptlinie des Geschlechtes weiterführen könnte; der Besitz Hohenegg hätte eine Herrin und einen Erben gebraucht. Raimondo wusste das, hatte sich ja schon früher um Damen bemüht, aber daraus war nichts geworden und auch diesmal konnte er nicht lang genug dem Fräulein Clara den Hof machen, denn der Kaiser schickte ihn als Kommandanten der Truppen nach Schlesien. In dieses Jahr 1645 fällt auch noch seine zweite hohe Würde bei Hofe. Am 22. Juli wurde er zum Kämmerer seiner Majestät ernannt und legte vor dem Oberstkämmerer Grafen Puchheim den Eid ab. Damit gelobte er, alles geheim zu halten, was die Kammer betreffe, keinen Brief ohne Erlaubnis des Kaisers zu lesen, wenn aber der Kaiser das Lesen gestattete, nichts darüber weiterzugeben, sondern alles bis ins Grab geheim zu halten, und dem Oberstkämmerer in allem, was den Dienst betreffe, Gehorsam zu leisten.

Aus dieser Zeit stammt eine ganz kurze Schrift Montecuccolis, in der er den Kammerdienst am Morgen schildert (vielleicht auf Grund einer

Bitte des Herzogs von Modena), die komplizierten Zeremonien und die vom heutigen Standpunkt aus mangelhafte Hygiene: „*Zu der vom Kaiser festgesetzten Stunde weckt der Erste Kämmerer oder der vom Dienste mittels eines Glockenzeichens den Monarchen. Der tritt im Nachtgewande heraus. Die Kämmerer vom Dienste treten ohne Mantel und ohne Degen ein, der Oberstkämmerer aber mit Mantel und Degen; mit diesem erscheinen auch der Arzt, der Barbier, die Zwerge, Narren und Schalke. Der Erste Kämmerer tritt etwas früher ein und legt dem Kaiser das Hemd an. Die Kämmerer, mit einem Knie am Boden, der älteste beim rechten Fuße, bekleiden ihn mit Hose, Strümpfen und leichten Schuhen. Der älteste Kämmerer reicht knieend das Waschzeug, nachdem er vorher die Wasserprobe vorgenommen hat, und der Oberst-Kämmerer das Handtuch. Dann gibt dieser, nachdem er gleichfalls die Wasserprobe verrichtet hat, das Wasser zum Reinigen der Zähne, ein Kämmerer hält das Becken, in das der Kaiser sich ausspült. Die Kämmerer stellen sich dann seiner Majestät gegenüber auf, ergreifen den Fuß, binden die Strumpfbänder und ziehen ihm knieend die Schuhe an, während der Barbier ihn kämmt. Seine Majestät erhebt sich, ein Kämmerer zieht ihm das Beinkleid hinauf und befestigt es. Er zieht ihm das Nachtgewand aus, der älteste Kämmerer reicht ihm das Wams und beide befestigen es an die Hose; vordem hat ihm der Erste Kämmerer die Magenbinde umgelegt und überbringt die gefütterte Jakke. Der Erste Kämmerer reicht dem Kaiser eine Fleischbrühe, worauf alle verschwinden und die Kämmerer ihre Degen und Mäntel wieder umnehmen.*“[16]

Teils in der Burg, mehr noch auf Reisen des Herrscherpaares hatten die Kämmerer Kontakt mit den jungen Hoffräulein der Kaiserin. Das folgende Gedicht verfasste Montecuccoli wahrscheinlich nicht gleich nach seiner Ernennung; es ist nicht datiert, gehört aber in diesen Zusammenhang. Er schrieb es an die Damen, die ihre Zimmer unmittelbar über jenen der diensttuenden Kämmerer hatten, in italienischer Sprache; die Übersetzung lautet:

„Damen, von Gold das Haar, die Lippen von Purpur,
von Tugend und Schönheit,
ihr seid ein Spiegel, und mit schönem Fuße schlagt ihr
jenen Boden, der unserem Haupt den Himmel bildet.
Wenn nur durch Veränderung die Natur schön ist,

und wenn bei veränderter Lage
man sieht entweder hoch oder tief gehen jeden Stern,
warum, so nach und nach
stimmt ihr nicht überein
in diese Gegenseitigkeit unter uns?
Ach, tut doch endlich ein erfreuendes Werk,
dass ihr unten seid und wir oben!"

Die neue Würde als Kämmerer hätte Montecuccoli an den kaiserlichen Hof gebunden, aber so nützlich der nahe Kontakt zum Monarchen vielleicht sein mochte, wünschte er doch, weiterhin im Felde zu bleiben, und da er dort gebraucht wurde, erhielt er sogleich Urlaub vom Kammerdienst. Das bayerische Kontingent hatte sich mit den kaiserlichen Truppen unter Feldmarschall Graf Hatzfeld vereinigt, aus Ungarn war Verstärkung gekommen, aber noch im Spätwinter 1645 wurden sie von den Schweden bei dem böhmischen Dorfe Jankau (Jankov zwischen Prag und Tabor) besiegt. Montecuccoli war nicht dabei, man hatte ihn nach seiner Rückkehr aus Bayern nach Schlesien gesandt, um den Befehl zu führen. Auf dem Marsch dorthin schickte er den Obristen Graf Würben (Wrbna) mit Kürassieren und Dragonern nach Brünn, das die Schweden belagerten. Die kaiserlichen Reiter durchbrachen die feindlichen Posten, gelangten in die Stadt, versorgten die Verteidiger mit Schießpulver und blieben zu ihrer Verstärkung in Brünn.
Zu der Zeit kommandierte Montecuccoli nicht mehr das Regiment Kürassiere, das er erst im Vorjahr übernommen hatte. Darüber, weshalb er es so bald wieder abgab, lassen sich verschiedene Vermutungen anstellen; die glaubhafteste lautet, dass Feldmarschall Hatzfeld seine Hand im Spiele hatte – es war ja eine der Eigenheiten des Dreißigjährigen Krieges, dass jemand, der ein größeres Truppenkontingent führte, innerhalb dessen noch sein eigenes Regiment hatte, nicht nur der Ehre, sondern auch der Einkünfte wegen. Melchior Hatzfeld war schon 1629, noch nicht in den Grafenstand erhoben, Obristlieutenant in diesem Regiment gewesen, wurde 1632 dessen Obrist und hatte es inne, bis es dem Grafen von Nassau-Hadamar verliehen wurde. Nach dessen Tod 1644 bewarb er sich neuerlich darum und dürfte sich geärgert haben, dass nicht er, sondern Montecuccoli es erhielt. Er scheint sich auch

weiterhin darum bemüht zu haben, bis Montecuccoli der Eifersüchteleien überdrüssig wurde und das Regiment ihm überließ in der Überzeugung, bald ein anderes zu erhalten.

Das geschah auch. Don Giuseppe Piccolomini d'Aragona, Graf von Celeno, Inhaber eines Regiments Kürassiere, sowie sein Obristlieutenant Frittmar waren bei Jankau gefallen; dieses Regiment wurde nun Montecuccoli verliehen. Er blieb bis zu seinem Tode dessen Inhaber (und nach ihm sein Sohn), führte aber nicht durchwegs persönlich das Kommando, sondern überließ diese Aufgabe einem Obristlieutenant; 1645 war das ein Chevalier de Risbourg, 1646 ein Conte di Ghisalieri.

Als Montecuccoli in Schlesien eintraf, fand er die Regimenter, die er kommandieren sollte, in schlechtem Zustand, unvollständig in der Truppenzahl, von den Kavalleristen hatten viele keine Pferde mehr. Diese mussten also aus dem Lande beschafft werden, eine harte Maßnahme gegenüber den Bauern, die ohnehin schon unter der Einquartierung gelitten hatten. Montecuccoli sorgte immerhin dafür, dass alles in Ordnung ablief, und ließ jedem Bürgermeister einen Brief zustellen, in dem er die Notwendigkeit erklärte und versprach, dass die Bauern später einmal mit Beutepferden entschädigt würden oder den Verlust von der Steuer absetzen dürften. In Gegenwart des Bürgermeisters oder eines Richters wurden die konfiszierten Pferde und deren Besitzer genau verzeichnet, ebenso die Soldaten, welche die Pferde erhielten. Begreiflicherweise lieferten die Bauern ihre ältesten und schwächsten Pferde ab oder solche, die für die Kürassiere zu klein waren. Als Montecuccoli erklärte, er werde diese Pferde nach Polen schicken und je zwei oder drei mindere gegen ein besseres eintauschen, baten die Bürgermeister, er möge den Umtausch ihnen überlassen, sie würden danach schon gute Pferde abliefern, und sie taten es auch.

In der Stadt Breslau war das nicht so leicht durchzuführen, der Widerstand der Bürgerschaft war zu groß. Montecuccoli wäre berechtigt gewesen, Waffengewalt anzuwenden, fand aber eine andere Möglichkeit: er ließ die Handelswagen überfallen, die aus Polen oder Mähren kamen, und von jedem Gespann mit sechs Pferden ihrer zwei wegnehmen. So bitter es jeden ankam, der ein Pferd oder mehrere hergeben musste, durfte er doch froh sein, dass die Kaiserlichen Schlesien verteidigten. Wenn die Schweden eindrängen, würden sie noch mehr als nur Pferde wegnehmen!

V.

Das Ende des Dreissigjährigen Krieges

In Österreich unter der Enns waren die Schweden bis an die Donau vorgedrungen. Um sie zu hindern, den Strom zu überschreiten, rief Erzherzog Leopold Wilhelm auch Montecuccoli herbei. Er brauchte jede Truppeneinheit, denn die Verteidigungslinie war lang, sie reichte von Preßburg stromaufwärts bis Mauthausen. Zwei Regimenter Kürassiere patrouillierten zusätzlich das Ufer entlang, bei Tulln stand Montecuccoli mit einer Eingreifreserve. Das war die Lage Ende August 1645.

Die Schweden hatten große Erfolge erzielt, die Stadt Brünn jedoch nicht einnehmen können. Bei ihren vergeblichen Angriffen erlitten sie so große Verluste, dass sie nicht mehr stark genug waren, einen Vorstoß über die Donau zu versuchen. Sie ließen in Krems, Korneuburg und anderen Städten Besatzungen zurück, die Hauptmacht zog nach Böhmen ab. Erzherzog Leopold Wilhelm war indes mit starken Verbänden schon unterwegs, den bedrängten Bayern Hilfe zu bringen. Zu dieser Armee gehörte auch Montecuccoli mit seinem Regiment. Ihm gelang es, die Franzosen zu überfallen und große Beute zu machen, Gefangene und Pferde, Artillerie und reichlichen Tross. Die Franzosen mussten über den Rhein zurückweichen. Als die Schweden von diesen Erfolgen der Kaiserlichen erfuhren, zogen sie sich noch weiter zurück und nahmen ihre Winterquartiere in Thüringen. Am 27. November rückte der Erzherzog in Böhmen ein. Der Feldzug des Jahres 1645 war abgeschlossen, Montecuccoli erbat Urlaub und fuhr nach Modena.

Der Anlass zu dieser Reise war allerdings traurig: Sein Vetter und Freund Francesco, Marchese di Polinago, war am 11. April 1645 gestorben. Er war mit anderen Ratgebern des Herzogs in Ungnade gefallen, aber während jene eingekerkert wurden, durfte er sich ungeschädigt auf sein Gut Guiglia zurückziehen. Trotz des Zerwürfnisses mit Francesco empfing der Herzog von Modena Raimondo sehr freundlich und schenkte ihm einen mit Diamanten besetzten Gürtel sowie einen kostbaren Ring. Das war zugleich ein Dank für frühere Leistungen und ein Vorschuss auf künftige, denn der Friede in Norditalien war brüchig, und wenn es wieder zum Krieg käme, würde der Herzog den verlässlichen Feldhern dringend brauchen. Den Rückweg nahm Montecuccoli durch die Steiermark und erlebte die freudige Überraschung, dass ihm der Rest des kaiserlichen Ehrengeschenkes völlig ausbezahlt wurde. Leider musste er auch eine Einbuße hinnehmen: als er sich zum Kaiser begab, der gerade in Linz Hof hielt, verlor er den schönen Ring.

Er blieb nicht lange in Linz, sondern musste im Dienste des Kaisers noch eine Reise antreten, um dem Erzherzog Leopold Wilhelm dringende Nachrichten zu überbringen. Durch Schnee und Eisregen fuhr er nach Oberfranken, wo die Armee im Winterquartier lag. Der Erzherzog machte Montecuccoli gleich mit den nächsten Aufgaben vertraut: er sollte im Frühjahr 1646 Schlesien gegen den schwedischen General Wittgenstein verteidigen. Das gelang Montecuccoli, er eroberte die gut befestigte Stadt Frankenstein südlich von Breslau und besiegte etliche feindliche Abteilungen derart, dass sie nahezu aufgerieben waren.

Es ging jedoch nicht nur um Schlesien allein, sondern die Schweden daran zu hindern, neuerlich nach Mähren und Niederösterreich vorzustoßen. Dort waren ja einige Städte und Burgen noch von schwedischen Truppen besetzt. Montecuccoli entwarf einen Plan, wie die geringen kaiserlichen Streitkräfte einzusetzen wären, um diese Plätze zurückzugewinnen, Feldmarschall-Lieutenant Hans Christoph Graf Puchheim (der sich damals Puechhaimb schrieb) führte den Plan tatkräftig aus. Am 5. Mai 1646 eroberte er Krems, am 4. August nach langen harten Kämpfen Korneuburg, am 27. Rabensburg, am 30. Falkenstein und Staatz. So war Niederösterreich endlich vom Feind befreit, Puchheim und Montecuccoli hatten vorbildlich zusammengearbeitet. Das gute Einvernehmen zwischen ihnen bewährte sich auch weiterhin, als Puchheim mit neun Kürassier-Regimentern nach Mähren ritt, um Montecuccolis Truppen zu verstärken, und auch im September 1646.

In diesem Monat griffen die Schweden Augsburg an. Erzherzog Leopold Wilhelm wollte dieser Stadt, die ihrer Schönheit und ihres Reichtums wegen berühmt war, zu Hilfe kommen und dabei Montecuccoli und Puchheim an seiner Seite haben. Sie folgten selbstverständlich dem Rufe, aber bevor Montecuccoli noch vor Augsburg mitkämpfen konnte, kam aus Schlesien die Nachricht, der sächsische Generalfeldwachtmeister Hannau, der inzwischen das Kommando führte, sei von den Schweden besiegt worden. Also musste Montecuccoli sogleich zurückkehren und wieder den Befehl über die verbündeten kaiserlichen und sächsischen Truppen übernehmen. Er bedrängte die Schweden dermaßen, dass sie sich bei Einbruch des Winters bis nach Pommern zurückzogen. Montecuccoli konnte beruhigt seine Soldaten in Schlesien ins Winterquartier legen.

Zwischen den Feldherren bestanden in diesem Krieg, wie wohl in jedem, zuweilen Rivalität, Neid und Eifersucht. Die drei italienischen Grafen Piccolomini, Gallas und Montecuccoli hielten gut zusammen, wurden aber von anderen misstrauisch und kritisch betrachtet; ihrerseits sparten sie nicht an spöttischen Worten über jene.

„Gallas pflegte von Holzapfel zu sagen", schrieb Montecuccoli, *„dass er eines Zeitraumes von mindestens zwei Jahren bedürfe, innerhalb welchem er, um sich gut zu unterrichten und die nötige Eignung zu erwerben, nichts anders tun dürfe als zu beobachten, was im Heere üblich sei, und in der Führung Erfahrungen zu sammeln."*

Aber Gallas starb am 25. April 1647 in Wien, erst 58 Jahre alt, und Graf Heinrich Schlick, Präsident des Hofkriegsrates, schlug gerade diesen Holzapfel als Nachfolger im Oberbefehl des Heeres vor, denn sie waren gut befreundet. Als Truppenführer hatte Holzapfel sich jahrzehntelang bewährt, aber den Aufgaben eines Heerführers war er nicht gewachsen; das hatte Gallas ja gesagt und die folgenden Ereignisse bestätigten es.

Montecuccoli hatte wenig Lust, unter dem Kommando dieses Mannes zu kämpfen, und wäre zunächst auch gar nicht dazu imstande gewesen, denn er hatte sich durch einen Sturz vom Pferd eine schmerzhafte Verletzung zugezogen. Das war ein guter Grund, sich nach Wien zu begeben und die Heilbäder des nahen Baden zu gebrauchen. Die Thermalquellen dieser reizvollen, von Weingärten umgebenen Stadt waren schon den Römern bekannt gewesen, nun waren sie ein Sammelplatz für die Damen der Wiener Gesellschaft. Montecuccoli machte ihnen eifrig den Hof und genoss die Unterbrechung des Felddienstes vielleicht länger, als die Verletzung es erfordert hätte. Immerhin erfüllte er seine Pflicht als kaiserlicher Kämmerer und erhielt außerdem bald eine neue Aufgabe.

Kaiser Ferdinand III. liebte seinen klugen, munteren Sohn Ferdinand sehr, sah in ihm seinen Nachfolger und ließ ihn, als er erst 13 Jahre alt war, zum König von Böhmen krönen, 1647 zum König von Ungarn. Seit vor einem Jahrhundert die Haupt- und Residenzstadt Ofen (Buda) in die Hände der Osmanen geraten war, wurden die Könige von Ungarn in Preßburg gekrönt. Dorthin reiste im Juni der gesamte kaiserliche Hof, Montecuccoli nicht nur als Kämmerer, sondern auch als Kapitän der königlichen Garde mit allen Aufgaben, die das Zeremoniell erforderte. Danach nahm der Kaiser am Sommerfeldzug 1647 teil, um die Zuversicht der Soldaten zu stärken. Montecuccoli begleitete ihn vorerst, dann übernahm er wieder den Befehl über die Truppen in Schlesien und führte sie der Hauptarmee in Böhmen zu, die der Stadt Eger zu Hilfe kommen sollte. Der Treffpunkt war Klattau südlich von Pilsen. Am 13. Juli rückte die Armee von dort ab, doch um die rund 100 km bis Schlaggenwald zurückzulegen, brauchte sie fünf Tage. Daran war, wie immer in den Kriegen des 17. Jahrhunderts, zum guten Teil der große Tross der Armee schuld, der jeden Marsch verzögerte, aber die Offiziere fanden auch eine andere Erklärung: Feldmarschall Holzapfel hatte nicht die kürzeste Marschroute gewählt, sondern eine, bei der die Güter befreundeter Familien nicht behelligt wurden. Die Armee kam jedenfalls zu spät: am Tage ihrer Ankunft bei Schlaggenwald, nicht mehr weit von Eger, hatte die belagerte Stadt bereits kapituliert.

Der Stadtkommandant von Eger, Obrist Paradeiser, wurde deshalb später von einem Kriegsgericht verurteilt, das kaiserliche Heer aber musste sich noch wochenlang in dieser Gegend mit den Feinden herumschlagen. Bei einem kühnen Überfall im Morgengrauen des 30. Juli gelangten schwedische Reiter bis nahe an das Zelt des Kaisers und töteten sogar einige Männer der Trabanten-Leibgarde, da griff gerade noch rechtzeitig das wachhabende Regiment Kürassiere ein. Zwei andere Regimenter, die zufällig aufgesessen waren, um Futterholer zu begleiten, kamen zu Hilfe, von den 18 schwedischen Schwadronen blieb nicht viel übrig.

Nach dieser Gefährdung befolgte der Kaiser den Rat, sich nach Pilsen zurückzuziehen, die Armee kämpfte weiter. Beim Angriff auf das feindliche Lager bei Triebel an der Mies südlich von Eger zur Mittagsstunde des 22. August 1647 führte Montecuccoli den rechten Flügel mit gutem Erfolg. Doch nun meinte er, genug geleistet zu haben, verglich das schwierige Leben im Feldlager mit dem ruhigen daheim in Hohenegg oder dem vergnüglichen, das er im Frühjahr in Baden geführt hatte, und verlangte Urlaub. Er suchte den Kaiser in Pilsen auf und bat, aus dem Kriegsdienst entlassen zu werden.
Ferdinand III. dachte nicht daran, auf einen vielfach bewährten hohen Offizier zu verzichten, und wusste auch, wie er Montecuccoli verlocken könne: er versprach ihm durch ein eigenhändiges Dekret, dass er ihn im nächsten Jahr zum General der Kavallerie ernennen werde. Er hatte richtig kalkuliert, angesichts dieser Verheißung erklärte Montecuccoli sich bereit, zur Armee zurückzukehren. General der Kavallerie war er zwar schon in Modena gewesen, aber die Würde eines kaiserlichen Generals, die nächsthöhere Rangstufe über dem Feldmarschall-Lieutenant, galt viel mehr, als General eines italienischen Kleinstaates zu sein.
Bei der Armee erwartete ihn freilich der übliche Ärger. Vorerst schien die Situation erfreulich, denn die Bayern hatten ihren Waffenstillstand mit den Schweden beendet und eine neue Armee mit frischen jungen Soldaten, ordentlich ausgerüstet, mit guten Pferden in den Krieg geschickt, bei Zwickau im Vogtland vereinigten sie sich mit den Kaiserlichen, aber im Kriegsrat ergaben sich Schwierigkeiten. Montecuccoli unterbreitete den Vorschlag, mit Kürassieren und Dragonern den Feind zu verfolgen und zu überfallen, bevor er die Saale erreicht habe, noch besser während des Übergangs über den Fluss. Damit waren alle einverstanden, sogar begeistert, aber der kaiserliche Feldmarschall Holzapfel und der bayerische Feldmarschall Gronsfeld stritten darüber, wer von ihnen mit der Reiterei vorgehen, wer mit der Infanterie, der Artillerie und dem Tross nachfolgen solle. Da sie sich nicht einigten, ging die gute Gelegenheit verloren und der nächste Kriegsrat in Weimar am 30. und 31. Oktober 1647 brachte auch nicht das Ergebnis, das Montecuccoli für richtig gehalten hatte. Statt nach Braunschweig und Lüneburg zu marschieren, führte Holzapfel die Armee nach Hessen, hatte geringe Erfolge, musste sich aber im Dezember an die Donau zurückziehen.

Kaiser Ferdinand III. hatte sich seit Beginn seiner Regierungszeit bemüht, den Krieg zu beenden, Gesandte beider Seiten verhandelten schon längere Zeit, konnten sich aber nicht einigen, und so ging der unselige Krieg auch im Jahre 1648 weiter. Sobald die Jahreszeit es erlaubte, rückten Schweden und Franzosen vereint vor, die Kaiserlichen und Bayern waren gezwungen, über die Donau zurückzuweichen, und trachteten, Augsburg zu erreichen. Sie brachen aber zu spät auf, und zwar aus einem lächerlichen Grunde: die Marketender, die im Tross folgten, hatten ihre Waren noch nicht fertig aufgeladen! Dass man auf sie so viel Rücksicht nahm, ist bezeichnend für das Heerwesen des Dreißigjährigen Krieges, anscheinend hatten sie wirtschaftlichen Einfluss, die Marketenderinnen vielleicht noch anderen.

Schmale Straßen und Engpässe zwangen zu einer langgezogenen Marschordnung. Das war gefährlich, weil nicht bekannt war, wo der Feind über die Donau setzen würde. Die Kavallerie musste sich deshalb teilen, um die Infanterie, die Artillerie und den Tross, die in der Mitte zogen, nach beiden Seiten hin zu beschützen. Man hatte am 17. Mai erfahren, dass der Feind nahe sei, aber nicht, wo er angreifen werde. Montecuccoli bildete die Nachhut mit 2500 Reitern, 800 Mann zu Fuß und vier leichten Geschützen. Gegen ihn richteten sich die Angriffe der feindlichen Kürassiere und Dragoner.

Er hatte nun die schwierige Aufgabe, eine gewaltige Übermacht abzuwehren und doch die Marschbewegung fortzusetzen. Binnen vier Stunden legte er kaum 10 km zurück; als Rückhalt ließ er auf einem waldigen Hang seitwärts der Straße in aller Eile Bäume fällen und einen kleinen Verhau errichten. Feldmarschall Holzapfel kam ihm mit Reitern und Musketieren zu Hilfe, im Nahkampf fiel er durch einen Pistolenschuss.

Montecuccoli hatte keine andere Wahl als die Flucht; er stieg vom Pferde, führte es am Zügel durch einen Sumpf und gelangte glücklich in den Verhau. Hier ging der Kampf hartnäckig weiter, bis die Feinde die Stelle fanden, wo der Sumpf endete, und General Wrangel ein Detachement aussandte, das die Kaiserlichen umgehen und einschließen sollte. Angesichts dieser Gefahr musste Montecuccoli den Kampfplatz räumen. Er schickte die Infanteristen durch den Wald nach Süden, wo sie sich mit dem übrigen Heer vereinigen sollten; um die Feinde von ihnen abzulenken, wollte er sich mit der Kavallerie einen Weg mitten durch sie bahnen. Mit dem Pallasch in der Hand trabte er los, knapp vor den feindlichen Linien fiel er in Galopp, seine Kürassiere hinter ihm. Fechtend brachen sie durch, büßten zwar einige Standarten ein, aber ihre Verluste waren geringer als befürchtet. Von der Infanterie blieben über 500 Mann tot oder verwundet auf dem Kampfplatz, von den Wagen und dem Gepäck ging viel verloren. Der Kampf hatte um halb acht Uhr früh begonnen und sechs Stunden lang gedauert. Nach dem nächsten Ort wurde er die Schlacht von Zusmarshausen benannt.

Die Kaiserlichen und die Bayern wichen vor der Übermacht des Gegners an den Lech zurück, nach einigen Kämpfen an die Isar und schließlich Anfang Juni 1648 an den Inn. Diese neuen Stellungen konnten gehalten werden, denn aus den habsburgischen Erbländern und aus Bayern war Verstärkung gekommen. Ottavio Piccolomini, zum Herzog von Amalfi ernannt, übernahm den Oberbefehl, Montecuccoli führte, seit 3. Juni im Generalsrang, die Kavallerie. Sein Regiment teilte er in die Avantgarde ein, die General Sporck kommandierte. In harten Kämpfen drängten sie die Schweden und Franzosen wieder an die Isar zurück. Diese bezogen in den letzten Julitagen bei Dingolfing Stellung, die Kaiserlichen und Bayern nur zwei Meilen (14 km) entfernt bei Landau.

Während man einander belauerte und versuchte, die Zufuhr zu behindern, erhielt Piccolomini plötzlich die Nachricht, der schwedische General Königsmarck habe die Prager Kleinseite (zwischen der Moldau und dem Hradschin) überfallen und erobert. Das war der Grund zu einer großen Beratung. Ein Vorschlag lautete, hier nur einen Teil des Heeres zurückzulassen, der in der Defensive bleiben müsste, mit dem größeren Teil aber bei Vilshofen die Donau zu überschreiten, eilig nach Prag zu marschieren und Königsmarck zu schlagen, bevor er sich in Prag verschanzt oder Hilfstruppen herangezogen hätte. Die Herren entschieden sich jedoch dafür, die Schweden und Franzosen hier anzugreifen und aus Bayern zu vertreiben.

In langem Kampf mit vielen kleinen Gefechten gelang es, die Feinde zurückzudrängen und Anfang Oktober zwischen München und Dachau zu besiegen; dabei führte Montecuccoli den rechten Flügel mit der Kavallerie. Die Kaiserlichen brachten an die 1000 Gefangene ein, darunter viele Offiziere, auch den Sohn des Feldmarschalls Wrangel. Dieser selbst musste sich zu Fuß durch das Dachauer Moos retten. Die Feinde zogen nach Nordwesten gegen Donauwörth ab. Da nun Bayern weitgehend befreit war, erwog Montecuccoli, in aller Stille nach Böhmen zu ziehen und in raschem Überfall die Schweden vor Prag zu schlagen, da kam am 31. Oktober 1648 ein Kurier aus Münster mit dem Auftrag, sogleich den Waffenstillstand zu verlautbaren, denn man hatte endlich Frieden geschlossen.

VI.

Reisen in die Niederlande, Rom und Dänemark

Die schwedischen Truppen begannen abzuziehen, Böhmen wurde wieder frei. Montecuccoli begab sich nach Prag und nahm hier wohl an manchem Feste teil, wollte aber weiter tätig sein, wenn schon nicht mit dem Schwerte, dann doch mit der Schreibfeder. Am 15. Dezember 1648 schloss er einen Aufsatz von zehn Seiten in italienischer Sprache ab, der sich mit einem sehr aktuellen Thema befasste; der deutsche Titel lautet „Betrachtungen über die in den Staaten seiner Majestät notwendigen Festungen".

Das Werk ist in drei Abschnitte gegliedert: Erstens allgemein über den Wert von Festungen und danach genauer über deren Art, die nötige Zahl und die zweckmäßige Anlage. Zweitens sind die Festungen aufgezählt, die errichtet oder aufgelassen werden sollten, nach Kronländern geordnet. Drittens nannte Montecuccoli die erforderlichen Geschütze und andere Armierung sowie die Stärke der Besatzungen. Die Festungen allein, betonte er ausdrücklich, würden aber nicht genügen, die Kronländer zu verteidigen, dazu sei noch ein stehendes Heer nötig, kriegserfahrene Soldaten, von denen es ja genug gebe; sie würden sich besser bewähren als etwa rasch aufgebotene, ungeübte, zum Teil sogar unwillige Leute. Die Soldaten sollten nicht mehr, wie es bisher geschah, bei Bürgern und Bauern einquartiert und von diesen verpflegt werden, sondern Kasernen und Baracken seien für sie zu erbauen. Das war ein sehr vernünftiger, aber für jene Zeit völlig neuer Gedanke. Allerdings würde das alles viel Geld erfordern; Montecuccoli wusste, dass man in Friedenszeiten nicht viel Geld für das Militär übrig hat.

Um diese Zeit setzte die Korrespondenz des Generals mit seinem Bruder Massimiliano Montecuccoli wieder ein. Dieser hatte an der Mission des Jesuitenordens in Paraguay teilgenommen, nun war er zurückgekehrt. Am 5. November 1648 schrieb ihm Raimondo vom Ende des Krieges und schloss den Brief mit dem hoffnungsvollen Satz, er wolle auf Schloss Hohenegg einige Zeit der Ruhe genießen. Im nächsten Brief, aus Prag am 9. Januar 1649, berichtete er von Verhandlungen mit den Schweden, die ihre Garnisonen allmählich räumten; kaiserliche Kommissare mussten das Inventar, das sich noch vorfand, genau aufnehmen.

Von der früheren Verstimmung, weil Massimiliano ja gegen den Willen der Familie Mönch geworden war, ist in den Briefen nichts zu finden; wenn Raimondo den Bruder förmlich mit „Euer Hochwürden" anredete, muss das keine Entfremdung anzeigen, sondern entsprach dem Stile der Zeit. Dem Herzog von Modena hatte er schon einige Tage vorher geschrieben und ausführlicher geschildert, welche Komplikationen sich ergaben: die Schweden wollten nicht völlig abziehen, bevor nicht alle Bedingungen des Friedens erfüllt wären, sollten aber für den Unterhalt ihrer Truppen Entschädigung zahlen.

In den Frieden war Spanien nicht eingeschlossen, das Königreich musste gegen Frankreich weiterkämpfen. Der wichtigste Kriegsschauplatz waren die Niederlande, wo Erzherzog Leopold Wilhelm die spanischen Truppen kommandierte. Einer seiner hohen Offiziere war Graf Andrea Montecuccoli, ein Vetter Raimondos aus der Linie der Familie, die Montecenere als Lehen hatte. Am 20. März 1649 ernannte ihn der Erzherzog zum Befehlshaber eines Teiles der Kavallerie, bei ihm befand sich als Lehrling der Kriegskunst sein Sohn, der ebenfalls Andrea hieß.

Auf dem zweiten Kriegsschauplatz befehligte Herzog Francesco I. von Modena die französischen Truppen gegen die Spanier und bat brieflich Raimondo Montecuccoli, dies dem Kaiser verständlich zu machen. Das war eine peinliche Aufgabe. Zum Glück schloss zwar der Herzog bald Frieden mit dem König von Spanien, aber er überhäufte seinen berühmten Landsmann und eigentlich Untertanen in Wien mit immer neuen Bitten und Aufträgen. Einmal musste Montecuccoli sogar einem Benediktinermönch namens Don Giovanni Parenti, der aus Modena gekommen war, aber an Geldmangel litt, einen Kredit von 5000 Talern anbieten. Erfreulicherweise nahm der Mönch das nicht in Anspruch, denn er erhielt noch rechtzeitig Geld aus Modena, aber sooft er Informationen oder guten Rat brauchte, wandte er sich doch an Montecuccoli. Der

Herzog hatte den Mönch in gewisser Absicht nach Wien geschickt, setzte jedoch offenbar größere Hoffnungen auf Montecuccoli, denn er weihte diesen in die Geheimschrift ein, die er für vertrauliche Korrespondenz benützte.

Kaiser Ferdinand III. war in zweiter Ehe mit seiner Cousine Maria Leopoldine verheiratet, einer Tochter von Erzherzog Leopold V. von Tirol und Claudia de'Medici. Als die Kaiserin nach nur 13 Monaten der Ehe am 7. August 1649 im 18. Lebensjahr bei der Geburt eines Sohnes gestorben war, zog sich der Kaiser aus Wien zurück und versuchte, sich in Ebersdorf an der Jagd von seinem Kummer abzulenken. Der Hof folgte ihm dorthin, auch Montecuccoli, wie es sein Amt als Kämmerer erforderte. Noch wichtiger waren seine Aufgaben im Hofkriegsrat, denn man verhandelte darüber, dass der Frieden es möglich mache, das kostspielige Heer zu verringern. Montecuccoli mahnte dabei zur Mäßigung, denn der Frieden schien ihm noch nicht verlässlich.

In Zusammenhang mit diesen Problemen erbat er im Frühherbst einen Urlaub, um die Festungen der Niederlande kennenlernen und beurteilen zu können. Er wurde für zehn Wochen vom Dienst freigestellt und machte sich auf die Reise, begleitet von dem Grafen Enea Caprara, seinem Neffen und auch des Piccolomini, einem hoffnungsvollen Jüngling von 17 Jahren, der die ersten Schritte seiner künftigen militärischen Laufbahn tun sollte.

Der Bericht über diese Reise könnte für Lokalhistoriker wichtig sein, obwohl er verständlicherweise die militärischen Gesichtspunkte in den Vordergrund stellt. Von Arnheim z. B. heißt es nur „*Eine große, aber nicht sehr schöne Stadt*", von Emmerich am Rhein „*Sehr große, aber nicht schöne Stadt*", bevor die Befestigungswerke genannt werden.

Ausführlicher ist Leyden geschildert: „*Eine große, schöne Stadt, Sitz einer ausgezeichneten Universität; berühmt ist die anatomische Schule und der Garten, in dem sich die seltensten Pflanzen der Welt vorfinden. Eine prächtige runde Kirche ist im Bau begriffen, das erste von den Calvinisten begonnene derartige Bauwerk. Eine einfache, mit einigen Rondellen versehene Mauer umschließt die Stadt. So wie in den übrigen Städten dieser Provinz fließen auch hier die Kanäle neben den Straßen durch die Stadt.*"

Amsterdam: „*Eine der größten und schönsten europäischen Städte. Die Straßen sind überaus breit, lang, rein gehalten und prächtig; in ganz Holland findet man keine schöneren Häuser. Die geräumigen und schönen Kanäle werden sehr stark frequentiert, am Ufer der Kanäle längs der Straßen sind Baumreihen gepflanzt, was einen herrlichen Anblick bietet. Es sind mehrere Innenhäfen für die Schiffe vorhanden, deren Mastenwald einem wirklichen Walde ähnelt. Seltene Manufakturwaren, Porzellan, Seide, Tiere, Möbel, Tücher und andere derlei Dinge werden aus Ostindien eingeführt … Die Stadt ist mit einem niederen, schlecht gebauten Walle, dem die Brustwehr fehlt, umgeben; das Terrain ist sehr schlecht und senkt sich immer mehr.“*

Dordrecht: *„Diese große Handelsstadt liegt am Meeresufer, wird durch eine mit Rondellen versehene Mauer umschlossen und ist ganz von Wasser umgeben; viele Kanäle durchziehen die Stadt. Die Straßen sind breit, schön und gerade laufend angelegt, die Häuser dem ähnlich und nach Landessitte gebaut.“*

Am meisten erzählte Montecuccoli über Den Haag und flocht auch persönliche Erlebnisse ein: *„Ein großer Ort mit weitem Umfange, aber offen, ohne jedwede Mauer oder Wall und besitzt nur Dorfrecht. Diese Ortschaft ist jedoch so groß wie eine größere Stadt und durch sehr schöne Häuser geschmückt, die noch besser als anderswo in den Niederlanden gebaut sind. Die Straßen sind wunderschön, breit, geschlossen und gepflastert, Kanäle durchziehen von allen Seiten den Ort. Das Meer bespült eine Seite des Ortes. Wenn das Wasser gefriert, unterhält sich die Bevölkerung auf dem Eise auf mancherlei Art, teils durch Schlittschuhlaufen, teils durch Schlittenfahrten, wobei die Schlitten geschoben oder mit Segeln vorwärts bewegt werden. Dieser Ort beherbergt den Hofstaat Hollands und ist die Residenz des Fürsten (Wilhelm II. von Oranien). Ihm küsse ich die Hand, er kommt mir bis zur Türe seines Zimmers entgegen, lässt mich das Haupt bedecken und beim Abschied begleitet er mich wieder bis an die Türschwelle. Erster Hof-Kammerherr ist der Graf Schonberg; er trägt mir einen Hofwagen an und kommt im eigenen Wagen mich früh morgens in meinem Hause besuchen … Ich besuche einen Ball, zu dem die vornehmsten Damen und Kavaliere der Stadt geladen sind; die Damen und Kavaliere tanzen Française mit angezogenen Handschuhen; auch ziehen die Kavaliere, wenn sie den Damen Trinkwasser und andere Erfrischungen reichen, niemals die Handschuhe aus. Nach Beginn des Balles erscheint der Fürst und nimmt am Tanze teil. Sobald eine geraume Zeit getanzt wur-*

de, reicht man den Damen Konfitüren und süße Limonen auf großen Schüsseln und das Fest hat sodann ein Ende."

Am 4. Januar 1650 berichtete Raimondo Montecuccoli seinem Bruder Massimiliano von der Erkundungsfahrt, dass er überall die beste Aufnahme gefunden habe und nun auf eine Reise nach Rom hoffe. Als er in der Nacht zum 18. Februar 1650 wieder in Wien eintraf, wartete schon jemand sehnlichst auf ihn: der Benediktinermönch Don Giovanni Parenti, der inzwischen die Anliegen des Herzogs von Modena betreiben sollte, aber nicht bis zum Kaiser vordringen konnte und auf die Vermittlung Montecuccolis hoffte. Der Herzog hätte nämlich das Städtchen Correggio nordwestlich von Modena gern seinem Staate einverleibt; außerdem wünschte er für seine Tochter Isabella einen passenden Gemahl, obwohl sie erst 15 Jahre zählte, und bat um Vorschläge.

Auf der winterlichen Reise durch die Niederlande und schon vorher im Krieg hatte Montecuccoli seine Gesundheit sehr strapaziert. Er begab sich deshalb wieder nach Baden bei Wien und genoss die Thermalquellen, doch leider gab es immer wieder Angelegenheiten, die ihn nach Wien riefen. Die Aufträge des Herzogs von Modena brauchte er nicht allzu ernst zu nehmen, wohl aber die Tätigkeit im Hofkriegsrat, denn da beriet man die Heeresreform. Feldmarschall Piccolomini leitete sie, Montecuccoli wirkte mit.

Im Westfälischen Frieden 1648 hatten alle Staaten sich verpflichtet, ihre Armeen zu verringern; auch der allgemeine Geldmangel zwang dazu und betraf besonders die kostspielige Reiterei. Sie hatte sich schon während des Krieges allmählich verändert: die Lanzierer waren abgekommen, weil sie ihre Stoßkraft nur im freien, ebenen Gelände entwikkeln konnten, die gepanzerten Arkebusiere hatten sich als zu schwerfällig erwiesen. An ihre Stelle waren die Dragoner getreten; von dieser nützlichen Truppe blieb nach der Heeresreform nur ein einziges Regiment bestehen, von den Kürassieren nur neun. Dem guten Einvernehmen mit dem Feldmarschall verdankte es Montecuccoli, dass nun eines dieser Regimenter das seine war, und Piccolomini hatte noch eine andere Freude für ihn bereit; er lud ihn ein, an der Feier des endgültigen Friedensschlusses in Nürnberg teilzunehmen.

Auch an den Generälen musste gespart werden; am 5. November 1650 wurde ihr Gehalt um ein Viertel gekürzt. Als Trost kam für einen von ihnen das einträgliche Amt des kaiserlichen Statthalters in Böhmen in

Frage; die böhmischen Adeligen und Städte wünschten sich selbstverständlich einen Statthalter, der sich nicht auf ihre Kosten bereichern würde, und richteten Bittschriften an den Kaiser, er möge Montecuccoli mit dem Amt betrauen. Raimondo war jedoch gar nicht begierig danach, sich mit Verwaltung zu befassen sowie den anderen Pflichten, die ihn belasten würden, und war keineswegs enttäuscht, als er den Posten nicht erhielt.

Statt dessen wurde ihm ein Gut in Schlesien zugesprochen, aber das wurde aber zu einer dornenvollen Angelegenheit. Am 13. August schrieb er an seinen Bruder Massimiliano: „*... ich sende demnächst nach Schlesien, um von meinem Gute Besitz zu ergreifen.*“ Am 22. April 1651: „*Ich bin noch immer nicht im Besitz meines Gutes in Schlesien, was mir sehr unangenehm ist, weil ich dadurch in allem aufgehalten bin.*“ Welcher Art die Hindernisse waren und wo das Gut überhaupt lag, teilte er dem Bruder nicht mit, wohl weil er annahm, Massimiliano habe wenig Ahnung von der Geographie Schlesiens und den Verhältnissen dort.

Die Monate zwischen diesen beiden Briefen füllte Montecuccoli mit allerlei Tätigkeiten neben seinen Pflichten am Kaiserhof aus. Nach der Schilderung der befestigten Städte in den Niederlanden verfasste er eine „Beschreibung der Fürsten Deutschlands“ in italienischer Sprache. Vermutlich hatte ihn der Herzog von Modena darum gebeten, vielleicht waren auch andere Herren in Italien interessiert zu erfahren, welche geistlichen und weltlichen Landesfürsten es denn nördlich der Alpen gebe. Demgemäß wurde das kleine Werk vorwiegend eine Übersicht der Namen und Titel sowie der Familienverhältnisse, aber keine genaue Schilderung der einzelnen Personen, ihres Charakters oder auch nur der äußeren Erscheinung, obwohl damals mancher Leser vielleicht interessiert war zu erwägen, wer wen wann heiraten könnte.

Längere Zeit, wahrscheinlich von 1650 bis 1654, befasste Montecuccoli sich damit, aus Werken, die ihn interessierten, Seiten abzuschreiben oder den Inhalt zusammenzufassen. Die Themen sind weit gestreut, Politik, Staatswissenschaft, Theologie, aber auch Naturwissenschaften und Alchemie, Mathematik, Grammatik, Rhetorik, Metrik, Geographie und Astrologie, schließlich ein großer Abschnitt über ritterliche Tugenden und Zweikampf. Insgesamt sind es 230 Bogen in Pergament gebunden mit dem Titel „Zibaldone“, der ungefähr mit „Sammelsurium" zu übersetzen wäre. Eine Abschrift im 19. Jahrhundert umfasst 1069 Seiten.

Der Frieden, der nun endlich festgelegt war, wurde überall mit großer Freude gefeiert. „*Die Jagd*", schrieb Montecuccoli in einem seiner vielen Briefe nach Italien, „*die Komödien, die Spiele der Damen sind jetzt der Zeitvertreib*", fügte zwar hinzu, dass man sich in Florenz daran vermutlich in vollendeterer Weise erfreue, schilderte aber in einem anderen Brief vom 2. Februar 1651 auch die Vergnügungen in Wien recht anschaulich: „*Der Karneval verläuft munter, morgen wird es nächtliche Reiterspiele in Masken, danach viel Feuerwerk geben, dann wird eine ländliche Hochzeit dargestellt, bei der die vornehmsten Damen und Kavaliere sich in Bauerngewand kleiden werden.*" Bei solch einem Maskenfest Ende Februar zog Montecuccoli sich eine schwere Erkältung zu, die erst am 4. März ausgeheilt war.

Er stand zu dieser Zeit schon im 42. Lebensjahr, war bei Hof sehr geachtet und, den Porträts nach zu urteilen, recht ansehnlich mit seiner kräftigen Gestalt, den dunklen Augen und dem dicken Schnurrbart, umfassend gebildet, ein vorzüglicher Reiter, außerdem von altem Adel, Schlossherr und Grundbesitzer, da mochte er mancher Dame als Gemahl oder Schwiegersohn begehrenswert erschienen sein. Er selbst notierte darüber nichts, doch ein gewisser Torresini, Vertrauensmann des Herzogs von Modena in Wien, berichtete diesem von einer bevorstehenden Vermählung des Grafen Montecuccoli mit einer Gräfin Khevenhüller, der schönen und reichen Witwe eines Ritters des Ordens vom Goldenen Vlies, der sehr hohe Ämter bekleidet habe. Aber diese Verbindung kam, wie schon einige andere vorher, nicht zustande, die Gründe dafür sind nicht bekannt.

Gegen Ende des Jahres 1651 erhielt Montecuccoli einen interessanten Brief aus Madrid. Ein Herr Antonelli, allem Anschein nach modenesischer Geschäftsträger am spanischen Hof, berichtete ihm, der kaiserliche Botschafter Marchese Grana sei gestorben, und riet ihm, sich um dessen Posten zu bewerben. Dabei stellte er alles sehr verlockend dar, das Ansehen bei Hof, die Einkünfte, auch die Verpflichtungen. Eine Antwort Montecuccolis darauf ist nicht erhalten; offenbar legte er keinen Wert darauf, seine militärische Laufbahn mit der eines Diplomaten in einem fremden Lande zu vertauschen.

Im Januar 1652 konnte er endlich die Reise nach Italien unternehmen, auf die er sich seit Jahren gefreut hatte. In Venedig genoss er für eine Zeitlang das bunte Karnevalstreiben. Damit widerlegte er das Gerücht, der Kaiser habe ihn in politischer Mission nach Modena oder Florenz geschickt, denn diese hätte solchen Aufschub nicht geduldet. Ein anderer Argwohn tauchte auf, als er in Venedig mit Kameraden aus dem Dreißigjährigen Krieg zusammentraf; da hieß es, er wolle in den Dienst der Republik treten. Daran dürfte er nie ernstlich gedacht haben, er wollte auf seiner Reise nur die Heimat, die Verwandten, den Herzog von Modena und andere Bekannte wiedersehen. Auch damit hatte er es nicht sehr eilig; nachdem er Venedig verlassen hatte, verweilte er noch einige Tage in Mantua und erfreute sich dort ebenfalls am Karneval. Endlich am 2. März 1652 schrieb er aus Modena an Mattia de'Medici, er sei eineinhalb Monate nach seiner Abreise aus Wien hier eingetroffen und würde ihn gern später in Florenz besuchen.

Vorher brauchte man ihn allerdings noch in Modena. Die herzogliche Familie war nämlich seit Jahren zerstritten und hegte die leise Hoffnung, er werde als Vermittler auftreten. Borso d'Este, Onkel des Herzogs, hatte sich im Alter von etwa 40 Jahren in eine junge Dame namens Ippolita verliebt, die natürliche Tochter seines jüngeren Bruders Luigi, und sie trotz aller Einwände geheiratet. Da sie die Abneigung der Familie zu spüren bekam, zog er sich mit ihr in ein abgelegenes Städtchen zurück und wartete seit fünf Jahren auf eine Versöhnung. Montecuccoli fühlte sich vom Kriege her zu Dank verpflichtet und besuchte ihn. Borso versicherte, er sei nur aus Respekt vor dem Herzog in freiwillige Verbannung gegangen, aber durchaus bereit, im Kriegsfalle in das Heer seines Neffen und Landesfürsten einzutreten. Darüber berichtete Montecuccoli dem Bruder des Herzogs, Kardinal Rinaldo, und dem Erbprinzen Alfonso, und so wurde Borso zum nächsten Fest am Hof von Modena eingeladen.

Der Anlass zu dem Fest war die Durchreise der jungen Erzherzöge der Tiroler Linie der Habsburger, Ferdinand Karl mit seiner Gemahlin Anna de'Medici und dem Bruder Sigmund Franz. Durch ihre Mutter Claudia de'Medici und Ferdinand Karls Gemahlin und Cousine Anna waren sie mit vielen Herrscherhäusern Nord- und Mittelitaliens verwandt; neben dem familiären Kontakt, den sie pflegen wollten, war auch die Frage der restlichen Mitgift für Anna zu regeln. In den 23 Tagen zwischen der Ankündigung des Besuches und der Ankunft bereitete der Herzog von

Modena ein großartiges, sehr kostspieliges Fest vor. Außer den beiden Erzherzögen kamen der Herzog und die Herzogin von Mantua, zwei Prinzen aus der Toscana und alle Adeligen des Herzogtums in Modena zusammen, unter diesen auch Montecuccoli.

Das Fest begann am 5. April mit der Fahrt von 48 sechsspännigen Karossen zur Staatsgrenze, wo Herzog Francesco I. die beiden Erzherzöge empfing. Während der nächsten zehn Tage folgte eine Veranstaltung auf die andere, ein Maskenumzug in 250 Karossen, in den Wäldern bei Nonantola Jagd auf Wildschweine, Hasen und Fasane, ein Ausflug in das herzogliche Lustschloss bei Sassuolo, Vorstellungen im Theater, Konzerte und Bälle.

Der Höhepunkt sollte ein Turnier sein, das alte Tradition fortsetzte, aber eher ein Schauspiel wurde. Der damals berühmte Dichter Graziani hatte die Regie übernommen, der Titel lautete: „La gara delle stagioni" (Wettstreit der Jahreszeiten). Dem entsprechend waren vier Abteilungen vorgesehen, die gegeneinander kämpfen sollten, jede von der anderen in der Farbe der Waffenröcke verschieden; der Herzog auf einem großen braunen Streitross führte die Zephyrwinde an, als Waffen dienten Lanze, Stoßdegen und Pistole. Selbstverständlich wollte niemand jemanden töten, mit der Pistole schoss man nicht auf sein Gegenüber, sondern im Wettkampf nach einem Ziel, mit dem Degen stach man im Vorbeireiten auf ausgestopfte Gestalten in türkischem Gewand, mit der Lanze aber versuchte jeder wie in alten Ritterszeiten, seinen Gegner aus dem Sattel zu heben. Bei solch einem Schau-Turnier hatte am 30. Juni 1559 der Graf von Montgomery, Kapitän der schottischen Garde in Paris, ohne Absicht seinen König Heinrich II. von Frankreich tödlich verwundet und auch Raimondo Montecuccoli erfuhr schon bei den Proben Ende März ähnliches Unglück. Er musste gegen seinen lieben Freund Giovanni Maria Molza kämpfen; durch eine plötzliche Bewegung seines Pferdes traf seine Lanze den Freund in die Kehle.

Trotz der Trauer um den Freund musste er an allen Veranstaltungen teilnehmen, am Turnier nur sehr ungern, doch die Erzherzöge wollten sehen, wie der berühmte, nicht mehr ganz junge General ihres Kaisers sich bewähre. Er empfing viel Lob, konnte sich aber darüber nicht freuen.

Die hohen Gäste brachen am 15. April 1652 nach Bologna auf. Auch Montecuccoli wollte nach jenem Unglücksfall nicht mehr länger in

Modena bleiben. Er reiste nach Florenz zu Mattia de'Medici; von dort schrieb er am 3. Mai an seinen Bruder Massimiliano:
„Nachdem ich allen hiesigen fürstlichen Persönlichkeiten Besuche abgestattet und die Sehenswürdigkeiten der Stadt besucht habe, muss ich an die Weiterreise denken. Ich bin hier glänzend bei Hofe untergebracht, und ein Hof-Kavalier leistet mir stets Gesellschaft. Die Feste sind beendet, da auch die Erzherzöge übermorgen abreisen; ich muss eilen, damit mich in Rom nicht die heiße Jahreszeit ereile. Ich bitte Sie, mir nach Rom unter Adresse Seiner Exzellenz Sagredo zu schreiben, welcher venezianischer Botschafter bei Seiner Heiligkeit ist."
Wo Montecuccoli in Rom wohnen würde, war nicht nur eine Frage des gebotenen Komforts, der erwarteten Gesellschaft und Bewirtung, sondern deutete auch seine Interessen an. Es ging ja nicht um seinen Namen, denn Grafen von altem Adel gab es in Italien genug, sondern um seinen Kriegsruhm. So mancher Staat hätte den Feldherrn gern beauftragt, eine Armee aufzustellen oder eine vorhandene zu reorganisieren und dann im nächsten Nachbarkrieg zum Siege zu führen. Also hütete Raimondo sich, unbedacht eine Einladung anzunehmen, nicht einmal die des Giuseppe degli Oddi, des Repräsentanten des Kardinals d'Este, der ihm in seinem Palazzo eine Wohnung anbot. Lieber kehrte er bei dem Venezianer ein, mit dem er eng befreundet war. Er wurde liebevoll empfangen und zu einem Ausflug nach Tivoli geführt, an dem, wohl nicht ganz zufällig, der französische Botschafter teilnahm. Montecuccoli ging jedoch auf nichts ein, sondern kehrte nach Österreich zurück.
„Übermorgen begebe ich mich auf mein Gut, um auf dem Lande etwas der Freiheit zu genießen und der Jagd zu huldigen" schrieb er am 29. Juni 1652 an seinen Bruder. Einige Wochen lang konnte er sich das Vergnügen gönnen, dann folgten wieder Verpflichtungen. Der Herzog von Modena hatte neuerlich einen besonderen Wunsch: Er brauchte einen Kapitän-Lieutenant für seine Gardekürassiere, aber keinen Italiener, sondern einen deutschen Adeligen. Das war ziemlich leicht zu erfüllen, denn nach der Verminderung des Heeres gab es genug stellenlose Offiziere.
Viel lästiger entwickelte sich die Angelegenheit des Gutes in Schlesien, das Montecuccoli zugesprochen worden war, denn es zeigte sich, dass auf dem Gut hohe Schulden lasteten. Außerdem fand Montecuccoli

noch andere Schwierigkeiten vor; er erwähnte sie in seinem Brief an den Bruder vom 2. September 1652, ohne sie genauer zu schildern; man kann sich bürokratische Hindernisse, schlechten Bauzustand, vernachlässigte Felder und Waldungen, vielleicht auch unerfreuliche Nachbarschaft vorstellen. Jedenfalls entschloss er sich, das Gut nicht zu übernehmen, sondern sich mit Geld entschädigen zu lassen. Das gelang, doch er erhielt keine Summe bar, sondern nur ein Dekret, das ihm aus den Einnahmen des Reiches 50.000 Gulden zusicherte. Diese Einnahmen waren unverlässlich, wie man aus bitterer Erfahrung wusste, deshalb versprach man für den Fall, dass das Geld aus dem Reich nicht eingehe, eine Kammer-Obligation von 80.000 Gulden, viel mehr, aber leider noch dubioser.

Da jenes Gut nun nicht mehr in Frage kam, wollte Montecuccoli künftig auf Schloss Hohenegg leben, hatte aber, wie er schrieb, *„noch nicht den richtigen Modus gefunden. Ich habe übrigens dem Marchese Massimiliano* (offenbar den Sohn des verstorbenen Vetters Francesco Montecuccoli) *geschrieben, er möge all mein Silberzeug, den Schmuck und das Geld bereithalten, um es auf den ersten Wink gleich hersenden zu können."*

Nicht immer, doch recht häufig gab es in Deutschland neben dem Römischen Kaiser gleichzeitig einen König, der als künftiger Nachfolger von den Kurfürsten gewählt werden musste. Ferdinand III. war zwar 1652 erst 44 Jahre alt, hatte aber schon für die Kontinuität vorgesorgt; sein ältester Sohn war König von Böhmen und Ungarn und sollte nun auch Römischer König („Rex Romanorum") werden. Um die Kurfürsten dafür zu gewinnen, lud der Kaiser sie zu einer Tagung nach Prag ein. Raimondo Montecuccoli als Hofkriegsrat und Kämmerer musste ebenfalls hinreisen. Am 16. Oktober berichtete er seinem Bruder: *„Hier sind die Angelegenheiten im besten Gange, die Kurfürsten in vorzüglicher Stimmung und der Kaiser wird die mitanwesenden Minister alle beschenken. Vergangenen Sonntag waren alle zum Speisen geladen und gestern abends wurde ein großes Souper in den Gemächern der Kaiserin gegeben, an dem auch die verwitwete Kurfürstin von Bayern teilnahm; die Hofdamen servierten. Nach dem Essen brannte ein böhmischer Edelmann namens Graf Michna ein Feuerwerk ab, das gut gelang."*

Der Kurfürst von Sachsen, Herzog Johann Georg I., kam Anfang

November mit seinem Sohn, einem Gefolge von 400 Personen und 600 Reitern. Der Kaiser sparte nicht an Bewirtung, Tafelmusik und Geschenken. Davon erzählte Montecuccoli auch dem Herzog von Modena, denn Zeitungen im heutigen Sinne gab es noch kaum, man war auf private Briefe angewiesen, daneben auf Nachrichten, die von Fürsten, Diplomaten und Staatsmännern verschickt wurden wie etwa die „Avvisi di Roma", die Prinz Mattia de'Medici regelmäßig erhielt und dem Herzog von Modena weiterschickte. Die Briefe Montecuccolis haben also gewissen historischen Wert, geben aber auch Aufschlüsse über seine persönlichen Verhältnisse wie etwa, dass er als Familienoberhaupt und damit Herr der Besitzungen von Montecucculo und Umgebung den nächsten Verwandten gegenüber Verpflichtungen hatte. In einem Brief vom 6. November versicherte er seinem Bruder: *„Bezüglich der Apanage, die Euer Hochwürden und die Schwester beziehen, wird es meine Sorge sein, dass sie auch nach meinem Tode ausbezahlt werde."*

Die Zusammenkunft in Prag endete in den letzten Novembertagen 1652 sehr erfolgreich. Den folgenden Winter und den ersten Teil des Frühjahres 1653 brachte Montecuccoli teils in Wien, teils auf Hohenegg zu; es ist anzunehmen, dass er Bälle besuchte, Festmähler genoss oder Gäste zu sich einlud, zu Pferd oder im Schlitten an Jagden teilnahm, nur leider sind keine Briefe erhalten, die diese Vergnügungen neben seinen üblichen Pflichten genauer schildern würden. Gegen Ende April kamen neue Aufgaben hinzu. Er reiste nach Regensburg zum Reichstag, nach einigen Wochen für kurze Zeit nach Augsburg zur Königswahl und kehrte von dort nach Regensburg zurück, wo Ferdinand IV. gekrönt und der Reichstag fortgesetzt wurde. Das alles war mit vielen Formalitäten verbunden, so musste Montecuccoli am 7. Juli 1653 von Regensburg nach Straubing fahren, um im Auftrage des Kaisers dessen Stiefmutter Eleonore Gonzaga, die Witwe Kaiser Ferdinands II., gebührend zu begrüßen.

Er begegnete auch reizvolleren Damen; die 16jährige Gemahlin des jungen Kurfürsten von Bayern, eine Prinzessin von Savoyen, bezeichnete er in einem Brief vom 19. August aus München als *„Engel an Schönheit"*. Aber weder dort noch bei den Verhandlungen am Reichstag hatte jemand Zeit und Lust, sich mit Montecuccolis Sorgen zu befassen; er nannte sie nicht konkret, vermutlich handelte es sich um seine noch

offene Forderung von 50.000 Gulden. An seinen Bruder schrieb er darüber: „*Die Erledigung meiner persönlichen Angelegenheiten zieht sich dermaßen in die Länge, dass ich die Geduld verloren und beschlossen habe, nach meiner Rückkehr nach Regensburg meinen Agenten dort zu belassen und Seine Majestät um Urlaub und die Erlaubnis zu bitten, in Italien leben zu dürfen. Ich bitte Sie aber, dies jetzt noch nicht zu veröffentlichen.*"
Vielleicht teilte er seinen Wunsch, sich nach Italien zurückzuziehen, nicht nur dem Bruder, sondern auch jemand anderen mit, der darüber nicht den Mund hielt, oder es war nur ein Entschluss im augenblicklichen Ärger, den er bei reiflicher Überlegung wieder umstieß; ob der Kaiser davon erfuhr und als kluger Herrscher einen Weg fand, den wertvollen Mann weiter an sich zu binden, oder alles sich nur zufällig ergab – jedenfalls erhielt Montecuccoli Aufträge, die ihn von seiner Missstimmung ablenkten. Erst hatte er die Ehre, bei einer Sitzung des Hofkriegsrates in Regensburg in Abwesenheit des Präsidenten den Vorsitz zu führen, dann schickte ihn der Kaiser im Dezember 1653 auf eine große Reise, bei der er diplomatische Geschicklichkeit beweisen und seine Urteilskraft auf militärischem Gebiet einsetzen konnte, aber nicht in offizieller Mission, sondern unter dem Vorwand privater Angelegenheiten.
Von Regensburg fuhr Montecuccoli zunächst nach Prag und verweilte dort kurz, wie er seinem Bruder schrieb, um die Weihnachtsfeiertage noch in einer katholischen Stadt zu verbringen. Am Abend des 29. Dezember kam er mit der Postkutsche in Dresden an und stieg im Gasthof zum Goldenen Lamm ab. Von hier ab sind wir nicht mehr auf die Nachrichten aus seinem Briefverkehr angewiesen, sondern haben ein ausführliches Reisetagebuch zur Verfügung. Gleich an diesem Abend erhielt er einen interessanten Besuch von einem Obristen von Gersdorf, der bereitwillig vom Militärwesen in Sachsen erzählte.
Am Morgen des 30. Dezember 1653 schickte Montecuccoli einen Boten an den Hofmarschall Taub und ließ ausrichten, er befinde sich in persönlichen Angelegenheiten auf der Durchreise nach Berlin und bitte um die Ehre, dem Kurfürsten seine Huldigung darzubringen. Während er auf Antwort wartete, erhielt er den Besuch des Oberststallmeisters, der den ungeheuren Aufwand des Kurfürsten schilderte: Wenn dieser sich zur Jagd begebe, müsse das Oberststallmeisteramt bis zu 1000 Reit-

und Wagenpferde bereitstellen. Mittags kam der Hofmarschall, holte Montecuccoli in einem sechsspännigen Wagen ab und brachte ihn zum Kurfürsten. Herzog Johann Georg II., ein Herr von 40 Jahren, zeigte sich bei der Audienz sehr liebenswürdig und lud seinen Besucher zur Hoftafel ein, *„wobei er mir zu Ehren mehr, als er gewöhnlich zu tun pflegte, trank und bis halb sieben Uhr an der Tafel verweilte"*.

Die Höflichkeit erforderte es, dass Montecuccoli am folgenden Vormittag den Herren, die ihn aufgesucht hatten, Gegenbesuche abstattete, dann ließ ihn der junge Sohn des Kurfürsten in einem sechsspännigen Wagen abholen und zur Reitschule bringen, führte ein freundliches Gespräch und wollte ihn zum Mittagessen einladen, aber Montecuccoli musste an die Weiterreise denken. Noch vor der Mittagsstunde des 31. Dezember verließ er Dresden, am Morgen des 3. Januar 1654, als das Stadttor gerade erst geöffnet wurde, fuhr er in Berlin ein.

Er schickte sogleich Boten zu den vier höchsten Würdenträgern des Hofes mit der Nachricht von seiner Ankunft und der Bitte um eine Audienz bei dem Markgrafen Friedrich Wilhelm von Brandenburg, der später als der „Große Kurfürst" bekannt wurde. Am selben Tag noch besuchte ihn einer dieser Herren und unterhielt sich mit ihm über Fragen des Reichstages, abends kam die Nachricht, Seine Hoheit der Kurfürst sei sehr erfreut über die Ankunft des kaiserlichen Generals. Die Audienz wurde schon für den nächsten Tag anberaumt.

Nachdem Montecuccoli am Vormittag des 4. Januar das Beglaubigungsschreiben des Kaisers überreicht hatte, begann eine rege Unterhaltung, deren Thema im Reisetagebuch jedoch nicht erläutert ist; es scheint sich um finanzielle Forderungen des Kaisers an den Kurfürsten gehandelt zu haben. Während das Mittagsmahl aufgetragen wurde, stellte der Kurfürst seiner Gemahlin den Gast vor, an der Tafel hatte dieser seinen Platz sehr ehrenvoll neben dem Hofmarschall, einem Prinzen von Croy. Das Zeremoniell war selbstverständlich kompliziert, Montecuccolis Schilderung für die Kultur- und Sittengeschichte ist aber amüsant:

„Es wird hier nicht stehend gespeist wie an der Hoftafel in Sachsen. Aber sooft der Kurfürst zutrinkt, erhebt sich derjenige, dem er diese Ehre erweist; der Kurfürst heißt ihn sich niederzusetzen, doch sobald er den Becher zum Munde bringt, erhebt sich der Betreffende von neuem, bis der Kurfürst ausgetrunken hat. Man trank jedoch nicht auf die Gesundheit des Kaisers, dessen Bildnis ich im Gemache des Kurfürs-

ten unter einem Baldachin hängen sah. Nach der Tafel begab sich die Kurfürstin in ihre und der Kurfürst in seine Appartements, wohin wir ihm folgten und die Unterhaltung beim Kaminfeuer fortsetzten.“
Auch an den folgenden Tagen war Montecuccoli beim Kurfürsten eingeladen und machte andere Besuche, für jede Fahrt stand ihm ein Gardekapitän mit einem Hofwagen zur Verfügung. Neben den gesellschaftlichen Verpflichtungen notierte er allerlei, das ihm interessant erschien, z. B. die ansehnlichen Gehälter einiger hoher Hofbeamten, und kümmerte sich um Militärisches. Er besuchte das Gusshaus und schaute zu, wie Geschütze verschiedenen Kalibers gegossen wurden, vom Mörser für Steingeschosse von 400 Pfund Gewicht bis zu 16pfündigen Feldschlangen und noch kleineren Stücken, er besichtigte die Hofstallungen und die Rüstkammer, interessierte sich auch für die kurfürstliche Bibliothek und einen Mechaniker, der mathematische Instrumente verfertigte.
Am letzten Nachmittag des Berliner Aufenthaltes machte Montecuccoli die nötigen Abschiedsbesuche, abends nach der Hoftafel verabschiedete er sich (oder „nahm Urlaub“, wie man damals sagte) vom Kurfürsten und dessen Gemahlin, so dass er am 10. Januar 1654 bei Tagesanbruch abreisen konnte. Er fand die Landschaft im Herzogtum Mecklenburg eben, meistens sandig, auch waldig, wenig bebaut, dürfte auch bei Nacht gefahren sein, denn die Strecke betrug mindestens 300 km, und er kam schon am Morgen des 14. Januar in Hamburg an.
Gegenüber Rat und Bürgerschaft der alten freien Hansestadt hatte der kaiserliche General nicht solche Verpflichtungen wie gegenüber einem gekrönten Landesherrn, er konnte sich vormittags in seinem Zimmer im Gasthof „Goldener Bär“ ausruhen. Nachmittags ließ er sich von dem kaiserlichen Residenten Plettenberg zu einem Spaziergang auf den Stadtwällen begleiten und fand die Befestigungen vortrefflich. Zum Mittagessen des nächsten Tages war er Gast bei Plettenberg, der auch den Schweizer Residenten und den Vertreter („Agent“) von Dänemark eingeladen hatte. Danach besichtigte er das städtische Arsenal. Am Nachmittag des 17. Januar reiste er mit der Post weiter.
Welchen Weg er nahm, vermerkte er im Reisetagebuch nicht, nur dass das Land nördlich von Hamburg eben, wenig bewaldet und wenig kultiviert, von vielen Sümpfen und Heideflächen bedeckt sei. Am Tag nach seiner Ankunft in Kopenhagen, dem 22. Januar, ließ er dem dänischen

Reichssekretär Erich Knaf seine Anwesenheit mitteilen sowie den Wunsch, sich dem Könige vorzustellen und das Land anzuschauen. Danach ließ er sich beim spanischen Gesandten anmelden, und dieser, ein Graf Rebolledo, reagierte rascher. Er schickte noch am selben Tag eine sechsspännige Equipage, um den Besucher abzuholen, und empfing ihn am Tor seines Palastes. Im Laufe des Gespräches erwähnte er, dass er in den sieben Jahren seiner Amtstätigkeit in Kopenhagen den König nur drei- oder viermal gesprochen, sonst lediglich mit den Ministern verhandelt habe. Er erzählte auch ausführlich über die königliche Familie und begleitete nachher den Gast bis zum Wagen.

Montecuccoli war gegen Abend gerade erst in seinen Gasthof zurückgekehrt, als ein königlich dänischer Hofjunker und Geheimrat, ein Herr Telau aus Meissen, ihm die Botschaft überbrachte, König Friedrich III. sei über die Ankunft des kaiserlichen Generals sehr erfreut, heiße ihn willkommen und wolle wissen, ob er vom Kaiser gesendet oder aus eigenem Anlasse gekommen sei. Montecuccoli antwortete, er befinde sich auf einer privaten Reise, habe aber den Auftrag, Grüße der kaiserlichen an die königliche Majestät zu überbringen.

Der König hatte am 24. Januar noch keine Zeit für den Besucher aus Wien, aber Telau erschien schon am Morgen und holte ihn zu einer Bootsfahrt ab. Sie besichtigten die schönen, sicheren Hafenanlagen und die Kriegsschiffe, die verankert waren, die größten 180 Fuß lang und mit 140 Kanonen bestückt. An Handelsschiffen waren außer den dänischen auch holländische und englische zu sehen.

Endlich am Nachmittag des 25. Januar 1654 wurde Montecuccoli von Telau in einem Hofwagen abgeholt und in den Palast geleitet. Der Hofmarschall empfing ihn an der Pforte und führte ihn beim König ein. Die Unterhaltung war höflich und leer. Interessanter wurde das Gespräch, nachdem der König sich zurückgezogen hatte, denn Herzog Ernst Günther von Holstein erwähnte die Kämpfe in Schlesien, wo sie als Feinde einander gegenübergestanden waren. Sie ergingen sich in Erinnerungen, der Herzog sprach von den Schwierigkeiten, die Montecuccoli den Schweden bereitet hatte, und dieser hörte es gern, sparte aber auch nicht an höflichem Lob für Strategie und Taktik des Herzogs.

Kopenhagen war nur eine Zwischenstation, aber der kaiserliche General nützte die Gelegenheit, nach der dänischen Kriegsflotte am 26. Januar auch das Arsenal eines Landes, das künftig Verbündeter oder auch Feind sein könnte, genau kennenzulernen. Er erwähnt nicht, ob er einen geheimen Auftrag des Kaisers dazu hatte, vielleicht tat er es nur aus persönlichem Interesse. Im Arsenal lagerten über 1000 Geschütze! Danach besichtigte er das Zeughaus, eine große, sehr zweckmäßig arbeitende Bäckerei und die Stallungen mit der Sattelkammer der Königin. Sie war eine passionierte Reiterin, nicht nur im Damensattel, sondern auch im Herrensitz, allerdings mit ungewöhnlich kurzen Bügelriemen. Am Nachmittag fuhr Montecuccoli, von Telau begleitet, mit einem königlichen Sechsergespann 30 km nordwärts nach Frederiksborg und beendete damit den Aufenthalt in Kopenhagen. Sein Reisegepäck und sicherlich auch Diener hatte er mit, aber von solchen Kleinigkeiten schrieb er nichts in das Tagebuch.

Das Schloss Frederiksborg inmitten von Sümpfen erschien ihm am Morgen des 27. Januar von außen schön, das Innere weniger durch Architektur, doch als wohnliche Anlage ausgezeichnet. Immerhin vermerkte er: *„Einige Zimmer sind schön, mit Marmor verkleidet sowie mit Holzschnitzwerk, Vergoldungen und golddurchwirkten Wandteppichen ausgezeichnet."* Nachmittags fuhr er noch ein wenig weiter nach Norden bis Helsingör und besichtigte mit fachkundigem Blick die Festung Kronburg.

VII.

Im Banne der Königin Christina von Schweden

Damit war der Aufenthalt in Dänemark zu Ende. Bei Tagesanbruch des 28. Januar 1654 überquerte Montecuccoli auf einem kleinen Schiff den Sund, landete an dem gegenüberliegenden schwedischen Ufer und freute sich über die Salutschüsse. Auch hier besichtigte er die Festungsanlagen und notierte allerlei über das schwedische Heer. Geheimhaltung war offenbar ein unbekannter Begriff, jeder Offizier freute sich, dem kaiserlichen General genaue Auskunft geben zu dürfen. Als dieser am 5. Februar 1654 bei Tagesanbruch in die Residenzstadt Uppsala eingefahren war, fand er ein Grußbillett des spanischen Gesandten Don Antonio Pimentel (Pimentelli) vor. Der kam schon am Nachmittag zu Besuch, ferner Alessandro Cecconi, über den Montecuccoli ins Tagebuch schrieb: *„ein Kavalier im echten Sinn des Wortes und Garderobier der Königin"*. Danach kam der schwedische General Linden, abends dessen Bruder, Zeremonienmeister der Königin. So wenig die Hamburger von der Anwesenheit des Generals Notiz genommen hatten, so sehr bemühten sich nun die Schweden um ihn.
Montecuccoli verzeichnete nicht, wo er in Uppsala logierte, doch es muss ein vornehmes Haus gewesen sein, denn auch der Zeremonienmeister wohnte dort; abends führte er den Besucher aus Wien in einem sechsspännigen, mit rotem Samt gefütterten Hofwagen zur Königin. Da stand Montecuccoli also der berühmtesten Frau seiner Zeit gegenüber, der einzigen Tochter des großen Gustav Adolf, den er bewundert hatte – und nun bewunderte er sie.
Königin Christina Auguste war 27 Jahre alt, keine strahlende Schönheit, aber ungemein eindrucksvoll. Ihr Vater hatte gewünscht, sie solle dereinst den Kurfürsten Friedrich Wilhelm von Brandenburg heiraten, aber daraus wurde nichts. Auch die anderen Bewerber um ihre Hand,

die Könige Johann IV. von Portugal, Philipp IV. von Spanien, Wladislaw von Polen und dessen Bruder Johann Kasimir, gaben ihre Bemühungen bald auf. Länger hofften ihr Vetter Prinz Karl von Pfalz-Zweibrücken, dem sie von Jugend an versprochen war, und vielleicht auch Erik Oxenstierna, der jüngere Sohn des Reichskanzlers, doch ebenso vergeblich. Sie hegte Widerwillen gegen die Ehe, und da sie gern Männerkleidung trug, dichtete man ihr lesbische Neigungen an, doch gewiss zu Unrecht. Christina verkehrte viel lieber mit Männern als mit Frauen, diskutierte mit Gelehrten, sogar dem großen Philosophen René Descartes, war eine gute Jägerin, saß unermüdlich zu Pferd, in das Kriegswesen hatte noch ihr Vater sie eingeweiht.

Montecuccoli schilderte seine erste Begegnung mit ihr: „*Sie empfing mich im Audienzsaale stehend, von ihren Hofleuten und Reichsbeamten umgeben, wobei jedoch die Hofdamen nicht zugegen waren. Die Königin hatte sich am Morgen zur Ader gelassen und trug den Arm in einer Binde. Sowie ich meine Verbeugungen begann, ging sie langsam mir entgegen, bis ich vor ihr stand und ihr die Hand küsste. Hierauf richtete ich ihr die Grüße des Kaisers aus; Ihre Majestät nahm sie wohlgefällig auf und drückte mir ihre Freude über meine Ankunft aus. Sie unterhielt sich mit mir fast eine halbe Stunde lang sehr freundlich und sagte, dass mich wohl nur eine besondere Vorliebe zu einer so weiten und beschwerlichen Reise in dieser Jahreszeit bewegen konnte, dass ihr mein Name schon wohl bekannt sei und sie trachten werde, mir meinen Aufenthalt möglichst angenehm zu machen, und endlich, dass ihre Waffen größere Fortschritte gemacht hätten, wenn sie nicht solche Gegner wie mich gehabt hätte.*“

Die Königin genoss ihren Ruhm und liebte es, mit bedeutenden Männern zu verkehren, besonders aus dem Ausland. Als sie nicht mehr mit voller Hand Geld ausgeben konnte, blieben die Gelehrten und Künstler allmählich weg; umso mehr freute sie sich über den Besuch des kaiserlichen Generals. Er war zwar 17 Jahre älter als sie, doch ein angesehener Herr von angenehmem Äußeren und tadellosem Benehmen – das wusste sie zu schätzen. Schon am nächsten Tag, dem 7. Februar 1654, lud sie ihn, den spanischen Gesandten und zwei andere Herren zu einer Spazierfahrt zum Landsitz eines Obristen Kruiss, der natürlich schon vorher verständigt worden war, ein. Ob er von der Ehre, die ihm widerfuhr, begeistert war oder nicht, er gab sich jedenfalls alle Mühe und scheute keine Kosten, die Gäste zu erfreuen. Noch bevor die Dämmerung hereinbrach, veranstaltete er eine Bärenjagd, abends spielten seine Musikanten zum Tanz nach französischer und englischer Mode. Die Königin nahm daran teil und bewegte sich sehr anmutig. Nach dem Abendessen tanzte man weiter bis Mitternacht. Nicht nur beim Tanz, auch in den Gesprächen hatte Montecuccoli Grund, die Königin zu bewundern; sie zeigte viel Scharfsinn, war dabei heiter und liebenswürdig.

Zur Information des Kaisers und wohl auch anderer Leser notierte Montecuccoli am nächsten Tag die höchsten Ämter des Königreichs Schweden und wer sie innehabe, die Stärke der Leibwache, vier Kompanien zu je 150 Mann, und die Zahl der Senatoren; Christina hatte sie von 24 auf 40 erhöht. Es dürfte ihm zu Ohren gekommen sein, dass sie auch die Zahl der Adeligen auf das Sechsfache vermehrt und sie mit Krongütern beschenkt hatte, aber mehr nach augenblicklicher Laune als nach wirklichen Verdiensten; sogar ihr Hofschneider befand sich darunter. Als sie den Thron bestieg, kostete die Hofhaltung drei Prozent der Staatseinkünfte, inzwischen waren es 20 Prozent geworden. Aber dergleichen schrieb Montecuccoli aus Ehrfurcht vor der Majestät und vielleicht auch aus Vorsicht nicht nieder.

Er war sehr fromm erzogen worden und legte sein ganzes Leben hindurch großen Wert darauf, die Pflichten der Religion genau zu erfüllen. Der spanische Gesandte verstand ihn in dieser – und wie sich bald zeigte, auch in vieler anderer Hinsicht – sehr gut und ließ ihn am Sonntag, den 8. Februar im Wagen abholen, damit sie in der Hauskapelle seines Palastes die heilige Messe hören könnten. Die Königin erklärte offen, ihr seien die Predigten der lutherischen Geistlichkeit zu lange. Ihr Versuch, die beiden evangelischen Konfessionen, Lutheraner und Calvinisten, zu einer Einheit zu bringen, hatte keinen Erfolg, allmählich zog sie sich zurück. Es hieß sogar, sie neige insgeheim der katholischen Religion zu und der Jesuitenpater Manderscheidt sei eigens nach Schweden geschickt worden, die Königin zu bekehren. Er wohnte im Palast des spanischen Gesandten, Montecuccoli lernte ihn kennen.

Die attraktivste Dame am königlichen Hof war die Gemahlin des Grafen Jacob de la Gardie, dessen Vorfahre aus dem Languedoc nach Livland ausgewandert war. Montecuccoli nannte sie in seinem Reisetagebuch nur *„die schöne Gräfin“*. Am Nachmittag des 10. Februar

1654 führte die Königin eine Schlittenpartie an, die Hofgesellschaft verteilte sich auf viele Gefährte und Montecuccoli erlebte die freudige Überraschung, dass er als Begleiter jener bezaubernden Dame ausersehen war. Wahrscheinlich verdankte er es der Königin, denn diese hatte einige Tage vorher im Gespräch die Schönheit der Gräfin gerühmt. Für den Abend war ein Hofball angesetzt, aber nur für eine kleine auserlesene Gesellschaft. Unter den sieben Damen befand sich wieder die Gräfin de la Gardie, unter den Herren Montecuccoli. Die Tänze dauerten bis Mitternacht.

So vergingen die Tage sehr angenehm. Montecuccoli erhielt viele Besuche und erwiderte sie, fast täglich war er bei Hofe eingeladen. Die Königin empfing ihre Gäste abends auch in ihrem Schlafzimmer und veranstaltete mit ihnen Gesellschaftsspiele. Man hörte viel Musik und Gesang, das bevorzugte Kartenspiel war Piquet, die Unterhaltung wurde in französischer oder italienischer Sprache geführt. Nur einmal konnte Montecuccoli dem Gespräch nicht folgen, am Morgen des 19. Februar, als die Königin eine Gesandtschaft aus Moskau empfing, denn da wurde nur vom Russischen ins Schwedische und umgekehrt übersetzt. Es war jedoch eine imposante Angelegenheit: Christina saß auf dem Thron unter einem Baldachin aus rotem Samt, der mit Goldfransen eingesäumt war, umgeben von allen ihren Hofleuten, jedoch ohne die Hofdame; auch der englische Gesandte Lord Whitelock war zugegen.

Am Nachmittag unternahm die Königin einen Spazierritt, und zwar im Damensattel, denn es war eine offizielle Veranstaltung, rechts hinter ihr ritt der englische, links der spanische Gesandte. Montecuccoli hatte ein Pferd aus den Hofstallungen erhalten. Nach der Rückkehr zeigten die Hofkavaliere ihre Gewandtheit im Säbelfechten, sogar noch abends bei Fackelschein. Am nächsten Tag schoss man mit Pistolen nach der Scheibe, auch die Königin nahm daran teil. Danach wurde wieder gefochten, bis die Hofkapelle zu spielen begann. Die Unterhaltung dauerte wieder bis Mitternacht.

Angesichts dieser Vergnügungen konnte die Königin nicht verstehen, dass Montecuccoli von seiner bevorstehenden Abreise sprach. Sie schien sogar unangenehm berührt zu sein, war aber bald wieder freundlich wie früher und schickte einen Künstler zu ihm, der ein kleines Porträt von ihm in Wachs anfertigen sollte, wie er das schon von anderen ausgezeichneten Personen getan hatte. Die Königin habe die Absicht,

Ruine des Schlosses Montecucculo südlich von Modena, einst Stammsitz der
Hauptlinie der Grafen Montecuccoli.

Der Dom von Modena aus dem 11. Jhdt., wurde im 13. Jhdt. vollendet.

König Gustav II. Adolf von Schweden.

Johann Graf Tilly, kaiserlicher Generalissimus.

Bild links und unten:
Die Festung Crevalcore
nordöstlich von Modena.

Raimondo Graf Montecuccoli.

Zeitgenössisches Bild der Schlacht von Nonantola

N AN TOLA
ORSO
di Modona a Nonantola e
te de Barberini sotto il co:
alenze Francese e l'altra del Ma
orte di Don Franco Gonzaga
Luglio. MDCXLIII

Königin Christina von Schweden.

sagte der Künstler, diese Porträts in goldene Medaillons fassen zu lassen. Montecuccoli fühlte sich geschmeichelt.
In diesen Tagen kam das Gerücht auf, Christina denke daran, die Krone niederzulegen und sich ins Privatleben zurückzuziehen. Zu ihrem Gast aus Wien äußerte sie zunächst nichts darüber, sondern ließ sich, als er am 24. Februar bei Hofe war, seine kleine dreiläufige Taschenpistole zeigen und den Gebrauch erläutern. Er bot ihr die Waffe als Geschenk an, sie hatte aber einen anderen Wunsch: er solle für sie bei einem Salzburger Büchsenmacher einen Karabiner bestellen, mit dem sie mehrere Schüsse nacheinander abgeben könnte.
Bei einer Wagenfahrt am folgenden Tag in kleiner Gesellschaft begann die Königin jedoch plötzlich von ihrer Abdankung zu reden. Das solle zum Wohl des Staates geschehen, weil sie nie heiraten werde, aber die Erbfolge gesichert sein müsse; ihr Vetter Karl Gustav werde den Thron einnehmen und für Nachkommenschaft sorgen. Auch an ihr eigenes Wohl denke sie dabei, denn sie wolle sich den Wissenschaften widmen und sich der Freiheit erfreuen, die Last der Regierung sei für sie zu schwer. Darüber sprach sie mit ihren Begleitern während der Wagenfahrt und auch nachher in ihren Gemächern bis ein Uhr früh.
Christina war ihren Zeitgenossen oft rätselhaft, man nannte sie ja „die Sibylle des Nordens". Als am 26. Februar der Zeremonienmeister Linden zu Montecuccoli kam und ankündigte, die Königin wolle ihm zu Ehren einen Ball geben, war nicht klar, ob sie noch einmal den Glanz der Herrschaft genießen oder sich nur von ihren Sorgen ablenken wolle. Gegen neun Uhr abends wurde Montecuccoli mit einem Hofwagen abgeholt und in das Audienzzimmer des Königspalastes geführt, wo die Herren und Damen des Hofes bereits versammelt waren. Bald darauf erschien die Königin und reichte ihm die Hand zum Tanze. Nach einer Stunde ließ sie Backwerk und Erfrischungen reichen, bis eine große Zeremonie begann.
Montecuccoli war darauf vorbereitet worden und hatte die Statuten des Ordens gelesen, in den er nun aufgenommen wurde. 15 Damen mit der Königin an der Spitze und 15 Kavaliere verpflichteten sich, falls sie verheiratet waren, nach dem Tode des Partners keine zweite Ehe zu schließen, und die Ledigen, überhaupt nicht zu heiraten. Das war jedoch nicht ernst zu nehmen, sondern nur ein Scherz im Rahmen der Schäferspiele. Dabei legten sich die Teilnehmer gern Namen aus der

griechischen Mythologie oder Literatur zu; die Königin hatte „Amarante“ (die Unverwelkliche) gewählt. So hieß nun der Orden, dessen Mitglieder das Privileg genossen, jeden Samstag am Mittagessen der Königin in ihrem Landhaus am Rande von Stockholm teilzunehmen. Die Insignien des Ordens bestanden in einem Stern aus Diamanten mit der Inschrift DOLCE NEL MEMORIA und einem hochroten, mit Gold- und Silberfransen besetzten Bande.

„Ich kniete vor ihr nieder“, schilderte Montecuccoli im Tagebuch seine Aufnahme in den Orden, *„und leistete den Schwur, während ich meine Hände in die der Konigin legte, worauf sie mir den Diamantstern an meinen Rock heftete und mir das Band um den Hals hängte.“* Danach wurde der Ball fortgesetzt, zumeist mit französischen Tänzen, wobei man Handschuhe trug, und um ein Uhr früh als Kehraus mit einem Branlo beschlossen. Das war ein reigenähnlicher Rundtanz, bei dem dauernd die Partner gewechselt wurden, bis am Ende jeder Herr wieder der Dame gegenüberstand, die er anfangs zum Tanze geführt hatte.

Den ersten der Abschiedsbesuche stattete Montecuccoli der schönen Gräfin ab, den zweiten dem Minister Uhlfeld. Dabei gewann er in einem längeren Gespräch den Eindruck, es sei für Schweden kein Schaden, dass die Königin die Regierung abgebe, so beliebt sie auch beim Volke war. Sie hatte sich schon seit Jahren nicht mehr um die Staatsangelegenheiten gekümmert. Von den vielen Schiffen im Hafen von Stockholm waren nur 30 seetüchtig, die anderen baufällig, das Segelwerk verdorben. Die Zolleinnahmen, die 200.000 bis 300.000 Taler abwerfen sollten, erbrachten nicht mehr als 50.000.

Unter den vielen Besuchen, die Montecuccoli zu machen hatte, war der wichtigste am 2. März 1654 um acht Uhr früh beim spanischen Gesandten Don Antonio Pimentel, denn da erfuhr er, was noch als Geheimnis galt: die Königin wollte zum katholischen Glauben übertreten. So sehr er sich darüber freute, hütete er sich, etwas davon zu erwähnen, als er am selben Tag mit ihr und Pimentel im Wagen einen Ausflug machte. Auf halbem Wege stieg man in mehrere Schlitten um, da hatte er wieder die schöne Gräfin als Gefährtin. Gewiss freute er sich darüber, aber als Kavalier vermerkte er in seinem Tagebuch mit keinem Wort, wie nahe er ihr stand. In einem Schlosse tanzte die Gesellschaft bis Mitternacht, auf der späten Rückfahrt saß er mit der Königin, Pimentel und seinem Vetter Enea Caprara im Wagen. Es scheint übrigens, dass dieser junge Graf auf weiten Strecken der Reise sein Begleiter war.

Erfreuliche Erlebnisse dieser Art verlockten Montecuccoli, doch noch länger in Schweden zu bleiben, und er musste es nicht bereuen, denn die Königin bewies ihm weiterhin ihre Gunst. Sie nahm ihn mit, als sie am 4. März zusammen mit dem Grafen Caprara, dem Gardekommandanten Graf Todt und dem Stallmeister Steinberg von Uppsala westwärts nach Westerås reiste. Die Stadt war gut und regelmäßig gebaut, in ihrem festen Schloss residierte Reichsprinz Adolf, Obersthofmeister der Königin. Während sie am nächsten Tag ein Gestüt besichtigten, befahl Christina dem Herrn von Steinberg, zwei der besten Pferde als Geschenk für Montecuccoli auszusuchen. Dieser revanchierte sich bei Steinberg mit dem Versprechen, ihm ein Exemplar der Novellen des Boccaccio zu schicken. Auf der Rückfahrt nach Uppsala am 8. März las die Gesellschaft gemeinsam die „Amores" des Ovid in lateinischer Sprache und „Les yeux de Phyllis" auf Französisch.

Die nächsten Tage glichen den früheren mit Besuchen und langen Gesprächen, Konzerten und allerlei Unterhaltung. Die Königin ersuchte Montecuccoli, ihr ein Bild der Kurfürstin von Bayern zu schicken, bei einem Juwelier den Amarantenorden nach dem Muster dessen, den er erhalten hatte, anfertigen zu lassen, und schickte ihm ein Porträt von ihr zum Andenken. Im Palast des Prinzen Adolf sah Montecuccoli mit gemischten Gefühlen viele Gemälde, welche die Schweden 1648 als Kriegsbeute aus Prag mitgenommen hatten. Der Oberstjägermeister Graf Gabriel Oxenstierna schickte ihm als Geschenk einen ledernen Beutel, ein Paar Stiefel und ein Ren. Diese Tiere waren in Mitteleuropa noch unbekannt, Montecuccoli hatte sie genau betrachtet und beschrieben, aber wie er sein Ren nun nach Hause brachte, ist leider nirgends aufgezeichnet. Dafür schilderte er ausführlich zwei Ballfeste:

„Am 15. März machte die Königin nachmittags einen Spazierritt und kehrte im Wagen zurück. Um 9 Uhr abends war Ball bei Hofe. Die Königin sah anfangs in ihrem Fauteuil sitzend zu. Prinz Adolf bat sie zum Tanze, einem Branlo. Ich nahm die Hand der Frau Uhlfeld, reichte die andere der Königin, und so wurde Hand in Hand der Rundtanz gemacht. Als er beendet war, begannen die einfachen und Figurentänze; dabei trug man Handschuhe und war schwarz gekleidet. Sooft die Königin tanzte, erhoben sich alle, die saßen, und blieben die ganze

Zeit über stehen. Vor Beginn eines jeden Tanzes legte man die Mäntel ab. Am Morgen des 22. März ließ mich die Gräfin de la Gardie bitten, mich abends um 8 Uhr in ihrem Hause einzufinden, wo sie mir zu Ehren einen Ball geben wolle. Nach Tisch besuchte ich noch die Gräfin Grätzin und begab mich abends um 8 Uhr zum Balle. Der Tanzsaal war auf das Prächtigste geschmückt, gut beleuchtet und mit vielen schönen und kostbaren Spiegeln ausgestattet, die Wände ringsherum mit Gemälden behangen und der Fußboden durchaus mit Teppichen belegt.[17]

Die Gesellschaft war sehr gewählt und schön. Bevor der Ball begann, tanzten einige die ‚Boutade', wobei sie Landleute, fahrendes Volk, Betrunkene, Bettler und andere Rollen darstellten und zu zweit, zu dritt und viert miteinander oder auch einzeln tanzten. Nach der Boutade begann der eigentliche Ball. Ich fasste zuerst die Hand der schönen Gräfin, Prinz Adolf die der Gräfin Uhlfeld, die anderen tanzten mit den übrigen Damen. Nachdem wir viele Tänze durchgemacht hatten, wurden Konfitüren und Erfrischungen herumgereicht. Hierauf begann der Tanz von neuem und der Ball wurde mit einem Branlo auf dieselbe Weise geschlossen, wie man ihn eröffnet hatte …"

Nun wurde es für Montecuccoli doch Zeit, an die lang aufgeschobene Abreise zu denken. Am Abend des 24. März 1654 nahm er auf den Wunsch der Königin privaten Abschied von ihr bei Lektüre und Musik, am 25. offiziell in einer Audienz, abends erhielt er von ihr ein Schreiben an den Kaiser. Es war mit einem feuerroten Seidenfaden umschlossen und trug die Anschrift „A Monsieur l'Empereur des Romains, mon frère".

Die Herren, die Montecuccoli in Schweden kennengelernt und zu Freunden gewonnen hatte, kamen im Laufe des Vormittags des 26. März zum letzten Besuch; es waren ihrer zehn, darunter der Feldmarschall Karl Gustav Graf Wrangel, der Sohn des berühmten Feldherrn des Dreißigjährigen Krieges. Am frühen Nachmittag ließ der Feldmarschall den Gast aus Wien in einem Wagen abholen und fuhr mit ihm zu einem seiner Landhäuser, zehn Kilometer von Uppsala. Dort aßen und tanzten sie in fröhlicher Gesellschaft und übernachteten.

Dann ging es weiter nach Stockholm. Auch dort gab Wrangel sich Mühe, dem kaiserlichen General alles zu zeigen, was diesen interessieren konnte, zuerst Gebäude wie das eben entstehende der Ritterstände;

es wurde nicht aus einheimischem Holze, sondern nach holländischer Art aus Stein errichtet. *„Die Stadt ist groß, durch Kanäle und das Meer in Inseln geteilt und enthält prachtvolle Bauwerke"*, notierte Montecuccoli. Danach durfte er die Flotte besichtigen, mächtige Kriegsschiffe, von denen einige im Krieg gegen die Dänen erbeutet worden waren, und stattliche Fregatten, die leichter nur mit zwei Verdecken erbaut waren und schneller segeln konnten. Nach dem Mittagessen zeigte Wrangel die Festungswerke und das Arsenal mit vielen Kanonen, die die Schweden in Kriegen gegen Russen, Polen, Dänen und in Deutschland erobert hatten.
Auf der weiteren Rückreise wurde Montecuccoli am 30. März von der Witwe König Gustav Adolfs, Maria Eleonore von Brandenburg, in Norrköping empfangen, am 10. April speiste er in Holstein im Schloss Breitenberg der Grafen Rantzau, am 14. verließ er Hamburg und erreichte am 24. April bei Tagesanbruch Regensburg.
Was war aber der Zweck der langen, weiten Reise gewesen? Darüber war man sich damals nicht einig und auch noch später vertraten die Historiker verschiedene Meinungen. Eine davon lautet, Montecuccoli sollte erkunden, ob Königin Christina geneigt sei, Kaiser Ferdinands Sohn zu heiraten, was ihr später einmal den Titel einer Kaiserin eingetragen hätte. Falls diese Annahme stimmt, war es wichtig, dass er rechtzeitig von ihrer Absicht erfuhr, die Krone Schwedens niederzulegen, denn da wäre die Allianz Österreich-Schweden ja nicht zustande gekommen. Wahrscheinlich sollte Montecuccoli die militärischen Verhältnisse der Staaten, durch die er reiste, genauer erforschen und verband damit den eigenen Wunsch, die berühmte Königin persönlich kennenzulernen. Sie machte starken Eindruck auf ihn und gewann Sympathie für ihn, wie es sich in den folgenden Jahren zeigte, er bezeichnete sie als „Wunder der Natur".
Er traf gegen Ende Mai 1654 in Wien ein und erlebte mit, wie der Kaiser auf der Rückkehr aus Regensburg mit großer Pracht und unter allgemeinem Jubel in Wien einzog. Danach ritten der Kaiser zur Jagd, Montecuccoli nach Hohenegg.

Kaiser Ferdinand glaubte, seinem Sohn die Thronfolge gesichert zu haben, aber gegen die Pocken war er machtlos. Diese damals noch unheilbare Krankheit raffte den Kronprinzen Ferdinand im 21. Lebensjahr dahin. Der Kaiser war erst vor Schmerz wie gelähmt, klagte aber nicht laut. Montecuccoli berichtete dem Herzog von Modena in einem Brief vom 9. Juli 1654, in welch stoischer Haltung der Kaiser den Kummer ertrug und versuchte, auf der Jagd Ablenkung zu finden.

Den größeren Teil des Sommers konnte Montecuccoli, nur mit den Unterbrechungen, die der Dienst als Kämmerer erforderte, sich auf Hohenegg von den Strapazen der Reise erholen und im Dunkelsteiner Wald jagen, sich an geselligen Mahlzeiten und am Wein der nahen Wachau erfreuen, der ihm vermutlich mehr zusagte als jener, den seine Bauern als Zehent ablieferten. Als sorgfältiger Rechner kontrollierte er wohl auch die Aufzeichnungen des Gutsverwalters und befasste sich mit den Bauarbeiten an seinem Schloss, das nicht nur renoviert, sondern auch erweitert und verschönert werden sollte. Bevor aber noch der Herbst anbrach, musste er sich neuerlich auf eine weite Reise begeben, wieder als Privatmann, doch zweifellos im Auftrag des Kaisers.

In dem Teil der Niederlande, welcher der spanischen Linie der Habsburger gehörte, kämpften deren Truppen gegen die angreifenden Franzosen. Die benachbarten Freien Niederlande hatte Montecuccoli schon erkundet, darum erschien er dem Kaiser als der geeignete Mann, den Verlauf des Krieges beurteilen und darüber berichten zu können. Außerdem lebte in Flandern Christina, und obwohl sie auf den Thron verzichtet hatte, schien es dem Kaiser ratsam, die Verbindung zu ihr nicht abzubrechen, denn er traute ihr noch einen gewissen Einfluss auf die Politik zu. Montecuccoli sollte ihr einen Brief des Kaisers überbringen, und er übernahm den Auftrag sehr gerne, war er doch ein Anlass, die Dame wiederzusehen, die er bewunderte.

Das Tagebuch seiner Reise beginnt erst mit seiner Ankunft in Antwerpen am 16. September 1654. Er ging sogleich zu dem palastartigen Haus, das Christina gemietet hatte, erblickte schon auf dem Weg dorthin den Wagen der Königin, die von einer Spazierfahrt zurückkehrte, blieb stehen, zog den Hut und verneigte sich. Sie ließ den Wagen halten, reichte ihm die Hand und forderte ihn auf einzusteigen. Er begrüßte drei vornehme Herren, den Prinzen Johann Friedrich von Braunschweig-Lüneburg, einen gut aussehenden Mann von 29 Jahren, den wesentlich älteren Dänen Hannibal Seestaet, der Vizekönig von Norwegen gewesen war, und einen kaiserlichen Kämmerer.

Christina fragte sichtlich interessiert, ob Montecuccoli einen Brief des

Kaisers für sie habe, nach der Ankunft in ihrem Hause rief sie ihn beiseite, er sprach die Grüße des Kaisers aus und übergab den Brief. Sie öffnete ihn unverzüglich. Er war zwar eigenhändig in italienischer Sprache abgefasst, enthielt aber nur wenige Zeilen höflicher Redewendungen. Ferdinand III. war zu vorsichtig, einer unberechenbaren Dame irgendetwas zu versprechen oder politische Absichten anzuvertrauen, es ging ihm nur darum, den Kontakt mit ihr aufrecht zu erhalten.

Gewiss war Christina enttäuscht, zeigte es aber nicht, sondern unterhielt sich weiter mit Montecuccoli und redete ihm zu, länger in Flandern zu bleiben, denn sie wolle den Winter hier verbringen und erst im Frühjahr nach Italien weiterreisen. Danach führte sie ihn und die anderen Besucher in den großen Saal ihres Wohnsitzes, der für Theateraufführungen geeignet war. Sie sahen ein Lustspiel einer französischen Truppe, die früher der Prinz von Oranien, nun Christina engagiert hatte. Dafür zahlte sie jeden Monat die beachtliche Summe von 4000 Francs.

Gleich am nächsten Tag, dem 17. September, bewies Christina, wie sehr ihr Montecuccoli willkommen war. Sie lud ihn zu einer Spazierfahrt ein und erzählte von ihrer Abreise aus Schweden, fast einer Flucht. Sie hatte den Anschein erweckt, sie wolle mit einem Schiff absegeln, reiste aber zu Lande in Männerkleidung, um nicht erkannt und aufgehalten zu werden, denn ihr Nachfolger Karl Gustav hätte sie doch gern geheiratet. Dann schüttete sie ihr Herz noch weiter aus: ihre Situation sei schwierig, denn in Schweden befürchte man, sie werde sich auch künftig in die Politik einmischen, und eigentlich sei das ja auch ihr Wunsch, wenn sie auch noch nicht genau wisse, in welcher Form es geschehen könne. Den Abend verbrachten die beiden in größerer Gesellschaft bei einer Vorstellung der Theatergruppe; diesmal spielte sie eine Tragödie.

Die Tage in Antwerpen gingen vergnüglich weiter mit Theater und Konzerten, Spazierfahrten und Besichtigungen. Dazwischen notierte Montecuccoli eine betrübliche Tatsache: die spanischen Truppen hatten schon lange keinen Sold mehr erhalten und mussten um Almosen bitten!

In der Gesellschaft drehten sich die Gespräche um das letzte Ereignis auf dem Kriegsschauplatz, die vergebliche Belagerung der Stadt Arras, die zu den spanischen Niederlanden gehört hatte, aber 1640 von den

Franzosen erobert worden war und nun von einer starken Besatzung gehalten wurde. Die Heerführer der verbündeten spanischen und lothringischen Truppen waren nicht einig, unterstützten einander zu wenig und mussten die Belagerung aufgeben, als der französische Marschall Turenne zum Entsatz der Stadt anrückte. Das konnte Montecuccoli sich gut vorstellen, er hatte Ähnliches ja mehrmals erlebt. Zum Glück waren die Verluste der Spanier sehr gering, denn die Franzosen verfolgten sie nicht, sondern plünderten gierig den Tross.

Auf gemeinsamen Spazierfahrten erzählte Christina von Gerüchten über ihre politische Zukunft, dass der König von Spanien ihr die Niederlande oder Neapel überlassen würde, sie wolle aber nicht verwalten, sondern sich am liebsten an der Spitze eines Heeres sehen. Montecuccoli entgegnete, dass sie dazu genug Gelegenheit gehabt hätte, wenn sie in Schweden geblieben wäre. Zur Bewunderung für sie dürfte sich bei ihm allmählich ein wenig Mitleid gesellt haben.

Eine andere Dame, die ihn beschäftigte, war Susanne Seviglia, eine geborene Spanierin; Pater Manderscheidt und Seestaet hatten ihn bei ihr eingeführt. Über ihre Lebensumstände, weshalb und wovon sie in Antwerpen lebte, ist nichts bekannt, vielleicht war sie eine noble Kurtisane. Dass Montecuccoli sie oft besuchte, galt keineswegs als anstößig, er durfte darüber ungescheut in in seinen Tagebüchern schreiben, selbstverständlich ohne irgendeine Einzelheit. In der Folgezeit erwähnte er sie nur mehr mit ihrem Vornamen.

Darüber vergaß er seine Pflichten nicht und machte sich auf die Reise nach Brüssel, wo Erzherzog Leopold Wilhelm als Statthalter König Philipps IV. von Spanien residierte. Am 25. September mittags bestieg er in Antwerpen ein Schiff und kam spät abends in Brüssel an. Vielleicht schon auf der Fahrt, sicherlich aber am nächsten Tag hörte er Klagen über den schlechten Zustand des spanischen Heeres. Darüber sprach man überall, nach der Messe in der Jesuitenkirche und mittags bei Hofe: Offiziere erhielten Rang und Beförderung nicht nach ihren Fähigkeiten und ihrer Erfahrung, sondern durch Protektion, Leistungen wurden nicht belohnt, Vergehen nicht bestraft.

Abends sprach auch Erzherzog Leopold Wilhelm darüber, als er Montecuccoli Audienz gab. Sie unterhielten sich mit der förmlichen Distanz, die der Rangunterschied gebot, aber offen und freundlich als alte Kriegskameraden. Als Ort für die Audienz hatte der Erzherzog den

Raum gewählt, in dem er sich am liebsten aufhielt, seine Gemäldegalerie. Seine Leistungen als Kirchenfürst und Feldherr sind über 300 Jahre nach seinem Tode nahezu vergessen, als Kunstsammler und Mäzen verdient er heute noch Bewunderung und Dankbarkeit.

Montecuccoli wusste die Tage in Brüssel gut zu nützen, kaufte Bücher, die in Wien nicht zu haben waren, machte Besuche und schloss neue Bekanntschaften, darunter mit Graf Attems, der neben dem Rang eines Hauptmanns der Trabantenleibgarde auch das Amt des Oberst-Stallmeisters innehatte. Er teilte Montecuccoli mit, dass ihm jederzeit ein Hofwagen zur Verfügung stehe.

Sein Vetter Graf Andrea Montecuccoli erzählte, dass König Philipp IV. von Spanien in seinem Lande gar nicht beliebt sei. Für den nächsten Tag lud Andrea seinen Vetter Raimondo zum Mittagessen in kleiner Gesellschaft ein und schilderte ihm, wie einträglich der spanische Kriegsdienst für einen hohen Offizier sei. Deshalb riet er ihm, an den Feldmarschall Fuensaldagna, der seinen Ruhm kenne, zu schreiben, ebenfalls in spanische Dienste zu treten und endlich zu heiraten. Am Abend ging Andrea noch mit zum Hafen, Raimondo bestieg ein Schiff und kam am 2. Oktober um 8 Uhr morgens in Antwerpen an.

Er wollte gleich Christina sehen, aber sie konnte ihn nicht empfangen, weil sie mit Pierre Chanut, dem französischen Botschafter in Holland, eine Geheimkonferenz hielt. Sie hoffte nämlich, sie könne einen Frieden zwischen Spanien und Frankreich vermitteln, aber damit überschätzte sie ihren Einfluss. Chanut hatte seinen Pass in die Spanischen Niederlande nur für vier Tage erhalten. Als er wieder abreiste, küsste Montecuccoli ihm die Hand, eine für heutige Begriffe schwer vorstellbare Geste. Seine Aufzeichnungen aus jenen Tagen enthalten noch anderes Überraschendes: *„Ich wette mit Amarante, dass sie vor Jahresfrist sterblich verliebt sein werde, und unterwerfe mich ihrem eigenen Urteile."* Mit dem recht durchsichtigen Decknamen Amarante kann er nur Christina gemeint haben, doch es verblüfft, dass er so frei zu ihr sprechen durfte. Eine Eintragung wenig später erklärt die Situation: er schrieb in sein Tagebuch, er habe ihr aus den Handlinien die Zukunft vorausgesagt.

Der Vetter Graf Andrea kam für einige Tage aus Brüssel nach Antwerpen, sprach wieder von den guten Einnahmen im spanischen Kriegsdienst, bot Raimondo einen noblen Kredit in spanischen Goldmünzen an, falls es nötig würde, und erwähnte die Mitgift, die er seiner Tochter geben werde: 200.000 Francs. Er wiederholte auch seinen Rat, Raimondo möge doch heiraten, und nannte ein Fräulein de Beauvais, das dazu geneigt wäre.

Nach einigen Tagen der üblichen Unterhaltungen in Gesellschaft der Königin Christina zeigte sich, dass Montecuccoli nicht nur ihretwegen nach Flandern gekommen war. Am Morgen des 9. Oktober verließ er Antwerpen und reiste über Gent und Brügge, teils zu Schiff, teils mit Extrapost, nach Dünkirchen. Dort musste er besseres Wetter abwarten, bis er am 15. Oktober über Gravelines und Calais nach Dover übersetzte und abends mit der Post in Canterbury eintraf, am 16. in London.

Aus seinen Aufzeichnungen geht nicht hervor, weshalb er nach England gereist war. Er benahm sich zwar als Privatperson, wurde nicht offiziell begrüßt und wohnte bescheiden in einem möblierten Zimmer in der Coventgardenstraße ohne Begleiter oder Diener, er dürfte aber als vertraulicher Sonderbotschafter des Kaisers angesehen worden sein. Schon am nächsten Vormittag empfingen ihn der spanische Botschafter Don Alfonso di Cardenas, dann der florentinische Resident Salvetti und der des Prinzen Condé, ein Marquis de la Barrière, der Graf Stafford und Lord Whitelock, schließlich der französische Gesandte. Dessen Namen notierte er nicht, nur dass er kein Mann von Stand, doch ein Meister der Diplomatie sei.

Somit ist viel Raum für Vermutungen gegeben. Die wahrscheinlichste lautet, dass Montecuccoli dem Kaiser über die Zustände in England Bescheid geben sollte; das Land war zu der Zeit Republik, Oliver Cromwell hatte König Karl I. hinrichten lassen und regierte mit dem Titel eines Lordprotectors. Für den Krieg zwischen Spanien und Frankreich war die Frage wichtig, welche Seite von England unterstützt würde.

Darüber zog Montecuccoli Nachrichten ein, interessierte sich für das englische Heer, die Kriegsmarine, die Handelsflotte und die Küstenbefestigungen, ebenso für die innenpolitischen und religiösen Verhältnisse. Nachdem er die Stadt London besichtigt hatte, notierte er allerlei, darunter den Satz *„Ich besuche die St.-Pauls-Kirche, welche herrlich im Bau, aber leider zerstört ist, in ihrem Inneren befindet sich gegenwärtig ein Pferdestall.“* Der Marquis de la Barrière unterstützte ihn freundlich, überließ ihm einen Lakaien zur Bedienung und stellte ihm am Sonntag, wenn in London keine Mietkutschen zu haben waren, seinen Wagen zur Verfügung, begleitete ihn zur Westminster-Abtei und zeigte ihm dort die Grabmäler der englischen Könige und den königlichen Palast.

Wie in Brüssel, so erwarb Montecuccoli auch in London einige Bücher. Dabei hatte er einen verständnisvollen, sachkundigen Begleiter: „*Am 22. morgens empfange ich den Besuch des Herrn de la Haye, der mir ein von ihm verfasstes Büchlein ‚de anima' überreicht und gehe mit ihm Bücher einkaufen.*"

Darauf folgten wieder die gesellschaftlichen Verpflichtungen: „*Später holt mich der Sohn des Lords Whitelock zu Wagen ab und geleitet mich in dessen außerhalb der Stadt gelegenes Haus, das früher dem Buckingham gehörte. Dort essen wir stehend Austern, dann gehen wir kurze Zeit im Garten spazieren und danach zu Tische. Nach dem Speisen raucht man eine Pfeife und spricht über Verschiedenes. Als Whitelock den Amarantenorden sieht, sagt er, dass die Königin diesen auch ihm versprochen habe, doch ihr Wort nicht einlöse, er hätte ihn aber gerne.*"

Zu der Zeit wurde bekannt, dass Cromwell auf erfreuliche Art Partei ergriffen habe: Erzherzog Leopold Wilhelm war in Flandern gegen Dünkirchen und andere Küstenstädte vorgerückt und hatte deren Besatzungen aufgefordert, sich zu ergeben. Sie erklärten sich dazu bereit, falls nicht in einigen Tagen Entsatz käme. Tatsächlich zeigten sich französische Kriegsschiffe vor Calais, aber die Engländer vertrieben sie, denn sie fürchteten die zunehmende Macht der Franzosen und sahen die Festungen an der England gegenüber liegenden Küste lieber in den Händen der Spanier.

Davon war aber nicht die Rede (zumindest notierte Montecuccoli nichts darüber), als Lord Whitelock ihn am Nachmittag des 24. Oktober zu Cromwell geleitete. Der Empfang war sehr würdig, Cromwell erhob sich, als der kaiserliche General eintrat und ihn in französischer Sprache begrüßte. Die folgende Unterhaltung führte er auf Englisch, Whitelock fungierte als Dolmetsch. Montecuccoli wurde aufgefordert, Platz zu nehmen, und konnte das Gespräch mit dem mächtigen Manne in bequemer Haltung führen. Den Inhalt schrieb er nicht gleich nachher nieder, erwähnte nur später, dass Cromwell daran gelegen war, der Kaiser möge nicht die Stuarts gegen ihn unterstützen. Selbstverständlich sprachen sie auch von Königin Christina; Cromwell ersuchte

Montecuccoli, sie seiner Hochachtung zu versichern – wahrscheinlich hatte sie sich mehr erhofft.

Sehr oft, wenn Montecuccoli sich in seinen Tagebüchern knapp ausdrückte, bleiben verschiedene Möglichkeiten offen, eine Tatsache zu interpretieren. Diesmal handelt es sich um seine rasche Abreise nach London, nur eineinhalb Tage nach der Audienz bei Cromwell. Er schrieb weder, ob er gern noch länger geblieben wäre, um weiterhin allerlei zu erkunden, oder ob er mit der Audienz den Zweck der Reise erreicht habe und froh gewesen sei, dem Herbstwetter und der englischen Küche zu entfliehen. Cromwell kann ihm aus Sympathie und Rücksicht die Abreise erleichtert oder gewünscht haben, den undurchsichtigen Besucher aus Wien recht bald loszuwerden. Vielleicht hatte er auch erfahren, wie sehr dieser Herr sich für die politischen, wirtschaftlichen und militärischen Verhältnisse interessiert habe.

Jedenfalls überbrachte Lord Whitelock schon am Morgen des 26. Oktober 1654 Montecuccoli den Pass und die Mitteilung, der Vizeadmiral habe den Auftrag, ein Kriegsschiff zur Überfahrt nach Dünkirchen oder einen anderen Küstenort zur Verfügung zu stellen. Am Nachmittag des 27. Oktober erreicht die Fregatte die Küste vor Mardick und feuerte zum Abschied 14 Salutschüsse ab, während ein Boot den Fahrgast an Land brachte. Teils zu Pferd, teils mit Küstenschiffen ging die Reise weiter über Dünkirchen und Brügge, am 3. November ritt Montecuccoli in Antwerpen ein.

Hier gestaltete sich sein weiterer Aufenthalt noch reicher an Abwechslung als vordem. Während seiner Abwesenheit war Don Antonio Pimentel angekommen; er war als gewandter, liebenswürdiger Gesellschafter willkommen, vor allem aber brachte er als außerordentlicher Gesandter des Königs von Spanien dessen Wünsche an Christina: sie möge sich in einer neutralen Stadt, etwa Köln oder Lüttich aufhalten und noch nicht zum katholischen Glauben übertreten, damit sie beim Abschluss des Friedens mit Frankreich und bei der Wahl des Römischen Königs unparteiisch erscheine, denn selbstverständlich solle auf den jung verstorbenen Ferdinand IV. wieder ein Habsburger als König folgen, um dereinst die Kaiserkrone zu tragen.

Christina brauchte wenig Schlaf und setzte das auch von ihrer Umgebung voraus. Am 4. November, bevor Montecuccoli sich noch von seiner Reise ausgeruht hatte, ließ sie ihn um 4 Uhr früh rufen, sagte ihm, dass Pimentel bis 3 Uhr bei ihr gewesen sei, die Aufträge des spanischen Königs überbracht und sie ihm ihre Gegenvorstellungen dargelegt habe. Schlaftrunken und fröstelnd musste Montecuccoli sich das anhören. Nach wenigen Stunden der Ruhe begann für ihn das Hofleben wieder, nur unterbrochen von einem Besuch bei Frau Susanne, abends spielte die Theatergruppe der Königin eine Tragödie; die war kaum geeignet, den übermüdeten Herrn munter zu machen.

Es ist also gut zu verstehen, dass Montecuccoli am nächsten Tag der Königin seine Abreise ankündigte, doch sie gab ihn noch nicht frei, sondern sagte, dass sie in acht oder zehn Tagen nach Brüssel fahren werde, und ersuchte ihn, noch so lange zu bleiben. Bald danach aber wünschte sie, dass er sie auch nach Brüssel begleite. Dieses letzte Ansinnen lehnte er tapfer ab, den Aufenthalt in Antwerpen aber verlängerte er ihrem Wunsche gemäß und schickte ihr als Mitbringsel aus England ein Dutzend verschiedenfarbiger Handschuhe.

Zu den neuen Personen, die in der Antwerpener Hofgesellschaft auftauchten, zählten Prinz Moritz von Nassau-Oranien, Graf Otto von Schwerin, Erbkämmerer der Kurmark Brandenburg, und ein namentlich nicht genannter Herr aus Polen, der dort Vizekanzler gewesen, aber in Ungnade gefallen war und weit umherreiste, um Schutz und Protektion zu finden. Schließlich waren noch einige adelige Damen da, die bei Hofe vorgestellt werden wollten. Nicht bei Hofe, aber für Montecuccoli persönlich wichtig war Bartolo Bruni, Kurier des Herzogs von Modena.

An neuen Unterhaltungen ergaben sich ein Feuerwerk, das am Abend des 10. November inszeniert wurde, und das Schachspiel. Christina hatte es von ihrem Vater erlernt, nun entdeckte sie wieder die einstige Vorliebe dafür, würdigte aber nur wenige Herren (keine Dame!) der Ehre, mit ihr zu spielen. Einer davon war Montecuccoli. Wenn sie ihn dazu einlud, durfte er es nicht abschlagen, obwohl es kein großes Vergnügen war. Er notierte darüber: *„Die Königin spielt nur mit 3 oder 4 Personen Schach, welche alle sie gewinnen lassen, weshalb sie sich auf ihr Spiel sehr viel einbildet, jedoch ohne Grund.“* Dass Montecuccoli aber mit ihr spielen durfte, hob sein Ansehen bei Hofe sehr, sodass er mehrfach gebeten wurde, seinen Einfluss geltend zu machen, um jemandem eine Stelle als Kammerherr oder sonst eine Vergünstigung zu verschaffen.

Sogar noch am 22. November musste er sich morgens zum königlichen Spiel einfinden, obwohl er nachmittags eine Reise antrat, um die spanische Armee in Flandern zu besuchen und seinen Vetter Andrea zu treffen. Dieser bezog seinem Range entsprechend 1000 Gulden monatlich, während die Soldaten hungerten. Als Montecuccoli nach einer Woche wieder in Antwerpen war, musste er gleich mit der Königin Schach spielen, brauchte aber abends keine Tragödie im Theatersaal über sich ergehen lassen.

Er schrieb nicht nieder, ob er die Vergnügungen des Hoflebens genoss oder gern bald wieder abreiste, sondern notierte nur: *„Am 2. Dezember morgens um 7 Uhr fahre ich mit dem Schiffe nach Brüssel, wo ich um 4 Uhr nachmittags anlange. Am 3. gehe ich morgens zu Hofe, wo mich der Erzherzog gleich empfängt und lachend fragt, ob er mich als Majestät behandeln müsse, da er letzthin in Zeitungen gelesen habe, dass die Königin von Schweden mich heiraten werde. Er fragt mich dann, ob sie mir etwas über die Absichten der Schweden mitgeteilt habe, da der Kaiser sehr argwöhnisch gegen die dortige Regierung sei. Ich erwidere, ich glaube nicht, dass sie von eventuellen kriegerischen Absichten überhaupt unterrichtet werde."*

Alonso Perez Conte Fuensaldagna de Vivero, spanischer Feldmarschall und Staatsminister, suchte in Brüssel Kontakt mit Montecuccoli. Als er ihn in seinem Palast in größerer Gesellschaft empfing, lud er ihn ein, in sein Zimmer einzutreten. Montecuccoli schrieb nicht, weshalb er ablehnte, wahrscheinlich war er zu vorsichtig, sich auf vertrauliche Gespräche einzulassen, und blieb auch nicht länger. Falls der Spanier gekränkt war, zeigte er es nicht, sondern begleitete den Gast noch höflich bis zur Türe.

Montecuccoli wusste sich an diesem Abend bessere Unterhaltung, er besuchte die Marchesa Gonzaga und Frau Saavedra. Über diese beiden notierte er so wenig wie über jene Susanne in Antwerpen, sie standen im Range aber höher, Frau Saavedra war sogar mit dem Amarantenorden ausgezeichnet worden. Am übernächsten Abend war er wieder mit der Marchesa zusammen und mit dem Fräulein von Beauvais, das offenkundig eine Schwäche für ihn hatte. Deshalb versäumt er den Besuch des Grafen Fuensaldagna, der zu ihm kommen wollte, dürfte es aber nicht bedauert haben. Als diskreter Kavalier vermerkte Montecuccoli nicht, welcher Art seine Beziehungen zu diesen und auch noch anderen Damen in Brüssel waren, erwähnte nur seine häufigen Besuche bei ihnen.

Er selbst erhielt ja auch viele Besuche. Aus Florenz kamen zwei junge Edelleute zu ihm, aus Österreich ein junger Graf Kinsky, aus England ein vornehmer Herr. Seinerseits besuchte er die Prinzen von Württemberg und von Nassau, die in spanischem Kriegsdienst standen. Wichtiger als solche Begegnungen und aller Tratsch, den er dabei erfuhr, waren ihm freilich die Gespräche mit Erzherzog Leopold Wilhelm über politische und militärische Probleme, denn für alles, was er vielleicht noch erreichen wollte, war dieser Herr seine verlässlichste Stütze.

Am Abend vor seiner Abreise besuchte er noch einmal die Marchesa Gonzaga und das Fräulein von Beauvais. Auf diese nicht überraschende Eintragung ins Tagebuch folgt eine besondere: *„Am 14. Dezember reise ich um 8 Uhr früh mit dem gewöhnlichen Schiffe von Brüssel ab und treffe um dreieinhalb Uhr in Antwerpen ein. Abends gehe ich zu Hofe, wo die Königin mir erzählt, aus Genua sei die Nachricht eingetroffen, dass sie mich herbefohlen habe, um mich zu heiraten, während aus Holland geschrieben werde, dass der König von Spanien seine Frau verstoße, um sie (Christina) zu heiraten. Indem sie sich dann an den Präsidenten Violet wendet, sagt sie: ‚Ich bin eine zu treue Dienerin des Königs und eine zu gute Freundin Montecuccolis, um einem von beiden etwas so Schlechtes zu wünschen!'."*

Zu jedem Hofleben gehörten die Fragen des Ranges und der Zeremonien, die jemandem zuerkannt wurden. Montecuccoli als einfacher Graf und General hatte nur mäßige Ansprüche zu stellen, deshalb vermerkte er es erfreut, wenn jemand ihn besonders höflich behandelte. Der Prinz von Condé aber war sehr darüber beleidigt, dass er nicht so hoch wie Erzherzog Wilhelm geehrt wurde. Dabei war es schon wichtig, wie viele Schritte die Königin einem Besucher entgegenkam und ob sie ihn beim Abschied zum zweiten oder nur bis zum ersten Vorzimmer begleitete. Sie nahm das nicht ernst, während der Unterhandlungen über die Formalitäten, wie der Prinz empfangen werden solle, spielte sie mit Montecuccoli Schach. Die Spanier brauchten den eitlen jungen Herrn, der für sie gegen sein Vaterland Frankreich kämpfte, die Königin schätzte ihn weniger und die ganze Hofgesellschaft fühlte sich erleichtert, als er am Morgen des 17. Dezember 1654 das Schiff bestieg, das ihn nach Brüssel zurückbringen sollte.

Zwischen all dem Hofleben gönnte Montecuccoli sich Entspannung und besuchte am Nachmittag des 22. Dezember wieder Susanne, am Abend die Mätresse des Kapitäns Rossi. Im Dämmerlicht des nächsten Morgens fuhr er mit der Königin und Don Antonio Pimentel nach Willebroek, wo Erzherzog Leopold Wilhelm sie erwartete, allerdings nicht zu munterer Unterhaltung, sondern zu einer ernsten Zeremonie. Nach dem Mittagsmahl fuhren sie gemeinsam zu Schiff nach Brüssel. Bei der Ankunft der Königin donnerten zur Begrüßung die Kanonen, die Bürgerwehr gab aus den Gewehren Salven ab, leider schlecht und ohne Ordnung. Die Fenster waren beleuchtet, die große Glocke läutete, die Straßen waren voll von Menschen und Wagen. Der Grund der Reise nach Brüssel wurde vorläufig geheim gehalten.

Unter dem Vorwand, eine Konferenz wegen der Wahl des Römischen Königs abhalten zu müssen, betrat Erzherzog Leopold Wilhelm am späten Abend des 24. Dezember 1654 die Gemächer der Königin, mit ihm Montecuccoli als kaiserlicher, Pimentel als königlich spanischer Gesandter, Feldmarschall Fuensaldagna, der spanische Minister Baron Navarre und der Barfüßermönch Pater Chenes als Sekretär. Vor diesen Herren legte Christina ihr katholisches Glaubensbekenntnis ab, betete das Credo und versicherte, an die Auferstehung, die Kommunion und die römisch-katholische Kirche zu glauben, ebenso an das Fegefeuer, den Ablass, die unfehlbare Autorität der Kirche, die apostolischen und kirchlichen Überlieferungen und die Auslegung der Heiligen Schrift nach dem Sinne der römisch-katholischen Kirche überhaupt und speziell des Konzils von Trient. Sie kniete nieder, der Pater gab ihr die Absolution.

König Gustav II. Adolf von Schweden hatte erfolgreich gegen die katholischen Mächte gekämpft, nun war seine Tochter zur katholischen Konfession übergetreten – einen größeren Triumph konnte sich das Papsttum kaum wünschen. Für die nächste Zeit sollte das geheim bleiben, denn Christina fürchtete, man werde daraufhin ihre Güter in Schweden konfiszieren. Aber schon die Tatsache, dass sie in Brüssel weilte, war mit großartigem Empfang gefeiert worden, während der Zeremonie donnerten die Kanonen, als wollten sie Beifall spenden, und gaben damit das Signal, Freudenfeuer anzuzünden und mit festlicher Beleuchtung zu beginnen. Montecuccoli und Pimentel verglichen ihre Aufzeichnungen über den Vorgang und besuchten dann mit der Königin zusammen die Mitternachtsmesse.

Noch bedurfte Christina dazu eines Vorwandes und erklärte, sie wolle nur die Musik anhören und die Zeremonien beobachten. Denselben Vorwand gebrauchte sie am 25. Dezember, dem Christtag, als sie mit Montecuccoli und Navarre in einer Loge abgesondert die Messe hörte, während der Erzherzog und die anderen Herren ihre gewohnten Plätze im Dom einnahmen. Zur Vesper hörte die Königin Kirchengesang an, abends begann ein Feuerwerk.

Montecuccoli nahm an, nunmehr sei sein Auftrag in Flandern beendet, und bat am 27. Dezember die Königin um die Erlaubnis, nach Wien zurückkehren zu dürfen, aber sie wünschte, ihn noch länger in ihrer Nähe zu behalten. Er musste sich fügen, wollte aber seine eigenen Interessen nicht vernachlässigen. Diese legte er in einem Memoriale nieder, einem Schriftstück, in dem er seine Leistungen im Dienste des Kaisers in Kriegs- und Friedenszeiten zusammenfasste, aber betonte, dass er, obwohl der Kammerdienst ihn auf die Dauer nicht befriedige, keine Beförderung begehre, sondern nur die Vergütung der Auslagen für sein Regiment und die Reisen; die waren ja nicht gering gewesen. Dieses Memoriale überreichte er mit der Bitte um Befürwortung sowohl dem Erzherzog wie der Königin.

Hier in Antwerpen und in Brüssel hatte Montecuccoli eine ziemlich bedeutende Rolle gespielt, sodass ihn die Aussicht, in Wien nur ein Kämmerer zu sein, nicht mehr reizte. Statt dessen sah er andere Möglichkeiten. Von seinem Vetter Marchese Massimiliano Montecuccoli-Polinago war ein Kurier gekommen mit der Bitte, Raimondo möge aus Anhänglichkeit zur Familie recht bald nach Modena reisen. Er erwog auch, in irgendeiner höheren Funktion am Hofe der Königin zu bleiben, und äußerte als dritten Weg für die Zukunft noch einen Wunsch an die Königin, der großes Vertrauen auf ihren künftigen Einfluss beim Papst bewies; er klingt so überraschend, dass man ihn kaum glauben möchte, hätte Montecuccoli es nicht selbst in seinem Tagebuch niedergeschrieben: *„...so möge sie mein Glück in Rom gründen und mich zum Kardinal machen.“* Christina versprach, ihre ganze Kraft einzusetzen, meinte aber, dass es keine Eile habe, da er vorläufig wohl noch nicht heiraten werde.

Das Hofleben ging auch zu Beginn des Jahres 1655 in der gewohnten Form weiter; Montecuccoli musste, für welchen Weg in der Zukunft er sich auch entscheiden würde, zunächst nach Wien zurückkehren, um dem Kaiser Bericht zu erstatten. Als er sich am 8. Januar von Christina verabschiedete, reichte sie ihm die Hand zum Kusse und sagte, sie habe ihm ihre geheimen Gedanken mitgeteilt, werde es künftig keinem anderen Menschen gegenüber tun. Er möge sogleich kommen, wenn sie seine Gegenwart wünsche, dafür dürfe er ihrer Unterstützung in jeder Hinsicht sicher sein. Dieser schönen Erklärung fügte sie noch als kleineren Auftrag hinzu, er solle ihr einige Musikanten aus Italien verschaffen und die Bedingungen für deren Eintritt in ihre Kapelle nach eigenem Ermessen festsetzen.

Beim Abschied von Fräulein von Monténac vereinbarte er mit ihr, dass sie in Korrespondenz bleiben wollten. Erzherzog Leopold Wilhelm lud ihn in sein Raritätenkabinett ein, um die Ringe, Siegel und Schwerter aus der Zeit des Frankenkönigs Childerich I. zu besichtigen, die kürzlich in Tournay ausgegraben worden waren. Außerdem sagte er, er lasse ein Brustbild seiner Person für Montecuccoli malen.

VIII.

In Pressburg und wieder in Flandern

Die Wagenfahrt von Brüssel nach Antwerpen, also nach Norden, entsprach nicht der kürzesten Fahrtroute, doch Montecuccoli wollte sich noch von einigen Personen verabschieden (das Tagebuch nennt die Namen nicht, doch sie sind nicht schwer zu erraten) und empfing auch Besuche. Das nahm den Abend des 9. Januar in Anspruch und dauerte bis zum Nachmittag des 10., dann erst konnte er die Reise mit gemieteten Pferden fortsetzen. Am Nachmittag des 14. Januar 1655 traf er in Düsseldorf ein, einer damals noch wenig ansehnlichen Stadt. Der Kurfürst, Herzog Philipp Wilhelm von Pfalz-Neuburg, der hier residierte, befand sich gerade auf der Jagd. Montecuccoli ließ anfragen, wann er ihn begrüßen könne, und wurde aufgefordert, am nächsten Vormittag zur Audienz zu kommen. Baron Ruischenberg, der die Aufgaben des altersschwachen Obersthofmeisters übernommen hatte, lud ihn zum Abendessen ein und bot ihm Quartier im Herzogspalast oder ein Zimmer im eigenen Hause an, aber Montecuccoli wollte nicht zur Last fallen und hielt es auch für bequemer, in einem Gasthof abzusteigen.
Am nächsten Vormittag kam ein Edelmann mit einem Hofwagen, begrüßte Montecuccoli im Namen des Herzogs und geleitete ihn zur Audienz. Der Herzog ging ihm bis zur Mitte des Vorzimmers entgegen, bot ihm auf einem mit rotem Samt überzogenen Sessel Platz an und ließ sich den Grund des Besuches erklären: Erzherzog Leopold Wilhelm hatte Montecuccoli den Auftrag gegeben, in einem Streit zwischen dem Herzog und dem Grafen von Schwarzenberg zu vermitteln. Trotz aller Bemühungen gelang das nicht, der Herzog beharrte auf seinem Standpunkt, war im übrigen aber sehr freundlich. Er sah in Montecuccoli nicht nur einen der Heerführer des Dreißigjährigen Krieges, sondern auch einen Diplomaten, der schon weit in der Welt umhergereist war,

viel erzählen konnte und offensichtlich in der Gunst des Kaisers stand. Er versicherte ihm, bei der Wahl des Römischen Königs sich für die Interessen des Kaisers einzusetzen.

Das war ein schwieriges Kapitel, denn Schweden und Frankreich versuchten, auf die Wahl Einfluss zu nehmen. Auch der Herzog von Bayern kam als Prätendent in Frage; Erzherzog Leopold Ignaz, der nach dem Tode seines älteren Bruders Ferdinand IV. dem Wunsche des Kaisers nach gewählt werden sollte, war noch sehr jung. Besser sei, sagte der Herzog von Pfalz-Neuburg, der Bruder des Kaisers geeignet, der allseits geachtete Erzherzog Leopold Wilhelm.

Das waren lange, zum Teil recht interessante Gespräche, Montecuccoli notierte nachher ihren Inhalt. An den gemeinsamen Mahlzeiten nahm auch der Prinz von Homburg teil, ein Bruder der jungen Herzogin; Montecuccoli war ihm schon im Oktober 1654 in Antwerpen begegnet. Als er am Abend des 15. Januar seine Rechnung im Gasthof begleichen wollte, sagte der Wirt, er dürfe kein Geld annehmen, der Herzog werde für alles aufkommen. Der Herzog tat noch mehr, er stellte dem kaiserlichen General für dessen Reise nach Köln einen Wagen und Pferde zur Verfügung.

In Köln lebte damals der junge König Karl II. von England im Exil. Die Begegnung mit ihm schilderte Montecuccoli: *„Abends mache ich dem König von Britannien meine Aufwartung, der mich stehend und von seinen Kavalieren umgeben empfängt. Er ist schwarzhaarig, von schöner Gestalt und hat schöne, große, schwarze Augen; er spricht gut und höflich und trägt mir Grüße an den Kaiser auf.“*

Das Reisetagebuch erzählt auch von wirtschaftlichen Verhältnissen, ausführlich über den Tabakanbau bei Hanau (östlich von Frankfurt am Main) und von Begegnungen mit Kriegskameraden. Einer erbot sich, sofort 1000 Kürassiere aufzubringen, wenn der Kaiser Reiter brauche. Allgemein sprach man von Anzeichen eines neuen Krieges, angeblich verlangte der Kurfürst von Brandenburg von seinen Untertanen eine Tonne Goldes für militärische Rüstung.

Etwa auf halbem Wege von Würzburg nach Nürnberg ergab sich am 23. Januar 1655 ein erfreulicher Zwischenaufenthalt auf Schloss Schwarzenberg. Reichsgraf Johann Adolf I. war einige Jahre jünger als Montecuccoli, hatte aber durch seine Fähigkeiten und guten Beziehungen zum Kaiserhof (sein Großvater hatte 1598 den Türken die feste

Stadt Raab entrissen) eine noch schnellere Karriere gemacht: Bereits 1640, im Alter von 25 Jahren, war er kaiserlicher Reichshofrat, danach wurde er Oberstkämmerer des Erzherzogs Leopold Wilhelm, Kriegsrat, kaiserlicher Geheimer Rat und 1650 mit dem Goldenen Vlies ausgezeichnet. Seiner Ämter wegen hatte er vorwiegend in Wien gelebt, aber als er 1642 zum ersten Mal das Stammschloss der Familie besuchte, fand er es ausgeplündert, viele Ortschaften zerstört, die Einwohner waren tot oder weggezogen. Obwohl er weiterhin zumeist in Wien leben wollte, fasste er den Entschluss, das Schloss wieder herrichten zu lassen. Die Arbeiten begannen 1654, zunächst wurde der alte, baufällige Palas ausgebessert und erweitert.

„Der Graf lässt an der Nordwestfront hinter dem Bergfried den Palas in guten Stand setzen“, schrieb darüber Montecuccoli, *„die Gräfin ist sehr liebenswürdig, sie hat zwei Töchter und ein Söhnchen. Der Graf ist sehr fleißig und vom besten Willen beseelt, dem Erzherzog Leopold Wilhelm zu dienen.“*

Montecuccoli hatte den Grafen in Schweden am Hofe der Königin gesehen, nun lernte er ihn besser kennen. Im Streit mit dem Herzog von Pfalz-Neuburg war keine Einigung oder auch nur Annäherung zu erzielen, jeder der beiden Herren fühlte sich im Recht. Um von dem leidigen Thema abzulenken, sprach Graf Johann Adolf von Politik und der schlechten militärischen Situation in Flandern und freute sich über das Interesse seines Gastes an den Bauarbeiten, die zum Teil als Vorbild für die Erweiterung von Schloss Hohenegg dienen könnten. Zuletzt erwähnte er das Gerücht, der Herzog von Modena wolle seinen Sohn Alfonso mit einer Nichte des Kardinals Mazarin verheiraten; damit würde der Herzog noch mehr auf die Seite Frankreichs gezogen, das könnte Montecuccoli am Kaiserhof sehr schaden, er müsse also alles daran setzen, den Herzog von diesem Plane abzubringen. Außerdem solle er, riet Graf Schwarzenberg, nicht mehr so lange Reisen unternehmen, denn dadurch könne er sich gegen gewisse Intrigen am Kaiserhof nicht zur Wehr setzen.

Vor der Abreise von Schloss Schwarzenberg am Nachmittag des 24. Januar überreichte Montecuccoli der Gräfin und zwei anderen Damen kostbare Geschenke; das Geld dafür hatte er sich bei einem Kaufmann in Frankfurt am Main ausleihen müssen. Nun reiste er in einem Mietwagen über Nürnberg nach Regensburg. Hier erhielt er Besuch von einem Obristen, der seine und seines Sohnes Dienste für den Fall eines neuen Krieges anbot. Kälte und Nebel machten die weitere Fahrt, zu Schiff auf der Donau von Regensburg zurück nach Österreich, recht unerfreulich, Montecuccoli war froh, als er wieder in Hohenegg vor dem Kamin sitzen konnte.

Die Ruhe dauerte nur kurz, denn er musste ja dem Kaiser Bericht erstatten. Schon am 3. Februar ließ er sich aus Hohenegg nach St. Pölten bringen, bestieg dort die Postkutsche und traf abends bei Hofe ein. Er wurde sogleich vom Kaiser empfangen, überreichte Briefe der Königin Christina und des Erzherzogs Leopold Wilhelm und wollte noch kurz das Nötigste erläutern, doch der Kaiser unterbrach die Audienz, denn es war schon Zeit zur Abendtafel. Zu dieser wurde Montecuccoli freilich nicht eingeladen, das hätte die Etikette nicht erlaubt.

Die nächste Audienz wurde verschoben, weil der Kaiser an Kopfschmerzen litt, aber andere Mitglieder der Hofgesellschaft luden Montecuccoli ein, zum Mittagessen ein Baron Horváth, abends eine Gräfin Khevenhüller. Man war ja neugierig auf seine Erzählungen von der weiten Reise.

Endlich am frühen Abend des 5. Februar nahm Ferdinand III. die Grüße der Königin Christina freundlich entgegen, lobte ihre Schreiben und das gute Einvernehmen und fragte, ob sie auch wahrhaft und von Herzen dem katholischen Glauben ergeben sei, meinte aber, der König von Spanien hätte seinen Gesandten Don Antonio Pimentel nicht zu ihr, sondern nach Schweden zum gegenwärtigen König beordern sollen. Das Gespräch dauerte noch eine Weile; es ging um die Korrespondenz zwischen dem französischen Gesandten Chanut und der Königin, um die betrübliche Lage in Flandern, um den Herzog von Pfalz-Neuburg und etliche kleinere Angelegenheiten.

An diesem Abend speiste Montecuccoli bei dem Grafen Harrach, am nächsten bei dem Fürsten Auersperg. Auch hier musste er über die Königin erzählen, über ihren Lebenswandel und ihre religiösen Empfindungen, dann sprach man über Politik, Gesellschaftstratsch, vom jämmerlichen Tod des Papstes Innozenz X., um den sich zuletzt niemand mehr gekümmert hatte, schließlich über das Theater. Am Nachmittag des 7. Februar machte Montecuccoli dem Thronfolger Erzherzog Leopold Ignaz seine Aufwartung. Aus Ehrfurcht und vielleicht auch Vorsicht schrieb er nicht nieder, welchen Eindruck er von dem jungen

Herrn empfangen habe, dafür schilderte er ausführlich seinen Besuch an diesem Abend bei dem spanischen Gesandten. Trotz aller Freundlichkeit dieses Herrn musste er sich viele Klagen anhören, beginnend beim Klima nördlich der Alpen, dann Vorwürfe, wie sie unter verbündeten Mächten üblich sind, zuletzt endlose Probleme der Etikette mit einem schönen Höhepunkt: wenn der Gemahlin des Gesandten nicht der Vortritt vor der Obersthofmeisterin zugestanden bleibe, müsse er den Wiener Hof verlassen.

Solchen Fragen wurde an allen Herrscherhöfen viel Gewicht beigemessen. Der Kaiser nahm sie ernst und wusste, dass Montecuccoli eine Anerkennung seiner Dienste erwarte, mochte auch erfahren haben, dass diesem anderwärts, nicht nur in Wien, Türen offen standen. Obwohl Ferdinand III. einen neuen Krieg noch nicht für wahrscheinlich hielt, erschien es ihm doch bedenklich, einen bewährten General und Diplomaten abwandern zu lassen. Um ihn vorläufig zufriedenzustellen oder zumindest zu beschäftigen, übertrug er ihm für die nächsten, unmittelbar bevorstehenden großen Zeremonien das ehrenvolle Kommando der Trabantengarde.

Außer der Garde der Trabanten begleiteten auch die der Arcièren [18] und 100 Kürassiere den Kaiser, als er sich am 3. März 1655 zum Landtag nach Preßburg begab. Die ungarischen Magnaten kamen ihm bis an die Grenze bei Hainburg entgegen, aber gleich mit 2000 Reitern, deren bunte Fähnlein an den Lanzen einen farbenprächtigen Anblick boten. Der Erzbischof von Gran hielt im Freien eine schöne Rede, nach dem Einzug in Preßburg wurde im Dom ein Tedeum gesungen.

Mit allerlei Festlichkeiten verging eine ganze Woche bis zur Eröffnung des Landtages. Das geschah sehr feierlich in der Burg: der Kaiser saß auf dem Thron, zu seiner Rechten der Hofmarschall mit blankem Schwert in der Hand, zu seiner Linken Ottavio Piccolomini, Herzog von Amalfi, als Kommandant der Arcièren, Montecuccoli als Kommandant der Trabanten, daneben der Oberstkämmerer. Der ungarische Kanzler hielt seine Anrede nationalbewusst in ungarischer Sprache, Ferdinand III. antwortete lateinisch.

Dieser erste Gegensatz kündigte die folgenden an, wobei die ungarischen Magnaten untereinander auch nicht einig waren. Am 15. März 1655 wählten sie den Grafen Wesselény zum Palatin, das heißt Stellvertreter des Königs mit einem Jahresgehalt von 22.000 Gulden. Die Gra-

fen Zriny und Forgách, die sich für ebenso würdig hielten, fühlten sich gekränkt, doch ihr Groll richtete sich weniger gegen die Standesgenossen, die nicht sie gewählt hatten, sondern gegen Ferdinand III.
Die einzelnen Verhandlungen des Landtages interessierten Montecuccoli nicht, er überging sie in seinen Aufzeichnungen und schilderte nur hervorragende Zeremonien. Am Gründonnerstag, dem 25. März, empfing der Kaiser (und hierzulande König) mit dem gesamten Hofstaat nach dem Hochamt die heilige Kommunion, wobei die Reihenfolge sehr wichtig genommen wurde; auf die Herrscherfamilie folgte gleich der Gesandte der Republik Venedig. Am selben Tag noch war nach alter Tradition eine Handlung der Demut üblich: wie einst Christus seinen Jüngern die Füße gewaschen hatte, so tat es jetzt der Kaiser bei zwölf armen alten Männern, die Kaiserin bei zwölf Frauen. Das blieb bis zum Ende der Monarchie üblich.
Um die Zeit zwischen den großen Feierlichkeiten auszunützen, reiste Montecuccoli in Ungarn umher und besichtigte die Festungen an den Grenzen. Es war keine förmliche Inspektion, dazu hatte er keine Vollmacht, aber er wollte sich informieren, denn da sich Auseinandersetzungen in Polen angekündigt hatten, war es wichtig zu wissen, wie es an der Grenze gegen die Türken stehe. Er nahm mit Recht an, dass man ihn an einer der Fronten brauchen würde.
Erzherzog Leopold Ignaz war noch nicht ganz 15 Jahre alt, aber da er für die Thronfolge vorgesehen war, bemühte sich der Kaiser, den schmächtigen Knaben in den Vordergrund zu stellen. Eine gute Gelegenheit dazu bot seine Aufnahme in den Orden der Ritter des Goldenen Vlieses. Darüber konnte nicht der Kaiser entscheiden, das stand der spanischen Linie der Habsburger zu, aber König Philipp tat ihm gern den Gefallen und gestattete, die Formalitäten in Wien abzuhalten. Bei der Feierlichkeit am 9. Mai 1655 waren von den Ordensrittern die Fürsten Dietrichstein, Auersperg und Piccolomini anwesend, als Kommandant der Trabanten-Leibgarde auch Montecuccoli. Es war eine großartige Zeremonie, aber noch prächtiger war die Feier am 6. Juni, als die Kaiserin Eleonore Gonzaga, die dritte Gemahlin Ferdinands III., im Preßburger Dom zur Königin von Ungarn gekrönt wurde, und das anschließende Festmahl in der Burg.
All das schilderte Montecuccoli in seinen „Aufzeichnungen während des Landtages zu Preßburg 1655" und berichtete davon auch seinem

Bruder Massimiliano in Briefen. Etliche Briefe von diesem waren ihm in die Niederlande nachgeschickt worden, den größeren Teil fand er bei seiner Rückkehr in Wien vor. Sie enthielten Mitteilungen über die Verwaltung des Familienbesitzes und leise Vorwürfe, dass Raimondo noch immer ledig war. Darauf antwortete er:

„Die Ermahnungen, die Euer Hochwürden mir geben, dass ich auf die Gründung eines Hausstandes bedacht sein möge, werden von mir mit der Dankbarkeit aufgenommen, die ich dem Wohlwollen schulde, das Euer Hochwürden mir entgegenbringen. Glauben Sie ja nicht, dass ich mich einem solchen Entschlusse fern halte und ihn nicht ernstlich erwogen habe. Im Gegenteil, ich kann Ihnen wahrheitsgetreu mitteilen, dass ich bereits zwei- oder dreimal sehr nahe daran war zu heiraten, aber die Zufälligkeiten, die jedesmal die Unterhandlungen unterbrachen, ließen die Ausführung stets wieder in weite Ferne rücken. Euer Hochwürden haben daher nicht so sehr ein Recht, sich über mich zu beklagen, als vielmehr über das Verhängnis, das ähnliche Zufälle beeinflusst hat. Ich beginne aber dies abermals zu erwägen, und zwar umso mehr, als auch Marchese Massimiliano sowie Graf Andrea mir diesbezüglich wohlwollend Predigten gehalten haben.“

Raimondo sprach den jüngeren Bruder also nicht einfach mit „du" an und schloss manchen Brief, z. B. den aus Preßburg vom 20. Mai, *„und hiemit küsse ich Euer Hochwürden in aller Zuneigung die Hände.“* Der militärische Rang beugte sich vor der geistlichen Würde. Eine Woche später schrieb Raimondo dem Bruder, bald nach der Krönung der Kaiserin werde ihr Stiefsohn Leopold Ignaz zum König von Ungarn gekrönt werden. Das geschah aber erst am 27. Juni, da weilte Raimondo nicht mehr in Preßburg.

Schon am 10. Juni hatte ihn der Kaiser rufen lassen und ihm Briefe der Königin Christina und des spanischen Gesandten an ihrem Hof, Graf Pimentel, übergeben; sie ersuchten, Montecuccoli wieder an den Hof der Königin zu entsenden. Darüber schrieb dieser in sein Tagebuch:

„Seine Majestät äußerte sich, es sei gut, dass ich sogleich abreise. Er werde am nächsten Tage das Beglaubigungsschreiben an die Königin ausfertigen lassen und sie ersuchen, dass sie mir bald ihr Anliegen eröffnen wolle. Meiner Einsicht bleibe es überlassen, die Dauer des Aufenthaltes den Umständen und den Wünschen der Königin gemäß einzurichten. Ich solle die weiteren Befehle von hier erwarten und zu die-

sem Zwecke einen Chiffre-Schlüssel zurücklassen, um sich dessen bedienen zu können. Alles, was mir die Königin eröffnen würde, solle ich dem Erzherzog Leopold Wilhelm mitteilen. Seine Majestät werde mir 500 Dukaten für die Reise geben und den Pass so ausstellen lassen, als reise ich aus eigenem Anlasse und nicht in einer Sendung. Am 11. Juni fertigte mich der Kaiser ab. Er übergab mir den Brief an die Königin, der in italienischer Sprache geschrieben war... Darin schrieb er, dass er mich infolge ihres Wunsches zu ihr sende, sie zugleich aber ersuche, mich bald wieder zu entlassen, da Allerhöchstderselbe meiner sehr bedürfe. Er übergab mir auch ein Schreiben in deutscher Sprache an den Erzherzog ... ich küsste dem Kaiser die Hand und verabschiedete mich. Am 13. Juni reiste ich von Preßburg nach Wien, wo ich den 14. über verweilte. Am 15. verließ ich Wien, fuhr nach Hohenegg und trat am 17. die Reise nach Flandern an.“

Nach einer anstrengenden Fahrt mit der Post, mit dem Mietwagen und zu Schiff bei Tag und Nacht traf Montecuccoli am Nachmittag des 27. Juni in Brüssel ein und überbrachte noch an diesem Abend der Königin den Brief, den Kaiser Ferdinand III. ihr eigenhändig geschrieben hatte. Sie freute sich darüber, dankte Montecuccoli, dass er so rasch gekommen sei, und dann begann wieder das Hofleben mit Theater und Musik, Schach und Kartenspiel, Spaziergängen und -fahrten. Die Reise war übrigens recht kostspielig gewesen, denn für die Fahrt von Frankfurt am Main bis Köln hatte Montecuccoli ein eigenes Schiff mieten und dafür 35 Taler zahlen müssen, die nächste Wagenfahrt kostete 21 Taler. Und nun kam gar ein junger Graf von Nassau, der zum katholischen Glauben übergetreten war, und wollte sich Geld ausleihen! Montecuccoli gab ihm 25 Dukaten mit geringer Hoffnung, sie einmal wiederzusehen.

Die Gespräche der Hofgesellschaft drehten sich um Gerüchte, die oft einander widersprachen, und Vermutungen über die nächsten politischen Ereignisse, vor allem um den Krieg, den die Schweden beginnen würden oder vielleicht gar schon begonnen hatten. Christina verstieg sich zur Behauptung, ihr Vetter und Nachfolger Karl X. Gustav werde nicht ruhen, bis er nach Polen auch Deutschland erobert habe und über die Alpen nach Rom ziehen könne. In anderer Stimmung machte sie sich über ihn lustig und sagte, wer zu beleibt sei, um ohne die Hilfe von zwei Männern ein Pferd besteigen zu können, solle lieber keinen Krieg

beginnen. Über solche Scherze lachte man höflich; dass der Schwedenkönig sein Heer über die Alpen führen werde, glaubte niemand.
Christina blieb unberechenbar und überraschte Montecuccoli schon an einem der ersten Tage seiner Anwesenheit mit einem neuen Plan. Davon schrieb er in sein Tagebuch: *„Ich gehe mit Pimentel zu Hofe und speise im engsten Kreise mit der Königin in ihrem Schlafzimmer. Sie teilt mir ihre Absicht mit, gegen Ende August nach Italien zu reisen, sich dem Papste vorzustellen und es seiner Einsicht zu überlassen, wann und wo sie ihr öffentliches Glaubensbekenntnis ablegen solle … Sie wünsche dringend, dass ich sie nach Rom begleite, ich möge daher, da gegenwärtig ja kein Krieg in Deutschland sei, vom Kaiser Urlaub erbitten …“*
Kurz darauf fand Montecuccoli bestätigt, dass es Christina ernst sei mit der Reise nach Rom: *„Pimentel sagt mir, dass der König von Spanien die Reise nach Italien gutheiße, da ein weiteres Hinausschieben den Papst beleidigen und ihm Grund zur Klage geben könnte; dass der König zeitlebens Christina unterstützen werde, auch wenn er die Kelche der Kirchen verkaufen müsste; zweifellos würde auch der Papst dasselbe tun, wenn Schweden die Güter der Königin wirklich einziehen sollte. Die Königin werde dafür sorgen, im Falle, dass sie sich in Rom nicht wohl fühle, sofort hieher zurückkehren zu können. Sie werde incognito reisen, werde sich aus den besten Leuten der Kompanie des Don Anto nio della Queva eine Leibwache von 25 Reitern zusammenstellen und diesen selbst, seine Frau, dann Don Antonio Pimentel und das entsprechende Gesinde mitnehmen. Sie wünsche lebhaft meine Anwesenheit, um mir ihre Zuneigung zu beweisen, aber nur, wenn es mir nicht ungelegen sei; sie werde 7 bis 8 sechsspännige Wagen mitnehmen …“*
In einer vertraulichen Unterredung am 30. Juni nannte Christina drei Gründe, weshalb sie Montecuccoli an ihren Hof berufen habe. Erstens solle sie dem Kaiser Nachricht über ihre Entschlüsse geben und versichern, sie sei nur so lange in den Niederlanden geblieben, um die Frage der Verwaltung ihrer Besitzungen in Schweden zu ordnen. Zweitens gab sie dem Kaiser politische Ratschläge, die er gewiss nicht brauchte, und ersuchte Montecuccoli, im Hofkriegsrat ihre Ansichten zu vertreten, drittens erinnerte sie ihn an sein Ansinnen, ihm die Kardinalswürde zu verschaffen, was der Papst ihr als ihre erste Bitte nicht abschlagen könne, und schloss mit der schmeichelhaften Erklärung, sie wolle ihn auf

der Reise in ihrer Nähe haben, um seine Gesellschaft möglichst lange genießen zu können. Erzherzog Leopold Wilhelm befand sich nicht in Brüssel, sondern beim spanischen Heer. Auch ihm hatte Montecuccoli einen Brief des Kaisers zu überbringen. Für Fahrten innerhalb der Stadt oder der näheren Umgebung hatte er immer einen Hofwagen zur Verfügung, für die Reise an die Front aber wollte er den nicht in Anspruch nehmen, um nicht das Fahrzeug und die kostbaren Pferde der Königin in Gefahr zu bringen; da mietete er sich lieber ein Reitpferd in der Überzeugung, dass er damit beweglicher sein und im Notfall schneller vorankommen würde.

Er ritt am 3. Juli 1655 von Brüssel nach Südwesten über Enghien nach Condé im Hennegau, einer stark befestigten Stadt mit dem Stammschloss des Herzogsgeschlechtes. Dort traf er einen der Heerführer, den Herzog Franz von Lothringen, der viel, aber nichts Erfreuliches über die Kriegslage sprach. Am Abend des 4. Juni erreichte Montecuccoli die Bischofstadt Cambrai, ebenfalls fest ummauert, blieb dort zwei Tage lang und verkehrte mit dem Gouverneur Graf Salazar sowie den höchsten Offizieren. Den Erzherzog traf er erst am 7. Juli im befestigten Lager von dessen Heer und dem des Prinzen Ludwig II. von Condé.

Auf einem gemeinsamen Ritt übergab er den Brief des Kaisers und teilte ihm alles Nötige mit, freute sich über die auszeichnende Behandlung und erhielt sogar eines der Betten des Erzherzogs in seinem Quartier aufgestellt. Abends begrüßte er den Prinzen von Condé und Graf Fuensaldagna. In den Gesprächen des folgenden Tages erfuhr Montecuccoli, dass der Erzherzog ihn für eine hohe Kommandostelle in Flandern vorgeschlagen und gebeten habe, ihn zum Geheimen Rate zu ernennen. Am Nachmittag ritten sie wieder zusammen aus, um das Heerlager und seine Umgebung zu inspizieren. Dabei äußerte Leopold Wilhelm vertraulich, er wolle nicht mehr Gouverneur der Spanischen Niederlande bleiben, weil er befürchte, sie würden verloren gehen und man werde in Spanien ihm die Schuld daran zumessen.

Die Rückreise nach Brüssel gestaltete sich schwierig, denn der größte Feldherr Frankreichs, Henri de la Tour d'Auvergne, Vicomte de Turenne, rückte mit drei getrennten Heeresgruppen an, Kämpfe standen bevor, feindliche Reiterpatrouillen machten jetzt schon die Straßen unsicher. In der Nacht zum 9. Juli geleiteten 50 Kürassiere der erzherzoglichen Leibwache Montecuccoli bis zu den Truppen des Herzogs von Württemberg, dieser gab ihm sogar eine Eskorte von 150 Reitern bis Cambrai mit auf den Weg. Dabei erwähnte der Herzog, er und viele andere hohe Offiziere würden gern in kaiserliche Dienste treten, da sie es in der Desorganisation des spanischen Heeres nicht länger aushalten könnten. Dies bestärkte Montecuccoli in seiner Absicht, auf kein Angebot von spanischer Seite einzugehen.

In Valenciennes traf er Herzog Franz von Lothringen und erhielt von ihm private Aufträge für Wien sowie eine vertrauliche Botschaft an den Kaiser. Auf der weiteren Reise, teils im Wagen, teils im Sattel, hatte er eine erfreuliche Begegnung: in St. Ghislain begrüßten ihn der Graf Warfuse und dessen freundliche Schwester, Fräulein von Monténac. Am Abend des 10. Juli war er wieder in Brüssel.

Königin Christina suchte die Gesellschaft eindrucksvoller Männer, nur wollte sie keinem untertan sein und deshalb nicht heiraten. Die Damen bei Hofe beklagten sich indessen, viel zu wenig beachtet zu werden. Die Marchesa Gonzaga war gewiss eine schöne Frau, denn der Künstler, der für den Garten des Grafen Taxis eine Statue der Göttin Pallas Athene anfertigte, gab dieser die Gesichtszüge der Marchesa, aber sie vertraute Montecuccoli an, sie sei mit der Königin nur ein einziges Mal im Hause der Frau della Queva zusammengetroffen, während in Frankreich und Polen die Damen viel mehr geachtet würden.

Darum sorgte Montecuccoli sich wenig. Ernster nahm er die Absicht der Königin, sie wolle in Deutschland 2000 Reiter und 600 Mann Fußvolk anwerben lassen, um sie im Dienste des Königs von Spanien oder auch im Namen des Kaisers in Flandern gegen die Franzosen kämpfen zu lassen. Sie bat ihn, die Kosten zu berechnen, die dabei entstehen würden, und gegebenenfalls die Truppe zu führen, wenn sie es nicht gar selbst täte. Wenn der Prinz von Condé und der Herzog von Lothringen ihre eigenen Verbände gegen Frankreich in den Kampf führten, weshalb nicht auch die Königin von Schweden?

Montecuccoli dachte daran, dass sie ja nicht mehr Königin sei, wenn sie auch allgemein so angesprochen wurde, und war vielleicht von ihrem Feldherrntalent nicht überzeugt, wenn sie auch von ihrem Vater allerlei gelernt haben mochte, aber ergeben, wie er ihr war, stellte er in mühsamer Nachtarbeit die Berechnungen an und überreichte ihr am 18. Juli das Ergebnis. Als an diesem Vormittag ein Dominikanerpater in ihrem

Schlafzimmer die Messe las und keinen Ministranten zur Hand hatte, leistete der kaiserliche General diesen Dienst.
Nachmittags sagte ihm Christina, das Projekt sei gut ausgearbeitet, er möge es Erzherzog Leopold Wilhelm und dem Grafen Fuensaldagna überreichen. Auf einer Spazierfahrt erging sie sich in noch weitere Pläne: Ihr Nachfolger Karl X. Gustav sei in Schweden unbeliebt, weil er in seinem Streben nach Ruhm dem Volke die Kosten eines unnötigen Krieges aufbürde; sie könnte nach Schweden zurückkehren, um nach dem Tode ihres Vetters die Herrschaft zu übernehmen, die Freiheit der Religion einführen und einen Prinzen aus dem Hause Habsburg als Thronerben einsetzen. Montecuccoli schrieb seine Meinung darüber nicht ins Tagebuch.
Am 19. Juli speiste er zu Mittag noch in Brüssel, dann begab er sich wieder zur Armee, traf den Erzherzog am folgenden Nachmittag in Bohain und übergab ihm den Brief der Königin, der ihr militärisches Projekt enthielt. Leopold Wilhelm prüfte es und meinte, es sei schwer auszuführen; er bezweifle die Möglichkeit, das Geld dafür aufzutreiben, und nannte noch andere Hindernisse, welche die Königin nicht bedacht hatte. Ähnlich äußerte sich am 21. Juli Graf Fuensaldagna; neue Werbungen seien zweifellos nötig, aber darüber müsse der König von Spanien entscheiden. Der Erzherzog riet, vorläufig geeignete Offiziere auszuwählen, hauptsächlich solche, die Geld vorstrecken könnten. Das hatte schon im Dreißigjährigen Krieg gegolten: Kriegführen war ein Geschäft, in das man zunächst investieren musste; mancher war daran reich geworden, andere mit einer Schuldenlast gestorben wie Raimondos Vetter Ernesto Montecuccoli.
Auf der Rückreise traf er das Fräulein von Monténac. Sie schenkte ihm Blumen, plauderte und lächelte so gewinnend, als wolle sie ihn vom Gedanken, Kardinal zu werden, eilig abbringen. Von diesem Plane wusste sie vermutlich nichts, aber da ihr Bruder Graf Warfuse bereits an Gicht litt, wäre es möglich, dass auch sie nicht mehr blutjung war und die Chance, einen stattlichen Kaiserlichen General zu heiraten, ihr wünschenswerter erschien als alte Jungfer zu werden. Er freute sich über die Avancen, die sie ihm machte, aber mehr scheint sich für sie nicht ergeben zu haben.
Als Montecuccoli am Abend des 22. Juli in Brüssel eintraf, besuchte er gleich die Königin. Am nächsten Tag zeigte sie ihm einen Brief aus

Rom, der besagte, der Papst habe die Nachricht von ihrer Bekehrung mit Jubel aufgenommen, verfüge aber über keine Mittel, sie finanziell zu unterstützen. Danach gingen sie im Park spazieren, abends ins Theater. In den zwei folgenden Tagen machte und empfing Montecuccoli Besuche und hörte allerlei Gerüchte sowie die betrübliche Nachricht, dass die Armee noch mehr herabgekommen sei, da die neuen Rekruten und auch Spanier, die schon länger gedient hatten, haufenweise desertierten. Mit den Truppen des Herzogs von Lothringen und des Prinzen von Condé stehe es nicht viel besser.

Mit vielen Briefen nach Wien im Gepäck verließ Montecuccoli Brüssel am 25. Juli, am Abend des 27. stieg er in Köln im Gasthof „Zum Heiligen Geist" ab. Hier sprach wieder ein Obrist bei ihm vor; er bot an, beliebig viele Kompanien Kürassiere aufzustellen, doch nicht aus eigenen Mitteln, sondern für 45 Taler monatlich pro Mann. Aus Schweden habe man ihm 33 Taler geboten, auch Prinz Robert von der Pfalz habe ihn in Dienst nehmen wollen. Das waren aufschlussreiche Informationen, doch Montecuccoli hatte keine Vollmachten, feste Zusagen zu machen, wollte es auch nicht tun, bevor er die Lage richtig überblicken konnte.

Über Frankfurt am Main, Würzburg und Nürnberg reiste er nach Regensburg, bestieg ein Schiff, verließ es aber schon wieder in Straubing, weil ihm die Fahrt zu langsam war. Um 30 Taler kaufte er ein Pferd und ritt bei Tag, oft auch bei Nacht, bis er am Vormittag des 4. August in Wien ankam. Am 6. erstattete er dem Kaiser in Ebersdorf mündlichen Bericht und erhielt den Auftrag, diesen schriftlich niederzulegen.

IX.

Mit Christina in Rom

Während der folgenden Wochen konnte Montecuccoli sich von den Strapazen der Reise erholen und sich in Wien und Hohenegg um seine eigenen Angelegenheiten kümmern.[19] Wie es weitergehen würde, stand noch nicht fest; am 14. August schrieb er an Mattia de'Medici: *„Die Lage in Polen ist sehr verfahren. Hier rüstet man, um gegen Überraschungen gefeit zu sein, und hofft, binnen Kurzem 20.000 Mann Fußvolk und 8000 bis 10.000 Reiter beisammen zu haben."*

Der Kaiser sah noch keine unmittelbare Gefahr für die Grenzländer und erteilte in einer Audienz am 12. September Montecuccoli den Auftrag, nach Augsburg zu reisen und dort die Königin Christina zu erwarten. Dabei versprach er, ihm ein sichtbares Zeichen des Wohlwollens für seine Dienste zukommen zu lassen. Eine Woche blieb noch für die Vorbereitungen zur Reise, am 18. September schrieb Montecuccoli an Prinz Mattia, er werde am nächsten Tag nach Augsburg aufbrechen.

Leider gibt es von dieser Reise kein solches Tagebuch wie von der einen Fahrt nach Schweden und den beiden nach Flandern. Man ist auf Briefe angewiesen, die er recht unregelmäßig verfasste oder die, wenn er öfter geschrieben haben sollte, nicht alle erhalten geblieben sind. Es gibt zwar genug Berichte aus jener und Bücher aus späterer Zeit über Christina, nur spielt darin Montecuccoli verständlicherweise nicht die große Rolle wie in den Tagebüchern, er erscheint eher als Randfigur.

Immerhin fungierten er und Don Antonio Pimentel als Zeugen, zusammen mit einem päpstlichen Legaten, in deren Gegenwart Christina öffentlich zum katholischen Glauben übertrat, so wie sie schon dem geheimen Übertritt in Brüssel beigewohnt hatten. Er war Anfang Oktober 1655 vorausgefahren, um in Innsbruck alles vorzubereiten; sie traf am 30. Oktober dort ein, aber nicht mit sieben oder acht Wagen, wie sie in

Brüssel gesagt hatte, sondern mit einem Gefolge von 300 Personen. Wenige Tage später legte sie in der großen Hofkirche in die Hände des Monsignore Luca Holstenio (Holstein), Domherrn von St. Peter, das Bekenntnis zum katholischen Glauben ab.

„Vor dem Hochaltar verlas sie ‚mit deutlicher, ja nahezu majestätischer Stimme' ein Formular, in dem die Gewissheit ausgesprochen wurde, dass außerhalb der katholischen Kirche niemand selig werden könne." So steht es in dem schönen Buch „Die wunderbaren Schicksale des schwedischen Volkes" von Carl Grimberg zu lesen mit dem bitteren Nachsatz: *„So schwur Gustav Adolfs Tochter öffentlich dem Glauben ab, für den ihr Vater in den Tod gegangen war, und verleugnete seine und seines Volkes Lehre."*

Als frommer Katholik gab Montecuccoli sich mit diesem Triumph seiner Religion zufrieden, war wahrscheinlich sogar davon ergriffen und verriet niemals jemandem, ob er versucht habe, sich in die Gedankenwelt, in die Gefühle dieser rätselhaften Frau zu versetzen. Später mochte er sich gefragt haben, wie weit sie sich überhaupt mit theologischen Problemen befasst habe, ob nicht die Begeisterung für die Gemälde des Raffael und Veronese, für all die Kunstschätze, die General Königsmarck 1648 in Prag geraubt und nach Schweden gebracht hatte, überhaupt für die Kultur Italiens, wohl auch sein Klima, seine Lebensart, sie veranlasst habe, dem in jeder Hinsicht kühlen Norden zu entfliehen, und sie deshalb den katholischen Glauben angenommen habe. Solche Zweifel tauchten bei ihm aber erst allmählich auf, später, als auch viele andere kluge Leute sie hegten.

In Flandern hatte Christina zu Montecuccoli gesagt, sie wolle ihn möglichst lange in ihrer Nähe haben. Das hatte ihm damals schmeichelhaft geklungen, aber vielleicht hatte sie es inzwischen vergessen, er nicht fest geglaubt. Er blieb nicht an ihrer Seite, wetteiferte nicht mit anderen Kavalieren um ihre Gunst, während sie an Festlichkeiten, Jagden, Theatervorstellungen, Konzerten und Bällen teilnahm, sondern leistete ihr einen viel wichtigeren Dienst. Er fuhr voraus, um ihr im Winter, der schon nahte, in den Bergen bereits hereingebrochen war, die Reise zu erleichtern, indem er für Quartier und Vorspann für die lange Wagenkolonne sorgte. Seine – und danach ihre – Fahrt ging von Innsbruck über Bozen und Trient, Bologna und Florenz nach Rom. Von hier schrieb er seinem Bruder Massimiliano:

„Rom, 3. Dezember 1655. Da ich hier gesund angelangt bin, gebe ich Euer Hochwürden diese Nachricht sowie auch eine, von der ich weiß, dass Sie sie gern erhalten werden. Ich bin unserem Herrn zu Füßen gelegen, der die Gnade gehabt hat, mich in zweistündiger, äußerst gütiger und huldvoller Audienz zu empfangen. Ich kann nicht genug die große Milde und Güte schildern, mit welcher Seine Heiligkeit die Gnade hatte, sich mit mir zu unterhalten, noch die Sorgfalt, welche seine Heiligkeit an den Tag legt, damit Ihre Majestät die Königin mit allem Glanze und aller Pracht empfangen, bedient und behandelt werde."

Nachdem die Vorbesprechungen mit den päpstlichen Behörden abgeschlossen waren, reiste Montecuccoli der Königin entgegen. Er hätte sie in bequemer Entfernung vor der Stadt erwarten können, doch als höflicher und ihr ergebener Herr nahm er die Mühe auf sich, in das zur Winterszeit unwirtliche Bergland der Abruzzen zu fahren, das Tal des Tiber und der Nera aufwärts bis Terni und noch weiter nach Norden bis Spoleto, eine uralte Stadt in Umbrien, die noch zum Kirchenstaat gehörte. Von hier schrieb er am 15. Dezember einen Brief an Massimiliano über eine finanzielle Familienangelegenheit, aber nicht, wie seine Begegnung mit der Königin verlaufen war, und berichtete nur: *„Überall hier setzen sich die Feste und Empfangsfeierlichkeiten derart fort, dass ganz Italien auf der Straße zusammenläuft und die Bevölkerung unablässig zu- oder abströmt."*

Im vorigen Brief vom 3. Dezember hatte er angekündigt, die Königin werde zunächst incognito nach Rom kommen und einige Tage lang im Vatikan wohnen. Dafür gab es einen guten Grund: der Palazzo Farnese, der als ihre Residenz vorgesehen war, damals im Besitz des Herzogs von Parma, war ein prachtvolles Bauwerk, vielleicht der imposanteste der römischen Paläste, von Michelangelo über 100 Jahre vorher vollendet, aber damit eine anspruchsvolle Königin mit großem Gefolge dort bequem wohnen könne, waren doch etliche Umstellungen und Vorbereitungen nötig, die eben Zeit erforderten und bei der Ankunft der Königin noch nicht abgeschlossen waren. Zudem wäre es ihr schwer möglich gewesen, in der stark bevölkerten Gegend am Tiberufer bis zum offiziellen Einzug in Rom incognito zu wohnen, da war sie im Vatikan besser abgeschirmt, und schließlich boten die Tage ihres Aufenthaltes dort dem Papst die Gelegenheit, den illustren Gast genauer kennenzulernen. Über diese Tage berichtete Montecuccoli dem Bruder am 22. Dezember:

„Die Königin erfährt unbegrenzte Ehrenbezeigungen von seiner Heiligkeit, welcher die höchste Freude an dem Umgang mit Ihrer Majestät hat. Sie unterhielt sich mit unserem Herrn vorgestern durch eine volle Stunde und gestern bei drei Stunden. Morgen wird der Aufzug zu Pferde und der öffentliche Einzug stattfinden, nach welchem Ihre Majestät im Palazzo Farnese ihre Appartements beziehen wird."

Der Einzug der Königin wurde zu einem großartigen, geradezu pompösen Schauspiel. Alle Kirchenglocken läuteten, die Kanonen donnerten, das Volk jubelte, als Christina im Herrensitz auf einem Schimmel daherritt, prächtig gekleidet und mit einem Federhut geschmückt. Die vornehmsten Herren ihres Gefolges saßen ebenfalls zu Pferde, und wenn Montecuccoli auch keine Generalsuniform trug, denn dergleichen war um die Mitte des 17. Jahrhunderts noch nicht üblich, so standen doch auch ihm Straußenfedern auf dem Hute zu. Die päpstliche Garde begleitete den langen Zug.

Zusammen mit dem Gefolge der Königin nahm Montecuccoli Quartier im Palazzo Farnese. Die beiden mächtigen Brunnen auf der Piazza Farnese vor dem Palast hatte er schon vorher bewundert, darinnen die Wandteppiche, die Fresken und Statuen, die großzügige Architektur, aber nun musste er feststellen, wie sehr die private Wohnlichkeit fehlte. Er spürte die Kälte der hohen Räume und hätte dem kostbaren Marmorboden wohl den einfachen Holzboden seines Schlafraumes im Schloss Hohenegg vorgezogen. Durch die offenen Loggien an der Rückfront des Palastes wehte die feuchtkalte Luft vom Tiber herein.

Zu diesen Mängeln an Bequemlichkeit kamen einige Aufgaben, die er an sich schon lästig empfand, aber gar nicht alle erfüllen konnte. Ein Verwandter ersuchte ihn, in einem Rechtsstreit beim Papst zu intervenieren, ein Historiker bat um Protektion beim Herzog von Modena, ein anderer um Auskünfte über die Königin, Künstler und Dichter wünschten bei ihr eingeführt zu werden; ein Advokat wollte der Königin ein Schreiben des Kardinals d'Este überreichen und zu diesem Zwecke ihr vorgestellt werden. Das war die schwierigste Angelegenheit, denn das Herzogtum Modena befand sich wieder einmal im Krieg mit Spanien, spanische Soldaten bewachten den Palazzo Farnese zum Schutze der Königin und auch, damit kein Feind des Königs zu ihr vordringe. Montecuccoli musste den Advokaten heimlich hineinbringen.

Über die Königin berichtete Montecuccoli dem Bruder in einem Brief vom 28. Dezember, sie genieße in hohem Maße von der Güte des Papstes, gehe häufig zur Audienz und bleibe stundenlang, dieser wiederum habe sie in ihren Gemächern besucht und einmal zu sich zum Speisen eingeladen. Im Palazzo Farnese drängten sich Prinzen und Kavaliere, um ihre Aufwartung zu machen.

Als aber nach dem Fest der Heiligen Drei Könige der römische Karneval begann, bereitete die Königin dem Papst Sorgen – das schrieb allerdings nicht Montecuccoli, sondern ein zeitgenössischer Historiker in Rom.[20] Alexander VII. hatte *„eine gekrönte Heilige mit dem Duft der Heiligkeit erwartet, eine Bekehrte, die lange Gebete las, gute Werke verrichtete und ein nachahmenswertes Beispiel gab"*. Christina aber scherzte während der Messe, verdrehte nicht nur Prinzen den Kopf, sondern auch manchem Kardinal, trat stolz auf, behandelte die einfacheren Leute, als ob sie ihre Untertanen wären, und genoss die Freuden des Karnevals ausgiebig.

Davon erlebte Montecuccoli nur den Beginn. Schon am 8. Januar 1656 musste er Rom verlassen, denn er hatte aus Wien ein Schreiben erhalten, er solle so bald wie möglich zurückkommen, um ein Truppenkommando zu übernehmen. Er hatte ohnehin nicht vorgehabt, lange in Rom zu bleiben, aber sich eine geruhsame Rückreise vorgestellt, wollte in Florenz einige Tage bei Prinz Mattia verbringen, einige in Bologna bei seinem Bruder und sich dann in Modena um seine Besitzungen kümmern. Das war nun leider nicht möglich, in Florenz und Bologna blieb nur Zeit für je eine Begegnung am Abend nach der Ankunft, in Modena traf er den Herzog nicht an, denn der befand sich in Paris, um Rechenschaft über seine geringen militärischen Erfolge gegen die Spanier abzulegen.

Die größte Sorge bereiteten ihm seine Ländereien um Montecucculo. Durch viele Erbteilungen beschränkte sich sein Besitz auf das Schloss mit der nächsten Umgebung sowie die Güter und Gemeinden Sassorosso und Burgone im Gebiet von Montecenere, wenige Meilen entfernt.[21] Der Herzog hatte viele Untertanen der Herrschaft zum Kriegsdienst geholt, die jüngeren zum Heer im Felde, die älteren zur Bewachung fester Plätze bestimmt, daher war die Landwirtschaft arg vernachlässigt. Das kränkte Raimondo Montecuccoli ebenso wie die Tatsache, dass seine Bauern gegen den König von Spanien eingesetzt waren, einen Verwandten des Kaisers.[22]

X.

Neuerlich im Krieg gegen die Schweden

Es ist durch keinen eindeutigen Hinweis geklärt, weshalb der Kaiser Montecuccoli so rasch nach Wien zurückberief. Die wahrscheinlichste Vermutung darüber lautet, die Lage in Polen habe sich so zugespitzt, dass Ferdinand III. seine Generäle unmittelbar zur Verfügung haben wollte. Außerdem wusste er, dass die Königin Montecuccoli gern längere Zeit in ihrer Nähe hatte, man ihm auch aus Brüssel und Madrid, Modena und vielleicht Florenz Angebote gemacht hatte – da sollte dieser umworbene Herr nicht länger anderwärtigen Versuchungen ausgesetzt sein, sondern lieber seinen Dienst als Hofkriegsrat und Kämmerer wieder antreten.

Vermutlich hätte Montecuccoli lieber eine militärische Aufgabe übernommen, äußerte darüber aber kein Wort der Enttäuschung, sondern schrieb nur im April 1656 zwei kurze Briefe an Prinz Mattia über die Ereignisse im Norden von Polen. Dort hatten die Schweden mit ihrem kriegserprobten Heer die Polen geschlagen, mit der Unterstützung des Kurfürsten von Brandenburg und polnischer Aufständischer drangen sie immer weiter vor.

Der Kaiser wollte sich aus dem Krieg heraushalten, er hegte andere Sorgen. Wenn es ihm schon bisher nicht gelungen war, seinen Sohn Leopold Ignaz zum Römischen König wählen zu lassen, wollte er ihm zumindest nach der Thronfolge in Ungarn auch die in Böhmen sichern. Am 28. August traf er in Prag ein, mit ihm war Montecuccoli, erlebte die Krönung am 14. September mit, begleitete den Kaiser Anfang Oktober nach Wien und begab sich dann nach Hohenegg. Dort war einiges zu ordnen und zu erledigen, aber er zog das Hofleben vor und entfloh bald wieder der Einsamkeit im Dunkelsteiner Wald. In Wien hätte manche Witwe seines Alters den angesehenen General und Kavalier gern als

Gemahl, Liebhaber oder wenigstens als Schwiegersohn gesehen, er aber verliebte sich in die achtzehnjährige Maria Margareta Dietrichstein, eine Tochter des kürzlich verstorbenen Fürsten Max, Obersthofmeisters des Kaisers.

Er hatte sie vermutlich in der Dichterakademie (Accademia Italiana dei Novelli) kennengelernt, die das Leben der höheren Hofgesellschaft erfreute und belebte. Auch die Kaiserin nahm daran teil, und zu den begleitenden Hofdamen zählte Maria Margareta Dietrichstein. Es war eine Art Gesellschaftsspiel, Gedichte in italienischer Sprache zu verfassen und vorzutragen; eine Auswahl davon ließ Erzherzog Leopold Wilhelm in Brüssel drucken, selbstverständlich unter Pseudonymen. Es waren die Namen, welche die Teilnehmer der Akademie innerhalb ihrer Gesellschaft trugen, der Kaiser hieß „L'occupato" (der Beschäftigte), die Kaiserin „L'immutabile" (die Unwandelbare), Erzherzog Wilhelm „Il Crescente" (der Wachsende), Montecuccoli führte den schwer übersetzbaren Namen „Il destillato" (vielleicht: der Gereinigte). Am 7. Januar 1657 trug Erzherzog Leopold Wilhelm ein Madrigal vor, das zur Ursache eines heiteren Streites wurde, ob Eifersucht einfach zur Liebe gehöre oder eine qualvolle Begleiterscheinung sei. Montecuccoli versuchte, die Eifersucht zu rechtfertigen, brachte Beispiele aus den Werken anderer damals namhafter Dichter und trug schließlich ein eigenes Sonett zu diesem Thema vor. Damit dürfte er auf die junge Gräfin Dietrichstein Eindruck gemacht haben.

Montecuccoli hatte das Neujahrsfest 1656/57 in Wien gefeiert und blieb auch in den folgenden Monaten dort. Sein Bruder hatte ihm schon mehrmals zugeredet, endlich einen Hausstand zu gründen, und ihm sogar schon eine würdige Braut ausgesucht, aber es war eben anders gekommen. Am 7. März 1657 schrieb Raimondo an Massimiliano:

„Der Liebesgott, der mich in meinem Leben oft tyrannisiert hat, ist eben im Begriffe, sein ganzes Füllhorn von Glück und Freude über mein Haupt zu schütten. Jene Dame, die Euer Hochwürden mir anempfehlen, wäre gewiss imstande, mich glücklich zu machen, wenn ich noch in der Lage wäre, sie heiraten zu können, ich bin aber schon durch ein Versprechen an eine Gräfin Dietrichstein gebunden, Hofdame Ihrer Majestät der Kaiserin, Tochter des Fürsten Dietrichstein und der Fürstin Liechtenstein, der Schwester des jetzt regierenden Fürsten. Ich danke Euer Hochwürden für die liebenswürdige, wahrhaft brüderliche Fürsorge und bitte,

jener Dame meine Hochachtung sowie meine Ergebenheit zu Füßen zu legen. Ich würde Sie gerne bitten, meiner Hochzeit anzuwohnen, aber die große Entfernung wird Sie daran hindern; darum bitte ich, mich wenigstens mit Ihren Segenswünschen zu bedenken.“

Zwei Jahrzehnte später schilderte der Abt Filippo Bonini die Liebesgeschichte: Maria Margareta war innerhalb der Familie eines von sehr vielen Kindern gewesen, vermutlich eines der jüngsten aus der ersten Ehe des Fürsten Max Dietrichstein, worauf noch weitere aus der zweiten Ehe folgten. Sie hatte die übliche Erziehung genossen, war nach dem Tode des Vaters Hofdame der Kaiserin Eleonore geworden und lebte mit den anderen jungen Hofdamen zusammen. Von ihnen erwartete man, dass sie anmutig wirkten, elegant, aber nicht pompös gekleidet waren und alle Pflichten genau erfüllten, von denen die geistlichen noch wichtiger waren als die weltlichen. Ihrer persönlichen Vorzüge wegen und als Tochter eines hochangesehenen Reichsfürsten hatte sie viele Bewerber, machte aber keinem Hoffnungen, bevorzugte keinen und erklärte nur, alles hänge von ihrer Familie ab. Der Kaiserin vertraute sie jedoch an, dass sie Neigung zu dem Grafen Raimondo Montecuccoli gefasst habe. Die Kaiserin war gerührt und sprach darüber mit der Mutter ihrer Hofdame. Die Fürstin Dietrichstein hatte keine Ahnung davon gehabt, kannte Montecuccoli nur als einigermaßen berühmten Feldherrn und Freund ihres Sohnes Ferdinand, aber angesichts der Fürsprache der Kaiserin stimmte sie zu.

Darüber schrieb Montecuccoli am 10. März 1657 an seinen Bruder: *„Meine Braut ist Hofdame Ihrer Majestät der Kaiserin, 18 Jahre alt und, wenn der Schein nicht trügt, von seltener Schönheit, Tugend und engelsgleicher Anmut. Durch sie werde ich mit den ersten Häusern Österreichs verwandt; sie ist der Liebling der Kaiserin.“*

Drei Wochen später berichtete Montecuccoli jedoch dem Bruder: *„Meine Hochzeit soll am 15. April stattfinden, wenn sie nicht infolge der Krankheit Seiner Majestät des Kaisers verschoben wird. Seine Majestät leidet an Magenschwäche und Erbrechen, wir waren schon sehr um sein Leben besorgt, doch ist gottlob kein Rückfall und kein Fieber eingetreten, so dass Hoffnung auf einen guten Ausgang vorhanden ist.“*

Der erhoffte gute Ausgang ergab sich leider nicht; als Montecuccoli diesen Brief vom 31. März schrieb, bangten die Ärzte schon um das Leben

des Kaisers. Von den vielen Herren, die das Amt des Kämmerers bekleideten, verrichteten immer nur einzelne den Tagesdienst. Seit Mitte März war Montecuccoli an der Reihe und füllte die langen Wartezeiten damit aus, verschiedene Glasformen zu blasen, als am 2. April, dem Ostermontag, die Ärzte aufgeregt einen Priester herbeiriefen. Als dieser bei Sonnenaufgang die Messe las und den Segen erteilte, hauchte Kaiser Ferdinand III. den letzten Seufzer aus.
Selbstverständlich musste die Hochzeit verschoben werden. Zur Betrübnis darüber und der Trauer um den verehrten Kaiser kamen bei Montecuccoli auch noch materielle Sorgen. Er hatte für die Vorbereitungen zur Hochzeit schon viel Geld ausgegeben und wusste nicht, ob alles eingelöst würde, was der Kaiser ihm versprochen hatte, vor allem die Auszahlung hoher Beträge, die Montecuccoli als General und Diplomat vorgestreckt hatte.
Solche privaten Probleme traten freilich in den Hintergrund, viel ernster waren die politischen, die sich aus dem Tode des Kaisers ergaben: der Thronfolger war ja noch nicht 17 Jahre alt! Für die zwei Monate, bis er dieses Mindestalter erreicht hätte, kamen als Leiter der Regierungsgeschäfte Erzherzog Leopold Wilhelm und Fürst Weikhard von Auersperg in Frage. Beide Herren kannten Montecuccolis Fähigkeiten, und bevor sie ihn zum Heer nach Schlesien schickten, übertrugen sie ihm diplomatische Aufgaben. Er musste umherreisen, um die Kurfürsten für die Thronfolge des Erzherzogs Leopold Ignaz zu gewinnen.
Endlich im Mai 1657 konnte er seine Hochzeit feiern, in aller Stille in der Hofburgkapelle. Die Kaiserin-Witwe erwies ihm die Ehre, anwesend zu sein, als er mit seiner Braut vor dem Altar kniete. Maria Margareta war 30 Jahre jünger als er.[23] Gleich nach der Hochzeit übersiedelte sie zu ihm, aber sie konnten die Freuden der Flitterwochen nur kurz genießen, denn er musste nun doch seinen Dienst als General der Kavallerie antreten. Noch Kaiser Ferdinand III. hatte auf Drängen des Papstes beschlossen, in den Krieg einzugreifen, um dem katholischen Polen gegen die protestantischen Mächte Schweden und Brandenburg sowie das orthodoxe Russland beizustehen. Montecuccoli sollte im Heer des Feldmarschalls Graf Hatzfeld die Kavallerie kommandieren, bis zu seiner Ankunft vertrat ihn General Sporck.
Hatzfeld hatte mit 16.000 Mann vorerst nur Schlesien sichern sollen, aber als König Johann II. Kasimir von Polen bei Warschau eine Niederla-

ge erlitten hatte und samt seiner Frau in die schlesischen Fürstentümer Oppeln und Ratibor geflohen war, rückten zu seinem Schutze die Kaiserlichen über die Grenze vor. Ende Juni eroberten sie das feste Schloss der Stadt Pintschew (Pinczow) nordöstlich von Krakau, dann belagerten sie Krakau.

Georg I. Rákóczi, Fürst von Siebenbürgen, war im Dreißigjährigen Krieg mit den Schweden verbündet gewesen, sein Sohn Georg II. setzte diese Politik fort. Seine Truppen hatten bei Warschau mitgekämpft, aber der Sultan war mit diesem eigenmächtigen Unternehmen seines Vasallen nicht einverstanden und sandte Tataren aus, um Rákóczi auf dem Rückmarsch anzugreifen. Er erlitt so hohe Verluste, dass er eilig Frieden schloss. Demzufolge mussten die 2000 Siebenbürger, die zur Besatzung von Krakau gezählt hatten, aus der Stadt abziehen.

Als Montecuccoli vor Krakau eintraf, fand er dort General Sporck mit 6000 Mann. Er übernahm das Kommando und ließ den Belagerungsring noch enger ziehen. Die 3000 Schweden in der Stadt erkannten ihre Lage als aussichtslos und ergaben sich gegen freien Abzug nach Pommern. König Johann II. Kasimir freute sich herzlich über den Erfolg und bat um eine kaiserliche Garnison in die Burg, den berühmten Wawel, der auf einer Anhöhe die Stadt überragt. Montecuccoli brauchte aber seine Soldaten und ließ in Krakau nur eine Wachmannschaft zurück. Mit Kürassieren und Dragonern zog er nach Norden, überschritt Flüsse und eroberte Städte, die von den Schweden gehalten worden waren. Einmal erlaubte er zu plündern, denn seine Reiter hatten sich bisher sehr bewährt und er wollte sie in guter Stimmung erhalten.

Vor Thorn gelang es ihm noch, einen feindlichen Truppenteil zu überfallen, 200 Schweden blieben tot auf dem Schlachtfeld. Aber die Schweden hatten die Vorstädte eingeäschert, sodass die Kaiserlichen keine Unterkunft fanden, dazu wurde nun, Ende Oktober, das Wetter sehr schlecht. Es zeigte sich unmöglich, Thorn zu belagern. Feldmarschall Hatzfeld war nicht so weit vorgestoßen, konnte aber Posen erobern. In der Umgebung der Stadt bezog das Heer Winterquartiere.

Der Dienstbetrieb in den Winterquartieren war noch nicht fest geregelt, er blieb dem Regimentskommandanten überlassen. Wenn er und die Offiziere nicht die Disziplin aufrecht erhielten, wurden die Pferde zu wenig bewegt und gepflegt oder zu privaten Ritten benützt, sogar im Frühjahr zur Feldarbeit an Bauern vermietet, mancher Soldat schuf sich einen Nebenverdienst als Handwerker oder vertrank seine Löhnung, brachte sie beim Würfel- und Kartenspiel durch und machte Schulden; wenn sie zu groß wurden, blieb dann als Ausweg nur die Fahnenflucht. Um solche Missstände zu vermeiden, mussten sich Offiziere und Unteroffiziere während der Wintermonate um die Soldaten kümmern; die Stuben sollten sauber und frei von Ungeziefer sein, in den Pferdeställen kein anderes Vieh stehen. Für jede Kompanie fertigte der Wachtmeister eine Quartierliste an, die Offiziere teilten sich die Bereiche auf, die jeder zu kontrollieren hatte, besonders wenn die Kompanie auf mehrere Dörfer verteilt war, und prüften Kleidung und Waffen, dazu Pflege und Fütterung der Pferde, Hufbeschlag und allgemeinen Zustand der Gesundheit.

Oft blieb die Sorge dafür dem Obristlieutenant überlassen, da der Obrist sich in der ruhigen Winterszeit auf Urlaub begab. In früheren Jahren hatte auch Montecuccoli das gern getan, diesmal war es nicht möglich, denn er war ja nicht nur für sein Regiment, sondern für die gesamte Kavallerie verantwortlich. Noch dazu wurde Feldmarschall Graf Hatzfeld krank und starb am 6. Januar 1658 im Alter von 65 Jahren. Montecuccoli musste das Kommando über das ganze kaiserliche Heer in Polen übernehmen. Zum ersten Mal in seinem Leben war er keinem höheren Befehlshaber unterstellt, nur König Leopold und dem Hofkriegsrat in Wien, hatte somit beinahe freie Hand für seine Pläne und Maßnahmen, trug aber auch allein die Verantwortung.

In diesem Winter waren die Verhältnisse in den Quartieren schlecht, denn die Polen hatten keine Lust, die fremden Soldaten ausreichend zu verpflegen. König Johann II. Kasimir war ihnen dankbar und wohlgesinnt, die Königin Maria Luigia Gonzaga schon weniger, die Minister gar nicht mehr, ebenso wenig die anderen Hofbeamten und die polnische Generalität. Montecuccoli intervenierte persönlich beim König, dieser versprach alles, aber die Soldaten litten weiterhin Hunger.

Leider konnte Montecuccoli sich nicht mehr darum kümmern, er musste wieder einmal die Rolle des Heerführers mit der eines Diplomaten vertauschen. Markgraf Friedrich Wilhelm von Brandenburg, der „Große Kurfürst", hatte mit den Polen einen Separatfrieden geschlossen und sich Ostpreußen abtreten lassen, dafür aber im November 1657 sich verpflichtet, den Polen 6000 Mann gegen die Schweden zur Verfügung zu stellen und noch mehr, wenn es gegen die Russen nötig wäre.

Da er nun einen Teil der Ostseeküste gewonnen hatte, verlangte es ihn nach noch mehr, nämlich Pommern, das seit 1648 den Schweden gehörte. Um diese Situation auszunützen, musste Montecuccoli zusammen mit dem Diplomaten Baron Lisola nach Berlin reisen. Es gelang ihnen, ein Bündnis abzuschließen.

Die Verhandlungen dauerten nicht lange, schon am 15. Januar 1658 konnte Montecuccoli aus Berlin abreisen mit der Gewissheit, dass Friedrich Wilhelm I. auf die Seite des Kaisers übertreten werde, wenn auch nicht aus Treue, die ein Kurfürst dem Reiche schulden würde, so doch des eigenen Vorteils wegen. Damit hatte er sich seinen Urlaub redlich verdient.

Im Februar reiste er nach Breslau, um seine Gemahlin wiederzusehen. Sie hatte begriffen, dass er seiner Pflichten wegen sich wenig um sie und seinen Besitz kümmern konnte, und sich aus dem Gesellschaftsleben bei Hofe zurückgezogen, nun aber reiste sie eilig zu ihm. Er konnte, wie er seinem Bruder mitteilte, erneut mit ihr Hochzeit feiern, also die verkürzten Flitterwochen wieder aufnehmen. *„Die Grüße Euer Hochwürden"*, schrieb er am 26. Februar, *„habe ich ausgerichtet. Meine Frau lässt dafür danken und bedauert nur, sie nicht selbst beantworten zu können, da sie leider die italienische Sprache nicht beherrscht."* Auch die übrige Familie interessierte sich für die junge Gemahlin. Eine Tante, Marchesa Ottavia Montecuccoli, wünschte sich sogar, Raimondo möge ein Bild von Margareta machen lassen und nach Modena senden. Er versprach es, sobald er einen guten Maler finden würde, aber vorläufig hatte er keine Zeit, einen zu suchen.

Die Schweden hatten nämlich inzwischen fast ganz Dänemark erobert. Die Winterkälte hatte das Meer teilweise zufrieren lassen, sodass sie von Insel zu Insel vorrücken konnten und nun sogar König Friedrich III. in seiner Hauptstadt Kopenhagen belagerten. Das war ein Grund für Montecuccoli, sich dorthin zu wenden, ein zweiter war der dringende Wunsch der Polen, die fremden Soldaten aus ihrem Land hinauszubekommen. Die Versorgung war für die Kaiserlichen so schlecht, die Stimmung der Behörden wie der Landbevölkerung so feindselig, dass Montecuccoli sich gern dazu entschloss, mit 8000 eigenen Soldaten, 8000 Brandenburgern und 3000 Polen nach Dänemark zu marschieren. Das Oberkommando führte jedoch nicht er, sondern der Kurfürst Friedrich Wilhelm I. von Brandenburg.

Das brauchte freilich alles seine Zeit. Die Verbündeten überschritten auf einer Schiffsbrücke die Oder und drangen in Mecklenburg ein. Noch am 27. September 1658 schrieb der Feldmarschall an Prinz Mattia de'Medici aus Mecklenburg, erst am 26. Dezember konnte er ihm aus Sonderburg auf der Insel Alsen einen schönen Erfolg mitteilen:
„Wir sind glücklich auf dieser Insel angelangt, haben den Meeresarm – die Infanterie in kleinen Booten, die Kavallerie schwimmend – übersetzt und den Feind zurückgedrängt. Dann wurde das Kastell von Sonderburg genommen angesichts von 15 schwedischen Kriegsschiffen, die den Belagerten helfen wollten. Dabei fielen an die 2000 Pferde in unsere Hände; auch Norburg musste sich mit 11 Kompanien Kavallerie ergeben, alle diese Truppen traten gleich in Dienste des Heeres der Verbündeten. Nun werden wir nach Jütland marschieren und dort unsere weiteren Maßnahmen treffen."
Das war ein nüchterner, geradezu bescheidener Bericht. Prinz Mattia aber als erfahrener Kriegsmann konnte ermessen, welche Leistung es war, den Alsen-Sund zu überqueren, wobei die Kürassiere und Dragoner (Mitte Dezember!) mit ihren Pferden hinüberschwimmen mussten.
Montecuccoli hatte seines Ranges und seines Alters wegen zweifellos ein Boot zur Verfügung, war aber gleich seinen Soldaten die ganze Zeit über dem feindlichen Feuer ausgesetzt. Der Erste, der an der Spitze seines Bataillons an Land stieg, war ein Graf Strozzi.
Zum Erfolg trug bei, dass das Ufer des Sundes auf der westlichen holsteinischen Seite höher ist als das der Insel, die kaiserliche Artillerie also günstigere Stellungen innehatte, die feindliche allmählich zum Schweigen brachte und die Schweden zum Rückzug zwang. Ob die Reiter, als sie aus dem Wasser stiegen, sogleich in nassen Kleidern kämpfen mussten oder doch ihr Gewand an Feuern trocknen konnten, ist nicht ganz geklärt. Viel Zeit blieb ihnen nicht, sie mussten den Sieg ausnützen und weiter vordringen.
Hier führte Montecuccoli allein das Kommando über seine Truppen sowie die Brandenburger und Polen. Um sie zu versorgen, hatte er schon in Holstein hohe Kontributionen eingetrieben. Nun, nach kurzem, hartem Kampf in Sonderburg, machte er reiche Beute, das Gepäck der Schweden, die auf Kriegsschiffen entkommen waren, die Vorräte in der Festung und die erwähnten 2000 Pferde. In den letzten

Dezembertagen wurde noch Kolding im südlichen Jütland erobert, dann durften die Soldaten endlich Winterquartiere beziehen.
Wenn Montecuccoli auf das abgelaufene Jahr 1658 zurückblickte, konnte er mit seinen militärischen Erfolgen zufrieden sein, aber nicht nur damit. Seine Frau hatte ihm ein Töchterlein geschenkt, als dessen Taufpaten sich der König und die Königin von Polen anboten. Erfreulich war auch die Tatsache, dass König Leopold I. im Juli als Kaiser gekrönt worden war. Seit dem Tode Ferdinands III. war das Heer ja, streng genommen, nur ein „königlich ungarisches" gewesen und wurde auch wirklich mitunter so bezeichnet, nun durften die Soldaten, die sich ohnehin immer als Kaiserliche gefühlt hatten, sich auch mit Recht wieder so nennen.
Aus Modena kam leider eine betrübliche Nachricht: Herzog Francesco d'Este war am 14. Oktober im Alter von 48 Jahren gestorben. Die Beziehungen zwischen ihnen waren in den letzten Jahren, als der Herzog im Bündnis mit den Franzosen gegen die spanischen Habsburger kämpfte, ziemlich kühl gewesen, aber Montecuccoli erinnerte sich an sein früher gutes Verhältnis zum Herzog und die treuen Dienste, die seine Verwandten weiterhin dem Hause Este leisteten, darum bedauerte er den Tod Francescos I.
Im Augenblick beschäftigten ihn allerdings andere, unmittelbare Sorgen sehr: Seine Soldaten nahmen in den Winterquartieren wenig Rücksicht darauf, dass sie sich ja nicht im Feindesland befanden, sondern plünderten die Einheimischen aus, die schon unter den Schweden schwer gelitten hatten. Herzog Friedrich III. von Holstein versuchte vergeblich, die Offiziere durch Geschenke dazu zu veranlassen, dass sie ihre Soldaten besser im Zaume hielten. Die Kaiserlichen trieben es arg, noch ärger die Schweden, die in die Dienste der Verbündeten übergetreten waren, am ärgsten die Polen. Wenn das schon unter Montecuccoli geschah, der dafür bekannt war, strenge Mannszucht zu halten, was hatte erst die Landbevölkerung zu leiden, bei der andere Heeresabteilungen im Quartier lagen! Viele der Soldaten hatten die Greuel des Dreißigjährigen Krieges miterlebt und verlernt, Rücksicht zu nehmen. Wenn Offiziere – längst nicht alle – versuchten, die Leute von Untaten abzuhalten, wurden sie von den Unteroffizieren nicht hinreichend unterstützt.
Der Feldmarschall erkannte die Lage und fand ein Gegenmittel: Er ver-

kürzte die Zeit in den Quartieren, denn ein Soldat, der marschieren und kämpfen muss, findet weniger Zeit, Vieh und Geflügel zu stehlen oder Frauen zu belästigen. Also zog er im tiefsten Winter gegen die von den Schweden besetzte Festung Friedrichsort.[24]

Die erste Erkundung am 13. Januar 1659 führte Montecuccoli persönlich an und nahm dazu mehr Soldaten als üblich mit, um sie, wie gesagt, zu beschäftigen und auch zur Sicherheit. Das war gut, denn die Schweden machten einen Ausfall, erlitten dabei aber hohe Verluste. Danach schloss Montecuccoli die Festung so ein, dass die Feinde aus Mangel an Lebensmitteln abzogen, wieder zur See auf Kriegsschiffen, und nur in einem Fort, das mit Schiffen versorgt werden konnte, eine Besatzung zurückließen. Diese hielt sich bis zum 27. Mai, dann flüchtete auch sie und ließ ihre Geschütze und Munition zurück.

Auf Fünen aber wehrten sich die Schweden heftig. Die Landungsboote, mit denen die Verbündeten übersetzen wollten, wurden von Leuten gerudert, die eilends zusammengeholt worden waren, aber zu wenig Erfahrung besaßen und den Wechsel von Ebbe und Flut nicht richtig ausnützen konnten. Die schwedische Küstenartillerie verursachte schwere Verluste an Toten und Verwundeten. Auch Montecuccoli wurde schmerzhaft verletzt. Wegen des starken Seeganges stand er mit gespreizten Beinen im Schiff und stützte sich auf seinen Kommandostab. Eine Kanonenkugel durchschlug die Bordwand und fuhr genau zwischen seinen Beinen durch, zerschmetterte aber den Kommandostab und trieb dessen Splitter in beide Beine des Feldmarschalls.

Trotz der Verwundung nahm dieser am nächsten Kriegsrat teil und riet zu einem vernünftigen, eigentlich einfachen Plan: Da die Feinde auf Fünen zu stark waren, musste man sie an einer anderen Stelle angreifen, wo sie weniger Truppen stehen hatten. Der Kriegsrat ließ sich überzeugen und beschloss, in Holstein nur ein Korps unter dem Befehl des brandenburgischen Generalfeldwachtmeisters Quast zurückzulassen; mit der Hauptmacht zogen der Kurfürst und Montecuccoli durch Mecklenburg und drangen in den schwedischen Teil von Pommern ein.

Die Schweden folgten ihnen über das Meer dorthin nach, wozu sie Truppen aus Fünen abzogen, erlitten aber einige Niederlagen und verloren feste Plätze, auch die Insel Wollin zwischen der Pommerschen Bucht und dem Großen Haff. Als die Verbündeten nun nach Fünen übersetzten, errangen sie einen glänzenden Sieg, gewannen reiche Beute und machten viele Gefangene.

In Pommern aber misslangen ein Überfall auf Greifswald und die Belagerung von Stettin, und das verursachte Montecuccoli nachhaltigen Ärger. Die kaiserlichen Truppen vor Stettin standen nämlich unter dem Kommando des Feldzeugmeisters (Generals der Artillerie) Louis de Souches, und dieser freute sich gar nicht darüber, dass ein Feldmarschall nach Pommern gekommen war, der im Rang über ihm stand und vielleicht den Ruhm, Stettin erobert zu haben, dann für sich in Anspruch nehmen würde. Die Stadt war aber nicht einzunehmen, denn die Holländer erwiesen sich als unverlässliche Verbündete; sie sollten Stettin zur See blockieren, ließen jedoch den Belagerten zwei Wege zur Versorgung offen. Montecuccoli entschloss sich daher, nach einem letzten vergeblichen Angriff im November 1659, die Belagerung aufzugeben.

De Souches reiste im Februar 1660 nach Wien, um vor Erzherzog Leopold Wilhelm Rechenschaft über seine Leistungen vor Stettin abzulegen und Vorwürfe gegen Montecuccoli zu erheben. Dabei erlitt er eine peinliche Niederlage: Der Erzherzog verweigerte ihm die Audienz und ließ sagen, bevor er sich derlei anhöre, müsse der Feldmarschall dazu Stellung nehmen. Um weitere Konflikte zwischen den Herren zu vermeiden, wurde De Souches vom Kriegsschauplatz in Pommern abgezogen und mit einigen Truppen nach Ungarn geschickt.

Montecuccoli hätte nicht nach Wien reisen können, um die Vorwürfe des Feldzeugmeisters zu widerlegen, denn er hatte in Pommern genug zu tun, eroberte viele Städte von Kolberg im Osten bis Demmin im Westen, obwohl diese Stadt von mehreren Mauerringen und von Sümpfen geschützt war, die nur einen Zugang erlaubten. Danach konnte er befriedigt den Truppen die Winterquartiere in Mecklenburg und der Mark Brandenburg anweisen. Er selbst unterhandelte noch mit den Schweden, um den gefangenen Grafen Lodovico Caprara im Austausch gegen einen schwedischen Obristen freizubekommen.

In diesem Winter 1659/60 bot der Kurfürst von Brandenburg dem kaiserlichen Feldmarschall ein Ehrengeschenk von 30.000 Gulden an, um für die Eroberung von Pommern, für gute Ratschläge und Waffenhilfe zu danken. Zweimal schrieb Montecuccoli an den Kaiser um die Erlaubnis, das Geschenk anzunehmen. Vielleicht waren die Briefe nicht angekommen oder in den unergründlichen Irrwegen der Bürokratie steckengeblieben, jedenfalls bekam Montecuccoli keine Antwort und hielt sich als anständiger Mann nicht für berechtigt, ohne Zustimmung des Kaisers das Geld anzunehmen, um sich nicht dem Vorwurf einer Bestechung auszusetzen.

Ebenso anständig, aber ein wenig vernünftiger verhielt er sich, als Hamburg, Lübeck und andere Städte ihm 3000 oder 4000 Gulden anboten als Dank dafür, dass er ihre Gebiete von Krieg, Einquartierung und Kontributionen verschont hatte. Die gleiche Summe hatten die Städte an die Schweden, Dänen und Brandenburger gezahlt. Montecuccoli glaubte daher, das Geld annehmen zu dürfen, verwendete es aber nicht für sich persönlich, sondern für die immer leere Kriegskassa.

Damals soll er den berühmten Ausspruch getan haben: Zum Kriegführen gehörten drei Dinge: Geld, Geld und nochmals Geld. Das hatten aber schon andere weise Herren vor ihm festgestellt, unter ihnen Kaiser Karl V. und dessen Feldherr Fernando Francesco d'Avalos, Marchese di Pescara, Gemahl der Dichterin Vittoria Colonna. Montecuccoli wusste freilich, dass das Geld im eigenen Lande wichtig sei, um die Soldaten gut auszurüsten, zu verpflegen und regelmäßig zu bezahlen, Festungen zu bauen und Vorratslager anzulegen, im Kriege aber nicht das Silber, sondern das Eisen zum Siege führe.

In Schweden starb im Februar 1660 König Karl X. Gustav, kaum 38 Jahre alt. Der Kriegsruhm, den er sich erhofft hatte, war ihm nur zum geringen Teil vergönnt gewesen. Allgemein regte sich die Hoffnung, nun könne der Krieg beendet werden, doch vorläufig ging er noch weiter. Der Kurfürst von Brandenburg lud in diesem Februar Montecuccoli nach Berlin ein, um die nächsten Unternehmungen zu besprechen, denn er verhandelte lieber mit ihm, dessen Fähigkeiten er kennengelernt hatte, als mit Don Annibale Gonzaga, der zu diesem Zweck aus Wien geschickt worden war. Die Schweden nützten Montecuccolis Abwesenheit und griffen die kaiserlichen Truppen in deren Winterquartieren an. Eilig kehrte er zurück, vertrieb die Feinde und eroberte am 17. März 1660 Warnemünde, die Küstenfestung nördlich von Rostock. Sein nächstes Ziel war Wismar, doch dazu kam es nicht mehr, denn die Schweden wollten den Krieg nicht mehr weiterführen.

Oliva war ein Dorf mit einer einst reichen Abtei der Zisterzienser, einer der ersten christlichen Kultstätten am Ufer der Ostsee in geringer Entfernung nordwestlich von Danzig. Hier wurde am 1. Mai 1660 ein Friede vereinbart, der die Staaten, die an dem Krieg teilgenommen hatten, in verschiedenem Maße belohnte. Hauptgewinner war das Kurfürstentum Brandenburg, Hauptverlierer Polen; der Kaiser hatte kein Interesse, etwas von den eroberten Gebieten zu behalten, seine Truppen ernteten mäßigen Dank.

Während der Friedensverhandlungen schickte Montecuccoli dem Kaiser ein Schriftstück von 35 Seiten, in dem er ihn aufforderte, den Augenblick zu nützen, sich Vorteile in Schlesien zu erwerben und die Krone von Ungarn, die noch immer von einer Wahl abhängig war, für erblich zu erklären, aber die Stimme eines Feldmarschalls, der seine Schuldigkeit getan hatte, wog nicht schwer im Spiel der Diplomatie. Immerhin wurde er Anfang Juni 1660 nach Graz berufen, wo der Kaiser gerade weilte, anscheinend zu Beratungen darüber, wie die Truppen, die nun frei geworden waren, weiterhin zu verwenden seien. Genaueres ist nicht bekannt, doch es ist als äußerst wahrscheinlich anzunehmen, dass Montecuccoli riet, die Truppen nicht zu entlassen, sondern zur Sicherung der Grenze gegen die Türken einzusetzen, vielleicht sogar eine Offensive zu unternehmen.

XI.

Wenig Dank für eine strategische Meisterleistung

Nach den Besprechungen in Graz kehrte Montecuccoli zu seinen Truppen zurück, die noch in ihren Quartieren in Mecklenburg lagen. Als er erfuhr, dass Königin Christina sich in Hamburg befinde, fuhr er im September 1660 dorthin, um sie zu besuchen. Sie war unterwegs nach Schweden, denn ihr Vetter Karl X. Gustav hatte nur einen vierjährigen Sohn hinterlassen; da schien ihr die Gelegenheit günstig, den Thron wieder zu besteigen, den sie voreilig aufgegeben hatte. Das gelang ihr nicht, denn im evangelischen Schweden war kein Platz für eine katholische Königin.

Sosehr Montecuccoli an ihrem Schicksal Anteil nahm, konnte er doch nichts für sie tun. Das wusste sie auch, war ihm aber dankbar für ein tröstliches Gespräch. Er musste leider sehr bald wieder abreisen, ihn erwarteten neue militärische Aufgaben. In einem Schreiben vom 3. September aus Klagenfurt trug der Kaiser ihm auf, die Artillerie von Küstrin nach Schlesien zu schaffen *„zu Wasser und zu lannd, wie es am bequemisten sein kann“*. Er nahm die Mühe gern auf sich, denn er wusste von der unsicheren Lage in Oberungarn. Noch mehr freute er sich über einen Brief aus Görz vom 22. September, in dem ihm befohlen wurde, die vorher angeordnete Reduktion der Infanterie aufzuschieben. Damit ging der Kaiser auf Montecuccolis Ratschläge ein und war offensichtlich auch dankbar für sie, denn er redete den Feldmarschall in diesen Briefen nicht mit „Ihr“ an, wie er es sonst tat, sondern als *„wohlgeborener lieber getreuer“* und per Du.[25]

Montecuccoli zog die Truppen aus ihren Quartieren zusammen, um sie nach Siebenbürgen zu führen. Herzog August von Braunschweig-Wolfenbüttel verweigerte ihm aber den Durchmarsch, denn er befürchtete mit Recht, dass sich daraus Schaden für seine Leute und sein Land ergeben könnte, und ähnlich ablehnend verhielt man sich in Lüneburg. Während der Feldmarschall noch überlegte, ob er sich mit Gewalt den Weg bahnen solle, kam die Nachricht, dass auch die Ungarn sich weigerten, kaiserliche Soldaten aufzunehmen. So blieb nichts anderes übrig, als dass er selbst den größeren Teil des Heeres nach Böhmen, General Sporck den Rest nach Schlesien führte.

Unterwegs machten sich diejenigen Soldaten davon, die keine Lust hatten, in fernen, fremden Ländern gegen die Türken zu kämpfen; schon auf den ersten Abschnitten des Marsches entliefen einige. In Parchim im südlichen Mecklenburg verlor Montecuccoli sogar seinen Beichtvater. Dieser Mann, ein Jesuit namens Fremellio, Superior aller Feldpfarrer des Heeres, hatte sich erst dem Trunk ergeben, dann auch der Liebe zu einem Mädchen, der Tochter eines Kürschners; er entfloh mit ihr nach Stralsund, legte dort die Mönchskutte ab und heiratete.

Auf dem weiteren Marsch machte Montecuccoli in Sachsen Halt, um das Heer zu reformieren. Er legte Regimenter, die nur mehr einen Teil ihrer Soll-Stärke hatten, zusammen oder löste sie ganz auf und ergänzte aus ihrer Mannschaft andere Verbände, auch sein eigenes Kürassier-Regiment. Während danach die Truppen in ihren böhmischen Winterquartieren lagen, wohnte der Feldmarschall in Prag. Dort brachte seine Frau die zweite Tochter zur Welt.

Das dürfte den Vater, der sich einen Sohn als Erben und Stammhalter erhofft hatte, enttäuscht haben. Eine zweite unerfreuliche Nachricht waren Sparmaßnahmen der Hofkammer: Im Winterquartier sollte den Generälen das Gehalt gekürzt werden, man werde ihnen nicht mehr als den Obristen auszahlen. Während er sich noch darüber ärgerte, dass die Kammerräte bei den Männern sparten, die im Felde Mühen und Gefahren ausgestanden hatten, nicht bei sich selbst, kam eine überraschende, sehr günstige Botschaft: Ohne dass er sich darum beworben hatte, ernannte der Kaiser ihn im Dezember 1660 zum Gouverneur der Stadt und des Komitates Raab (Győr) in Ungarn.

Durch den Tod des letzten Gouverneurs, des Generals Luigi Gonzaga, war der Posten frei geworden; er brachte (zumindest nach den Angaben des zeitgenössischen Historikers Priorato) jährlich 20.000 Gulden ein. Montecuccoli freute sich sehr, denn er sah die neue Würde als Lohn und Anerkennung der Dienste an, die er im letzten Krieg geleistet hatte, sowie als Beweis des Vertrauens, das der Kaiser ihm schenkte. Eigentlich hatte er daran gedacht, sich nach den Feldzügen auszuruhen, sich der Familie zu widmen und Schloss Hohenegg weiter ausbauen zu lassen. Damit war nach seinen Entwürfen bereits begonnen und der Torturm erhöht worden, weitere Arbeiten standen bevor, aber er wollte dem Kaiser gegenüber nicht undankbar sein. Die Verantwortung für eine wichtige Stadt und das ganze Komitat an der Grenze des Osmanischen Reiches würde groß sein, die Aufgabe schwer, doch gerade das lockte ihn. Zudem durfte er erwarten, dass ein Heer, das dort den Türken entgegentreten würde, unter seinem Kommando stehen werde.

Also entschloss er sich, noch in den Wintermonaten 1661 nach Raab zu reisen. Auf der Fahrt dorthin musste er sich in Wien aufhalten, denn der Kaiser wollte sich mit ihm und De Souches über die militärische Lage in Siebenbürgen beraten. Daneben gab es Probleme, die viel weniger wichtig, aber lästig waren. Sie kamen wieder einmal aus Modena, wo man Montecuccoli, je höher er aufstieg, umso häufiger als Mittelsmann und Fürsprecher haben wollte. Um die Wünsche aus Modena zu verstehen, müssen wir einige Jahre zurückgehen.

Nach dem Tod des Herzogs Francesco I. war sein Sohn Alfonso IV. (nach anderer Zählung II.) in der Regierung gefolgt, damals 24 Jahre alt. Er war verheiratet mit Laura Martinozzi, einer Nichte des einflussreichen französischen Kardinals Mazarin. Dieser riet, den Krieg zu beenden, den die modenesischen Truppen zusammen mit den französischen in Norditalien gegen die Spanier geführt hatten, Alfonso gehorchte dem Rat, wenn es nicht gar ein Befehl war, recht gern, denn der Kaiser versprach ihm dafür das Fürstentum Correggio nordwestlich von Modena, einen bescheidenen Staat mit damals etwa 300.000 Einwohnern, der wie Modena als kaiserliches Lehen zum Heiligen Römischen Reich gehörte. Um mit Correggio rechtsgültig belehnt zu werden, schickte der junge Herzog den Marchese Gianbattista Montecuccoli-Laderchi, einen entfernten Vetter des Feldmarschalls, nach Wien. Die Gesandtschaft bestand aus 35 Herren, darunter Priester, Ärzte und Musikanten. Sie fuhren über Venedig nach Hall in Tirol, von dort zu Schiff auf dem Inn und der Donau. Als Geschenk brachten sie zwei edle Pferde mit, von denen sogar die Namen überliefert sind, Riccio und Pomposo, mit reichem Sattel und Zaumzeug, sowie Gemälde des berühmtesten Sohnes des Fürstentums, des Antonio Allegri da Correggio (1494–1534). Nur leider hatte auf der Reise eines der beiden Pferde eine Verletzung erlitten und der Kaiser forderte dafür ein anderes, einen schönen Grauschimmel, den der Herzog für Raimondo Montecuccoli bestimmt hatte. Gianbattista musste sich fügen und dazu noch in Wien ein Gemälde von Dürer kaufen als Ersatz für eines der Bilder, das unterwegs beschädigt worden war.

Das kostete viel Geld, von dem Gianbattista nicht wusste, ob es ihm je zurückerstattet werde, und seine Würde als Botschafter verursachte hohe Ausgaben. Daher verkürzte er seinen Aufenthalt und begnügte sich mit der Belehnung seines Herzogs mit Modena und Reggio di Emilia. Die Sorge um Correggio überließ er dem Baron Stom, dem modenesischen Residenten in Wien, und fuhr nur noch rasch nach Preßburg, um sich vom Kaiser zu verabschieden. Auf der Rückreise besuchte er Schloss Hohenegg, wohl nur aus Neugier, denn seinen Vetter konnte er dort nicht antreffen, der war ja im Krieg weit fort. In einem Brief vom 5. August 1659 entschuldigte sich der Feldmarschall bei Herzog Alfonso, dass er dessen Botschafter nicht Beistand leisten konnte. Gianbattista fiel beim Herzog in Ungnade, weil er den wichtigsten seiner Aufträge, die Belehnung mit Correggio, nicht ausgeführt hatte. Er bot sich zwar an, noch einmal nach Wien zu reisen, allerdings nicht als Botschafter, sondern in geringerem Range, um die Spesen zu vermindern, aber vergeblich. Der Herzog übertrug die weiteren Verhandlungen dem Baron Stom.

Im Frühjahr 1660 wurde die Angelegenheit zu Ende geführt, der Herzog erhielt seine Belehnung. Um dafür zu danken, reiste ein Marchese Montecuccoli-Polinago an den Kaiserhof, einer seiner Begleiter hielt eine glanzvolle Rede. Raimondo wäre gern dazu nach Wien gekommen; der Kaiser erlaubte es ihm, falls er glaube, die Truppen verlassen zu können, aber das wollte der Feldmarschall vor seinem Gewissen nicht verantworten. Es ist anzunehmen, dass der Herzog nicht deshalb wieder einen Montecuccoli geschickt hatte, weil es in Modena keine anderen brauchbaren Herren gab, sondern in der Hoffnung, der Feldmarschall werde sich für seine Verwandten einsetzen.

Nun im Jahre 1661, als der Feldmarschall gegen Ende des Winters auf der Reise nach Raab in Wien verweilte, brauchte Herzog Alfonso IV. wieder Hilfe. Er war nämlich am Wiener Hofe nicht beliebt, denn wenn auch seine Soldaten nicht mehr gegen die Spanier kämpften, war doch sein Onkel Kardinal Rinaldo d'Este der Vertrauensmann Frankreichs beim Papst. Trotzdem wünschte der Herzog, im Schriftverkehr mit dem kaiserlichen Hofe als „Serenissimo" tituliert zu werden. Baron Stom sollte deswegen beim Obersthofmeister Johann Ferdinand Graf Porcia intervenieren, wurde aber nicht vorgelassen. Also versuchte Stom es nicht gerade durch eine Hintertüre, doch durch das Vorzimmer des Kaisers. Dort trafen gewöhnlich die höchsten Herren zusammen, auch wenn sie nicht zu einer Audienz geladen waren; im Plaudern wurden oft Pläne entworfen, Intrigen gesponnen, politischer und familiärer Tratsch ausgetauscht oder man ersuchte einander um Protektion eines Schützlings. Das wusste Stom und bat den Feldmarschall dringend, den Wunsch des Herzogs zur Sprache zu bringen. Ungern, nur in alter Anhänglichkeit an das Haus Este sagte Montecuccoli zu, sich der Sache anzunehmen, so lästig, ja geradezu peinlich sie ihm war. Derlei ließ er gern hinter sich und setzte eilig die Reise nach Raab fort.

Diese Stadt liegt an der Stelle, wo von Westen her die kleine Rabnitz (Rábca), von Südwesten die Raab (Rába) in die Wieselburger Donau (Moson Duna) münden, einen rechten Seitenarm des Stromes. Der Name des Baches, des Flusses und somit auch der Stadt stammen aus vorchristlicher Zeit. Die Römer bauten die keltische Siedlung Arrabona ihrer günstigen Lage wegen zu einem Handelszentrum und militärischen Stützpunkt aus. Unter ungarischer Herrschaft wurde schon im 11. Jahrhundert (früher als in Wien!) ein Bistum gegründet. Die Türken hielten sich hier nur vier Jahre lang, 1598 wurde die Stadt wieder befreit und gewann wie zur Römerzeit Bedeutung für den Handel und als militärische Basis, nämlich Verteidigungszentrum zum Schutze von Wien und Niederösterreich.

Auf einem Hügel im Nordwesten der Stadt stehen der dreischiffige Liebfrauendom und das Bischofspalais, in dem zu jener Zeit der Gouverneur residierte; zwei Bastionen sind noch erhalten, ihrer acht waren damals geplant, aber noch nicht fertiggestellt. Seit über einem Jahrhundert war nicht nur dieser Hügel als Burg (arx) befestigt, sondern auch die Unterstadt (suburbium). Die alten winkeligen Gassen waren begradigt und teilweise verbreitert worden, das Baumaterial von alten Kirchen und Steinhäusern, die man abgerissen hatte, diente zum Bau der Befestigungen.

Damit hätte Raab den Rang einer Stadt verdient und wurde gewöhnlich auch so bezeichnet, rechtlich aber war Raab bis ins 18. Jahrhundert nur ein Marktflecken. Die sieben Jahrmärkte beherrschten das Leben, wenn die Händler vorbeikamen, die Rindvieh, Schafe und Schweine aus der Puszta nach Wien trieben, und ebenso, wenn sie zurückkehrten und Waren aus Österreich und auch entfernteren Ländern mitbrachten. Die standen dann auf dem großen Platz in der Stadtmitte neben den Erzeugnissen der einheimischen Handwerker zum Verkauf. Mit etlichen Schulen, in denen in ungarischer oder deutscher, in der Vorstadt auch in serbischer Sprache unterrichtet wurde, und dem Gymnasium der Jesuiten bildete Raab ein Kulturzentrum.

In dieser Stadt also zog gegen Ende des Winters 1661 Montecuccoli als neuer Gouverneur ein; man bezeichnete ihn auch als Obrist zu Raab oder Generalhauptmann. Kaum hatte er mit dem Bischof und dem Domkapitel, den Stadtbehörden und dem Kommandanten der Garnison den ersten Kontakt aufgenommen, musste er wieder nach Wien reisen, um an einem Kriegsrat teilzunehmen.

Die Türken waren in Siebenbürgen eingedrungen, somit bestand unmittelbare Gefahr für die Ostgrenze des Habsburgerreiches. Die meisten Herren des Hofkriegsrates meinten, man solle abwarten, Montecuccoli aber schlug vor, dem Feind durch einen Gegenstoß zuvorzukommen, jedoch nicht in Siebenbürgen, sondern entlang der Donau, wo der Nachschub leichter befördert werden könne, gegen Ofen (Buda), vielleicht sogar bis Belgrad. Auf diesem Weg könne man das Heer aus dem Feindesland verpflegen, während im verwüsteten Siebenbürgen die Soldaten bittere Not leiden würden. Zudem bestehe die Hoffnung, dass außerhalb ihres Landes die Ungarn und Kroaten sich eher anschließen würden, um Beute zu machen; er hielt ein Heer von 40.000 Mann für möglich.

Dieser Plan war gut; er hätte dem habsburgischen Teil von Ungarn und dem angrenzenden Niederösterreich arge Verheerungen, Wien die Belagerung von 1683 erspart. So weit konnte aber niemand vorausahnen, und aus Siebenbürgen kamen Gesandte, der Magnat Dionys Bánffy und der Priester Martin Cassoni. Sie baten Leopold I. als ihren König inständig um Schutz und Hilfe und schilderten anschaulich und glaubhaft die Not und Drangsale, die ihr Land durch die Türken erlitt. Dazu versprachen sie, dem Heer feste Plätze und Proviant zur Verfügung zu stellen, versicherten ihrem König Treue und Ergebenheit und erwähnten schließlich noch, dass die Moldauer und Walachen nur darauf warteten, sich einem christlichen Heer anzuschließen und sich vom Joch der Türkenherrschaft zu befreien.

Die Beratungen darüber dauerten lang, bis man sich gegen Ende des Frühlings entschloss, die erbetene Hilfe zu leisten. Kaiserliche Truppen rückten aus Böhmen, Nieder- und Oberösterreich von verschiedenen Seiten in Oberungarn ein und lagerten am linken Donauufer nahe der starken Festung Komorn etwa 30 km östlich von Raab. Nachschub kam auf der Donau, aus Ungarn brauchte man nur das Gras für die Pferde. Montecuccoli erwartete also freundlichen Empfang, aber der Palatin von Ungarn, Franz Graf Wesselény de Hadad, sagte ganz offen, die Truppen seien wohl eingerückt, aber ohne zu wissen, wie sie wieder hinauskämen; sie würden Ungarn nur Schaden bringen, und jene Deutschen, die den türkischen Waffen, den Krankheiten und Unglücksfällen entgehen sollten, würden den Säbeln der Landbewohner nicht entkommen. Zu dieser Enttäuschung kam bald noch eine zweite, viel ärgere.

Bisher war alles einwandfrei und ganz nach Montecuccolis Plan verlaufen. Die Hauptarmee nördlich von Komorn bestand aus 14.000 bis 15.000 Soldaten durchwegs verlässlicher, kriegserprobter Mannschaft, die nach ihren Siegen in Polen, Dänemark und Pommern guten Mutes war. Munition und Lebensmittel waren hinreichend vorhanden, Bauelemente für Brücken, Schutzdächer und Handgranaten wurden angefertigt, erfahrene Mineure und andere Professionisten fanden sich ein. Die Rekruten zur Ergänzung der Infanterie trafen vollzählig ein, weil sie auf Donauschiffen befördert wurden, aus denen keiner entweichen konnte.

Schon hatte Montecuccoli eine Schiffsbrücke über die Donau errichtet und weiter südlich bei Totis den Platz für ein Lager abstecken lassen, da kam ein Kurier aus Wien mit dem Befehl, das Heer solle sogleich durch Oberungarn nach Siebenbürgen marschieren. Der Feldmarschall erhob Einspruch und legte seine Gegengründe dar, aber der Befehl wurde erneuert und dazu bemerkt, eine Medizin müsse dort angewendet werden, wo der Sitz des Übels sei.

Also musste Montecuccoli das Heer in die gebotene Richtung führen, erst ein Stück nach Norden, dann nach Osten. Unterwegs erhielt er Nachricht, Ali Pascha rücke mit 60.000 Mann vor.[26] Seine Reiter verheerten die ganze Landschaft Maramaros und die Umgebung von Munkács (Munkačevo) mit Raub und Brand, überall auf den Feldern

verwesten unbeerdigte Leichen. Rasche Hilfe war nötig! Montecuccoli ritt mit der Kavallerie voraus, nahm wohl auch leichte Geschütze mit und bezog am 18. August 1661 ein Lager südlich von Tokaj. Die schwere Artillerie und die Infanterie führte Feldzeugmeister Prinz Leopold Wilhelm von Baden nach, so rasch es möglich war. Sehr schnell ging das freilich nicht, denn eine Kartaune, die Eisenkugeln von 48 Pfund verschoss, wog 71 Zentner, eine Feldschlange für 16-Pfund-Geschosse wog immerhin noch 56 Zentner und war 32 Fuß lang, ein Pferd aber konnte je nach Gelände nur drei bis fünf Zentner ziehen, so dass für die schweren Geschütze sehr viel Vorspann nötig war.
Beim ersten Gerücht vom Anmarsch eines kaiserlichen Heeres zog sich der Feind zurück, die Bewohner der Landschaft dankten Gott. Montecuccoli wollte eine Schlacht schlagen, sobald er alle Streitkräfte beisammen hätte. Die Artillerie und die Infanterie trafen auch ein, aber von den 10.000 Mann des ungarischen Aufgebotes, die der Palatin versprochen hatte, erschien allein General Homonay mit 150 Reitern, und der zog nur bis zur Grenze von Siebenbürgen mit; dort erklärte er, sein Auftrag laute nur, Ungarn zu verteidigen. Die Stadt Kaschau (Košice) weigerte sich, eine Besatzung in ihre Mauern aufzunehmen.
Wohl nicht zum ersten Mal erkannte Montecuccoli, dass auch gut durchdachte Pläne scheitern können, wenn Versprechungen nicht eingehalten werden. Trotzdem marschierte er weiter, überschritt die Theiß und bezog ein Lager längs des Flusses Számos bei Szatmár (Satu Mare), einer ungarischen Grenzfestung. Unterwegs hatte sich Johannes Kemény, der vertriebene Fürst von Siebenbürgen, mit 3000 Mann angeschlossen. Montecuccoli schilderte die Situation:
„Er brannte vor Verlangen, nach Siebenbürgen zurückzukehren, daher versprach er unter seinem Eide Unterstützung mit Kriegsvolk, Proviant und Fourage in Menge, überhaupt goldene Berge. Aber das Heer litt schon schwer durch Krankheiten und Mangel, denn wenn auch die Felder voll Ähren standen, fehlte es auf dem Marsch doch an Zeit, an Mühlen und Backöfen, um Brot herzustellen. Auch hatte man da keine Magazine, um Vorräte anzulegen, noch Fuhrwerke, um fertiges Brot nachzuführen. Daher siechte durch Hunger, Fieber und Ruhr, verursacht durch schlechtes Wasser, schlechte Witterung, heiße Tage und kalte Nächte, ein großer Teil der Offiziere und Soldaten dahin." Unter den schwer Erkrankten befanden sich auch zwei der besten und

ranghöchsten Offiziere, Feldzeugmeister Prinz Leopold Wilhelm von Baden und Feldmarschall-Lieutenant Graf Johann Reichardt von Starhemberg, die bis dahin Montecuccoli gut unterstützt hatten.

Weiter ging es nach Süden und Südosten. Vom Feind war noch nichts zu sehen, nur die Fouragiere mussten auf der Hut sein, denn die Bauern sahen jeden, der seine Pferde ihre Wiesen abweiden ließ oder ihnen Heu wegnahm, ob es nun ein Türke, Ungar oder Deutscher war, mit gutem Recht als Feind an und überfielen immer wieder kleinere Abteilungen. Als Kundschafter die Nachricht brachten, Ali Pascha ziehe nach Klausenburg (Kolozsvár, rumänisch Cluj), ordnete Montecuccoli das Heer in eine Marschkolonne, die jederzeit gefechtsbereit war, mit der Artillerie und dem Tross in der Mitte. Dabei gestand Kemény, dass er als neu erwählter Fürst sich auf seine Reiter noch nicht völlig verlassen könne, sie sollten deshalb nicht geschlossen, sondern zwischen die Deutschen verteilt aufgestellt werden. Die Türken zeigten sich nicht, nur Tataren versuchten anzugreifen und wurden geschlagen. Von Gefangenen erfuhr der Feldmarschall, dass Ali Pascha sich nach Neumarkt (Marosvásárhely, rumänisch Tirgu Mureş) südöstlich von Klausenburg zurückgezogen habe.

Die Hoffnung, in Klausenburg sich auszuruhen, genug essen und trinken zu können, hatte die Soldaten trotz aller Strapazen in einigermaßen guter Stimmung erhalten. Umso größer war die Enttäuschung, als sie Verpflegung nur für einen Tag vorfanden. Die versprochenen Streitkräfte und Lebensmitteltransporte aus den siebenbürgischen Städten waren nicht eingetroffen. Die Städte, sowohl die sächsischen wie die meisten ungarischen, hatten statt Kemény den Michael Apaffy (bzw. Apafi Mihály) zu ihrem Fürsten gewählt und erklärten in Briefen, dass ihre Angelegenheiten nun nach Wunsch geordnet seien, sie sich der Ruhe erfreuten, keine Hilfe brauchten, wohl aber gegen jeden gerüstet seien, der sie beunruhigen wolle.

Damit war eine Wende eingetreten, die Montecuccoli vor wichtige Entscheidungen stellte. Klausenburg zu beiden Ufern des Kleinen Számos in gebirgiger Gegend war gut befestigt, galt als Bollwerk gegen die Türken, als Vormauer Ungarns und war ein großer Handelsplatz in fruchtbarer Gegend – diese Stadt durfte er nicht schutzlos zurücklassen und mit dem Heer weiterziehen. Wenn er aber die Stadt durch eine Garnison sicherte, fehlten ihm diese Truppen, falls Ali Pascha sich mit seiner zahlenmäßig weit überlegenen Armee doch endlich zum Kampf stellen sollte. Das hatte er bisher nicht getan, und wenn die Türken sich weiter zurückzögen, Montecuccoli ihnen mit dem Heer folgte, musste er befürchten, ja als nahezu sicher annehmen, dass er in eine Falle gelockt würde. Aber wenn er nicht vormarschierte, welche Möglichkeit gab es dann noch? Bei Klausenburg konnte er mit dem Heer nicht stehen bleiben, denn dieses zehrte an einem Tage auf, was für eine Garnison in der Stadt für einen Monat gereicht hätte. Rekognoszierungen ergaben, dass die Situation weiter südlich in Weißenburg (Alba Julia) und Hermannstadt (Sibiu) auch nicht besser wäre.

Somit war Rückzug die vernünftigste Lösung. Montecuccoli wusste, dass er damit seinen Neidern in der Armee und bei Hofe Anlass zu Kritik und Spott geben werde, aber sein Gewissen verbot ihm, aus Sucht nach Ruhm das Heer in größte Schwierigkeiten, wenn nicht gar ins Verderben zu führen. Er konnte sich zum Trost sagen, dass er den Auftrag erfüllt, die Türken zurückgetrieben und Siebenbürgen Hilfe geleistet habe; dass die Städte einen anderen Fürsten wählen würden, war nicht vorauszusehen gewesen, und warum sollte er ihnen eine Hilfe aufzwingen, die sie gar nicht haben wollten?

Immerhin behielt er Klausenburg, den Schlüssel zu Siebenbürgen, in der Hand und hatte einen Ausgangspunkt für künftige Unternehmungen. Das sah auch Kemény ein. Er ließ sich von den Bürgern ihre Treue durch einen Eid versichern; Montecuccoli vertraute mehr auf die Soldaten, die als Garnison zurückblieben, 1500 Mann Infanterie des kaiserlichen Heeres und 600 Reiter Keménys. Den Befehl übernahm ein Obristlieutenant. Die Truppe wurde mit Munition gut versorgt, die Bauern der Umgebung brachten gegen Bezahlung bereitwillig Getreide und versprachen, noch alles andere zu liefern, was im Laufe des Winters nötig würde. Auch die Grenzorte Bethlen und Fogáras mit festen Schlössern zwischen Hermannstadt und Kronstadt erhielten Besatzungen.

Am 17. September 1661 zog Montecuccoli von Klausenburg ab, marschierte aber vorerst nur zehn Meilen (70 km) weit, um noch Beistand leisten zu können, falls Ali Pascha vorrückte. Dazu ließ er kleine Tragpferde zusammenholen und bereithalten, um auch seine Infanterie beritten zu machen und schneller eingreifen zu können. Kundschafter berichteten jedoch, Ali Pascha sei aus Siebenbürgen abgezogen, habe nur 2000 Türken und 3000 Walachen zurückgelassen und als Winterquar-

tier die Gegend von Temesvár (Timişoara) gewählt. Montecuccoli konnte also beruhigt nach Nordwesten an die Theiß marschieren.
Es war auch schon höchste Zeit, denn das Heer war sehr herabgekommen, Männer und Pferde erschöpft und unterernährt, viele krank. Aus der unmittelbaren Umgebung des Feldmarschalls hatte die Ruhr den Kaplan, Kammerdiener, Pagen, Stallmeister und Köche dahingerafft, er musste sich fast allein behelfen. Die täglichen Marschstrecken waren gering, dazwischen Ruhepausen nötig. Am 1. November lagerte das Heer am Számos, am 5. Dezember war es erst vor Tokaj, am 15. Dezember südlich von Kaschau. Hier erwartete Montecuccoli die ungarischen Magnaten, die den Soldaten Winterquartiere zuweisen sollten. Aus Fogáras kam Nachricht, die Besatzung habe einen Angriff der Türken zurückgeschlagen und bei einem Ausfall acht Standarten erbeutet.
Weniger gut stand es um Kemény. Die reiche sächsische Handelsstadt Bistritz (Bistriţa) hatte ihm die Tore versperrt, von den Bastionen herab wurden seine Soldaten beschossen. In einem vertraulichen Gespräch mit Montecuccoli bekannte er, er sei ein armer Edelmann, sein Fürstentitel wertlos, von seinen Reitern habe er nur mehr 400 beisammen. Dennoch fasste er wieder Mut und bat im Januar 1662, von der kaiserlichen Armee 2000 Soldaten zu erhalten. Montecuccoli sandte sie ihm unter dem Befehl eines altgedienten Obristen. Trotz der ungünstigen Jahreszeit und deshalb überraschend drang Kemény in Siebenbürgen vor und fand gleich wieder Anhang, fiel aber in einem Gefecht bei Schäßburg (Sighişoara) am 23. Januar 1662.
Montecuccoli hatte ihm nie völlig vertraut, widmete ihm aber in seinem Werk „Vom Krieg mit den Türken" einen würdigen Nachruf.
Währenddessen hatten sich die Stände von Oberungarn in Kaschau versammelt, einer der schönsten und ältesten Städte des Königreiches im freundlichen Tal der Hernad, einem stark befestigten Handelsplatz. Am 11. Januar ritt Montecuccoli dorthin, am 12. kamen der Palatin, der Magnat Johann Graf Rothal und der ungarische Hofkanzler, dann noch andere Herren. In der Beratung erklärte Montecuccoli es für nötig, eine Garnison in die Stadt zu legen, um dem Heer einen Haltepunkt zu geben und auch, weil aufgefangene Briefe den Verdacht bestätigten, dass der Bürgermeister von Kaschau in geheimem Einverständnis mit dem Pascha von Erlau (Eger) stehe.
Der Feldmarschall hielt seine Ansicht für durchaus berechtigt: Zur Zeit

der Bedrängnis waren die kaiserlichen Truppen dringend erbeten worden; sie hatten die Türken zurückgedrängt und es den Ungarn ermöglicht, ungestört Ernte und Weinlese zu halten und wieder zu säen. Nun müsste man auch dem Heer Erholung in guten Quartieren gönnen, denn wegen der Gefahr einer neuen Invasion der Türken könne es nicht abziehen.

So richtig das alles von seinem Standpunkt aus war, so wenig Beifall fand er. Einer der Herren aus Kaschau gestand es offen ein: Die Stadt und die Mehrzahl der Magnaten wünschten nur, dass das kaiserliche Heer, nachdem es seine Aufgabe erfüllt habe, möglichst bald wieder abziehe. Die Verhältnisse in Siebenbürgen seien für Oberungarn wenig wichtig, dort wäre ein Fürst willkommen, der die Städte nach ihrem Belieben gewähren ließe und vom Kaiser unabhängig wäre. Dieser Gegensatz der Interessen wurde bei vielen Sitzungen mit Worten ausgetragen, im Land rundum aber mit heimtückischer Feindseligkeit.

Dafür, was geschah, liegen keine Schilderungen der ungarischen Seite vor, nur die subjektiven, vielleicht übertriebenen des Feldmarschalls. Seiner Darstellung in dem Werk „Vom Krieg mit den Türken" zufolge weigerten sich viele Adelige, den Soldaten Quartier zu geben, und befahlen ihren Leibeigenen, die Häuser zu versperren oder leer stehen zu lassen, das überschüssige Getreide nicht zu verkaufen und Soldaten, die sie einzeln anträfen, sogleich umzubringen. Sie versuchten, die kaiserlichen Kürassiere zur Meuterei zu verleiten und das Armee-Hauptquartier in Héthárs nördlich von Kaschau zu überfallen, ja sie luden sogar polnische Räuberbanden ein, ein Kürassier-Regiment auf dem Marsch anzugreifen.[27] Diese Anschläge misslangen, zeigten aber deutlich, wie schwierig es würde, mit dem Heer in Oberungarn zu bleiben. Was sich daraus ergab, erwähnte Montecuccoli nur knapp mit Worten, die am Schluss fast ironisch klingen:

„Nachdem die Konferenz ohne Ergebnis bis zum 21. Januar gedauert hatte, schickten die Stände Abgeordnete an den Kaiser, um sich zu entschuldigen und zu bitten, dass das Heer aus ihren Komitaten zurückgezogen werde, eine Gnade, welche des Kaisers unvergleichliche Güte … nicht verweigern wollte."

Vorher hatte der Kaiser jedoch von Montecuccoli ein ausführliches Gutachten darüber angefordert, auf welche Weise Ungarn und Siebenbürgen erhalten bleiben könnten. Der Feldmarschall verfasste es binnen einer Woche, während er sich in St. Peter im Komitat Liptau (Liptovský Mikulás) aufhielt. Als Mann der Praxis wie der Theorie beleuchtete er das Problem von drei Standpunkten aus:

„*1. Wenn man die Verhältnisse im Wesentlichen so belässt, wie sie sind.*
2. Wenn man die Maßnahmen in Oberungarn ändert.
3. Wenn man die Art der Kriegführung ändert.“

Die Ratschläge, die das Gutachten enthielt, waren zweifellos richtig, keinesfalls aber sogleich ausführbar. Zunächst musste Montecuccoli aus Oberungarn abziehen und das Heer in Niederungarn in freundlichere Winterquartiere verlegen. Für alle Fälle ließ er südwestlich von Kaschau in Rimaszómbat den Generalfeldwachtmeister Franz Freiherrn von Schneidau mit einer starken Abteilung von Kürassieren und Dragonern zurück. Diese Maßnahme erwies sich wenige Monate später als sehr nützlich. Michael Apáffy, Fürst in Siebenbürgen von des Sultans Gnaden, begann im Frühjahr 1662 mit eigenen Truppen, Türken und Walachen, Klausenburg planmäßig anzugreifen. Der Obrist David Redani verteidigte die Stadt jedoch klug und tapfer, aus Rimaszómbat kam ihm Schneidau zu Hilfe und bahnte sich in Gefechten gegen türkische Vorposten und feindselige Bauern den Weg nach Klausenburg. Gegen Apáffy brauchte er nicht mehr zu kämpfen, denn dieser hatte sich schon eilig davon gemacht, Kriegsmaterial und willkommenen Proviant zurückgelassen.

Kaiser und König Leopold I. hielt vom 1. Mai bis 9. September in Preßburg einen Landtag ab, um über Krieg und Frieden zu beraten; von Temesvár aus führte Ali Pascha die Verhandlungen. Montecuccoli traute dem guten Willen der Türken nicht, die kaiserlichen Diplomaten aber hielten die Lage für so günstig, dass sie zwei Regimenter Kavallerie und zwei der Infanterie, über 40.000 Mann bewährter Soldaten, aus Ungarn abzogen und zur Unterstützung des Königs von Spanien nach Italien schickten. Diese Maßnahme beunruhigte Montecuccoli und noch mehr die Ungarn, die den Soldaten den Winter über Quartier geboten hatten und sich nun ohne Hilfe sahen.

Die Befürchtungen erwiesen sich als berechtigt, denn Ende April 1663 kam die Nachricht, dass unter der Führung des jungen Großwesirs Achmed Köprülü ein türkisches Heer heranmarschiere. Der kaiserliche Resident in Konstantinopel, Korrespondenten, Spione, Gefangene und

Überläufer bestätigten übereinstimmend die Zahl von 100.000 Mann.[28] Die kaiserliche Armee war dagegen jämmerlich schwach an Zahl. Einige Regimenter standen in Ober- und Niederungarn sowie in Siebenbürgen, wo sie als Garnisonen nötig waren, außerdem musste die steirische Grenze geschützt werden. Als Feldarmee hatte Montecuccoli bestenfalls 12.000 Mann zur Verfügung, nach seinen eigenen Angaben sogar nur 5535: 3730 Kürassiere, 181 Dragoner, 365 leichte Reiter (Kroaten), 1259 Infanteristen. Was im Laufe des Feldzuges hinzukam, Rekruten oder Hilfstruppen aus dem Reich,[29] erhöhte die Zahl nicht, sondern konnte nur die Toten, Verwundeten und Kranken ersetzen sowie die Truppen, welche die Besatzungen einiger vom Feind bedrohter Festungen verstärken mussten.

Damit einem fast zwanzigfach überlegenen Feind entgegenzutreten war, wie Montecuccoli sagte, „tollkühn oder lächerlich". Es erschien ihm jedoch unehrenhaft, den Kaiser, der gerade schwer krank war, im Stich zu lassen und wegen der nahezu aussichtslosen Lage den Dienst zu quittieren; Ergebenheit und Treue zum Kaiserhaus verboten es ihm. In dieser Situation musste er versuchen, die eigene Schwäche zu verschleiern und sich dem Feind nur dann zu stellen, wenn der Erfolg sicher war, die Ungarn zur eigenen Verteidigung aufzumuntern und den Festungen Gran (Esztergom), Komorn und Neuhäusel (Nové Zámky) Hilfe zu bringen. Das gelang allerdings nur zum Teil.

Die ersten Schwierigkeiten bereitete nicht der Feind, sondern Lippay, Erzbischof von Gran und Primas von Ungarn. Er hatte schon 1661 dagegen protestiert, dass kaiserliche Truppen in Ungarn einrückten, und verlangte diesmal, sie sollten es nicht vor dem 15. September tun, um das ungarische Aufgebot nicht zu behindern, während es sich versammle. Als dieses Aufgebot endlich beisammen war, bestand es zum großen Teil aus schlecht ausgerüsteten Bauern, die keine Erfahrung im Kriegsdienst hatten und nur dazu gezwungen worden waren. Montecuccoli schickte viele wieder nach Hause mit der Verpflichtung, die anderen mit Lebensmitteln zu versorgen. Inzwischen hatten die Kämpfe längst begonnen.

Gouverneur von Neuhäusel und General der Bergstädte in Oberungarn war Adam Graf Forgách de Ghymes. Als er Anfang August 1663 die Nachricht erhielt, das türkische Heer stehe bei Gran und beginne, Truppen auf das nördliche Donauufer überzusetzen, erschien ihm das als gute Gelegenheit, den Feind zu überfallen. Er nahm die Mannschaft des ungarischen Aufgebotes, die ihm unterstand, dazu die Reiter und einen großen Teil der Infanterie der Besatzung von Neuhäusel samt einigen Geschützen und zog am 7. August los. Leider waren schon viel mehr Türken über die Donau gekommen, seit die Späher davon berichtet hatten; Forgách erlitt eine schwere Niederlage, seine Truppen wurden teils gefangen, teils getötet, der Rest zersprengt.

Daraufhin musste Montecuccoli unverzüglich Kürassiere, Dragoner und Infanterie als neue Garnison nach Neuhäusel in Marsch setzen, doch dadurch war sein Feldheer weiter geschwächt. Zur rechten Zeit trafen die Kürassierregimenter Sporck, Heister und Schneidau, die er aus Oberungarn zurückberufen hatte, im Lager der Kaiserlichen bei Ungarisch-Altenburg (Magyaróvár) ein.

Der Großwesir Köprülü Zâde Fâzil Ahmed Pascha, gewöhnlich nur Achmed Köprülü genannt, führte im Tross seines Heeres viel Gerät zur Belagerung von Raab mit, aber die Nähe des kaiserlichen Heeres, dessen Stärke er nicht kannte, bereitete ihm Sorgen. Vollends schreckten ihn die vielen Gräben ab, die Montecuccoli hatte anlegen lassen, denn sie waren von starken Regengüssen so angefüllt, dass sie den Anschein einer fast zusammenhängenden Wasserfläche boten. Das Lager des kaiserlichen Heeres wollte er auch nicht angreifen, denn es war wieder von den Festungen gedeckt. Da hatte Montecuccoli eine strategische Meisterleistung vollbracht, welcher der noch wenig erfahrene Großwesir nicht gewachsen war. Diesem blieb jedoch die Möglichkeit, Neuhäusel anzugreifen. Am 15. August erschien er dort mit dem Heer, am 18. begann er mit der Belagerung.

Zu dieser Zeit beriet Montecuccoli mit den Magnaten in Preßburg über das ungarische Aufgebot. Die Niederlage des Grafen Forgách hatte die Hoffnung, dass viele Krieger zusammenkommen würden, sehr vermindert, aber das Aufgebot war nötig, wenn schon nicht für das Feldheer, so doch als Besatzung der festen Städte. Um den Leuten Mut zu machen und ihre Versammlung vor feindlichen Überfällen zu schützen, verlegte Montecuccoli sein Lager von Ungarisch-Altenburg nach vorne, östlich von Preßburg auf das linke Donauufer. Kürassiere und Dragoner patrouillierten längs der Waag (Váh), die von Norden her in die Donau mündet, um den Feind am Übergang zu hindern.

Für das Aufgebot war der 24. August als Termin bestimmt. Der Feldmarschall und der Palatin warteten auf dem Sammelplatz nahe dem Heerlager, aber kein einziger Krieger traf ein, nur Boten der Komitate, die alle gute Gründe vorbrachten, weshalb es ihnen nicht möglich sei, Truppen zu stellen. Erst nach einigem Drängen kamen die vorhin erwähnten Bauern, von denen nur ein Teil verwendbar war.

Der Großwesir hatte inzwischen Neuhäusel mit einem befestigten Belagerungsring eingeschlossen und brauchte seine Reiter nicht mehr dort, sondern konnte sie anderwärts einsetzen. Zwei Wochen lang hatten die Tataren versucht, an verschiedenen Stellen die Waag zu überschreiten, jedesmal waren sie zurückgeworfen worden, nun sollten sie einen massierten Angriff unternehmen und von Infanterie und Artillerie unterstützt werden. Es war ein Korps von ungefähr 20.000 Mann, das konnten die kaiserlichen Reiterpatrouillen freilich nicht aufhalten. Ober- und unterhalb der befestigten Marktgemeinde Freistadtl (Hlohovec) überschritten am 3. September 1663 die Tataren teils durch Furten, teils schwimmend den Fluss, verjagten die geringe kaiserliche Mannschaft und verfolgten sie zwei Meilen weit. Dann wandte sich ein Teil nordwestwärts nach Mähren und machte dort reiche Beute, mehr als die Hälfte von ihnen ritt nach Südwesten auf Preßburg zu und verheerte die Gegend mit Feuer und Schwert.

Beim ersten Alarm bald nach Mittag stellte Montecuccoli das Heer in Schlachtlinie auf, um den Feind zu empfangen und die Reiter aufzunehmen, die an der Waag Wache gehalten, Fourage beschafft oder an den Mühlen gearbeitet hatten. Die Tataren hüteten sich, ihn anzugreifen, aber er befürchtete, dass sie das Heer von Preßburg abschneiden und hindern würden, Futter für die Pferde zu holen, bis der Großwesir mit seinen Truppen nachfolgen würde und dann ein weit überlegener Feind zwischen ihm und Preßburg stünde. Deshalb brach er im Abenddunkel aus dem Lager auf und erreichte noch vor Tagesanbruch Preßburg.

Die Stadt hatte sich bisher geweigert, eine kaiserliche Besatzung aufzunehmen, erst angesichts der unmittelbaren Gefahr war man dort froh, dass die Burg, die Stadt und die Vorstädte Garnisonen erhielten. Nun mussten doch endlich Hilfstruppen aus dem Reich und aus Ungarn eintreffen! Sie kamen nicht, doch Miklós Graf Zriny, Banus von Kroatien, Slawonien und Dalmatien, brachte gute Soldaten. Schon im 16. Jahrhundert waren entlang der Grenze gegen das Osmanische Reich Flüchtlinge aus Serbien und Bosnien als Wehrbauern angesiedelt worden; sie

waren keine Leibeigenen eines Großgrundbesitzers, sondern freie Leute, dafür aber verpflichtet, die Grenze zu verteidigen, und waren militärisch organisiert. In dieser schwierigen Lage sollten sie Beistand leisten. Zriny war, nebenbei bemerkt, ein gebildeter Herr, hatte in jungen Jahren eine „Kavalierstour", wie sie seinem Stande entsprach, nach Italien unternommen und Machiavelli studiert. Seine ersten militärischen Erfahrungen sammelte er im Kleinkrieg an der Grenze, sehr zum Ärger des Kaisers Ferdinand III., weil dieser im Dreißigjährigen Krieg mit dem Osmanischen Reich Frieden halten wollte. Später verfasste Zriny Gedichte und auch politische Werke, als letztes größeres die Schrift „Az török áfium ellen való ovorsság" (Heilmittel gegen das türkische Opium), in der er ein ungarisches Nationalheer empfahl, das hauptsächlich aus Bauern bestehen, von freiwilligen Steuern auf die Güter des Adels bezahlt werden sollte. Die Habsburgerherrschaft liebte er nicht, sowohl aus nationalen wie aus privaten Gründen, denn er hätte gern aus seinen kroatischen Gütern Rinder nach Italien geliefert, Wien aber hatte in den Adriahäfen ein Handelsmonopol.
Der Feldmarschall wollte nicht vor Preßburg stehen bleiben, sondern besetzte die Große Schütt-Insel, eine teils sumpfige Landschaft zwischen zwei Donauarmen, und schlug bei Gutta (Kolarovo), wo die Waag und die Kleine Donau zusammenmünden, eine Brücke. So konnte er nach Tyrnau (Trnava) und Modern (Modra) Besatzungen legen; die Orte waren zwar von den Bewohnern verlassen, aber reichlich mit Lebensmitteln versehen. Hier gedachte Montecuccoli, sich dem Feind entgegenzustellen und ihn hinzuhalten, bis Zriny bei Komorn die Donau überschreiten und ihn im Rücken angreifen würde. Während dieser Wochen ergaben sich längs der ganzen Frontlinie kleinere Erfolge, die Gefangene, Pferde, Kamele, Büffel und andere Beute einbrachten.
Über die Zustände im Lager des Großwesirs und Vorbereitungen für künftige Unternehmen war Montecuccoli gut unterrichtet, denn Georg Ghika, Fürst der Walachei, musste zwar Heerfolge leisten, kämpfte aber nur widerwillig als Christ gegen Christen. Einen kaiserlichen Kurier, der gefangen worden war, ließ er frei und trug durch ihn und weitere Boten seine guten Dienste an; die mussten sich jedoch auf geheime Nachrichten beschränken. Seine Truppen aus dem Verband der Osmanischen Armee herauszulösen und mit ihnen zu den Kaiserlichen überzugehen, wäre unmöglich gewesen.

Um Neuhäusel stand es schlimm. Der Erzbischof von Gran hätte für die Befestigung der Stadt sorgen müssen, hatte aber von den vorgesehenen sechs Bastionen nur drei fertig ausgebaut. Gegen die drei unvollendeten richtete der Großwesir seine Angriffe, ließ die Stadt aus schweren Geschützen unablässig beschießen; seine Batterien sollen über 18.000 Schüsse abgegeben haben. Er ließ den Festungsgraben durchstechen und das Wasser ableiten, dazu noch Minen graben. Als endlich noch ein Munitionsdepot von einer Mörserkugel getroffen wurde und explodierte, forderte die Bürgerschaft, die Verteidigung zu beenden; es blieb auch keine andere Wahl. Am 27. September 1663 ergab sich die Garnison gegen freien Abzug mit Waffen und Eigentum und wurde nach Komorn eskortiert. Die Tataren versuchten, sie auszuplündern, aber der Großwesir hielt sein Wort und ließ die kaiserlichen Soldaten beschützen.

Der Fall von Neuhäusel erregte solchen Schrecken, dass der Palatin und der Erzbischof von Gran erwogen, sich den Osmanen zu unterwerfen und Tribut zu zahlen. Schon begannen sie, darüber zu verhandeln, aber ohne Ergebnis, denn noch stand Montecuccoli mit seinen Truppen, wenn sie auch schwach waren, auf der Insel Schütt und bei Preßburg und dachte nicht daran zu weichen.

Nur aus dem Plan, von hier und andererseits von Komorn aus den Feind anzugreifen, wurde nichts. Der Banus Zriny beschränkte sich darauf, bei Komorn eine Brücke über die Donau zu schlagen und Patrouillen hinüberzuschicken, mehr unternahm er nicht – zumindest nach Montecuccolis Darstellung. Er selbst hätte vermutlich anders darüber geschrieben. Zum Glück war der Großwesir nicht geneigt, in diesem Jahr noch viel zu unternehmen. Er ließ die Befestigungswerke von Neuhäusel in Stand setzen, legte eine Garnison in die Stadt, dann bezog er mit seinem Heer die Winterquartiere.

Ende November tat das auch Montecuccoli. Seine Soldaten waren froh darüber und er konnte befriedigt sein, mit dem Verlust nur einer größeren Festung den Feind einen ganzen Feldzug lang aufgehalten zu haben. *„Diese defensiven Operationen“*, schrieb er darüber, *„haben freilich nicht den Glanz von Eroberungen, sie erfordern aber ohne Zweifel an Anstrengungen, Kunst und immer gleicher Unerschrockenheit weit mehr.“*

XII.

Die Monate vor der Schlacht bei Mogersdorf/St. Gotthard

Diese Schlacht, die Montecuccoli in ganz Europa berühmt machte, wurde damals nach dem einzigen größeren Ort der Gegend, dem Kloster St. Gotthard, benannt, seit einigen Jahrzehnten nennt man (zumindest in Österreich) den Ort Mogersdorf, wo sie tatsächlich geschlagen wurde. Aber bis das geschah, vergingen noch einige bange Monate.

Kaiser Leopold I. wusste, dass sein eigenes Heer zu schwach sei, und schätzte es, dass Montecuccoli trotzdem eine Katastrophe verhindert hatte, doch für das Jahr 1664 war sie zu befürchten, wenn nicht Hilfe käme. Er leitete Verhandlungen ein, wandte sich an die Reichsfürsten, den Papst, an Spanien, überhaupt an die ganze Christenheit einschließlich der ehemaligen Feinde Frankreich und Schweden.

Bevor noch alles fest vereinbart war, begann das Kriegsjahr so, wie es Montecuccoli nicht für richtig hielt. Schon um die Jahreswende 1663/64 war ein starkes Kontingent von Reichstruppen unter dem Befehl des Generallieutenants Julius Graf Hohenlohe eingetroffen. Montecuccoli meinte, es solle in Quartiere nahe der Donau gelegt werden, um bei Beginn der günstigen Jahreszeit sogleich ins Feld rücken zu können; der Strom biete die beste Möglichkeit, Nachschub heranzuschaffen. Statt dessen erhielten die Reichstruppen Quartiere in der südöstlichen Steiermark und mussten schon am 20. Januar 1664 wieder aufbrechen.

Zusammen mit einem kaiserlichen Regiment und den Kroaten des Grafen Zriny rückten sie nach Osten vor, zogen noch die Grenzmiliz des Grafen Christoph Batthyány an sich und bildeten so ein Heer von 8000 bis 9000 Deutschen, 15.000 bis 16.000 Ungarn und Kroaten, aber mit sehr schwacher Artillerie. Sie fanden wenig Widerstand, schon am 28. Januar kamen sie vor Fünfkirchen (Pécs). Die Stadt war rasch einge-

nommen, die türkische Besatzung zog sich in die Burg zurück. Hohenlohe blieb mit der Infanterie dort, um die Burg zu belagern, Zriny machte sich mit der Reiterei auf den Weg nach Esseg (Osijek), um dort die Brücke über die Drau zu zerstören; wegen des Sumpflandes beiderseits des Flusses war sie sehr lang, angeblich 10.000 Schritte, dürfte aber nicht durchwegs eine Brücke, sondern stellenweise nur ein Knüppelweg im Moor gewesen sein.
Als Zriny erfolgreich zurückkehrte, war die Burg noch nicht eingenommen. Die beiden Feldherren stritten heftig darüber, schließlich traten sie den Rückzug an. Am 15. Februar 1664 erreichten sie wieder die Mur. Ihr nächster Plan war, Kanizsa (Nagykanizsa) zu erobern, einst ein wichtiges Bollwerk des Habsburgerreiches, doch seit dem Jahr 1600 im Besitz der Osmanen. Die ungarischen Staatsräte stimmten gern zu, weil sie die Schwierigkeit des Unternehmens nicht beurteilen konnten und froh darüber waren, dass das Heer die Quartiere in Ungarn verlassen und sich ins Feindesland begeben werde. Sie wussten auch den Kaiser zu überzeugen, der sich auf einem Reichstag befand, und die Fürsten waren ebenfalls einverstanden. Als Zeitpunkt des Angriffes wurde der 8. März festgelegt.

An all diesen Ereignissen hatte Montecuccoli keinen Anteil. Wegen seiner vorsichtigen defensiven Operationen im Vorjahr galt er als Zauderer, seine Gegner bei Hofe und in der Generalität hielten ihn wahrscheinlich nicht für geeignet, einen kühnen Vorstoß zu führen, und er selbst hätte auch nicht an einem Feldzug mitwirken wollen, dessen Pläne er von vornherein missbilligt hatte. Es war ihm einiger Trost, dass der Kaiser ihn als fachkundigen Berater zum Reichstag nach Regensburg berief. Mit wenig Gepäck reiste er in der Postkutsche dorthin und traf am 22. März um elf Uhr vormittags ein. Der Kaiser war gerade auf der Jagd, empfing aber Montecuccoli abends sehr gnädig.
Die Höflichkeit erforderte es, zunächst Antrittsbesuche zu machen, und Montecuccoli vermerkte stolz, dass er überall ungemein freundlich empfangen wurde. Der Kurfürst von Bayern nahm zur Begrüßung den Hut ab, der von Mainz und der von Trier sprachen ihn mit „Euer Excellenz" an, der Kurfürst von Sachsen schickte ihm den Hofmarschall über die Stiege hinab entgegen und begleitete ihn nach der Unterredung bis zum Wagen. Montecuccolis Tagebuch enthält viele Einzelheiten, so z. B. vom 26. März: *„Ich speise mit dem Bischof von Münster, der mich sehr höf-*

lich behandelt, mich trinken lässt, wie es mir gefällt, und immer von den Kriegen gegen die Türken spricht". Am 29. März: „*Ich speise beim Kurfürsten von Sachsen, der mich mit großer Vertraulichkeit behandelt. Er trinkt sich einen Rausch an und sagt, er wolle allein ein Heer aufstellen, dessen General ich sein solle ... Er erinnere sich, dass sein Vater mich sehr hoch schätzte, und zwar viel mehr als die anderen Generäle des Kaisers.*"

Solche Worte taten Montecuccoli gut, die Gespräche und die Mahlzeiten bildeten eine angenehme Abwechslung zwischen den Konferenzen. Bei diesen ging es um sehr ernste Dinge, die Anzahl der Truppen und ihre Verteilung, die Operationen an der Donau, in Oberungarn, an der Drau und an der Save, ferner um die Artillerie, den Proviant, Rekruten-Werbung, Musterlisten, Krankheiten, Totenlisten und Deserteure. Auch Ungünstiges kam offen zur Sprache, die hohen Kosten, dass Proviant nur in Böhmen vorhanden, aber noch nicht auf dem Wege sei, der Mangel an Pferden, Wagen, Büchsenmeistern, Schmieden und vor allem tüchtigen Offizieren der Artillerie, schließlich die Stärke des Feindes.

Mit den Beschlüssen, die da gefasst wurden, war Montecuccoli nicht immer einverstanden. Seiner Meinung nach hatte mancher, der da mitredete, zu wenig praktische Erfahrung und Kenntnis der tatsächlichen Verhältnisse. In sein Tagebuch schrieb er über „*Einfälle von Leuten, die mit der Zunge statt mit dem Degen fechten und den Feind mit hochtrabenden Redensarten schlagen*".

Das durfte er ihnen zwar nicht offen sagen, er verteidigte aber seine Ansichten und Vorschläge. „*Ich wunderte mich, dass bei den Versammlungen alle nicht von der Beendigung des Krieges, sondern nur von kleinen Subsidien sprachen, als ob man es nicht mit dem übermächtigen türkischen Tyrannen, sondern mit irgendeinem kleinen König zu tun hätte. Sie sprachen so mit mir, als wenn nicht über einen Krieg, sondern über einen sicheren Sieg zu beschließen wäre.*" Dabei bedauerte er den Grafen Hollach, General in der Reichsarmee, denn dieser wurde dem Banus Zriny unterstellt, um dessen Eitelkeit zu befriedigen. Hollach und Feldmarschall-Lieutenant Graf Strozzi sollten so bald wie möglich nach Kanizsa aufbrechen.

Der Kurfürst von Mainz, Erzbischof Graf Johann Philipp von Schönborn, lud Montecuccoli am 1. April zum Mahl ein und gab ihm ein besonderes Medikament gegen die Ruhr. Er freute sich offensichtlich, einen waffenkundigen Gesprächspartner zu haben, und zeigte ihm eine neue Erfindung: eine Muskete, die von hinten zu laden war. Der Fürst-Erzbischof von Salzburg, erzählte er, verfüge über eine andere verbesserte Muskete; sobald der Hahn mit dem Feuerstein niederschlage, öffne sich der Deckel der Pulverpfanne von selbst.

Noch viele andere sehr hohe Herren baten Montecuccoli zu Tisch, dieser wusste die Ehre zu schätzen. Am 9. April gewährte ihm der Kaiser zum Abschied eine Privataudienz. Montecuccoli nahm die Gelegenheit wahr, auf die Schwierigkeiten hinzuweisen, die sich aus den gegenwärtigen Operationen in Ungarn und den Mängeln im Heer in den Ländern und Festungen ergeben würden. Außerdem bat er den Kaiser, die Protokolle der früheren Sitzungen des Hofkriegsrates anzusehen und daraus zu entnehmen, wie viele gute Vorschläge beraten, aber nicht ausgeführt wurden, und wie viele Verordnungen gegen die Meinung einsichtiger Leute ergangen seien; aus ihren Wirkungen werde der Kaiser erkennen, wer ihn gut oder schlecht beraten habe. Das war sehr deutlich gesprochen, aber der Kaiser nahm es nicht übel, sondern antwortete, dass er die Mängel kenne und auf die Tüchtigkeit und Klugheit Montecuccolis alles Vertrauen setze.

Das klang erfreulich, bildete aber noch keine feste Zusage. Deshalb drückte Montecuccoli sich noch klarer aus, als er am selben Tag in Gegenwart des Kaisers von den Ministern Abschied nahm. Er beklagte sich erstens über Verleumdungen, Spott und üble Nachrede, die er im vergangenen Jahr erdulden musste von Leuten, die von der Kriegskunst und den Verhältnissen in Ungarn nichts verstünden, oder aus Bosheit und Übelwollen, während ihm die Mittel gefehlt hatten, den Krieg energisch zu führen, ferner darüber, dass man ohne sein Einverständnis Verfügungen getroffen, Generäle bestimmt und altbewährte Offiziere vom Heer weggenommen habe. Er werde, sagte er, jetzt vier Wochen lang sich ausruhen und sich nicht früher zum Heer begeben, bevor Truppen und alle anderen Erfordernisse hinlänglich vorhanden seien. Er könne auch ein Jahr lang zuschauen und werde zufrieden sein, wenn andere die Sache besser machten; täten sie es nicht, würde auf ihm wenigstens keine Schuld lasten.

Für seine Rückkehr zum Heer stellte er noch zwei Bedingungen: die Beförderung zum General-Lieutenant, also alleinigem Oberbefehlshaber, weil sonst die Generäle des Reiches ihm nicht ohne Verdruss gehor-

chen würden, sowie die Bezahlung seiner rückständigen Guthaben und Vorschüsse, denn er habe nicht die Mittel, für die künftigen Auslagen Geld vorzustrecken.
Am Morgen des 11. April besuchte Montecuccoli noch den Fürsten Ferdinand Porcia, Ersten Minister des Kaisers, und erhielt von diesem die Versicherung, dass der Kaiser sein ganzes Vertrauen auf ihn setze, dazu noch eine hocherfreuliche Mitteilung: Leopold I. hatte an König Philipp IV. von Spanien geschrieben, dieser möge Montecuccoli mit dem Orden vom Goldenen Vlies ehren. Den Orden hatte Herzog Philipp der Gute von Burgund 1429 gestiftet, durch die Heirat Kaiser Maximilians I. mit Maria von Burgund war er an das Haus Habsburg übergegangen und bei der spanischen Linie verblieben. Seither war es das Vorrecht des Königs von Spanien, Herren des Hohen Adels, die sich besondere Verdienste erworben hatten, zu Ordensrittern zu ernennen.
In guter Stimmung trat Montecuccoli noch am Abend des 11. April die Heimreise an, auf einem Donauschiff traf er fünf Tage später in Wien ein. Die nächsten Wochen verbrachte er teils auf Schloss Hohenegg, teils suchte er Erholung bei Thermalbädern, vermutlich denen des schönen Kurortes Baden bei Wien. Die Frühlingstage dort taten ihm gut, die Nachrichten vom Kriegsschauplatz nahm er mit gemischten Gefühlen auf. Einerseits war er befriedigt, dass die Herren, die an seiner Stelle die Truppen führten, keinen Erfolg hatten, andererseits taten ihm die Soldaten leid. Dazu kam die Sorge, in welchem Zustand das Heer sich befinden würde, wenn er doch wieder das Kommando übernähme. Bei Kanizsa stand es wirklich schlecht. Die Festung war zu stark gesichert, um sie im ersten Angriff erobern zu können, und die regelrechte Belagerung erwies sich als ungemein schwierig, weil das sumpfige Gelände es kaum erlaubte, sich in Laufgräben gedeckt heranzuarbeiten. Die drei Kommandanten, Strozzi für die Kaiserlichen, Hohenlohe für die Reichstruppen, Zriny für die Ungarn und Kroaten, waren meistens verschiedener Meinung. Am 25. Mai kam die Nachricht, dass der Großwesir mit 40.000 Mann und 100 Geschützen zum Entsatz der Festung anrücke. Gleichzeitig machten die Belagerten kühne Ausfälle und steckten die hölzernen Verschanzungen der Belagerer in Brand. Von deren Soldaten waren viele gefallen, viele verwundet oder krank, die übrigen erschöpft und mutlos. Nachdem die Generäle einander die Schuld an dem Misserfolg zugeschoben hatten, einigten sie sich, die

Belagerung aufzuheben. Am 1. Juni bei Einbruch der Dunkelheit zogen sie ab, wobei sie Munition und Kriegsgerät zurücklassen mussten. Das unglückliche Unternehmen hatte, so berechnete man, über eine Million Gulden verschlungen.

Der Feind verfolgte sie bis zum nächsten Ort, der ihnen Rückhalt bot, aber es war kein guter Rückhalt. Graf Zriny hatte eine Festung erbauen lassen und stolz nach seinem Namen Zrinyvár benannt; sie lag als Brükkenkopf am linken (östlichen) Ufer der Mur nahe deren Mündung in die Drau, ein günstiger Ausgangspunkt für Vorstöße gegen Kanizsa, für Raubzüge und als Sammelplatz nachher, wenn die Beute verteilt wurde, aber durch den Fluss vom eigenen Hinterland abgeschlossen, nur über eine Brücke erreichbar und somit gefährlich ausgesetzt, wenn eine starke Streitmacht angriff – und das geschah nun, als der Großwesir sein Heer an die Mur führte.

Am 4. Juni 1664 erhielt Montecuccoli durch einen Eilboten einen eigenhändig geschriebenen Brief des Kaisers und las, es sei leider das eingetroffen, was er vorausgesagt habe; er solle sich sogleich zum Heer begeben und, um der bisherigen Gleichstellung der Kommandanten ein Ende zu machen, den Oberbefehl übernehmen. Dazu war er gern bereit, doch während er zunächst nach Graz reiste, um dort den Nachschub an Verpflegung sicherzustellen, kamen ihm schwere Bedenken. In Regensburg hatte er erklärt, er werde erst zur Verfügung stehen, wenn Truppen und alle anderen Erfordernisse vorhanden seien; das war nun nicht der Fall, und wenn er keinen Erfolg hätte, würde alle Schande ihn treffen. Aus Gehorsam und in gewohnter Ergebenheit übernahm er aber die schwierige, unter den gegenwärtigen Bedingungen fast aussichtslose Aufgabe.

Bei der Ankunft am 15. Juni zeigte sich die Lage noch schlechter als vorausgesehen. Darüber schrieb er: *„Ich fand die Festung Zrinyvár belagert und beschossen, den Strozzi in einem Gefecht gefallen, in welchem er die Türken tapfer zurückgeschlagen hatte, als sie einen Übergang über die Mur versuchten. Die Armee bot einen kläglichen Anblick, sie war fast aller Offiziere beraubt, da die meisten verwundet oder krank waren. Man hatte die Festung mit dem Übergang über den Fluss auf einer Strecke von mehreren Meilen zu verteidigen, daher konnte die Mannschaft, schwach wie sie war, sich nicht einmal in den Verschanzungen ablösen … Das vom Feind besetzte linke Ufer war*

hügelig, dominierend und wegen der Wälder darauf und der Flusskrümmungen dem Feinde günstig beschaffen, das von uns besetzte Ufer jedoch niedrig, eben, ohne Deckungen. Es fehlte an Kriegs- und Mundvorräten." Trotzdem entschloss Montecuccoli sich, den Platz zu verteidigen, nicht so sehr dem Banus Zriny zuliebe, der viel Wert darauf legte und selbst anwesend war, als um Zeit zu gewinnen und den Feind zu beschäftigen, bis sich die christlichen Streitkräfte vereinigt hätten. Um Streitigkeiten zu vermeiden, wies Montecuccoli jedem Kontingent einen eigenen Abschnitt zu: die Kaiserlichen bewachten den östlichen vom Zusammenfluss der Mur und der Drau bis zu der Brücke, die zur Festung hinüberführte, die Reichstruppen von hier bis zu dem kroatischen Dorf Kottori (Kotoriba), noch weiter flussaufwärts standen die Kroaten und Ungarn unter den Grafen Miklós Zriny, Ferencz Nádasdy und Christoph Batthyány. Diese Einteilung bewährte sich beim Angriff der Osmanen am 27. Juni; er wurde mit großen Verlusten auf beiden Seiten zurückgeschlagen.
Die Festung Zrinyvár ließ sich jedoch nicht auf die Dauer halten. Der Obristlieutenant Albert von Tasso, der nach dem Tod des Grafen Strozzi dessen Regiment und in der Festung kommandierte, erhielt den Befehl, sich zurückzuziehen, sobald die Lage hoffnungslos wäre, alles Holzwerk in Brand zu setzen und die Festungsmauern zu sprengen. Das müsste rechtzeitig geschehen, damit die Mannschaft ohne Gedränge die Brücke passieren könne, bevor diese zerstört würde. Am 30. Juni sprengten die Feinde eine Mine unter dem Ravelin, gerade als Montecuccoli und Feldmarschall Sparr dort anwesend waren, und verschanzten sich in den Trümmern. Tasso hoffte trotzdem, sich noch bis zum nächsten Tag verteidigen zu können, aber die Osmanen griffen so heftig an, dass die Kaiserlichen die Flucht ergreifen mussten. Die Brücke brach unter ihrer Last ein, die meisten Soldaten retteten sich schwimmend, aber viele Offiziere und gegen 800 Mann fanden den Tod. Zriny glaubte (und einige ungarische Historiker schrieben es noch viel später ebenso), Montecuccoli habe nicht genug getan, ja vielleicht sogar absichtlich Zrinyvár aufgegeben, aber dessen Meinung, die Festung sei von Anfang an unzweckmäßig angelegt gewesen, wurde durch den Großwesir bestätigt: er ließ sie nicht instandsetzen, um sie seinerseits zu benützen, sondern niederbrennen und völlig schleifen.
Alle seine Versuche, die Mur zu überschreiten, scheiterten jedoch und

es schien, er rüste zum Abzug. Batthyány marschierte deshalb zur ungarischen Grenze aus Sorge, der Feind werde sich dorthin wenden, Montecuccoli aber hegte den Verdacht, der Großwesir täusche nur vor, sein Heer wegführen zu wollen – eine einfache Kriegslist, um die Kaiserlichen und Reichstruppen zu veranlassen, ebenfalls aufzubrechen. Dann wären die Übergänge über die Mur frei!

Deshalb blieb das Heer in seinen Stellungen, und das erwies sich als richtig. Erst am 12. Juli machte sich der Großwesir auf den Weg in Richtung Kanizsa. Montecuccoli schickte ihm Kürassiere nach; sie holten einen Teil der Nachhut ein, schlugen sie und machten Gefangene, konnten aber nicht feststellen, wohin der Großwesir sich wenden werde. Montecuccoli erwog alle Möglichkeiten. Wenn der Feind sich hinter den Plattensee zurückzog, drohte vorläufig keine Gefahr, er konnte aber auch längs der Grenze nordwärts ziehen, um die Stadt Raab zu belagern, oder an den Fluss Raab marschieren, ihn überschreiten und gegen Ödenburg (Sopron) und Wiener Neustadt vorstoßen, schließlich auch an die Mur zurückkehren.

Für diesen Fall blieb Montecuccoli noch bis zum 14. Juli in seinen Stellungen, und als er dann doch aufbrach, ließ er bei Kottori drei Regimenter zurück, je eines der Kürassiere, der Dragoner und der Infanterie. Mit den anderen marschierte er auf den Fluss Raab zu, den Verstärkungen entgegen, die zu erwarten waren.

In Wien wurde das Gerücht laut, nicht nur Zrinyvár, sondern auch die starke Festung Komorn an der Donau sei gefallen, dadurch Ödenburg, Wiener Neustadt und schließlich Wien in Gefahr. Einige vornehme Familien rüsteten sich schon, die Stadt zu verlassen; der päpstliche Nuntius Carlo Carafa erklärte, er werde noch ausharren und erst nach dem Kaiser die Flucht nach Linz oder Prag antreten.

Davon erfuhr Montecuccoli nichts, er hätte auch weder Zeit noch Lust gehabt, sich darum zu kümmern. Am 16. und 17. Juli vereinigte er sich mit den Reichstruppen, die endlich heranmarschiert waren, und dem größeren Teil des französischen Kontingents in der Nähe von Olsnitz (Murska Sobota), 15 km östlich von Radkersburg. Die Ungarn unter Nádasdy schickte er voraus; sie sollten zusammen mit Batthyány die Engstellen im Bergland sichern und der Landbevölkerung Mut machen, bis die Armee einträfe.

XIII.

Der grosse Sieg

Die Armee kam nur langsam vorwärts, denn die Wege waren schlecht, die Soldaten müde und hungrig. Deshalb ließ Montecuccoli die Infanterie und Artillerie weiterziehen, so gut es gehen würde, und ritt mit den Kürassieren, Dragonern und einigen leichten Feldgeschützen voraus, um früher als der Feind die Raab zu erreichen. Am 24. Juli langte er am südlichen Flussufer an, in der Nähe des Zisterzienserklosters St. Gotthard, setzte über und zog am linken Ufer nach Osten weiter flussabwärts, dem Feind entgegen. Zwei Tage später erreichte er mit seinen Reitern Körmend, einen kleinen Marktflecken mit einem gut befestigten Schloss der Grafen Batthyány zu der Stunde, als die Osmanen die Raab überschreiten wollten. Das konnte er gerade noch verhindern und schlug auch am 27. Juli alle Angriffe zurück. Dabei unterstützten ihn die ungarische Reiterei sowie die französische, die noch Verstärkung erhalten hatte.

Am Morgen des 28. Juli ließ der Großwesir das Lager gegenüber von Körmend abbrechen, die Palisaden in Brand stecken, und zog in westlicher Richtung flussaufwärts, aber nur zwei Wegstunden weit, dann versuchte er sein Glück bei Csákanydoroslό. Dort stand übrigens, nicht weit vom nördlichen Flussufer, ebenfalls ein Schloss der Batthyány. Auch diesmal traf er jedoch auf die Reiterei des Christenheeres, die ihn auf dem anderen Flussufer begleitet hatte. Nach schweren Verlusten gab er den Kampf auf und marschierte noch weiter flussaufwärts in Richtung St. Gotthard.

Damit tat er Montecuccoli einen großen Gefallen, denn bei St. Gotthard hatte sich inzwischen die Infanterie und Artillerie des Christenheeres eingefunden, den Fluss überschritten und über die Lafnitz, die dort von Nordwesten her in die Raab mündet, eine Brücke geschlagen.

Durch Regengüsse in den letzten Tagen waren beide Flüsse angeschwollen und schützten an zwei Seiten das Lager am nördlichen Flussufer bei der kleinen Ortschaft Mogersdorf.
Der Großwesir hätte den Marsch noch fortsetzen und in die Steiermark nach Fehring einbrechen können. Er war zwar kein so erfahrener Stratege wie Montecuccoli, aber es war ihm klar, dass in diesem Falle sein Gegner ihm die Verbindung mit dem Hinterland und allen Nachschub abschneiden könnte. Ob er wollte oder nicht, er musste eine Schlacht schlagen, so bedenklich es auch war, angesichts des Feindes einen Fluss zu überschreiten; immerhin konnte er auf die gewaltige Überzahl seines Heeres vertrauen. Es dürften einschließlich des großen Trosses 120.000 Mann oder noch mehr gezählt haben, davon fast die Hälfte Kerntruppen, vor allem Janitscharen und Sipahi, gepanzerte adelige Reiterei, gegen etwa 25.000 Mann auf der christlichen Seite.
Während die beiden Heere einander über den Fluss hinweg beschossen, entwarf Montecuccoli den Schlachtplan, ließ ihn samt genauen Anweisungen abschreiben, die Aufstellung der einzelnen Kontingente zeichnen und dann die einzelnen Exemplare an die Truppenführer verteilen. Demgemäß standen auf dem rechten (westlichen) Flügel ganz außen die besten Kürassier-Regimenter, nämlich Montecuccoli, Sporck und Lothringen, vor ihnen zehn schwere Geschütze, anschließend drei weitere Regimenter Kürassiere sowie Kroaten und Dragoner, auch die Leibgarde des Feldherrn, 120 Reiter unter dem Kommando des Rittmeisters Karl Graf Trauttmansdorff. Den Befehl über diese 5900 Reiter führte Generalfeldwachtmeister Johann Freiherr von Sporck. Dann kamen zehn Bataillone (5000 Mann) kaiserlicher Infanterie unter Feldmarschall-Lieutenant Otto Christoph Freiherrn von Sparr.
Das Zentrum unterstand dem Markgrafen Ludwig Wilhelm von Baden, in der vordersten Linie 15 leichte Geschütze, dahinter die Reichstruppen, 6200 Mann zu Fuß, 1200 beritten, je ein Battaillon aus Schwaben, Bayern, Franken, Niedersachsen und Westfalen, die der General Franz Graf Fugger kommandierte, und General Georg Friedrich Graf Waldeck mit Kürassieren aus Bayern, Niedersachsen, Westfalen und Franken. Die deutschen Allianz-Truppen, 600 Mann zu Fuß, 300 zu Pferd, die zum guten Teil schon bei Zrinyvár gekämpft hatten, unterstanden dem Grafen Wolfgang Julius zu Hohenlohe-Gleichen. Sie hatten ihren Platz am linken Rande des Zentrums und waren recht zusam-

mengewürfelt aus Mainz, Neuburg, Trier, Münster, Basel, Zweibrücken, Köln, Straßburg, Hessen und Braunschweig. Schweden hatte je zwei Kompanien Fußvolk und Kürassiere geschickt. Die übrige Kavallerie des Zentrums stammte aus Münster, Neuburg, Lüneburg, Mainz und Württemberg.
Den linken Flügel, die Franzosen, befehligte der Marschall Graf Jean de Coligny-Saligny. Der Herzog de La Feuillade stand mit sieben Bataillonen (3500 Mann) Infanterie neben Hohenlohe, anschließend an das Zentrum. Den äußersten linken Flügel bildeten zehn Eskadronen (1900 Mann) Kavallerie unter dem General de Gassion. Da befanden sich zwischen altgedienten Soldaten viele junge Adelige, die sich als „Volontairs" (Freiwillige, aber mit Dienerschaft) ihren ersten Kriegsruhm erwerben wollten. Vor den Soldaten stand die schwache Artillerie, hinter ihnen der Tross. Die Ungarn waren nicht in die Schlachtlinie eingeteilt, sondern sollten flussauf- und abwärts verhindern, dass der Großwesir Krieger, deren er ja genug hatte, irgendwo über die Raab gehen lasse, um das christliche Heer im Rücken oder von den Flanken her anzugreifen.
Die Anweisungen, die Montecuccoli dem Plan der Aufstellung beifügte, mahnten an alle Regeln, die einem alten Kriegsmann wie Sporck selbstverständlich, manchem Neuling aber nützlich waren, so etwa die Verteilung der Pikeniere und der Musketiere. Diese sollten nicht Salven abgeben, sondern gliedweise feuern, damit im Augenblick, da die letzte Abteilung geschossen, die erste schon wieder geladen habe. Die Abstände zwischen den einzelnen Abteilungen sollten sowohl in der Aufstellung wie beim Vorrücken genau eingehalten werden, um jede Unordnung zu vermeiden.
Punkt 8 der Anweisung lautete: *„Niemand soll bei Verlust seiner Ehre und seines Lebens auf Beute ausgehen, ehe die türkische Armee gänzlich geschlagen und in Auflösung versetzt ist und die Unseren Herren des Schlachtfeldes geblieben sind."* [30] Es waren 14 Punkte, die bewiesen, dass Montecuccoli die vielen Erfahrungen, die er gesammelt hatte, auch anzuwenden wusste und ein ebenso guter Taktiker war, wie er sich als Stratege bewährt hatte.
Die Raab fließt in vielen Windungen durch ein Tal von durchschnittlich 2 km Breite. Das christliche Heer stand 800–1200 Schritt nördlich des Ufers, aber starke Posten, Infanterie und Kavallerie gemischt, waren

weiter vorgeschoben; einen nach Süden gewendeten Flussbogen sicherten 200–300 Mann der Reichsarmee. Die Janitscharen aber waren die besseren Schützen, gegen Mittag des 31. Juli verjagten sie durch heftiges Gewehrfeuer diesen Posten, brachten auf ihrem Flussufer sieben Geschütze in Stellung und beschossen damit die Kaiserlichen, die sich gemäß der Schlachtordnung aufstellten. Es gelang zwar, die Janitscharen zu vertreiben, aber ihre Geschütze blieben für den nächsten Tag stehen. Ein anderes Vorpostengeplänkel ergab sich weiter flussaufwärts westlich oberhalb des rechten Flügels der Kaiserlichen, wo starke Verbände von Sipahi durch eine Furt der Raab auf das nördliche Ufer hinüberritten. Ihnen trat Sporck mit Dragonern und Reitern eines Kroatenregiments entgegen. Offenbar war das auch leichte Reiterei, und zwar diese Gattung, die später als Husaren bekannt wurde. Seine Kürassiere wollte er nicht aus der geschlossenen Schlachtlinie lösen, aber Dragoner und Kroaten erfüllten ihre Aufgabe gut, fügten dem Feind Verluste zu und warfen ihn zurück.

Während der eiligen Märsche der letzten Tage war es nicht möglich gewesen, Futter für die Pferde zu beschaffen; das sollte am Morgen des 1. August nachgeholt werden. Montecuccoli befahl ausdrücklich, dass nur die Reitknechte das Lager verlassen durften und von dem Teil der Reiterei, der keine Knechte hatte, nur ein Drittel der Mannschaft. Auch das osmanische Heer litt an Mangel an Fourage. Im Morgengrauen verließen etwa 1000 Reiter das Lager und schienen sich auf die Furt zuzubewegen, durch die am Vortag die Sipahi herübergekommen waren. Wieder erhielt Sporck den Befehl, das zu verhindern, aber diesmal nicht nur mit Dragonern und Kroaten, sondern auch 1000 „deutschen Pferden" (Kürassieren). Sobald er erkannte, dass die Feinde nicht zum Angriff ausgeritten waren, sondern nur ebenfalls, um Futter zu holen, benützte er jene Furt, überfiel die Fourageure, verjagte sie und erbeutete viele Pferde, Maultiere und Wagen.

Dagegen sah es im Zentrum der Schlachtlinie bedrohlich aus. Während der Nacht waren starke Verbände von Janitscharen durch die Raab geschwommen und hatten sich am nördlichen Ufer des Flussbogens eingenistet, ohne dass die Wachtposten der Reichstruppen dessen gewahr wurden. Diese hätten sich sogar verschanzen sollen, aber General Graf Waldeck hatte es nicht für nötig gehalten und auch nicht bemerkt, dass an der Furt beim Flussbogen Janitscharen und Sipahi sich gesammelt

hatten. Bald nach Tagesanbruch begannen diese, im Schutz von starkem Artilleriefeuer den Fluss zu überqueren, sowohl durch die Furt wie auf einer Brücke, deren Teile vorbereitet und herangebracht worden waren. Das Wasser war hier nur zehn Schritte breit. Andere Janitscharen schwammen hinüber, setzten sich auf Kamele oder hinter den Sipahi auf deren Pferde.
Die Reichstruppen des Postens mussten vor der Übermacht weichen, der Rückzug wurde bald zur Flucht, aber die Sipahi waren zu Pferd schneller, töteten die vielen, die davonliefen, und die wenigen, die Widerstand leisteten. Einige gelangten bis Mogersdorf und an das Lager der Reichstruppen. Hohenlohe und Coligny hatten in Gehöften auf der Anhöhe hinter Mogersdorf übernachtet; der Gefechtslärm weckte sie, auch Waldeck wurde aus dem Bett geholt. Sie überblickten das Gelände von der Anhöhe aus, und was sie sahen, bot genug Grund zur Sorge.
Alle Truppen wurden alarmiert, aber nicht sogleich eingesetzt, denn es war noch nicht klar, ob es sich nicht nur um einen Scheinangriff handle. Die Generäle hatten vereinbart, dass jeder der Verbände für sich kämpfen und nur im argen Notfall Hilfe erhalten solle, damit nicht der Feind durch Angriffe an mehreren Stellen die gesamte Schlachtordnung in Verwirrung bringen könnte. Außerdem musste man auf das Ehrgefühl Rücksicht nehmen: es war durchaus möglich, dass eine Einheit den Feind auch allein zurückgeschlagen hätte und durch die voreilige Hilfe ihren Ruhm nicht errang.
Deshalb schickte Montecuccoli den Janitscharen und Sipahi, die den Fluss überschritten hatten, zunächst nur Infanterie und einen Teil der Kavallerie der Reichsarmee entgegen, zur Sicherheit aber auch drei Eskadronen kaiserlicher Kürassiere und zwei Bataillone kaiserlicher Infanterie, diese unter dem Kommando des Feldzeugmeisters Marchese Pio di Savoia.
Die Strecke vom Lager zum Kampfplatz war aber nicht so frei, dass die Truppen in Schlachtordnung vorgehen konnten, da gab es einen Hohlweg und ein Wäldchen. Sobald die Soldaten sich zeigten, zogen die Janitscharen sich in guter Ordnung zurück und gaben aus dem Gebüsch am Flussufer plötzlich Feuer. Andere Janitscharen, die inzwischen über den Fluss gekommen waren, stürmten mit lautem Geschrei gegen die Reichstruppen vor, die sich noch gar nicht ordnungsgemäß aufgestellt hatten.

In einem Krieg zwischen christlichen Völkern gaben Soldaten, die in eine zu schwierige Lage geraten waren, sich dem Gegner gefangen, damit war für sie die Schlacht vorbei. Die Janitscharen aber machten keine Gefangenen! Sie wussten, dass sie für jeden Kopf, den sie ablieferten, eine Belohnung erhalten würden, und so mussten die Soldaten der Reichsarmee, von denen viele noch keine Schlacht erlebt hatten, schaudernd mitansehen, wie ihren Kameraden, ob unversehrt, verwundet oder schon tot, die Köpfe abgeschnitten wurden. Vom Schreck gelähmt dachten sie kaum mehr an Gegenwehr, ließen sich niedermetzeln oder ergriffen die Flucht.

Die Unordnung, die dabei entstand, wirkte sich auch auf die Kaiserlichen aus. Das Infanterie-Bataillon des Obristen Gustav Adolf Graf von Nassau-Saarbrücken wurde abgeschnitten, er selbst fiel im Kampfe. Der Generalfeldwachtmeister Johann Freiherr Schmidt von Ehrenfeld wurde verwundet, seine Kürassiere wurden in der Flucht mitgerissen. Die Sipahi und Janitscharen verfolgten sie, eroberten Mogersdorf und gelangten bis zum Lager des christlichen Heeres.

Das Lager war von Truppen fast entblößt, und von den Reitern, die morgens zum Futterholen ausgerückt waren, zeigten sich vorläufig nur wenige. Trossknechte bespannten schon die Wagen zur Flucht, Diener verluden das Gepäck ihrer Herren, und an die 2000 Mann, vor allem aus der Reichsarmee, sollen davongelaufen sein. Als ein Mann verzweifelt schrie, alles sei verloren, rief Montecuccoli ihm zu, er möge sich beruhigen, die Kaiserlichen hätten den Degen ja noch gar nicht gezogen.

„Indem ich das sagte“, schilderte Montecuccoli nachher, *„nahm ich die kaiserlichen Regimenter La Corona, Sparr und Tasso zu Fuß, Lothringen und Schneidau zu Pferd und ließ sie gegen den gefährdeten Punkt vorrücken, während der Markgraf von Baden frische Abteilungen der Reichstruppen zusammenraffte, sie gegen die Flanke des Feindes führte, zuerst dessen wütende Angriffe aushielt, dann sie scheitern machte, endlich den Feind zurückschlug. Dabei schuf er dem Kürassier-Regiment Schmidt und den Reichstruppen“* (die anfangs geflohen waren) *„Gelegenheit, sich zu sammeln, wieder aufzustellen und zu ordnen.“*

Bei dem Gegenangriff hatte der zwanzigjährige Herzog Karl V. von Lothringen und Bar sein Kürassier-Regiment persönlich angeführt. Zur gleichen Zeit ging Graf Hohenlohe an der Spitze der deutschen Allianz-

Truppen gegen den Ort Mogersdorf vor, eroberte ihn in hartem Kampf und hielt ihn.

„*Während dieses Kampfes wurden einige Janitscharen, die sich in kleine Häuser eingeschlossen hatten, abgeschnitten. Sie wollten sich darin aber eher verbrennen lassen, als dass sie sich ergeben hätten, eine Hartnäckigkeit, die zum Nachdenken anregt und Bewunderung verdient*“, schrieb Montecuccoli später darüber. In jenem Augenblick war Montecuccoli sich bewusst, dass die Schlacht ihren ersten Höhepunkt erreicht hatte, aber noch längst nicht gewonnen war. Es war zwar vorläufig gelungen, den feindlichen Angriff aufzuhalten, an einigen Stellen sogar zurückzuwerfen, aber der Großwesir schickte immer mehr Krieger über den Fluss, die mit frischen Kräften anrannten. Somit war der Fall eingetreten, dass benachbarte Verbände den Bedrängten Hilfe leisten sollten. Die Kaiserlichen hatten es gegenüber den Reichstruppen schon getan, nun sollten auch die Franzosen mitwirken.

„*Da ich nun sah, dass hier die ganze Masse der türkischen Streitkräfte versammelt sei, die Unseren wegen der Ungleichheit der Kräfte außer Stande seien, Widerstand zu leisten, schickte ich den Malteserritter Machau eilig zu dem französischen General Coligny und ließ ihm sagen, dass ich ihn, nachdem der vereinbarte Fall der Hilfeleistung eingetreten sei, inständig darum bitten lasse. Das geschah auch ohne Schwierigkeiten, indem er zwei Bataillone Infanterie und 600 Reiter in 4 Eskadronen sandte, die einen von La Feuillade, die anderen von Beauvisé geführt, die sich mir zur Verfügung stellten und, nachdem ich meine Befehle mündlich erteilt hatte, selbe aufs Tapferste ausführten.*“

Die französische Infanterie verstärkte die Verteidiger von Mogersdorf und feuerte hinter den Zäunen und Hecken vor dem Dorf, die Kürassiere ritten gegen den östlichen Teil des Flussbogens an, wo im Ufergebüsch und einem Wäldchen die Janitscharen sich festgesetzt hatten.

Gegen die Mittagsstunde bat Montecuccoli die Generäle zu einer Besprechung, um eine gemeinsame Aktion festzulegen. Das wurde nicht leicht, denn General Coligny hatte von seinem König den Auftrag, die französischen Truppen nicht zu sehr den Gefahren auszusetzen, die deutschen Allianztruppen wünschten es gleichfalls nicht. Es gab verschiedene Meinungen darüber, ob ein großer Gegenangriff Aussicht auf Erfolg habe oder zu hohe Verluste bringen würde. Sogar Montecuccoli

hegte Bedenken, aber die unmittelbar folgenden Ereignisse überzeugten ihn, was er zu tun habe.
Während der Beratung kamen nämlich Boten mit der Nachricht, dass beiderseits des Schlachtfeldes starke Kavallerieverbände des Feindes im Begriffe seien, die Raab zu überschreiten. Wenn ihnen das gelänge, würden sie die christliche Armee an den Flanken und im Rücken umfassen; das wäre der sichere Untergang. Dagegen gab es nur eine Maßnahme: Gegenangriff mit allen noch verfügbaren Kräften. In Eile fertigten die Generäle die Befehle an ihre Truppen aus. Die vier Eskadronen der Kavallerie-Brigade De Gassion erschienen so rechtzeitig am Ufer der Raab, dass die feindlichen Reiter, die sich nahe bei St. Gotthard gegenüber dem östlichen Rande des Schlachtfeldes gesammelt hatten, nicht mehr wagten, über den Fluss zu setzen.
Westlich, flussaufwärts, waren aber an die 4000 Sipahi über die Furt bei einer Mühle durch die Raab geritten und bedrohten unmittelbar den rechten Flügel des Heeres der Verbündeten. Ihnen schickte Montecuccoli die letzten Reserven entgegen, sein Kürassierregiment und das des Freiherrn von Sporck. Sporck führte das Kommando. Er hielt sich nicht damit auf, zuerst aus Karabinern und Pistolen schießen zu lassen, sondern befahl eine schwungvolle Attacke im Galopp mit blanker Waffe. Dergleichen war damals noch recht selten und zeigte auch seine Wirkung. Im Zusammenstoß erwies sich der schwere Pallasch der Kürassiere den feinen, scharfen Klingen der Sipahi überlegen, und wenn die Pferde aufeinander prallten, warfen die kräftigen Kaltblüter der Kürassiere die zarten, edleren Araber über den Haufen.
„Ebenso wurden die anderen türkischen Reiter, die weiter oberhalb über den Fluss gehen wollten, von den kaiserlichen Kroaten und Dragonern geschlagen“, ergänzte Montecuccoli in seinem Bericht der Vollständigkeit wegen und auch, um den leichten Reitern, die nicht so geachtet waren wie die Kürassiere, Gerechtigkeit widerfahren zu lassen. Musketiere und Dragoner schossen so erfolgreich auf die Bedienungsmannschaften der feindlichen Geschütze, dass diese verlassen werden mussten. Daraufhin schwammen einige Leute über die Raab, vernagelten die Zündlöcher der Kanonen, so dass diese unbrauchbar wurden, andere warfen sie ins Wasser. Es wäre aber um die kostbaren Stücke schade gewesen, später wurden sie herausgeholt und zur Armee ge-

bracht, um fortan den Kaiserlichen zu dienen oder als schöne Beutestücke zur Schau gestellt zu werden.
Im Zentrum griffen Albanesen und Janitscharen, die Kerntruppen der osmanischen Infanterie, nicht mehr an, sondern lagen gedeckt in vielen Reihen von Gräben und schossen von dort aus. Die Kaiserlichen, Reichsvölker und Franzosen aber gingen in guter Ordnung vor, während ihre Artillerie von den Anhöhen aus über sie weg ihre Kugeln sandte, die Musketiere feuerten, knieten nieder, um der nächsten Reihe das Schussfeld frei zu geben, luden inzwischen, gingen weiter vor, feuerten wieder. Für die Pikeniere gab es nicht den Aufenthalt des Ladens, sie schritten aber in gleicher Front vor. Zwischen den Infanterie-Kompanien waren immer wieder Reiter eingeteilt, auch die bewegten sich nicht schneller. So rückte eine halbmondförmige geschlossene Front vor, unbeirrbar und unaufhaltsam, und erhob ein Kampfgeschrei, wie es bisher nur die Osmanen getan hatten. Diese waren von dem Anblick erschüttert und zogen sich aus den Gräben zurück, zunächst dem Feind zugewendet, bald aber immer schneller, zuletzt in Panik.
Der Fluss Raab war durch die Regengüsse der letzten Tage stark angeschwollen. Als die Fliehenden sich hineinstürzten, behinderten sie einander und gerieten unter die Hufe der Pferde der Sipahi, die Sporcks Reiter in den Fluss gedrängt hatten. Da das südliche Flussufer steil, der Boden glitschig war, konnten viele es nicht erklimmen und wurden vom Wasser fortgerissen. Lebende trieben neben Leichen dahin, die Verwirrung wurde zur Verzweiflung.
Am späten Nachmittag war die Schlacht entschieden, auf dem nördlichen Flussufer stand kein Feind mehr. Auf dem südlichen befanden sich noch etwa 30.000 Mann, die nicht in den Kampf eingegriffen hatten. Ein Gefangener berichtete später, vielleicht übertreibend, der Großwesir habe acht Agas aus Zorn über die Flucht eigenhändig den Kopf abgeschlagen. Die noch verbliebenen Truppen hätten zu einem neuen Angriff ausgereicht, aber die Osmanen hatten den Mut verloren. Zudem ging ein Regenguss nieder, der die Raab weiter anschwellen ließ und es schwer gemacht hätte, sie nochmals zu überschreiten.
Jeder Feldherr muss einen Sieg ausnützen und den Feind verfolgen. Das wusste Montecuccoli selbstverständlich, aber die Kräfte dazu fehlten ihm. Die Soldaten waren vom langen Kampf erschöpft, die Munition war verschossen, es wäre gefährlicher, ja verderblicher Wahnwitz gewe-

sen, angesichts der starken, unverbrauchten Truppen des Feindes den Flussübergang zu versuchen, der ihnen misslungen war. Auch in der Hochstimmung des großen Sieges blieb Montecuccoli vernünftig. Noch an diesem Abend schickte er die frohe Botschaft an den Kaiser, und zwar durch einen französischen Obristen, um die tapferen Verbündeten zu ehren.

Selbstverständlich gelangten bald noch mehr Nachrichten über die Schlacht nach Wien und wurden weitergegeben. Der päpstliche Nuntius erwähnte in seinem Bericht nach Rom, an der Schlacht habe kein einziger ungarischer Soldat teilgenommen, die Reichstruppen seien – mit Ausnahme derer aus dem schwäbischen Kreis – feige gewesen, die Schlacht nur durch ein Wunder gewonnen worden.

Der Großwesir blieb noch bis zum 5. August in seiner Stellung, dann marschierte er flussabwärts gegen Körmend. Das angeschwollene Wasser der Lafnitz und der Pinka hatte die Brücken weggerissen, so dass Montecuccoli einige Schwierigkeiten hatte, am linken Ufer der Raab parallel zu marschieren. Über die folgenden Tage schrieb er:

„Als man sich am 9. August Körmend genähert hatte, stellte ich im Kriegsrate vor und tat es wieder am 11., dass die Verhältnisse nicht günstiger sein könnten als sie seien, um entweder mit dem ganzen Heere über die Raab hinaus vorzugehen oder mit ausgewählter Mannschaft den Rückzug des Feindes zu stören und den Sieg auszunützen. Man erwiderte mir aber einhellig, es sei unmöglich, die Soldaten dahin fortzuschleppen, bevor sie sich ausgeruht hätten, es fehle Brot und Fourage, die Grundlage jeder guten Unternehmung, man müsste sich in sumpfige Gegenden begeben, in denen man sich nach dem langen Regen nicht zurechtfinden könnte. Man müsse zuvor die müden, ohnehin wenig zahlreichen, verwundeten, kranken Soldaten und die Reiter, die ihre Pferde eingebüßt hatten, in der Gegend von Ödenburg sich erholen lassen, da und dort zerstreute Soldaten heranziehen, die alte Mannschaft aus den Festungen herausnehmen und dann erst gegen den Feind marschieren."

Montecuccoli war weder so eigensinnig noch so ehrgeizig, dass er diese vernünftigen Einwände nicht anerkannt hätte. Er sandte nur Nádasdy mit dessen ungarischen leichten Reitern, kaiserlichen Dragonern und Kroaten samt sechs leichten Feldgeschützen aus, den Feind zu beobachten. Während der Großwesir sich ostwärts auf Stuhlweißenburg

(Székesfehérvár) zurückzog, führte Montecuccoli seine Armee in die Gegend von Ödenburg, gönnte ihr einige Tage der Ruhe und freute sich über neue Truppen der Reichsarmee, die zur Verstärkung eintrafen. Prinz Ulrich von Württemberg, den er vom Dreißigjährigen Krieg her kannte, führte sie heran und brachte die Artillerie aus dem kaiserlichen Arsenal mit.

Leopold I. dankte in gebührender Form; auch darüber freute sich Montecuccoli sehr: *„Ich erhielt zwei eigenhändige kaiserliche Schreiben in italienischer Sprache, für mich ein kostbarer Schatz, für meine Nachkommen das kostbarste Andenken, das ich ihnen hinterlassen kann. Überdies gefiel es Seiner Majestät, mich auf dem Schauplatze meiner Tätigkeit mit einer außerordentlichen Belohnung zu ehren, indem er mich zum General-Lieutenant der kaiserlichen Armee ernannte."* Die Offiziere, die Montecuccoli in seinem Bericht über die Schlacht besonders gerühmt hatte, erhielten kaiserliche Handschreiben (Orden und Ehrenzeichen waren ja noch nicht üblich), jeder Soldat einen ganzen Monatssold. Das erregte großen Jubel.

Nur Graf Zriny ärgerte sich, denn er fühlte sich zurückgesetzt. Ein Gerücht ging um, er hoffe auf ein selbständiges Kommando, unabhängig von Montecuccoli; Frankreich und die Staaten am Rhein würden ihm ihre Truppen unterstellen. Das war nicht völlig aus der Luft gegriffen, schon früher hatte der Nuntius Carafa dem Minister Porcia geraten, Zriny ein Armeekorps zu geben und zusammen mit venezianischen Soldaten in Bosnien einfallen zu lassen.

Die Gegenseite schilderte die Schlacht nicht ausführlich, maß ihr keine große Bedeutung bei. Immerhin schrieb Hasan Aga, Siegelbewahrer des Großwesirs: *„So war es wohl Gottes Ratschluss, denn hätten die Muslim nicht verabsäumt, mehr Truppen ans andere Ufer zu bringen, so hätte mit der Gnade Allahs des Allerhabenen die Streitmacht des Islams wohl bald die Reichshauptstadt und Residenzstadt des deutschen Kaisers angegriffen und zerstört, denn Wien war ja nur mehr 10 Stunden weit entfernt, so tief waren wir schon ins Feindesland eingedrungen."*

Eine Woche nach der Schlacht wurde zu Eisenburg (Vasvár, 40 km östlich von Körmend) Frieden vereinbart, aber der Vertrag war noch nicht geschlossen und Montecuccoli hegte den sehr berechtigten Argwohn, der Großwesir werde versuchen, bis dahin noch Städte zu erobern, die dann dem Osmanischen Reich gehören würden. Während die Feinde bei Stuhlweißenburg lagerten, konnte Montecuccoli sein Heer ausruhen lassen; gegen Ende August meinte er, es sei an der Zeit, wieder etwas zu unternehmen. Am 29. August brach er nach Norden auf.

Das erste Ziel war Ungarisch-Altenburg, das nächste sollte Raab sein, aber unterwegs brachten Kundschafter die Nachricht, der Großwesir sei mit seinen Streitkräften und Verstärkung aus Asien von Stuhlweißenburg nach Gran marschiert, habe dort die Donau überschritten und befinde sich nun in Oberungarn. Daraufhin führte Montecuccoli sein Heer bei Preßburg über die Donau und ostwärts weiter an die Waag, dem Feind entgegen, am 15. September verstärkt durch die kaiserlichen Truppen des Generals Heister und die ungarischen und kroatischen Husaren des Grafen Nádasdy. Er freute sich sehr, als er erfuhr, der Großwesir habe gesagt, sein Gegner müsse freundliche Geister haben, die ihm alle Pläne entdeckten. Dazu waren freilich nicht Geister nötig, sondern nur strategisches Talent und lange Erfahrung. Freundliche Geister hätte Montecuccoli jedoch brauchen können, denn die Schwierigkeiten waren groß, zu dem üblichen Mangel an Verpflegung und Fourage kam noch die Sorge um Wagen für den Transport und Plätze, wo die Kranken untergebracht werden könnten.

Als am 26. September 1664 die Nachricht kam, der Großwesir lagere bei Neuhäusel und werde weiter nordwärts gegen Neutra vorgehen, marschierte Montecuccoli nach Freistadtl, wo es eine gute, auch für Artillerie benützbare Brücke über die Waag gab, um dann ostwärts nach Neutra zu gelangen. Damit würde er die Ebene verlassen, die für die weit überlegene feindliche Reiterei günstig war, und die Städte und Bergwerke von Oberungarn decken.

Aber leider war der Nachschub aus Preßburg noch nicht eingetroffen, der Vormarsch über die Waag musste bis zum 1. Oktober aufgeschoben werden. Trotz allen Mangels war die Stimmung im Heer sehr gut, der Sieg bei Mogersdorf hatte Hoffnung auf einen neuen Erfolg erweckt. Bevor aber der Feldmarschall seine Pläne ausführen konnte, kam die Nachricht vom endgültigen Friedensschluss für die nächsten 20 Jahre. „*Daher*", schrieb Montecuccoli, „*trennten sich nun am 3. und 4. Oktober die einzelnen Heeresteile voneinander, näherten sich der Donau und gewannen damit den Vorteil, Unterkunft zu finden und die gute Möglichkeit, auf diesem Strome Zufuhren zu erhalten.*"

Der Friedensschluss unterbrach Montecuccolis Pläne, Neuhäusel zurückzuerobern, er und die anderen Feldherren waren zweifellos enttäuscht. Dennoch erwähnte er diese Tatsache in seinem Werk „Vom Kriege mit den Türken in Ungarn" mit keinem Worte; das wäre nicht am Platze gewesen, da er das Buch dem Kaiser widmete. Aber auch in keinem Privatbrief findet sich ein Wort der Kritik oder gar des Aufbegehrens, er war eben ein disziplinierter Soldat und den Gehorsam, den er von seinen Untergebenen forderte, leistete er dem Kaiser gegenüber.

Andere Herren waren dazu nicht bereit, vor allem die Magnaten in Ungarn und Kroatien waren äußerst unbefriedigt vom Ergebnis der Friedensverhandlungen. Das Traktat, das in Vasvár ausgehandelt worden war (höchstwahrscheinlich in der Propstei, denn ein anderes ansehnliches Wohngebäude hatte der Ort nicht zu bieten), gestand den Osmanen den Besitz Siebenbürgens zu sowie der Teile Ungarns, die sie vor Beginn des Krieges besessen hatten. Außerdem sollte der Sultan wieder die jährliche Ehrengabe (dieses Wort klang besser als „Tribut") von 200.000 Gulden erhalten. Dafür verlieh der Sultan den österreichischen Geschäftsleuten gewisse Handelsprivilegien für ihre Waren, die donauabwärts befördert wurden.

Der Erste Minister Fürst Porcia und die meisten anderen Herren der Geheimen Konferenz hatten dem Kaiser zum Friedensschluss geraten und Spanien war sehr interessiert daran, die kaiserlichen Truppen nicht im Südosten aufreiben zu lassen, sondern sie für eine Auseinandersetzung mit Frankreich bereit zu halten. Das sah Montecuccoli ein und gleich dem Kaiser misstraute er den ungarischen Magnaten. Schon vor zweieinhalb Jahren hatte Johann Kemény, der glücklose Fürst von Siebenbürgen, ihn vor jenen gewarnt. Gerade diejenigen, die nun forderten, den Krieg fortzusetzen, hatten die kaiserlichen Truppen nur mäßig unterstützt und sich an der Schlacht bei Mogersdorf überhaupt nicht unmittelbar beteiligt. Montecuccoli hatte jedoch wahrgenommen, dass sie sich mit den französischen Adeligen anfreundeten; wenn der Kaiser alle Kraft darauf verwendete, die Osmanen aus Ungarn zu vertreiben, würden Zriny, Nádasdy und die anderen das befreite Land für sich haben wollen und dabei auf die Hilfe aus Frankreich zählen. So geschah es in der Folgezeit ja wirklich.

Neben solchen Erwägungen für die Zukunft standen allerdings die

Pflichten der Gegenwart: ein Teil der Truppen musste entlassen, der andere Teil in den Winterquartieren versorgt werden. Selbstverständlich bemühte Montecuccoli sich, zur Sicherheit des Staates möglichst viele der kriegserprobten Soldaten zurückzubehalten.
Vom Kaiser erhielt er vielen Dank, kaum weniger erfreute ihn ein Brief, der zu Anfang November 1664 aus Frankreich eintraf. General La Feuillade schrieb ihm: „*Glauben Sie meinem Worte als Edelmann und Soldat und seien Sie überzeugt, dass diejenigen, die bei St. Gotthard waren, überall bekennen werden, dass man nur Ihrer vollkommenen Klugheit eine für unsere Nation so ruhmwürdige Aktion verdankt, die unser gutes Glück auf Grund der mündlichen Befehle ausgeführt hat, die wir von einem so großen Feldherrn empfangen haben.*“

XIV.

Zwei Jahre in Wien und Raab

Abgesehen vom Ruhm, der ihm gebührend zuteil wurde, musste Montecuccoli auch an Materielles denken. In einem Gespräch mit dem Präsidenten der Geheimen Konferenz, Feldmarschall Wenzel Eusebius Fürst Lobkowitz, erwähnte er einen Bericht über den letzten Feldzug, den er dem Kaiser überreicht hatte, und sprach über seine eigenen Interessen. Da sein Amt als General-Lieutenant erloschen war, erbat er vom Kaiser eine Pension, wie sie nach dem Dreißigjährigen Krieg der General-Lieutenant Fürst Piccolomini und später der Feldmarschall Graf Puchheim erhalten hatten, nach diesem letzten Krieg die Feldmarschälle Graf Sparr und Prinz Pfalz-Sulzbach, viele Generäle wie De Souches und andere. Da er während des Krieges viele Auslagen hatte, solle er nicht ausgeschlossen werden und ebenfalls 12.000 Gulden erhalten.

Dabei ging es Montecuccoli nicht nur um das Geld, denn die Einkünfte aus dem Posten des Gouverneurs von Raab reichten für ein sorgenfreies Leben aus; er wünschte auch, nicht weniger Vorteile als andere zu erlangen. Seine Kritiker bezeichneten das als Neid. Daneben bietet diese Angelegenheit ein wirtschaftskundliches Detail: Die Hofkammer pflegte nicht bar zu zahlen, sondern Anweisungen zu erstellen auf Gelder, die sie erhalten sollte. Bei solchen Anweisungen hatte Montecuccoli schon Schwierigkeiten gehabt, das Geld auch tatsächlich zu erhalten, deshalb wünschte er sich, wie es schon Piccolomini getan hatte, eine Anweisung auf die Steuern der Juden von Prag, denn die galten als verlässliche Zahler.

Sein nächster Wunsch war die Aufnahme unter die Ritter des Ordens vom Goldenen Vlies, die ihm der Kaiser bereits vor zwei Jahren und neuerlich am Reichstag zu Regensburg versprochen hatte. Es kränkte

ihn, dass er noch nicht dieser Auszeichnung für würdig befunden wurde, wohl aber Graf Zriny, dem er sie nicht gönnte. Er war ja empfindlich und fühlte sich auch zurückgesetzt, denn man hatte über ungarische Angelegenheiten verhandelt, ohne ihn beizuziehen, und ohne sein Wissen Truppen nach Italien und Flandern abkommandiert.
Lobkowitz antwortete sehr freundlich und verständnisvoll, und zwei Tage darauf wurde Montecuccoli eine Audienz bei Leopold I. gewährt. Er hatte seine Schrift über den Feldzug 1664 in der Absicht überreicht, dass der Kaiser sehen könne, was jeder geleistet habe, die Ursachen zur Kenntnis nehme, weshalb Stockungen eingetreten waren und Fehler gemacht wurden, die Eigennutz zu verdunkeln trachtete, und die Erfolge mit den ihm dafür vorhandenen Mitteln vergleiche. Leopold I. antwortete sehr huldvoll, er werde das Kriegstagebuch aufmerksam lesen, schätze die Dienste des Feldmarschalls sehr, werde dessen Bitten erwägen und Montecuccoli könne seiner unwandelbaren Gnade versichert sein. Bei der Distanz, die damals zwischen einem Monarchen und seinen Untertanen bestand, mochten sie sich noch so hohe Verdienste erworben haben, konnte Montecuccoli mit dieser Antwort zufrieden sein.
Getreu seinem Wort schrieb der Kaiser am 5. Januar 1665 an seinen Gesandten in Madrid, den Grafen Eusebius von Pötting, er möge sich um das Goldene Vlies für Montecuccoli einsetzen, und rühmte dessen Leistungen sehr. Einem vernünftigen Menschen unserer Zeit mag es geradezu peinlich berühren, wie dringend Montecuccoli sich um die Auszeichnung bemühte, aber unter den damaligen Verhältnissen hatte er recht damit. Er hatte das Kriegswesen von ganz unten, von Pike und Muskete an, und dann das Hofleben kennengelernt. Wie in einem Vogelnest die Jungen am besten gefüttert werden, die den Schnabel am weitesten aufreißen, so musste am Kaiserhof jemand, der für seine Leistungen belohnt werden wollte, diese entsprechend betonen; wer bescheiden wartete, ob ihm etwas zuteil werde, ging leer aus.
Der Wunsch nach dem Goldenen Vlies machte einige Korrespondenz nötig, die Aufgaben als Hofkriegsrat und Gouverneur von Raab erforderten aufmerksame Tätigkeit, damit war Montecuccoli hinreichend beschäftigt, und dann kam in diesem Winter 1664/65 noch etwas hinzu. Der Herzog von Modena hatte ihn schon mit manchem Auftrag behelligt, so tat es auch dessen Witwe, Herzogin Laura. Sie hatte von den

großen Erfolgen Montecuccolis erfahren, traute ihm großen Einfluss zu – größeren, als er tatsächlich hatte – und bat ihn um eine Vermittlung in einer Angelegenheit, die ihr sehr am Herzen lag: sie wünschte sich für eine ihrer Stieftöchter, der Prinzessinnen aus dem Hause Este, als Gemahl einen österreichischen Erzherzog.

Das war ein naiv-optimistischer Wunsch, denn eine familiäre Beziehung zum Erzhaus Habsburg wünschte sich jede regierende katholische Familie, ein Erzherzog in einigermaßen passendem Alter war aber kaum zu finden. Außerdem war das Herzogtum Modena weder so groß noch so reich, dass eine enge Verbindung dorthin sehr erstrebenswert gewesen wäre; das ergab sich erst ein Jahrhundert später.

Aus alter Anhänglichkeit an das Haus Este unternahm jedoch Montecuccoli den fast aussichtslosen Versuch, freilich nicht direkt, sondern über seinen Schwager Ferdinand Fürst Dietrichstein. Das musste selbstverständlich sehr diskret geschehen, es gibt keine verlässlichen Nachrichten darüber, immer nur Andeutungen in der diplomatischen Korrespondenz des modenesischen Geschäftsträgers in Wien Baron Stom. Nach diesen soll die Sache in der Geheimen Konferenz bekannt geworden sein und mancher Herr sich geärgert haben, dass nicht er um die Vermittlung gebeten wurde, denn die hätte reiche Geschenke eingebracht.

Dem Feldmarschall ging es nicht um Geschenke, er wollte nur der Herzogin Laura einen großen Dienst erweisen, der sie verpflichten oder wenigstens geneigt machen würde, seinen Verwandten in Modena beizustehen, denn die alte Feindschaft zwischen den Familien Montecuccoli und Rangoni war wieder gefährlich aufgeflammt. Deshalb bedauerte er, dass das Projekt keinen Erfolg hatte.

In dieser Zeit führte Montecuccoli kein Tagebuch, das Wiener Kriegsarchiv bewahrt jedoch eine handschriftliche Aufzeichnung mit dem Titel „Festino tenutosi in mia casa e nota della persone comparseni" (kleines Fest, das in meinem Hause abgehalten wurde, und Verzeichnis der Personen, die erschienen). Trotz des italienischen Titels ist die Schrift in deutscher Sprache verfasst. Für Montecuccoli und den Hochadel allgemein handelte es sich nur um ein kleines Fest, immerhin waren an jenem Abend im Winter 1665 etwa 90 Personen zugegen. Die Liste der Gäste nennt nur jeweils den Herrn, die Frauen nicht namentlich, z. B. „Graf Franz von Lamberg und Sie", „Graf Wenzel von Althan und Sie",

„Fürst Gonzaga und Sie und die freyle (Fräulein)", „Freyle von Traun". Leider sind nur die Namen verzeichnet, weder die Tafelmusik noch die Speisenfolge und der Wein.[31]

Im übrigen ist man für das, was Montecuccoli beschäftigte, wo er sich aufhielt, vorwiegend auf seine Korrespondenz angewiesen. Aus ihr ergibt sich, dass er am 30. April 1665 zur Kur nach Karlsbad abreiste, Anfang Juli sich auf Schloss Hohenegg befand, im Herbst zeitweise in Wien, meistens aber in Raab.

Hier hatte er vielfältige, nicht gerade leichte Aufgaben. Schon 1663 hatte er die Befestigungen verbessern und das Glacis, die freie Fläche davor, vergrößern lassen, um der Artillerie weiteres Schussfeld und einem Feind keine Deckung zu geben. Dazu mussten allerdings Meierhöfe und Scheunen abgerissen, Bäume gefällt werden, und damit machte sich der Gouverneur nicht beliebt. Die Bürger hatten ohnehin schon genug Lasten zu tragen! Die Vorschriften der Reinlichkeit galten ja für alle Städte, aber die Einwohner von Raab empfanden es als lästig, dass sie Viehmist und andere Abfälle nicht einfach in den Burggraben werfen durften, sondern weiter wegschaffen mussten, ebenso wenig freuten sie sich über die vernünftige Maßnahme, dass die altgewohnten Friedhöfe nun aus der Stadt hinaus verlegt wurden. Die Militärbehörde besoldete seit über einem Jahrhundert einen Arzt und einen Apotheker, aber die Offiziere waren in den Häusern des Domkapitels, die Soldaten bei den Bürgern einquartiert.

Daran konnte Montecuccoli einiges verbessern. Schon sein Vorgänger hatte begonnen, auf Gründen des Domkapitels in Sziget unterhalb der Festung eine Kavalleriekaserne erbauen zu lassen; die wurde nun fertiggestellt, der Großteil der Bürgerschaft von der Last ungeliebter Mitbewohner befreit. Das tat der Gouverneur freilich weniger den Bürgern zuliebe als um die Reiterei, die recht zahlreich war, im Notfall schneller zur Verfügung zu haben; früher hatte es immer einige Zeit erfordert, die Soldaten und ihre Pferde aus den Privatquartieren zusammenzuholen. Montecuccoli hatte schon in seinen theoretischen Schriften über das Kriegswesen darauf hingewiesen, wie nötig es sei, Kasernen zu erbauen, nun konnte er das in die Praxis umsetzen.

Obwohl die Reiter fortan in der neuen Kaserne wohnten, waren sie nicht beliebt, denn wo die Aufsicht fehlte, zertrampelten die Pferde die Saat und weideten auf den Wiesen der Bürger. Das geschah in allen Orten, die eine Garnison erdulden mussten, und dass Soldaten Kleinvieh, Geflügel oder Wein stahlen, ereignete sich nicht nur in Raab, aber wie überall, so machten es hier die Bürger dem Kommandanten zum Vorwurf, dem Feldmarschall wie schon seinen Vorgängern.

Vor allem aber sahen die Bewohner von Raab, die alteingesessene Bürgerschaft, sich längst nicht mehr als Herren der eigenen Stadt. Unter den Soldaten gab es nicht sehr viele ungarische oder kroatische Husaren, die Mehrzahl, Kürassiere wie Infanteristen und Artilleristen, stammte aus den österreichischen Kronländern.

Mit ihnen waren Verwaltungsbeamte gekommen, Leute für die Wassermühle und die Bäckerei des Militärs, Fleischhauer, Marketender und Händler, wohl auch zweifelhaftes Weibsvolk. Schließlich blieben Soldaten, die schon entlassen worden waren, in der Stadt als Handwerker, mancher heiratete die Tochter oder Witwe eines Wirtes. Sie alle standen außerhalb der Gemeinschaft der Bürger und wurden lange Zeit nicht in die Zünfte aufgenommen, hatten aber starken Rückhalt durch den jeweiligen Gouverneur. Schon 1582 hatte dieser das Schuhwerk für die ganze Garnison nicht bei den einheimischen Schustern, sondern bei denen bestellt, die als Veteranen das Handwerk ausübten. Als Montecuccoli sein Amt antrat, lebten in der Stadt zwei Nationen, die ungarische und die deutsche, nebeneinander, dazu noch Flüchtlinge aus Kroatien und Slawonien.[32]

Davon ist in den Briefen des Feldmarschalls nichts zu lesen, denn die Verhältnisse in Raab unterschieden sich wenig von denen in anderen Festungsstädten. Überall, nicht nur im Habsburgerreich, mussten die Bürger Vorspann für Kanonen, Trosswagen oder die Reisekutschen hoher Persönlichkeiten zur Verfügung stellen, ohne dafür bezahlt zu werden, bei Bauarbeiten mithelfen und mussten immer auf Übergriffe der Soldaten gefasst sein. Eine Schilderung solcher Zustände hätte keinen Briefleser interessiert, auch Montecuccoli sah sie als selbstverständlich an.

Viel mehr lag ihm das Goldene Vlies am Herzen; es bildet das Hauptthema seiner Briefe, die aus jener Zeit erhalten sind. Leider rückte es in die Ferne, als am 17. September 1665 König Philipp IV. von Spanien starb und nur einen vierjährigen Sohn hinterließ. Philipps Witwe (und Nichte), Erzherzogin Maria Anna, Schwester Kaiser Leopolds I., führte die Regentschaft, aber ob sie als Frau jemanden in den Orden der

Ritter des Goldenen Vlieses aufnehmen konnte, war vorerst zweifelhaft.

Über die eigene Familie schrieb Montecuccoli fast nichts, weder, ob seine Frau ihn immer begleitete, noch wo die Kinder aufwuchsen, auf Schloss Hohenegg, in Wien oder Raab. Nur ein betrübliches Ereignis ist bekannt: im November 1665 hatte Gräfin Margareta eine Fehlgeburt, vielleicht durch die Anstrengung der Reise nach Raab. Auch Graf Raimondo war zu dieser Zeit krank, reiste aber nach Wien und nahm seine Frau mit, als der Kaiser ihn zu einer Beratung rief. Es ging um Truppenbewegungen in Schlesien, die notwendig wurden, weil im benachbarten Polen König Johann Kasimir wieder einmal Schwierigkeiten hatte, wenn auch nicht mit einem äußeren Feind, so doch mit seinem Kronfeldherrn und den Auseinandersetzungen zwischen Jerzy Lubomirski und Jan Sobieski.

Die Aufstellung und Versorgung der Truppen in Schlesien war für Montecuccoli kein großes Problem, dafür genügte seine bewährte Routine. Mehr Bedenken hegte er wegen der militärischen Verhältnisse in Ungarn. Zwar war Feldmarschall Graf Walter Leslie als Großbotschafter in Konstantinopel vom jungen Sultan Mehmed IV. glanzvoll aufgenommen worden, aber Montecuccoli verließ sich nicht darauf, dass das augenblicklich gute Einvernehmen dauernd bestehen bleiben würde, und den ungarischen Magnaten traute er noch weniger. Schon früher hatten viele von ihnen die Habsburgerherrschaft abgelehnt, nach dem Frieden von Vasvár war die Stimmung noch schlechter geworden. Als Graf Leslie auf seiner Reise zur Hohen Pforte in Preßburg den Erzbischof begrüßen wollte, wurde er gar nicht empfangen.

Neben diesen Sorgen fand Montecuccoli aber noch Zeit für seine literarischen und kriegswissenschaftlichen Schriften. Dafür war es sehr nützlich, dass er von der päpstlichen Inquisition wieder die Erlaubnis erhielt, verbotene Bücher zu lesen, allerdings nur im Geheimen und „ohne öffentliches Ärgernis zu erregen", wie es ihm schon 1656 in Rom zugestanden worden war.

Nicht nur zu der Zeit, sondern über Jahre hin bestand ein besonderer, teils interessanter, teils ärgerlicher Teil seiner geistigen Tätigkeit darin, historische Darstellungen der letzten Jahrzehnte zu lesen und zu beurteilen. Dabei verhielt er sich allerdings nicht völlig objektiv. Was der kaiserliche Hofhistoriograph Graf Gualdo Priorato über die Feldzüge gegen die Schweden 1657/60 geschrieben hatte, bedurfte etlicher Korrekturen, noch mehr schien an Prioratos Geschichte Ungarns und Siebenbürgens zu verbessern, aber aus alter Freundschaft fiel Montecuccolis Kritik milde aus; sie enthält übrigens manche Einzelheit, die er selbst sonst nirgends vermerkt hatte.

Härter, geradezu vernichtend urteilte er dagegen über den Bericht eines Abbés Noires von den letzten Kriegen in Ungarn und Siebenbürgen, denn in diesem fühlte er sich persönlich angegriffen. Noires hatte nämlich seine Auskünfte darüber vom Grafen Zriny bezogen, der seine eigenen Leistungen – wie Montecuccoli meinte – vergrößert, die des Feldmarschalls verringert und in feindseliger Absicht falsch geschildert hatte. In dieser Hinsicht war Montecuccoli äußerst empfindlich.

In seiner Kritik der Geschichtsschreibung allgemein sagte er, was heute noch gilt: Um ein Handwerk auszuüben, brauche man Erlaubnis der Obrigkeit, Zustimmung der Zunft, müsse Proben seiner Arbeit abgelegt haben. *„Die Geschichte aber wird mißachtet, geschändet und erniedrigt, indem ein jeder sich die Freiheit nimmt, sie mit seiner Tinte zu besudeln."*

In der Frage des Goldenen Vlieses brauchte er weiterhin die Vermittlung des Grafen Pötting, kaiserlichen Gesandten in Madrid. Als er Anfang Dezember 1665 erfuhr, dass dessen Sekretär sich in Wien aufhalte, schickte er seinen eigenen Sekretär Don Ottavio Salnucci mit genauen, schriftlich niedergelegten Anweisungen nach Wien: *„1. Er betrachte diese Angelegenheit als Geheimnis. 2. Er gehe zum Sekretär des Grafen Pötting, der von Spanien eingetroffen ist und im Hause des Marchese Grana wohnt ... Er gebe ihm 20 Taler und verspreche ihm ein gutes Geschenk, wenn die Sache perfekt ist ... Ich bitte den Sekretär, er möge mir, wie er versprochen hat, seine Ratschläge zukommen lassen, was ich noch tun könne, um mein Ziel zu erreichen."*

Man hat es dem Feldmarschall vorgeworfen, dass er zum Mittel der Bestechung griff, aber offenbar tat er es mit gutem Gewissen, da er überzeugt war, die Auszeichnung zu verdienen, und wusste, welche Methoden anzuwenden waren, denn er kannte die Verhältnisse seiner Zeit und wusste ihnen zu begegnen.

Punkt 4 der Instruktionen an den Sekretär behandelt eine familiäre Angelegenheit: *„Er wird sich dann zum jungen Marchese Enea Montecuccoli begeben, wird ihn meiner Gesundheit versichern und*

ihm sagen, dass ich an ihm hier Vaterstelle vertrete, und er möge sich, wenn er etwas brauche, freimütig an mich wenden.“
Über diesen jungen Enea hatte ihm kurz vorher Gundaker Graf Dietrichstein geschrieben: „*Gestern ist der Neffe Euer Excellenz, der bei Seiner Majestät Pagendienste leisten soll, angekommen. Er scheint mir sehr gewachsen zu sein und bat mich, ihn noch einige Tage frei zu lassen, da er den Grafen Caprara erwarten wolle; wozu, weiß ich nicht. Sie wissen, wie ich Ihnen und den Ihrigen zugetan bin, und werde ihn stets unterstützen in der Überzeugung, dass er sich unter der Anleitung Euer Excellenz seinem Stande gemäß wohl aufführen werde.“*
Dieser letzte Satz könnte andeuten, dass Graf Dietrichstein ein wenig Sorge hegte, denn er konnte sich vorstellen, dass der Jüngling aus der Provinz zusammen mit seinem Verwandten Enea Caprara noch einige Tage lang die Freuden der Kaiserstadt genießen wollte, bevor er sich in die harte Zucht des Pagendienstes begab. Danach berichtete Dietrichstein aus Politik und Gesellschaftsleben und schloss mit einer sehr persönlichen Mitteilung:
„*Ich sende Euer Excellenz eine kleine deutsche Poesie zur Einkleidung der Marchesa Grana als Nonne bei den Karmeliterinnen in Neustadt, in Fortsetzung von mehreren italienischen Poesien, die ich ihr zum Lobe schon gedichtet habe.“* Ob die Marchesa als Jungfrau oder Witwe in das Kloster ging, ob der Graf sie nur platonisch verehrt oder eine zarte Liebesbeziehung zwischen ihnen bestanden habe, bleibe der Phantasie überlassen, die den Stoff zu einer tragischen Novelle finden könnte, aber dass der Graf das Gedicht Montecuccoli übersandte, beweist das Vertrauen, das er zu dessen Diskretion, zum Mitgefühl und Kunstverständnis hegte.
Bis zu Beginn des Frühjahrs 1666 befand Montecuccoli sich in Raab und erhielt den Besuch des Grafen Leslie, der aus Konstantinopel befriedigt zurückreiste. In dieser Zeit musste er sich wieder mit der leidigen Feindschaft seiner Familie gegen die Rangoni auseinandersetzen. Diese hatte schon solches Ausmaß angenommen, dass ein Graf Sebastiano Montecuccoli ermordet wurde, als er durch ein Gelände ritt, das den Rangoni gehörte. Deshalb schrieb Raimondo an den Kardinal Rinaldo d'Este in Rom und an den Minister Graziani in Modena. Dieser Brief enthielt den bitteren Satz: „*Meine lange Abwesenheit und die vielen Veränderungen dort bewirken, dass ich in meinem Vaterland ein Frem-*

der bin." Darauf antwortete Graziani unverbindlich, aber in vollendeter Rhetorik: „*Euer Excellenz kann sich nicht als Fremder in irgendeinem Lande bezeichnen, denn die ganze Welt ist das Vaterland der Helden.*"

Ähnliches schrieb der Kardinal d'Este in seinem Antwortbrief, doch es waren nicht nur schmeichelhafte Worte, sondern auch vernünftige Ergebnisse: Der Kardinal vermittelte einen Friedensschluss zwischen den Familien und schickte zur Sicherheit den Lotario Rangoni, der verdächtigt wurde, den Mord angestiftet zu haben, mit einem Auftrag nach Frankreich, wo er kein weiteres Unheil anrichten und ihn keine Rache treffen konnte.

Diese Angelegenheit war kaum beendet, da gab es schon Grund zu neuer Sorge: Gräfin Margareta Montecuccoli hatte wieder eine Fehlgeburt. Sie hätte es nötig gehabt, dass ihr Gemahl sich um sie kümmere, sie tröste und betreue, doch der Kaiser brauchte ihn für eine wichtige Aufgabe.

XV.

Zum Empfang der Kaiserbraut nach Ligurien

Leopold I. war 26 Jahre alt, es war also höchste Zeit für ihn, zu heiraten und für Nachwuchs zu sorgen, der die Dynastie weiterführen würde. Eine Braut für ihn war schon längst auserwählt, Infantin Margarita Teresa aus der spanischen Linie der Habsburger. Das würde zwar die schon vorhandene Inzucht noch fortsetzen, aber darum sorgte man sich noch nicht in einer Zeit, die von Genetik wenig oder gar nichts wusste, dafür auf familiären Zusammenhalt bedacht war. Die Braut kannte den Bräutigam nur von einem Bild her, das ihr übersandt worden war und seine Hässlichkeit höflich milderte. Mit ihren kaum 15 Jahren dachte sie selbstverständlich nicht daran, sich zu weigern, Kaiserin zu werden. Sie wurde per procuram getraut, den Bräutigam vertrat vor dem Altar der Hofkapelle zu Madrid ein spanischer Grande, der Herzog von Medina de las Torres.

Gleich danach sollte Margarita Teresa die Schiffsreise von Spanien zu einem Hafen der ligurischen Küste antreten, dort würde sie ein Abgesandter des Kaisers in gebührender Form empfangen. Dafür hatte Leopold I. seinen verlässlichen Gefolgsmann und besten Feldherrn ausersehen, den Grafen Raimondo Montecuccoli. Dieser wäre vielleicht lieber bei seiner Frau geblieben, die seinen Beistand brauchte, aber einen so ehrenvollen Auftrag konnte er nicht ablehnen, ja wahrscheinlich freute er sich sogar darüber.

Der Kaiser gab ihm für Reise und Empfang schriftlich genaue Anweisungen; an ihrem Ende steht der ehrende Satz: „*Schließlich, weil nicht alles in diese Instruktionen hat einverleibt werden können, solches auch darum nicht von Nöthen ist, weils Uns Seine, des Grafen, große Dexterität, Discretion und sehr gute Conduite ohne das bekannt ist, als wollen Wir solches dahin remittiert und anheimgestellt haben.*“

Dieses Schreiben trägt das Datum vom 24. Mai 1666. Montecuccolis Aufzeichnungen über die Reise beginnen mit dem Satz: „*Am 31. Mai um 10 Uhr vormittags treffe ich in Innsbruck ein.*“ Er war nicht wie früher allein oder mit geringer Begleitung gereist, sondern nach jener Instruktion „*in einem Ihm gebührenden Comitat von ungefähr 15 Pferden.*“ Am Nachmittag wurde er in einer Hofequipage abgeholt und zur Audienz bei der Erzherzogin Anna, einer geborenen Medici, geleitet. Sie empfing ihn sehr freundlich. Das Gespräch mit vielen höflichen Redensarten, Grüßen von und an bekannte Persönlichkeiten, hatte als wichtigen Inhalt nur die Fragen der Etikette bei der Durchreise der Braut. Die Erzherzogin hatte beabsichtigt, der neuen Kaiserin bis an die Landesgrenze entgegenzufahren, Montecuccoli aber hatte vom Kaiser den Auftrag, sie davon abzubringen, eine sehr heikle Angelegenheit. Schließlich durfte er noch den Töchtern der Erzherzogin die Grüße des Kaisers bestellen; über sie notierte er: „*... es sind sehr hübsche Erscheinungen.*“ Vom praktischen Standpunkt war der wesentlichste Punkt der Unterredung der Wunsch des Kaisers, die Straßen, über welche die Reise führen werde, in guten Zustand zu setzen.

Auf der weiteren Reise begegnete Montecuccoli schon am 2. Juni in Trient der nächsten hohen, aber viel interessanteren Dame: Christina von Schweden. Sie begrüßten einander erfreut als alte Freunde und hatten viel zu plaudern. Sie sprach fast nur von großer Politik, gratulierte ihm aber auch zum Sieg bei Mogersdorf/St. Gotthard und erzählte, König Ludwig XIV. sei gar nicht erfreut, dass das französische Kontingent in jener Schlacht so tapfer und erfolgreich gekämpft habe; ihm wäre es lieber gewesen, den Kaiser viel länger im Türkenkrieg zu binden und zu erschöpfen.

Montecuccoli war zufrieden, seinen Argwohn bestätigt zu finden, aber was die einstige Königin von sich erzählte, klang weniger erfreulich. Sie hatte große, geradezu abenteuerliche Pläne gehabt, unter anderem sogar mit Frankreichs Hilfe die Spanier aus Neapel zu vertreiben und dort Herrscherin zu werden; damit hatte sie keinen Erfolg gehabt, ebensowenig mit dem Versuch, nach Schweden zurückzukehren. Nun befand sie sich auf einer zweiten Reise dorthin, doch Montecuccoli glaubte nicht, dass es diesmal besser ausgehen werde. Nur in einem weniger wichtigen Punkt urteilte Christina richtig: Wie schon in Innsbruck Erzherzogin Anna es getan hatte, riet sie ihrem Freund, sich auf der Reise an die ligurische Küste nicht zu beeilen, denn die kaiserliche Braut werde nicht so bald eintreffen.

Der Kaiser hatte ihm jedoch aufgetragen, möglichst rasch zu reisen. Das befolgte er und legte die 140 Straßenkilometer von Trient nach Mailand in eineinhalb Tagen zurück. In Mailand stieg er im Gasthof „Zu den drei Königen" ab, aber der spanische Gouverneur Lodovico de Guzman Ponce de Leon, königlicher Rat und Kämmerer, ließ ihn sogleich in den Palast des Grafen Filippo Archinto bringen, wo ihm schöne, bequeme Räumlichkeiten zur Verfügung standen; im eigenen Palast konnte der Gouverneur den Besucher aus Wien nicht aufnehmen, denn aus dem hatte er selbst sich schon in das Haus eines befreundeten Grafen zurückgezogen, um den Palast als Aufenthalt für die künftige Kaiserin herrichten zu lassen.

Da man in jener Zeit auf höfliche Formalitäten großen Wert legte, befriedigte es Montecuccoli sehr, dass der Gouverneur ihm bis zum Stiegenaufgang, zehn Schritte außerhalb des Empfangszimmers, entgegenkam. Von den vielen freundlichen Sätzen der Unterhaltung waren ihm nur zwei wichtig: Die Abreise der Infantin aus Spanien verzögere sich tatsächlich und die Straße von der Küste nach Mailand sei so ausgebessert worden, dass Wagen darauf fahren könnten; 4000 Bauern hätten lange daran gearbeitet.

In den nächsten Tagen empfing er viele Besuche von Herren mit klingenden Namen wie Visconti, Asti, Vitaliano, Castiglione, Althan, Trivulzio, Lunati und Este. Die Gespräche gingen zumeist um die Formalitäten des Empfanges und die Weiterreise der Infantin, die hohen Kosten dafür und die Frage der Begleitung, denn es war eine große Ehre, nach ihrer Ankunft neben ihrem Wagen einherreiten zu dürfen, auf weiterem Wege aber beschwerlich.

Außerdem schrieb Montecuccoli viele Briefe, an den Kaiser, an Würdenträger des Hofes und auch an seine Frau. Über das Mittagessen beim Gouverneur am 6. Juni notierte er: *„Das Mahl ist vorzüglich und die Weine sind exquisit."* Danach steht im Tagebuch: *„Ich höre die Messe bei den Zisterziensern in der Kirche St. Ambrosius, einem großen und alten Baue, sehenswert wegen des Kreuzganges sowie wegen der Gärten. Nachmittags besuche ich das Spital, das Raum für 4000 Personen und mehr bietet; dann gehe ich auf den Corso und in die Strada marina. Mailand hat 12 Tore, 39 Bastionen und ungefähr 120.000 Ein-*

wohner; ehemals waren es deren 200.000, aber Pest und Krieg haben die Stadt sehr heruntergebracht.“
Auch weiterhin wusste Montecuccoli die Zeit des Aufenthaltes in Mailand gut zu nützen: „*Ich gehe zur Messe in den Dom, einem Bauwerke, das ein Weltwunder genannt werden muss.*“ Dann besuchte er die berühmte Biblioteka Ambrosiana, „*welche die meisten Bücher in allen Sprachen enthält. Sie wird bei 48.000 Bücher und 7000 Handschriften aufweisen. Auch eine Gemälde- und eine Skulpturensammlung ist daselbst zu sehen.*“ Am selben Tage noch, dem 7. Juni, besichtigte er den großen Palast, von dem die Infantin kaum den vierten Teil bewohnen würde, und das Kastell. Er freute sich, dass bei seiner Ankunft Salut geschossen wurde, und begutachtete sachkundig die Befestigungsanlagen.
Nachdem Montecuccoli am 10. Juni 1666 die Messe in der Kirche Santa Margherita und den Gesang der Nonnen gehört hatte, schickte er einen Teil seines Gefolges in Postwagen nach Genua voraus, nahm Abschied vom Gouverneur und reiste am nächsten Morgen, ebenfalls mit der Post, von Mailand ab. Gegen Mittag des 12. Juni traf er in Genua ein und stieg im Konvent San Teodoro der (zumeist adeligen) Augustinerpatres ab, während seine Leute in einem Gasthof untergebracht waren. Schon am Nachmittag empfing er viele Besucher, den Residenten und den Konsul des Königreichs Spanien sowie vornehme Herren aus der Stadt.
Genua war eine Adelsrepublik mit weitem Landbesitz längs der ligurischen Küste, die Stadt zählte gegen 45.000 Einwohner. Am Pfingstsonntag, dem 13. Juni, ging Montecuccoli zur Messe in die prächtige Kirche Santissima Annunziata, dann sah er den Dogen mit großem Gefolge, Pagen und Leibwache vorüberziehen. Der Doge stammte aus der Familie Spinola, die auch den päpstlichen Nuntius in Wien und den Gesandten der Republik am spanischen Hof stellte. Ein Marchese Giulio Spinola, den Montecuccoli in Deutschland kennengelernt hatte, leistete ihm Gesellschaft, führte ihn in die Kirche San Domenico und zeigte ihm andere Sehenswürdigkeiten, auch die kostbaren Geschenke, welche die Republik dem Sultan übersenden wollte. Sie befanden sich vorläufig im Palast des Giovanni Augusto Durazzo; dieser Herr und Giulio Spinola erklärten, sie hätten den offiziellen Auftrag, dem hohen Gast in jeder Hinsicht behilflich zu sein, sei es mit Wohnung, Wagen, Sänften, sei es sogar mit Schiffen.

In den folgenden Tagen empfing Montecuccoli zahlreiche Besucher, darunter seinen einstigen Schulkameraden Pater Grimaldi aus der Fürstenfamilie von Monaco, und stattete selbst Besuche ab. In den Gesprächen klagten die Genuesen über das schlechte Verhältnis zu Spanien, das einen fürchterlich ernsten Grund habe: während der Kaiser der Republik den Titel „Serenissima" und ihrem Botschafter das Recht zugestanden habe, bei Empfängen den Hut auf dem Haupt behalten zu dürfen, verweigere das der König von Spanien! Infolgedessen seien die früher regen Handelsbeziehungen mit Spanien zurückgegangen, dafür die mit dem Papst und dem Osmanischen Reich intensiviert worden.
Diese vielfältigen Kontakte wirkten sich für Montecuccoli günstig aus. Er durfte das Schiff besuchen, das nach Konstantinopel fahren sollte, um dem Sultan die Geschenke zu überbringen, wurde in einem Boot durch den Hafen und zu den neuen Befestigungsanlagen gerudert und konnte sie genau besichtigen, ebenso die Werften. Auch für sein leibliches Wohl wurde gesorgt: der Marchese Giovanni Augusto Durazzo schickte ihm Wachteln, Hühner, Tauben, Zuckerwerk, Schokolade, Obst und 20 Flaschen ausgezeichneten Weines, der Marchese Spinola 24 Flaschen gleicher Qualität.
Überhaupt bemühte man sich sehr, ihm den Aufenthalt in Genua angenehm zu machen, und er wusste die Gelegenheiten zu nützen. Nach dem Rathaus besichtigte er die Waffensammlung im großen Palast, das Zollhaus, wo die Waren der Kaufleute gebührenfrei lagerten, und ließ sich auf der Börse über den Geldverkehr und die Handelskontakte informieren. Als er die Befestigungen auf der Landseite besuchte, wurde er offiziell um sein Urteil und Vorschläge zur Verbesserung gebeten.
Auf dem Hügel von Carignano im Süden der Stadt bewunderte er den Palast der Kongregation des hl. Saroli, einen stolzen Bau *„von dessen Höhe"*, wie er notierte, *„man die ganze Stadt und den Hafen übersieht. Der Ausblick ist so herrlich, dass man sich ihn schöner nicht mehr denken kann. In der Kirche gibt es eine Orgel neuester Konstruktion, welche den Gesang der Vögel, dann Trommelwirbel und Kanonendonner täuschend nachahmt."*
Noch war keine Nachricht eingetroffen, dass die kaiserliche Braut Infantin Margarita abgereist sei, aber Montecuccoli hielt es für besser, sich beizeiten nach Finale zu begeben, wo die Schiffe aus Spanien anlegen sollten. Am 20. Juni fuhr er auf einer Galeere der Republik Genua in

westlicher Richtung ab. Bei einer Zwischenlandung in Savona traf er in einem Kaffeehaus den Prinzen Mattia de'Medici. Als das Schiff in den Hafen von Finale einlief, wurde Montecuccoli mit Salutschüssen aus Kanonen begrüßt, der Gouverneur Don Diego Almenada erwartete ihn mit einem Wagen, führte ihn zum vorgesehenen Quartier und ließ dort eine Ehrenwache aufziehen.

Finale bot selbstverständlich nicht so viele Sehenswürdigkeiten wie Genua, doch immerhin Festungsanlagen, die zu besichtigen waren, ferner die Möglichkeit, im Meer zu baden und Spaziergänge zu unternehmen, sowohl längs der Küste als auch nach Norden auf der Straße nach Alessandria. Sie führte an Wein-, Öl- und Obstgärten vorbei, auch durch Getreidefelder. An manchen Stellen war sie sehr steil; früher konnte man hier kaum mit Tragtieren vorwärtskommen, nun war der Pfad eigens für die Reise der Infantin als Straße ausgebaut worden, so dass Wagen fahren konnten.

Allmählich aber fühlte der Feldmarschall sich an die Zeit erinnert, als er ein einfacher Pikenier war: Wenn im Feldlager der Besuch eines Generals für die Mittagsstunde angekündigt war, setzte der Obristlieutenant das Antreten der Mannschaft für elf Uhr fest, der Lieutenant für halb elf, der Feldwebel für zehn Uhr, und der Korporal trieb schon um halb zehn seine Abteilung zusammen – zumindest wenn es sich nicht um einen wüsten Haufen, sondern ein ordentliches Regiment handelte. Da aber hier kein General eintreffen sollte, sondern die künftige Kaiserin, mussten die Empfangenden nicht ein paar Stunden, sondern schon Wochen früher zur Stelle sein.

Am 20. Juni war Montecuccoli aus Genua abgereist, obwohl Christina von Schweden ihm vorausgesagt hatte, dass er viel zu früh in Finale sein werde, am 14. Juli kam ein Geschwader von sieben Galeeren aus Malta, das der Infantin entgegenfahren sollte, und blieb einige Tage lang im Hafen, am 15. August traf aus Barcelona die Nachricht ein, die hohe Dame habe am Morgen des 10. ihr Schiff bestiegen. Das Missgeschick des langen Wartens betraf freilich nicht Montecuccoli allein, auch der Gouverneur von Mailand und andere hohe Herren befanden sich in Finale, Kuriere brachten Briefe aus Wien und Spanien.

Endlich am 20. August tauchten bei einer kleinen Insel 20 km südwestlich von Finale Segel auf. Montecuccoli schickte sogleich Briefe an den Kaiser und die Minister in Wien ab, dass die Infantin bei Sonnenuntergang landen werde. Vor den Quartieren der beiden höchsten erwarteten Herren, des Kardinals Colonna und des Herzogs von Albuquerque, zogen Wachen auf, wie sie schon für den Gouverneur von Mailand und den Feldmarschall Montecuccoli aufgestellt waren, im Hafen strömten Schaulustige zusammen.

32 Galeeren näherten sich wie zu einer Seeschlacht geordnet, in der Mitte die Yacht des Königs von Spanien mit der Infantin an Bord, zwei Schiffe auf jeder Seite des Zentrums, zwei als Nachhut. Die Galeeren aus Malta bildeten den rechten Flügel, die fünf aus Genua den Schluss. Als die Flotte sich bis auf eine halbe Stunde Entfernung genähert hatte, gab die Artillerie der Kastelle die erste Salve ab, auf Kanonenschussweite die zweite, die dritte dann, als die Infantin das Schiff verließ. Dessen reiche Vergoldung erglänzte in den letzten Sonnenstrahlen.

Der Strand bei Finale ist zu flach, als dass ein größeres Schiff ganz heranfahren könnte; um der hohen Dame die Mühe, in ein Boot zu steigen, zu ersparen, war weit ins Meer hinaus eine Landungsbrücke erbaut worden. Bei den Stadttoren, beim Dom und auf den Plätzen hatte man Triumphbogen errichtet.

„Die Kaiserin betritt die Brücke, geht bis zum Triumphbogen, kniet hier nieder und betet. Dann besteigt sie mit der Frau des Albuquerque, welche vorläufig den Dienst der Oberst-Kammerfrau versieht, einen Wagen, ihr voraus fährt Albuquerque ... Sie lächelt und sieht sehr schön und jugendfrisch aus. Beim Passieren der Tore und des Platzes geben die Truppen die üblichen Salven ab.“ So schilderte Montecuccoli die Szene. Er konnte von einem guten Platz aus alles beobachten; am Einzug in die Stadt brauchte er nicht teilzunehmen, hätte gar nicht dürfen, denn er war noch nicht vorgestellt worden.

Nach dem Einzug aber hatte er viel zu tun, um alle Pflichten des Zeremoniells zu erfüllen. Durch Boten ließ er alle wichtigen Personen begrüßen, die angekommen waren, der Herzog von Albuquerque lud ihn gleich zu einer Besprechung in den Palast ein. Auf den Mauersitzen einer gotischen Fensternische erörterten sie mit vollendeter Höflichkeit alles, was für die Reise nach Wien nötig war.

Am späten Nachmittag des 21. August hatte Montecuccoli Audienz bei ihrer Majestät der Kaiserin; sie führte diesen Titel, da sie ja schon in Spanien mit Leopold I. per procuram getraut worden war. Sie empfing ihn auf einem niedrigen Sessel sitzend, umgeben von dem Herzog, dem

Gouverneur von Mailand und ihren vier Hofdamen, er verbeugte sich dreimal und überbrachte die Grüße des Kaisers, Briefe von ihm sowie der Witwe Kaiser Ferdinands III. und den zwei Erzherzoginnen, dann stellte er die drei Kavaliere vor, die ihn begleitet hatten – und die Audienz war beendet. Montecuccoli durfte sich aber noch nicht aus dem Palast entfernen, der Herzog hatte mit ihm noch viel wegen des Zeremoniells zu besprechen und drängte darauf, die Abreise von Finale nach Wien zu beschleunigen, denn die Auslagen seien hoch, die dafür ausgesetzten Mittel bereits überschritten.

Während der Audienz hatte Montecuccoli die Kaiserin nicht genau gesehen, denn sie saß mit dem Rücken zum Fenster, aber als sie in einem Sessel die Treppe hinabgetragen wurde und mit dem Herzog einen Wagen bestieg, konnte er sie betrachten: *„Sie hat einen zwar weißen Teint, aber sehr gesunde Farben, lebhafte Augen, ein längliches Gesicht und ins Blonde spielende Haare... Sie vollendete ihr 15. Lebensjahr in Barcelona, ist etwas klein und man sagt, dass sie eine Schulter etwas höher habe."*

Zu den vielen Herren, die Montecuccoli begrüßen musste, zählte auch der Beichtvater der Kaiserin, ein Franziskaner. Dieser sagte ihm, die Kaiserin sei sehr erfreut gewesen, ihn zu sehen; sie gleiche geistig und körperlich einem Engel und sei nur jetzt durch die Strapazen der Reise ein wenig abgemagert. Am meisten beschäftigte ihn der Herzog von Albuquerque, zunächst mit weiteren Fragen des Zeremoniells, das am spanischen Hofe anders gehalten wurde als in Wien, aber auch mit ernsteren Anliegen. Der König von Spanien, sagte er, sei bereit, 200.000 Taler jährlich (allerdings nicht bar, sondern in Anweisungen auf die Einkünfte aus Neapel) für das kaiserliche Heer beizusteuern, wenn Leopold I. dafür verspreche, Spanien beizustehen, falls es wieder zu einer Auseinandersetzung mit Frankreich kommen sollte.

Gegen Abend des 23. August ging Montecuccoli zu Hofe, wurde von Albuquerque wieder sehr liebenswürdig empfangen und erhielt Briefe der jungen Kaiserin an ihren künftigen Gemahl, an die Kaiserin-Witwe und die zwei Erzherzoginnen, um sie nach Wien zu bringen. Die folgende Szene war ein Musterbeispiel des leeren Zeremoniells; Montecuccoli schilderte sie so:

„Die Kaiserin erscheint jetzt im Audienzsaale, ich und meine Begleiter stellen uns bereit. Der Oberst-Hofmeister teilt mir mit, dass Ihre

Majestät mir die Hand zum Kusse reichen werde; dann treten wir das erste Mal ein, ich mache meine drei Verbeugungen bis zur Erde, küsse ihre Hand und erbitte ihre Befehle. Sie antwortet, dass sie den Kaiser grüßen lasse, worauf ich zur Seite trete und meine Begleiter einer nach dem anderen sich verneigt. Danach verbeuge ich mich noch vor den Damen und wir ziehen uns alle zurück. Der Herzog begleitet mich noch bis zur Ausgangstüre ...“

Um ein Uhr nachts kam der Gouverneur von Mailand, um seine unwandelbare Freundschaft zu beteuern, dann durfte Montecuccoli sich für einige Stunden zur Ruhe legen, nicht länger, denn am Morgen des 24. August war schon ein Schiff bereit, ihn nach Genua zu bringen. Von dort reiste er zu Lande weiter, über Mailand und Bozen nach Innsbruck. Am 31. August bestieg er in Hall ein Schiff und fuhr den Inn, dann die Donau abwärts und traf am Morgen des 4. September in Wien ein. Sein Auftrag war erfüllt.

Kaiserin Margarita Teresa reiste mit ihrem Gefolge natürlich viel langsamer. Fast wäre sie noch als Jungfrau und schon Witwe in Wien angekommen, denn das Leben ihres Gemahls stand in großer Gefahr. Viele ungarische Magnaten hatten Leopold I. schon früher nicht geliebt, seit dem Frieden von Vasvár hassten sie ihn, rechneten nicht mehr auf seine Hilfe, hielten sie vielleicht auch nicht mehr für nötig und wünschten, unabhängig ihr Land zu regieren. Miklós (Nikolaus) Graf Zriny hatte inzwischen auf einer Eberjagd einen standesgemäßen Tod erlitten, an seine Stelle als Banus von Kroatien und einer der Führer der Verschwörung war sein Bruder Péter getreten, an dessen Seite standen der Palatin Graf Wesselény und Graf Ferencz (Franz) Nádasdy. Sie wollten den Kaiser beseitigen. Eine günstige Gelegenheit dazu erschien ihnen ein Überfall, wenn er seiner Gemahlin entgegenreise. Im Schloss Pottendorf, das Nádasdy seit einem Jahr besaß, verbargen sich 500 Husaren und Hajduken, andere warteten in der Umgebung. Zum Glück warteten sie vergeblich, denn der Kaiser war früher als vorgesehen aus Wien abgereist.

Da der Anschlag nicht zustande kam, erfuhr kaum jemand davon, nur der venezianische Botschafter Busanello berichtete darüber an den Senat der Republik.[33] Montecuccoli wusste nichts davon, hätte auch bei aller Abneigung gegen jene Magnaten sie wohl nicht für einer solchen Untat fähig gehalten und schätzte die Gesandtschaftsberichte wenig.

Wenn ihm welche zu Gesicht kamen, versah er ihre Abschrift mit vielen, zuweilen spöttischen Randbemerkungen, verbesserte und ergänzte. Die vorhandenen Berichte reichen aber nur von 1661 bis 1664, als Giovanni Sagredo Botschafter in Wien war; Busanello mag vorsichtiger gewesen sein, so dass seine Korrespondenz Montecuccoli nicht bekannt wurde.
Einige Jahre später, als die Verschwörung schon aufgedeckt war, erzählte Leopold Wilhelm Graf Königsegg dem schwedischen Residenten (Geschäftsträger) Esaias Pufendorf von jenem Plan eines Attentates: Er hatte, damals noch nicht Reichsvizekanzler, mit elf anderen Kavalieren den Kaiser nach Schottwien begleitet; wann er von dem Hinterhalt bei Pottendorf erfahren hatte, ist aus Pufendorfs Tagebüchern nicht zu ersehen, wohl aber, daß man den Kaiser nicht gleich ermorden, sondern nur entführen wollte; im Notfall aber hätte man ihn eher getötet als freigelassen.

Eine andere Darstellung von Königin Christina.

Erzherzog Leopold Wilhelm in seiner Gemäldegalerie.

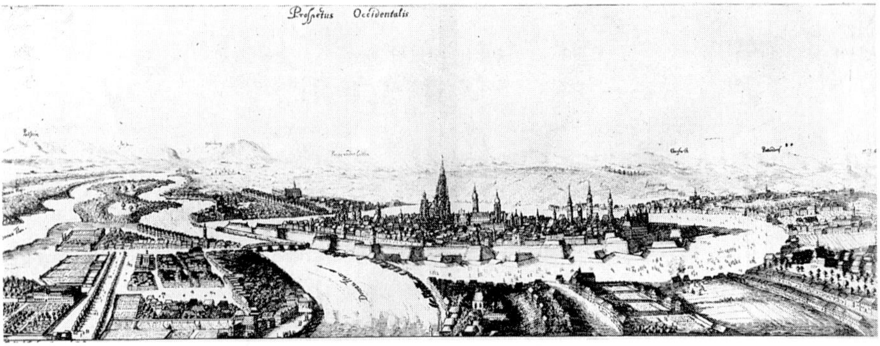

Die Städte Wien, Krakau und Preßburg im 17. Jhdt.

Kaiser Leopold I. und seine Gemahlin, Infantin Margarita Teresa von Spanien.

Festliche Aufführung anlässlich der Hochzeit.

Teile der Befestigungsanlagen von Raab, die Montecuccoli errichten ließ, sind noch erhalten.

Plan der befestigten Stadt Raab.

Urkunde Montecuccolis als Gouverneur von Raab.

Das kaiserliche Heer unter Montecuccoli. Links oben: Dragoner; rechts oben: Infanterie; links unten: General und Kürassier; rechts unten: Infanterie.

Ruine des Schlosses Hohenegg in Niederösterreich. Bild oben: Zustand im 19. Jhdt.
Bild unten: Zustand heute.

Wappen des Raimondo Montecuccoli; die Bezeichnung Reichsfürst trifft erst auf seinen Sohn zu.

Schloss Mitterau, seit dem 18. Jhdt. Wohnsitz der Grafen Montecuccoli.

XVI.

Etliche Mühen und hohe Ehren

Der Kaiser ahnte nicht, welcher Gefahr er entgangen war, begegnete seiner Margarita Teresa in Schottwien am Fuße des Semmerings und brachte sie glücklich nach Wien. Hier gönnte er ihr noch eine Woche, sich von den Anstrengungen der Reise zu erholen. Da die Hochzeit in Madrid nur per procuram stattgefunden hatte, musste sie in Wien wiederholt werden; die zweite – oder, wie man sagte, die richtige – Trauung fand in der Augustinerkirche am 12. Dezember 1666 statt. Die anschließenden Festlichkeiten waren schon lange vorher geprobt worden.
Alles, was mit Musik zusammenhing, war am Wiener Hof leicht vorzubereiten, ein neues Opernhaus auf der Bastei war erbaut worden, eine großartige Reitvorführung aber hatte Probleme gebracht. Ein berühmter Kunstreiter namens Carducci sollte ein Rossballett entwerfen und einstudieren, erkrankte aber schwer, so dass der Kaiser schon Anfang August 1666 Montecuccoli bat auszuhelfen. Der Feldmarschall war gern dazu bereit und verfasste eine Schrift von zwölf Seiten Umfang „Balletto a cavallo e corsa di lancia di Sua Maestà." Um die Übungen dafür konnte er sich freilich wenig kümmern, er hatte ja andere Aufgaben; dafür dürfte Carducci wieder gesund geworden sein, um sich das unglaublich hohe Honorar nicht entgehen zu lassen. Man sprach, wohl übertreibend, von 12.000 Gulden, das waren aber eher die Gesamtkosten.
Der alte Turnierplatz vor der Burg, der heutige Innere Burghof, wurde zum Schauplatz eines Spieles von der überladenen Pracht des Hochbarock mit verschiedenartigen Anleihen aus der antiken Mythologie. Große Tücher hoben und senkten sich, als wären es Meereswellen, das Schiff der Argonauten war zu sehen, Meeresgötter und Wolkenwagen. Die kaiserliche Familie schaute von einer Tribüne vor der Burg aus zu,

die Gäste hatten ihre Sitze auf hölzernen Gerüsten ringsum. 200 Musikanten, dazu Sänger, Deklamatoren, Reiter und Krieger zu Fuß wirkten mit, sogar der Kaiser selbst zu Pferd als letzter der ruhmreichen Herrscher von Österreich, deren Genien aus dem Tempel der Unsterblichkeit heranritten.

In den Schriften des Feldmarschalls ist nichts darüber zu finden, obwohl er sich hätte rühmen dürfen, dabei eine schwierige Aufgabe erfüllt zu haben. Zum Abschluss des prunkvollen Schauspiels war das Rossballett angesetzt, das die ermüdeten Zuschauer noch einmal fesseln sollte. 80 Herren, in vier Abteilungen gegliedert, ritten kunstvolle Figuren gegen, hinter und zwischen einander; Herzog Karl V. von Lothringen, Raimondo Graf Montecuccoli, Philipp Pfalzgraf bei Rhein und Herzog in Bayern und Ferdinand Fürst Dietrichstein führten die Abteilungen.

Sie stellten die vier Elemente dar. Über das des Feuers steht im Theatrum Ceremoniale Historico-Politicum[34] zu lesen: *„Diesen Troupp führte als Caput und oberstes Haupt der Römischen kaiserlichen Majestät General-Lieutenant wie auch Geheimder und Hof-Kriegs-Rath Herr Raymund Graf von Montecuccoli als einer bei 40 Jahren her in der Krieges-Hitze geübter und versuchter Cavalier, welchem noch 7 andere dergleichen ansehnliche Ritter des Feuers folgten … er war angetan mit einem licht-glänzenden Harnisch, besetzt mit Flammen und köstlichen Edelsteinen"*. Auch das Pferd war geschmückt, daneben liefen zwölf Diener in reicher Livree, hinter ihm kamen die anderen Kavaliere[35] mit je sechs Dienern.

An der großen Hof-Schlittenfahrt des 3. Januar 1667 hatte Montecuccoli nicht teilgenommen, das Rossballett und seine Wiederholung eine Woche später aber durfte und wollte er sich nicht entgehen lassen. Es mag ihm schon schwer gefallen sein, denn erneut zeigten sich die Leiden, die er sich im Türkenkrieg zugezogen hatte, Gicht und Hämorrhoiden, und quälten ihn während des ganzen Jahres 1667. Wie es sein Zustand gerade erlaubte, weilte er in Raab, auf Schloss Hohenegg oder in Wien, wo er am ehesten ärztliche Hilfe fand.

Außerdem zog ihn das Hofleben an, wahrscheinlich nicht so sehr das in der Hofburg wie das im Lustschloss Favorita südlich der Stadt, der Sommerresidenz der Kaiserin-Witwe Eleonore. Sie war erst 37 Jahre alt und bei aller Frömmigkeit nicht weltfremd. In diesem Jahre 1667 gründete sie eine Gesellschaft vornehmer Persönlichkeiten, die sich mit Dichtung, Musik und Philosophie beschäftigte, vorwiegend in italienischer Sprache. Es bedeutete eine hohe Ehre, dem Kreise dieser „Illustrati" anzugehören, der Kaiser hatte mit einem Gedicht Montecuccoli dazu eingeladen. Zu der Zeit verfasste Montecuccoli eine Abhandlung über die Glückseligkeit in lateinischer Sprache mit dem Titel „De beatidudine"; es ist anzunehmen, dass er sie bei den Illustrati vorgetragen hat.[36]

Zu Beginn des Jahres 1668, als die körperlichen Leiden des Feldmarschalls ein wenig nachließen, erhielt er Besuche aus der Heimat. Sein Vetter Felice war aus Modena abgesandt worden, um die Glückwünsche der Regentin, der Herzogin-Witwe Laura, zur Geburt des ersten Kaisersohnes zu überbringen, aber als er eintraf, war der kleine Ferdinand Wenzel schon verstorben, statt der Gratulation musste Graf Felice eine Kondolenz aussprechen.

Bald nach Felice kam dessen Bruder Carlantonio nach Österreich, leider mit einer unerfreulichen Aufgabe belastet. Der Kardinal Rinaldo d'Este befürchtete nämlich, dass die Söhne des verstorbenen Fürsten Borso d'Este auf ihren Vetter, den sechsjährigen Herzog Francesco II., schlechten Einfluss ausüben und ihn zur Faulheit, später einmal zu Lastern verführen könnten; deshalb sorgte er dafür, dass sie frühzeitig aus Modena verschwanden. Einen von ihnen, den Prinzen Luigi, hatte der Kardinal dem Jesuiten Carlantonio Montecuccoli anvertraut, damit dieser als Lehrer und Mentor ihn auf der üblichen Kavalierstour junger Adeliger an einige Fürstenhöfe nördlich der Alpen begleite.

Sie kamen nach Klagenfurt und Graz. Mit seinem Gefährten, einem Grafen Nigrelli, aber offenbar ohne Pater Carlantonio reiste Prinz Luigi weiter nach Ungarn und wollte sich auch in Raab aufhalten. Montecuccoli schickte aus Wien Befehl dorthin, die vornehmen Gäste mit besonderen Ehrungen zu empfangen, doch der junge Prinz blieb lieber incognito, denn das war viel bequemer. Der Pater hatte ihm verboten, die Rückfahrt über Wien zu nehmen, wo er mancherlei Versuchung ausgesetzt wäre; der Prinz hielt sich nicht daran und vergnügte sich mit Nigrelli, weiterhin incognito, in den Wirtshäusern der Wiener Vorstädte. Der eindeutige Ruf der Kellnerinnen am Spittelberg dürfte sie angezogen haben. Sie besuchten auch den Feldherrn, nur leider notierte dieser nicht, welchen Eindruck er von ihnen empfangen habe.

Als der Prinz nach Modena zurückkehrte, war er dort gar nicht willkommen, man wandte sich wieder einmal an Montecuccoli um Hilfe. Nicht aus Sympathie für Prinz Luigi, sondern in dankbarer Erinnerung an dessen Vater Borso d'Este erbot sich der Feldmarschall, den leichtlebigen Jüngling im kaiserlichen Heer unterzubringen. Zur Zeit der reduzierten Armee war das zwar nicht möglich, aber sobald ein neuer Krieg ausbräche, könnte Prinz Luigi daran teilnehmen, als Freiwilliger mit allen Vorteilen, die seine hohe Geburt ihm garantierte, ja vielleicht ließe sich sogar eine Kompanie finden, die er als Hauptmann kommandieren würde. Wenn er sich auf einem oder zwei Feldzügen bewährte, würde der Kaiser ihn gewiss zum Obristen eines Regiments machen. Das war dem Prinzen jedoch zu wenig. Er forderte, sogleich Obrist zu werden, und das konnte und wollte Montecuccoli ihm nicht versprechen. Das weitere Leben des Prinzen zeigte, dass es für das kaiserliche Heer kein Verlust war, ihn nicht als Offizier zu haben.

Zu der Zeit, als Prinz Luigi in Wien weilte, im März 1668, hatte Montecuccoli sich einigermaßen von seinen Krankheiten erholt, da erlitt er einen Schlaganfall. Nicht nur seine Familie war erschüttert, auch der Kaiser war es und stellte ihm seinen Leibarzt zur Verfügung. Das Gottvertrauen des Feldmarschalls bewährte sich, schon nach wenigen Wochen bestand keine Lebensgefahr mehr, allmählich schwand seine und des Kaisers Sorge, dass er nie mehr Kriegsdienst leisten könnte.

Nun begann für ihn ein schönerer Abschnitt des Jahres: Im Juni erfüllte sich sein großer Wunsch, er wurde zum Ritter des Goldenen Vlieses ernannt. Dazu musste er nicht eigens nach Spanien reisen; nachdem aus Madrid die Nachricht gekommen war, die Königin-Witwe und ihr siebenjähriger Sohn König Karl II., für den sie die Regierung führte, hätten die Aufnahme in den Orden ausgesprochen, vollzog Kaiser Leopold I. die Zeremonie in Wien. Die Einzelheiten schilderte Montecuccoli genau, aber in vernünftiger und auch gebotener Bescheidenheit nicht am Beispiel der eigenen Person, sondern des Fürsten Ferdinand Dietrichstein, der mit ihm zusammen der Ehre teilhaftig wurde:

„Seine Majestät wird mit Seiner Kette geschmückt und wird mit dem gesamten Adel des Hofes erscheinen. Die Ritter des Vlieses, angetan mit ihren großen Ketten, schließen unmittelbar an seine Person an. Der Hofmarschall tritt mit blankem Schwert ein. Seine Majestät nimmt seinen Platz unter dem Thronhimmel ein, die Ritter die Plätze,

die ihnen nach ihrem Alter gebühren. Der Sekretär … geht zu jener Stelle, wo der erwählte Ritter seinen Platz einnehmen wird … Gegen den Thron gewendet wird er in lateinischer Sprache folgendes sagen: ‚Seine Majestät der katholische König hat mit Rücksicht auf den Rang und auf die geleisteten Dienste des Herrn Fürsten von Dietrichstein … ihn zum Ritter seines Toison-Ordens angenommen … Er verdient es also, in diesen hohen Orden aufgenommen zu werden.'
Der eingeführte Ritter lässt sich vor Seiner Majestät auf die Knie nieder und sagt wörtlich nach, was der Kaiser ihm aus den Bestimmungen vorliest … Sodann reicht der Hofmarschall seiner Majestät das Schwert, der Kaiser schlägt damit den Fürsten Dietrichstein zum Ordensritter, indem er ihm drei Schläge auf die linke Schulter gibt und dabei die gebräuchlichen Worte spricht. Der Ritter küsst die Hand Seiner Majestät und bedankt sich für die Gnade, die ihm erwiesen wurde. Er erhebt sich und begibt sich zu seinem Sessel, wo er sich auf die Knie niederlässt und, die Hände auf das Kreuz und das Messbuch legend, den Schwur leistet. Hierauf erheben sich alle, während der Ritter vor seiner Majestät niederkniet. Der Sekretär nimmt das Kissen, auf dem sich die Ordenskollane befindet, und gibt sie dem Kaiser, der sie dem neuen Ritter umhängt. Seine Majestät umarmt ihn, was auch die übrigen Ritter nach ihrem Range tun, worauf sich der Fürst wieder auf seinen Platz begibt. Nach einer kurzen Weile erhebt sich seine Majestät und kehrt in derselben Weise und mit derselben Begleitung, wie er kam, in seine Gemächer zurück. Hiemit ist die Zeremonie beendet."
Anschließend an diese Schilderung machte Montecuccoli eine sehr nüchterne, aber kulturhistorisch vielleicht ebenfalls interessante Angabe:
Was dem spanischen Schatzmeister wegen des überbrachten Toisons (Goldenen Vlieses) zu bezahlen ist:

Erstlich das Honorararium, so man ihm per Ordinari zu geben pflegt	*1.500 fl*	
Item a parte zu absonderlicher Diskretion	*600 fl*	
Dessen Kammerdiener	*60 fl*	
Seinen 4 anderen Dienern à 3 Reichstalern	*18 fl*	
Item dem Schatzmeister für Kost allhier	*150 fl*	
Dem Stallmeister	*65 fl*	*48 kr*
Dem Convoi	*18 fl*	

Dem Sekretär 250 Dukaten, id est	*750 fl*	
Den kaiserlichen Ober- und Unterkammerfourieren	*18 fl*	
Den Kammer-Türhütern	*6 fl*	
Dem Kammer-Heizer	*3 fl*	
Den Kammer-Trabanten	*3 fl*	
Dem Tapezierer	*6 fl*	
Dem Kapell-Diener	*6 fl*	
Dem Saal-Türhüter	*5 fl*	
den Hartschieren und Trabanten, so die Wacht haben	*12 fl*	
Den Torstehern	*3 fl*	
Summe[37]	*3.221 fl*	*48 kr*

Die Höflichkeit erforderte es, an alle Personen in Spanien, die sich irgendwie für die Ehrung eingesetzt oder sie zumindest nicht verhindert hatten, Dankesbriefe zu richten, in erster Linie, gleich am 4. Juli 1668, an den Grafen Pötting, ferner an den Herzog von Medina de las Torres und einen anderen Granden namens Pignoranda und an den Großinquisitor. Dass es auch Widerstand und Quertreiberei gegeben hatte, beweist die Stelle „da andere Hände gewiss tätig waren, das zu hintertreiben" in einem Brief vom 6. Dezember an den Grafen Pötting. Soweit die Dankesbriefe reine Formsache waren, hatten sie den gleichen Wortlaut und waren auch am selben Tag geschrieben worden, der an Königin Maria Anna von Spanien war so demütig abgefasst, wie es sich geziemte.

Vorher noch vergönnte das Jahr 1668 dem Feldmarschall eine hohe Würde in Österreich: Nach dem Tode des Fürsten Annibale Gonzaga wurde ihm das Präsidium des Hofkriegsrates übertragen. Damit stand er im Range eines Ministers und war auch für die Auswärtigen Angelegenheiten zuständig, soweit sie das Osmanische Reich betrafen. Gleichzeitig wurde er zum Obersten Land- und Hauszeugmeister ernannt, das heißt zum Obersten Inspektor der Artillerie.

Diese zu verbessern, war schon lange sein Wunsch gewesen, und mit dem Betrieb des Hofkriegsrates war er vertraut, seit er einer der fünf Räte war. Schon 1650 hatte Kaiser Ferdinand III. alles festgelegt: vier Ratsabteilungen regelten 1. die materielle Ausrüstung des Heeres, Artillerie, Munition, Zeughäuser usw., 2. das Proviantwesen, 3. Werbung und Remontierung (Beschaffung von Pferden), 4. Befestigungen und das übrige Bauwesen. In Friedenszeiten trat der Rat viermal in der Woche zusammen, seine Beschlüsse und Gutachten waren aber nicht von vornherein gültig, sondern wurden erst noch von der Geheimen Konferenz behandelt. Die Zahl des Personals erhöhte Montecuccoli im Laufe der nächsten vier Jahre auf 32, eigentlich wenig, denn er brauchte Sekretäre und Konzipisten, Registratoren, Expeditoren, Dolmetscher, Schreibkräfte, je einen Archivar, Kanzlerdiener, Türhüter und Heizer. Montecuccoli nützte die hohe Stellung gleich aus, um im September in Ebersdorf, wo der Kaiser jagte, eine Schrift zu verfassen über ein Thema, das ihm sehr am Herzen lag: „In Angelegenheit der Abrüstung des kaiserlichen Heeres." Sie legt Missstände so schonungslos offen dar, dass man kaum glauben möchte, er habe sie dem Kaiser tatsächlich überreicht – aber er tat es, denn er fühlte sich dazu verpflichtet. Hier seien nur einige kürzere Abschnitte daraus zitiert:

„Neu in meinem Amte und wenig vertraut mit den Intrigen des Hofes steht meine Meinung in striktem Gegensatz zu jener der Anderen; dieser Gegensatz macht mich fast stutzig, aber ich darf nicht schweigen, ich muss teilnehmen am Dispute, um unberechenbaren Schaden zu verhüten ... Die Laune Frankreichs ist unbeständig, seine Treue wankelmütig, der König ist ehrgeizig und unternehmend ... das Ausland ist voll Achtung für ihn und die Pensionen, die er den kleinen Fürsten zahlt und mit denen er die ersten Minister besticht ... und man weiß, dass von Grémonville" (dem französischen Botschafter) *„in Wien große Summen gegeben wurden. Man lässt glauben, dass man"* (in Frankreich) *„das Heer entlasse, während die Soldaten nur ihren Standort wechseln und in den Dienst des Pfalzgrafen"* (und Kurfürsten Karl Ludwig) *„treten, seiner gut bezahlten Kreatur, während man im Lande selbst neue Aushebungen vornimmt."*

So stellte Montecuccoli die politische und militärische Lage dar, für Österreich hatte er bittere Worte: *„Der Kaiser hat den Hof in Unordnung; viele haben nur ihre eigenen Interessen vor Augen und wollen durch Zugeständnisse an fremde Mächte Vermögen aufhäufen oder zumindest von diesen Gelder und Pensionen erhalten. Man verdammt den Krieg und die Unruhe und setzt die ganze Hoffnung auf trügerische Ruhe ... Ich weiß, dass Grémonville sich für die Reduzierung unserer Truppen einsetzt und sie mit voller Übersicht der Sachlage empfiehlt."*

Mit vielen Zitaten aus antiken Schriftstellern und Beispielen aus der jüngsten Vergangenheit legte Montecuccoli dar, dass es gefährlich sei, das Heer zu verringern. Laut den Feldakten zählte die kaiserliche Armee im Juni 1668 21.453 Infanteristen, 7560 Kürassiere und 620 Dragoner, die jährlichen Kosten dafür betrugen 2,634.144 Gulden. Fürst Lobkowitz wollte über eine Million Gulden einsparen und deswegen viele Soldaten entlassen. Angesichts der Gefahr, die von Türken und Franzosen her drohte, schien das Montecuccoli nicht ratsam; seine Warnungen hatten wenig Erfolg, doch binnen weniger Jahre sollte sich zeigen, wie sehr er recht gehabt hatte.

Die genaue Zahl der Soldaten, die entlassen wurden, ist nicht bekannt, nur dass es viele waren. Immerhin erreichte Montecuccoli, dass das Artilleriepersonal nicht reduziert wurde, denn das waren Fachleute, die nicht so rasch zu ersetzen wären wie etwa Pikeniere. Diesen Erfolg verdankte er seiner Stellung als Oberster Land- und Hauszeugmeister.

In seinem Komitat Raab konnte er überhaupt alles anordnen, was ihm für die Sicherung des Grenzabschnittes nötig schien, soweit die Mittel reichten. Obwohl er nicht soviel erhielt, wie er gefordert hatte, gelang es ihm, die vorhandenen Festungen auszugestalten und neue anzulegen. Totis, über 50 km östlich von Raab, bekam als eine Art Vorposten nur 159 Mann Besatzung, Pápa 30 km südlich, sehr nahe der Grenze, schon 456, die Bischofsstadt Veszprém am Fuß des Bakonygebirges nördlich des Plattensees sogar 511, für Keszthely am nordwestlichen Ende des Sees reichten 202 Mann aus, denn die Stadt war gut befestigt und nie von den Türken eingenommen worden. 403 Husaren und ungarische Infanterie, die sogenannten Hajduken, verteilten sich auf sieben weitere kleine befestigte Plätze.

Die Besatzung der Stadt Raab hatte Montecuccoli laut den Feldakten von 1665 von 603 auf 1343 Mann erhöht, hier hatte er die Kürassiere beisammen und starke Artillerie. Für alle seine rund 3000 Soldaten gab er einen „Ordo" heraus, der genau festlegte, was zu tun und was zu unterlassen sei. Damit regelte er den Wachtdienst, die Patrouillen, die Pflege der Kranken und Verwundeten, wie man türkischen Streifscharen begegnen müsse und dass Kontakt zwischen Ungarn und Türken zu verhindern sei. Zum Teil waren die Maßnahmen hart; Montecuccoli erwartete Einspruch des Bischofs Graf György (Georg) Széchenyi, des Grafen Zriny und der Landbevölkerung, denn manche Bauern hatten familiäre Beziehungen über die Grenze hinweg, man trieb Kleinhandel und hatte kein Verständnis für die politischen Motive des Gouverneurs. Andererseits waren der Bischof, Bauern und Bürger ihm dankbar, dass er seine Soldaten von Übergriffen abhielt, wie es seiner Überzeugung entsprach, strenge Disziplin sei nötig, damit das Heer nicht der Bevölkerung zu Last falle.

Die Aufgaben der Festung Raab bildeten ein Problem für sich. Sie sollte die Grenze schützen und im Kriegsfalle eine Basis für die Operationen eines Feldheeres bieten, aber auch – das war Montecuccolis altes Misstrauen gegen die Ungarn – das Land unter Kontrolle halten. Ein anderer Punkt war zwiespältig. Wenn die Türken angriffen, womit Montecuccoli ja immer rechnete und es auch richtig voraussah, musste die Stadt den Landbewohnern Zuflucht bieten, doch es war bedenklich, während einer längeren Belagerung viele Flüchtlinge versorgen zu müssen, die vom militärischen Standpunkt aus nur unnütze Esser waren.

Für den Ausbau der veralteten und unvollständigen Festungsanlagen hatte der Gouverneur nicht so viel Geld zur Verfügung, wie er für nötig hielt, aber vielleicht doch mehr, als er in seinen Klagen darüber schrieb. Jedenfalls entwarf er einen Plan, der von vorzüglicher Sachkenntnis zeugt. Zum guten Teil stimmt er mit den Plänen überein, die sein jüngerer Zeitgenosse Sébastien le Prêtre de Vauban verwirklichte, aber es scheint, dass er diesen berühmten, ja genialen Festungsbaumeister nicht kopierte, sondern die gleichen Vorbilder italienischer Architekten der Fortifikation studiert hat. Dass Kara Mustafa auf seinem Feldzug nach Wien 1683 es nicht für zweckmäßig hielt, Raab ernstlich anzugreifen, und der Stadt die Greuel erspart blieben, die sich in Hainburg und anderen Städten ereigneten, war Montecuccoli zu verdanken.

Unter den vielen Briefen des Feldmarschalls, die zum geringeren Teil im Original, zum größeren Teil in seinem Konzeptbuch erhalten sind, sind der vorletzte, den er an seinen Bruder Pater Massimiliano richtete, mit 3. August 1659 aus dem Feldlager in Jütland datiert, nach langer Pause der letzte vom 19. November 1668 aus Wien. Er gibt einen der seltenen Einblicke in private Verhältnisse Montecuccolis: er zahlte, wie schon erwähnt, seinen Geschwistern ein jährliches Deputat, offenbar einen Anteil am Ertrag ihres Familienbesitzes im Herzogtum Modena. Wieviel die Schwester erhielt, ist nicht bekannt, vermutlich ebensoviel wie der Bruder. Am 13. Oktober 1642 hatte Raimondo sich verpflichtet,

ihm jährlich 100 Dukaten zu erstatten, die eine Hälfte zu Ostern, die andere zu Weihnachten. Das war keine hohe Summe, die Einkünfte der Herrschaft Montecucculo waren ja auch gering, aber Massimiliano brauchte sie und ersuchte, ihm das Geld nicht in Italien anzuweisen, sondern in Wien. Wo er zurzeit lebte, geht aus dem Brief nicht hervor.[38]
Die nächste Nachricht aus noch privatem oder schon militärischem Bereich führt bereits in das Jahr 1669. Wie jeder Feldherr jener Zeit hatte auch Montecuccoli im Frieden wie im Kriege für alles, was er brauchte, viele Leute zur unmittelbaren Verfügung um sich, Sekretäre, Leibarzt, Ordonnanzen, Kammerdiener und gewöhnliche Diener, Pagen, einen Koch und untergeordnetes Personal wie Leibwächter, Kutscher, Rossknechte. Das war so selbstverständlich, dass niemand darüber schrieb und die Angaben darüber demgemäß recht spärlich sind. Es musste schon etwas Außerordentliches geschehen, dass einer dieser Leute namentlich bekannt wurde.

So erging es dem jungen Daniel Seiter. Sein Vater hatte ihn beim Feldmarschall als Pagen untergebracht; er zeigte sich so anstellig, verlässlich und interessiert für das Kriegswesen, bemühte sich so eifrig, von seinem Herrn etwas zu lernen, dass dieser ihm einen Platz als Cornet (Fähnrich) in Aussicht stellte. Leider aber konnte Daniel sein jugendliches Temperament nicht beherrschen, geriet mit einem Offizier in Streit und tötete ihn im Duell. Um der Bestrafung zu entgehen, flüchtete er, später tauchte er in Venedig auf. Seine militärische Laufbahn war beendet, bevor sie noch recht begonnen hatte, dafür wurde er als Maler zwar nicht gerade hochberühmt, doch einigermaßen angesehen. Ein Montecuccoli verschaffte ihm die schöne Stelle als Erster Kammermaler am Hofe zu Modena.

Ein anderer Mann aus der Umgebung des Feldmarschalls verdankte es einem tragischen Ereignis, dass sein Name erwähnt wurde. Am 24. Juli 1670 erprobte Montecuccoli zwei Mörser. Der erste schoss einen Stein von 185 Pfund Gewicht 900 Schritte weit, der zweite 1045 Schritte; die Geschütze waren also für eine Belagerung gut zu gebrauchen. Danach versuchte man es mit einer Granate, die nach dem Aufschlag in viele Teile zerspringen sollte. Unglücklicherweise tat sie es schon, als sie kaum die Mündung des Mörsers verlassen hatte, eines der Sprengstücke traf knapp neben dem Feldmarschall dessen Sekretär Giuseppe Minacci und verwundete ihn tödlich.

Es war nicht selbstverständlich im kaiserlichen Heer, dass der Präsident des Hofkriegsrates persönlich anwesend war, wenn neue Waffen geprüft wurden, aber zweifellos war es sehr nützlich und entsprach ja auch seinem Amt als Land- und Hauszeugmeister. Schon im Mai 1669 hatte er die Leistung von sechs Falkaunen überwacht; sie wurden auch als Achtel-Kartaunen bezeichnet, wogen nur 21 Zentner, waren 27 Fuß lang und verschossen Eisenkugeln von sechs Pfund, waren also leichte Feldgeschütze, die mit verhältnismäßig geringer Mühe transportiert werden konnten. Zwei Viertelkartaunen, 27 Zentner schwer, mit doppeltem Gewicht der Geschosse bewährten sich im August 1669 ebenso gut; Montecuccoli hatte sie in Wien gießen lassen. Überhaupt bemühte er sich, Waffen im eigenen Lande herstellen zu lassen, Erzbergwerke gab es in Österreich genug, und siedelte Büchsenmacher und Plattner (Schmiede von Harnischen) aus den Niederlanden in Wiener Neustadt und Steyr an.

Auf den Festungen spielte das Gewicht der Geschütze nur insofern eine Rolle, als sie durch den Rückstoß nach dem Schuss zurückrollten und dabei leicht das Mauerwerk beschädigen konnten; deshalb schrieb Montecuccoli, zwei halbe Kanonen (das heißt von halbem Gewicht) seien nützlicher als eine ganze. Auf einem Feldzug aber brauchten schwere Geschütze sehr viel Vorspann, im ungünstigen Gelände waren sie kaum zu befördern und wurden gewöhnlich nicht mitgeführt, sondern nur für eine Belagerung herangeholt. Deshalb erprobte Montecuccoli auch Kartaunen, deren Rohre weniger dick und daher leichter waren, und hatte damit guten Erfolg. Zur Ergänzung befasste er sich mit den Protzen, den zumeist zweirädrigen Karren, an welche beim Transport die Geschütze gehängt wurden.

Für die Infanterie, die Festungen zu verteidigen hatte, ließ er Musketen herstellen, die länger und schwerer waren als die gewöhnlichen und daher weiter schießen konnten. Das Feldheer behielt die üblichen verhältnismäßig leichteren Musketen. Aber auch bei diesen dachte Montecuccoli an Verbesserungen und ließ probeweise 2000 Stück anfertigen, deren Zündpfanne sich von selbst öffnete, wenn der Hahn mit der Lunte niederschlug. Ein solches Modell hatte er im März 1664 in Regensburg kennengelernt, nun wollte er sehen, wie es sich bewähre. Weitere 2000 Musketen erhielten ein Schloss, bei dem nicht die brennende Lunte, sondern der Funke eines Feuersteines das Pulver auf der

Pfanne entzündete, von der ein kleiner Kanal zur eigentlichen Pulverladung im Gewehrlauf führte. Das war eine ziemlich neue französische Erfindung, noch nicht hinreichend erprobt, deshalb sollte zur Sicherheit die Muskete auch mit dem guten alten Luntenschloss versehen werden. Alle Arten von Gewehren mussten das gleiche Kaliber haben, das erleichterte den Nachschub an Munition. Auf einem Feldzug waren 16 Kugeln täglich pro Mann vorgesehen, aber solche Angaben sind mit Vorsicht aufzunehmen, sie galten gewiss nicht in jedem Fall und zu jeder Zeit. Es heißt auch, ein Musketier könne in einer Stunde 24 Schüsse abgeben: da brauchte er also zweieinhalb Minuten, um zu laden und zu zielen, und das scheint nur möglich, wenn er gut gedeckt stand, aber nicht, wenn er im Laufe eines Gefechtes vorgehen oder sich zurückziehen musste. Eher ist es glaubhaft, dass ein Kürassier in einer Schlacht seine Pistolen durchschnittlich nur sechsmal abfeuerte, denn diese waren mit einem Radschloss versehen, das sehr kompliziert zu spannen war. Wie später Prinz Eugen, so vertraute Montecuccoli mehr auf den Pallasch als auf die Pistolen seiner Kürassiere. Er erwog sogar schon, Kompanien von Grenadieren aufzustellen, die Handgranaten zu werfen hatten, wie sie dann im folgenden Jahrhundert eine große Rolle spielten.

Neben solchen Neuerungen behielt er vieles bei, das noch aus dem Dreißigjährigen Krieg stammte, oder modifizierte es nur geringfügig. Der Musketier führte eine Stange mit, die oben gegabelt war; darauf konnte er die Waffe legen und sicherer zielen als aus freier Hand, aber sonst war die Stange nutzlos. Da erschien es besser, dem Musketier einen kurzen Spieß zu geben, der seitwärts einen Haken hatte; auf den konnte die Muskete zum Schuss gelegt werden, er war aber auch als Waffe brauchbar, wenn der Musketier sich wehren musste, bevor er wieder geladen hatte, und keine Pikeniere da waren, die ihn gedeckt hätten. Das Laden erforderte seine Zeit, deshalb und auch zum Angriff waren die Pikeniere weiterhin nötig. Sie trugen zu ihrem Schutz Brust- und Rückenpanzer sowie eine eiserne Sturmhaube, ja mitunter sollten sogar im ersten Glied noch Soldaten mit Schwert und Schild stehen; das wirkt fast mittelalterlich, konnte aber im Nahkampf nützlich sein.

Als Beispiel dafür, wieviel Infanteristen jeder Art innerhalb einer Kompanie zweckmäßig seien, nannte Montecuccoli: 3 Oberoffiziere, 3 Unteroffiziere, 88 Musketiere, 48 Pikeniere, 8 Schildträger oder 96 Musketiere, 48 Pikeniere. In dieser zweiten Version verzichtete er also auf die Schildträger,[39] der Anteil der Musketiere war wesentlich höher als im Dreißigjährigen Krieg. Insgesamt zählte eine Kompanie 150 Mann, ein Regiment zehn Kompanien.

Die Dragoner kämpften natürlich lieber zu Pferd, im Angriff mit dem Degen, in der Abwehr schossen sie mit den Musketen über die Infanterie hinweg, doch Montecuccoli erinnerte daran, dass sie eigentlich berittene Infanterie seien. Ihre Musketen waren leichter, die Piken kürzer, am Sattel hingen Hacke oder Spaten für den Fall, dass ein Platz rasch zu befestigen wäre.

Unter „Reiter", „deutscher Reiter" oder „Regiment zu Pferd" verstand man ausschließlich Kürassiere. Wie sich ihre Rüstung im Laufe des Dreißigjährigen Krieges vereinfacht hatte, wurde bereits erwähnt, im Türkenkrieg übernahmen sie von den Sipahi die Zischägge, eine eiserne Sturmhaube, die auch Nase, Wangen und Nacken schützte, aber nicht so beschwerlich war wie der frühere Helm. Die Kompanie war mehr ein rechnerischer Begriff, die taktische Einheit war die Eskadron oder Schwadron, den Befehl führte ein Rittmeister. Ein Reiter-Regiment zählte 750 Mann, in fünf Eskadrons unterteilt, die Regimenter der Dragoner und Husaren waren je 1000 Mann stark. Das war freilich nur die Soll-Stärke, die selten völlig erreicht wurde.

Mit diesem Thema beschäftigte Montecuccoli sich in seinem Werk „Vom Krieg mit den Türken in Ungarn", das er in italienischer Sprache unter dem Titel „Della Guerra col Turco in Ungheria" verfasste. Am 5. Februar 1671 überreichte er es mit gebührender untertäniger Widmung dem Kaiser in Handschrift.[40] Dieses sehr umfangreiche Werk ist auch unter dem Namen „Aforismi" bekannt. Es enthält zunächst den alten Trattato von 1641 in überarbeiteter Form, stellt im zweiten Teil den Krieg von 1661 bis 1664 samt allen Erfahrungen, die dabei zu machen waren, ausführlich dar, viel Raum nehmen allgemeine Regeln und Ratschläge ein. Einige sind zeitgeschichtlich wichtig, wie z. B. die wünschenswerte Stärke einer Feldarmee: 28.000 Mann Infanterie, 17.000 Kürassiere, 2000 Dragoner, 3000 leichte Reiter, andere Abschnitte wurden bis ins 19. Jahrhundert berücksichtigt oder sind zeitlos gültig, etwa die Pflicht, den entlassenen Soldaten eine Anstellung zu verschaffen sowie für Kriegerwitwen, Waisen und Invalide zu sorgen. Der dritte Teil behandelt die Strategie eines künftigen Feldzuges gegen das Osmani-

sche Reich, um dessen Angriff durch Offensive zuvorzukommen, und die Maßnahmen, die nötig wären, dafür zu rüsten. Noch Napoleon soll seinen Generälen empfohlen haben, die Werke Montecuccolis zu lesen. Den heutigen Leser dieses Werkes mögen die unzähligen Zitate aus den antiken Autoren verblüffen. Die lateinischen hatte Montecuccoli sehr genau im Original studiert, die griechischen allerdings nur in lateinischer Übersetzung. Auch mit der griechischen Mythologie war er nicht völlig vertraut; an einer Stelle, wo er den Bildhauer Pygmalion meinte, der sich in eine von ihm selbst geschaffene Statue verliebte, nannte er statt dessen Prometheus. Über die Militärliteratur dagegen war er sehr gut informiert, da stand er ganz in der Tradition der Renaissance, die das Kriegswesen veränderte. Dem mittelalterlichen waren die Heeresorganisation, Strategie und Taktik der Römer weit überlegen – sie wieder anzuwenden, brachte große Vorteile. Das wusste schon Machiavelli, das wusste auch Montecuccoli. Wie die Medizin und Naturwissenschaft des 17. Jahrhunderts noch vom Wissen der Antike zehrten, so tat es auch die Militärwissenschaft.
Des Zusammenhanges wegen haben wir hier ein wenig vorgegriffen. Noch ins Jahr 1669 gehört ein großes Ereignis im Leben des Raimondo Montecuccoli: Mit Diplom vom 23. Mai verlieh ihm der Kaiser offiziell den Titel beziehungsweise die Anrede „Hoch- und Wohlgeboren", die er schon 1666 in den Instruktionen für den Empfang der Kaiserin Margarita Teresa in Finale gebraucht hatte, und eine Besserung des Wappens, indem „zum immerwährenden Gedächtnis das Wappen noch mit zween Türkenköpfen, auf welchen beiden ein doppelter gekrönter Adler stehet, so diese Köpfe mit seinen Waffen (= Klauen) fasset" vermehrt wurde. Bisher war das Wappen in vier Felder geteilt, deren jedes den kaiserlichen Doppeladler mit der Markgrafenkrone zeigte, nun bekam es in der Mitte auf einem Herzschild noch einmal den Adler mit den zwei Türkenköpfen in den Klauen.[41]

XVII.

Die Magnatenverschwörung

Eine andere Angelegenheit, die von früheren Jahren ins Jahr 1670 herüberreichte, war die Verschwörung der ungarischen Magnaten. Sie wurde schon beim Bericht vom geplanten Attentat auf den Kaiser und König Leopold I. 1666 erwähnt; inzwischen war die Unzufriedenheit noch gewachsen, von Frankreich weiter geschürt und mit einigem Geld und vielen Versprechungen unterstützt worden. Wesselény war gestorben, dafür standen andere Herren an der Spitze, neben Nádasdy und Péter Zriny auch dessen Schwiegersohn Ferencz (Franz) I. Rákóczi, dessen Schwager Marchese Francesco Frangipani (kroatisch Frankopan) und sogar Erasmus Graf Tattenbach, Rat der Innerösterreichischen Regierung. Viele andere Magnaten waren Mitwisser und durch Eid gebunden.

Verschwörungen werden leicht verraten, so geschah es auch dieser. Die Herren pflegten, wenn sie sich berieten, nach guter alter Sitte reichlich zu essen und zu trinken, und dazu war Dienerschaft nötig. Einer der Diener dürfte ausgeplaudert haben, was er während des Servierens gehört hatte. Sobald man in Wien misstrauisch wurde, ließ man Briefe der Verschwörer untereinander und an Leute, die sie auf ihre Seite ziehen wollten, unterwegs auffangen. Aus Konstantinopel schickte der kaiserliche Resident bei der Hohen Pforte ausführliche Berichte, denn die feinen Herren hatten auch zum Großwesir Verbindung aufgenommen. Da das Geheimnis nun gelüftet war, stellten sich bald Denunzianten ein, Schuldige wollten sich dadurch reinwaschen, dass sie andere verrieten.

Als Gouverneur von Raab erfuhr auch Montecuccoli davon. Er fragte sich, weshalb die Magnaten so unzufrieden seien: sie waren doch vor den Türken beschützt worden, das kaiserliche Heer war aus Ungarn abgezogen, sie besaßen hohe Würden im zivilen und militärischen Bereich, Ehrenstellen bei Hofe als Kammerherren und Staatsräte. Aber ihr Ehrgeiz, meinte Montecuccoli, ging eben noch weiter. Rákóczi wollte König von Ungarn, Zriny König eines unabhängigen Kroatien werden; sie konnten nicht beurteilen, was von ihren Plänen ausführbar, von ihren Wünschen zu verwirklichen oder bloße Phantasterei war, und hielten es für das geringere Übel, Vasallen des Sultans zu sein, denn der war weit entfernt, als Untertanen des Kaisers im nahen Wien.

Der offene Aufstand begann zu Beginn des Frühlings 1670 in Oberungarn. Rákóczi lud den Kommandanten von Tokaj, den Grafen Ernst Rüdiger von Starhemberg (der 13 Jahre später als Verteidiger von Wien berühmt wurde) als Zeichen der Freundschaft zu sich zum Mahle ein, nahm ihn gefangen und ließ das Schloss von Tokaj mit schwerer Artillerie beschießen. Die Rebellion breitete sich weit aus; Frangipani versuchte, die Bürger von Agram auf seine Seite zu ziehen, Zriny wollte Graz durch einen Überfall erobern.

Beides misslang. Montecuccoli als Präsident des Hofkriegsrates schickte den bewährten General Sporck (der für seinen Einsatz bei Mogersdorf in den Grafenstand erhoben worden war) mit einigen altgedienten Regimentern nach Oberungarn, mit anderen Regimentern den Generalfeldwachtmeister Paris Freiherrn von Spankau nach Kroatien. Er selbst durfte an den Unternehmungen nicht teilnehmen, so gern er es getan hätte, für ihn hatte der Kaiser eine andere Aufgabe, die dem Feldherrnruhm weniger entsprach.

Er hatte sich im Umgang mit der schwierigen Königin Christina von Schweden bewährt, hatte die junge Kaiserin in Finale würdig empfangen und alle nötigen Maßnahmen für ihre Reise nach Wien getroffen, nun sollte er zum dritten Mal die Rolle des fürsorglichen Kavaliers übernehmen, nämlich die Erzherzogin Eleonore Maria Josepha, eine Halbschwester des Kaisers, nach Polen geleiten. Obwohl das eine ehrenvolle Pflicht war, hätte Montecuccoli lieber die Truppen gegen die Rebellen geführt, auch der Kaiser hätte das für besser gehalten, aber sie konnten sich nicht gegen die energische Kaiserinwitwe Eleonore durchsetzen, die als Begleiter ihrer Tochter keinen anderen Herrn des Hofes für so geeignet hielt wie Montecuccoli.

Über diese Reise hat er kein Tagebuch hinterlassen, erwähnt aber die Vermählung Eleonores mit dem König von Polen gleich auf der ersten Seite seiner Schrift „De foederibus maximae“ (Die Grundregeln der Bündnisse). Das Werk ist in lateinischer Sprache verfasst, nicht datiert; es nennt in 19 Punkten alles, was für Bündnisse wichtig ist, mit Beispielen aus dem Altertum und seiner Zeit so allgemeingültig, dass etliches davon auch in der Gegenwart zu beachten wäre. Als er 1666 in Trient mit Christina von Schweden zusammentraf, meinte sie, es wäre gut, wenn Eleonore König Karl XI. von Schweden heirate. Das war unmöglich, denn weder hätte eine Habsburgerin zum evangelischen Glauben übertreten dürfen, noch hätten die Schweden eine katholische Königin geduldet. Allerdings wäre der König von Schweden eine imposantere Persönlichkeit gewesen als der von Polen, dem Montecuccoli nun Eleonore Maria Josepha zuführen musste.

Sie war noch nicht 17 Jahre alt und in Herzog Karl V. von Lothringen verliebt, den auch Montecuccoli sehr schätzte, spätestens seit dessen Tapferkeit in der Schlacht bei Mogersdorf. Vielleicht sprachen sie auf der Reise von ihm, aber selbstverständlich sehr diskret und vorsichtig, denn gegenüber der kaiserlichen Politik musste alles andere zurücktreten.

Polen war ein Wahlkönigreich; bei den Wahlen spielten die Summen, die ausländische Interessenten aufwendeten, immer eine große Rolle. Nachdem König Johann II. Kasimir 1669 auf den Thron verzichtet hatte, gab es viele Bewerber aus fremden Ländern, darunter Herzog Karl V. von Lothringen, aber der polnische Kleinadel entschied sich für einen einheimischen Herrn, Michal Thomas Koributh aus der altadeligen Familie Wisnowiecki. Der Bischof Andrzej Olszowski, Haupt der österreichfreundlichen Partei, reiste nach Wien und erbat im Namen des neuen Königs Eleonore Josepha zur Gemahlin. Leopold I. stimmte gern zu, denn er brauchte Polen als Verbündeten gegen die Türken.[42]

Die Vermählung wurde am 28. Februar 1670 in der stark befestigten, als Wallfahrtsort berühmten Stadt Tschenstochau mit dem üblichen Pomp gefeiert. Eleonore soll noch während der Zeremonien heftig geweint haben. Die Polen kritisierten, sie sei nicht so reich ausgestattet, wie es sich für eine Kaiserstochter geziemt hätte, und ihre Begleitung erweckte wenig Sympathie. Wahrscheinlich hegte Montecuccoli seinerseits ähnliche Gefühle gegen die polnischen Adeligen und blieb auch nicht länger als unbedingt nötig.

In einem Brief vom 22. März an den Marchese Giulio Montecuccoli-Polinago erwähnte er, er sei kürzlich aus Polen zurückgekehrt. Zu dieser Zeit hatte der Magnatenaufstand seinen Höhepunkt bereits überschritten, die kaiserlichen Truppen eroberten alle wichtigen Städte in Oberungarn, darunter Preßburg, Kaschau und Liptau, in Kroatien das Schloss der Grafen Zriny in Csáktornya (Čakovec nordöstlich von Varaždin), an der Küste von Dalmatien die Burg des Marchese Frangipani in Buccari (Bakar). Die Führer der Rebellion wurden verhaftet, ihre Truppen zersprengt und verjagt.[43]

Montecuccoli freute sich über die Erfolge seiner Generäle und Soldaten, wenn er sie auch nicht selbst befehligt hatte, gleichzeitig ärgerte er sich, dass Fürst Lobkowitz alles, was geglückt war, sich allein zuschrieb. Der Feldmarschall war in seinem empfindlichen Gefühl für Ehre und Gerechtigkeit dermaßen gekränkt, dass er in einer Audienz am 5. August 1670 dem Kaiser sein Herz ausschüttete und ihn daran erinnerte, dass Lobkowitz gleich anfangs militärische Maßnahmen abgelehnt und Verhandlungen mit den Rebellen, sogar Zugeständnisse an sie vorgeschlagen hatte; andere Räte hatten eine ähnliche Meinung vertreten und sogar noch, als die Truppen schon in Oberungarn eingedrungen waren, den Rückzug gefordert. Nur Montecuccoli hatte damals darauf bestanden, die Regimenter vormarschieren zu lassen. Wörtlich sagte er nun dem Kaiser:

„Der Fürst Lobkowitz kann als Erster Minister und Obersthofmeister einen guten Teil der Verdienste für sich in Anspruch nehmen, er darf das aber nicht auf Kosten anderer vergrößern. Wenn die Sache schief gegangen wäre, hätte er gewiss jede Verantwortung abgelehnt.“

Leopold I. antwortete sehr freundlich, er freue sich über die Offenheit des Feldmarschalls und habe immer seiner einsichtsvollen Leitung der Dinge vertraut, werde ihm in jeder Hinsicht Genugtuung verschaffen und stets Beweise seiner Gnade und seines Vertrauens geben. Damit war Montecuccoli zufrieden; er wünschte ja keine öffentliche Verhandlung oder gar Vorwürfe gegen den Obersthofmeister, nur vor seinem Kaiser wollte er gerechtfertigt dastehen.

Nach diesem Erfolg ging er noch weiter, denn er hatte viel am Herzen. Damit wollte er aber nicht schon wieder vor den Kaiser treten, sondern

benützt eine Hintertüre und schrieb an den Beichtvater des Kaisers, den Kapuzinerpater Emerich Sinelli. Dieser pflegte sich nicht auf seine religiösen Aufgaben zu beschränken, sondern galt als Intrigant, der bei politischen und militärischen Entscheidungen gern mitredete. Bei der Frage, wie man dem Aufstand der Magnaten begegnen solle, hatte er die Meinung geäußert, das Heer sei im Augenblicke, da es in Ungarn eindringe, schon verloren. Nun sollte er seinen Einfluss auf den Kaiser vernünftiger ausnützen!
Montecuccoli legte dem Pater die Missstände dar, die zu beheben wären; falls er dabei in seiner Sorge ein wenig übertrieb, wäre die Hälfte der Tatsachen schon arg genug: Die neu geworbenen Rekruten hatten noch keine Unterkünfte erhalten; seit Jahren waren die Gelder nicht ausgezahlt worden, die für Befestigungen bestimmt waren, weder Raab noch Komorn hatte nur einen Kreuzer erhalten, auch nicht die 2000 Taler, die der Kaiser vor vier Wochen dafür angewiesen hatte. 60.000 Gulden, die in sechs Jahresraten für die Artillerie bewilligt wurden, waren spurlos verschwunden. Es fehlte an Waffen, die Arsenale verfielen, die Magazine waren leer, falls sie überhaupt schon gebaut worden waren. Schuld an allem war nach Montecuccolis Meinung die Hofkammer, ja er beschuldigte sie offen der Korruption: sie kaufe für die Soldaten schlechtes Getreide und schlechtes Tuch, lasse es sich aber als gutes bezahlen; die Kontrollore wagten nicht, den Betrug aufzudecken, weil er zum Vorteil einer hochgestellten Persönlichkeit geschehe. Montecuccoli nannte diese nicht mit Namen, vermutlich meinte er damit den Grafen Sinzendorf, der später tatsächlich überführt wurde. Am Schluss des Briefes bat er den Beichtvater, dies alles dem Kaiser und dem Obersthofmeister mitzuteilen.
Mit demselben Datum, dem 7. August 1670, findet sich im Konzeptbuch des Feldmarschalls eine weitere Schrift zu diesem Thema in italienischer Sprache, der deutsche Titel lautet: „Schwierigkeiten, welche beim Hofkriegsrate unterlaufen." Darin zählt Montecuccoli dieselben Mängel auf, nennt ganz konkrete Beispiele von Korruption, klagt darüber, dass die Hofkammer eigenmächtig Kompetenzen des Hofkriegsrates an sich gezogen habe und Zahlungen, zu denen sie verpflichtet sei, nicht leiste, während die Truppenführer dem Hofkriegsrate die Schuld gäben, wenn sie für ihre Soldaten nicht das erhielten, was ihnen zustehe.

Es lässt sich nicht sagen, ob all diese Missstände dem Kaiser ohnehin bekannt waren und er nicht energisch genug war, sie zu beheben, oder nur zu gleichgültig. Tatsache ist jedenfalls, dass trotz aller Bemühungen Montecuccolis sich wenig oder gar nichts änderte, nicht nur unter Kaiser Leopold I., sondern auch unter seinen Nachfolgern Joseph I. und Karl VI. Selbst Prinz Eugen erreichte in seinem Kampf gegen eigennützige und nachlässige Hofstellen nicht viel mehr als Montecuccoli, erst unter Kaiser Franz I. Stephan und Maria Theresia besserten sich die Verhältnisse.

Diese Schriften Montecuccolis sind für die politische und militärische Geschichte wichtig, eine andere desselben Jahres 1670, schon im Mai verfasst, ist eines der wenigen Dokumente, die Einblick in das Familienleben des Feldmarschalls geben. Es ist die „Institutione di Leopoldo mio figlio", Regeln für die Erziehung seines achtjährigen Sohnes, in mancher Hinsicht verblüffend modern, in anderen Belangen ein Bild des Adelslebens in der Barockzeit.

Die Ernährung glich der, die noch vor 150 Jahren bei uns üblich war: *„Des Morgens erhält er eine Fleischbrühe mit ein oder zwei Stück Brot oder etwas anderes der Jahreszeit Angemessenes, frische Butter, frische Eier und dergleichen, er enthalte sich jedoch vom Genuss des Fleisches, welches den Magen zu sehr beschwert. Zu Mittag genieße er alles nach Geschmack ohne Unterschied, aber mit Maß ..."*

Nach dem Unterricht sollte der junge Graf viel Bewegung im Freien machen, Spaziergänge und Besuche bei jungen, ebenbürtigen Edelleuten sowie in Klöstern. Für das Reiten und Fechten erschien der Knabe dem Vater noch nicht kräftig genug, aber er sollte schon dabei zuschauen, um daraus zu lernen, ebenso beim Gebrauch von Pike und Muskete. Vorläufig sollte Leopold sich mit dem Federball und einem anderen Ballspiel mit einem Racket begnügen und täglich eine Tanzstunde erhalten. Dafür und für den künftigen Unterricht im Gebrauch der Waffen seien nur vorzügliche Meister heranzuziehen.

Über körperliche Züchtigung schrieb Montecuccoli: *„Obgleich mein Sohn von sehr lenksamem und gehorsamen Gemüte ist, so bedarf es gleichwohl auch einer liebreichen Strenge, stets aber soll im Notfalle die Bestrafung mit aller Sanftmut erfolgen, niemals jedoch mit Schlägen, die der Gesundheit überaus schaden, es sei denn, dass dies ohne Zorn und Leidenschaftlichkeit geschieht."*

Die religiöse Erziehung war selbstverständlich sehr wichtig mit Morgen- und Abendgebet, Gebet vor und nach der Mahlzeit und beim Ave-Maria-Läuten. Bei der hl. Messe in der Hauskapelle sollte Leopold ministrieren und jeden Monat zur Beichte gehen. Der Vater hatte es sehr klar gegliedert:
„Betreffs der Ausbildung des Geistes soll mein Sohn in den Pflichten gegen Gott, gegen die anderen und gegen sich selbst unterrichtet werden ... Er begegne achtungsvoll den Höheren, unter denen der Vater, die Mutter und die Lehrer zu berücksichtigen sind. Er sei artig und höflich gegen Gleiche sowie gefällig, aber nicht zu vertraulich mit den Niederen ... Die Freundlichkeit gegen Untergebene besteht darin, dass man sie nie beleidige, weder durch Gebärden noch durch Worte noch auf andere Weise; dass man die Diener mit guter Art befehlige, sie zurechtweise, wenn sie fehlen, sie nie schlage und wenn sie es verdienen, durch die Hand eines anderen züchtigen lasse."
Die Anforderungen im Unterricht waren noch nicht groß: *„Die Studien sollen eineinhalb Stunden vormittags und eine Stunde nachmittags, nicht länger dauern, um den Eifer nicht zu erlahmen; dann hat er aber desto mehr Aufmerksamkeit und Fleiß hiebei zu verwenden. Täglich soll er deutsch und lateinisch Gedrucktes und Geschriebenes lesen, um es richtig, fertig und leicht zu beherrschen ... ohne sich vorläufig in andere Sprachen einzulassen, um sich nicht zu verwirren."*
Obwohl Montecuccoli die weitaus meisten seiner Werke in italienischer Sprache verfasste, gebrauchte er im Familienkreis das Deutsche, schon weil seine Frau das Italienische nicht beherrschte. Das Schloss Hohenegg war zu der Zeit eines der schönsten in Niederösterreich, nach außen hin noch wehrhaft (1683 belagerten die Türken es vergeblich) mit neun Türmen, mehreren Pforten und Höfen, im Inneren ein barocker Prunkbau mit Wand- und Deckengemälden, Stuck und viel Marmor, reichem Mobiliar und Teppichen.
Hier gab es gelegentlich Feste großen Stils, von der Empore im großen Saal spielte Musik zum Tanz, der Schein der vielen Kerzen auf den Lustern leuchtete weit in die Umgebung hinaus. Das Gerede darüber vergrößerte noch alles, aus den zwei getauften Türken, die als Leibwächter dienten, wurde eine ganze Leibwache, die den Feldmarschall begleitete, wenn er sechsspännig den Burgberg hinanfuhr. Die Leibwache war zweifellos übertrieben, in Friedenszeiten brauchte er sie nicht,

im Kriege hatte er eine Eskadron Kürassiere als Leibgarde, die sechs Wagenpferde aber waren wegen der stellenweise starken Steigung nötig, und die Salutschüsse, die bei besonderem Anlass aus den Kanonen der beiden Bastionen abgefeuert wurden, die darf man auch glauben.
Zum Schloss gehörte die Herrschaft Hohenegg mit dem Dorf Hafnerbach, Wiesen, Wäldern und Weingärten. 1668 hatte Montecuccoli dazu die benachbarte Herrschaft Osterburg erworben, schon 1665 die Herrschaft Gleiß am Sonntagberg (Bezirk Amstetten) und einige kleinere Dörfer. Die Burg Gleiß stand auf einer Insel, die damals von der Ybbs umflossen wurde und nur über eine Zugbrücke erreichbar war.
In Wien kaufte Montecuccoli ein Freihaus zurück, das früher zum Besitz Hohenegg gehört hatte, ein stattliches Palais. Ferner besaß er in Wien, das heißt der heutigen Innenstadt, noch Bürgerhäuser; weiter nördlich im Werd, der Vorstadt jenseits der Schlag-Brücke, der heutigen Schwedenbrücke über den Donaukanal, lag ein großer Garten, den der Feldmarschall dem Wiener Bürgermeister abgekauft hatte. Hier ließ er um 1670 ein Lusthaus, eine Art kleines Sommerpalais, erbauen.
Aus dieser Zeit stammt der Bericht eines Franzosen, dessen Name nicht bekannt ist;[44] er war jedenfalls ein gebildeter Herr, politisch unbefangen und vielseitig interessiert. Er erzählt von Wien, den Bauten, den Bewohnern, dem Heerwesen, insbesondere aber dem Hofleben, dem Kaiser selbst und seiner Umgebung. Von Montecuccoli erwähnt er zunächst dessen Ämter als Präsident des Hofkriegsrates, Oberbefehlshaber der Armee und Gouverneur von Raab, dann kurz seine Herkunft und langen Kriegsdienst. Ob er ihn persönlich kannte, ist nicht festzustellen; er hielt ihn für älter, als er tatsächlich war, und schilderte ihn: „*Groß, von gutem Aussehen und einst schöner Gestalt, jetzt aber gekrümmt, schwach, erschöpft von Krankheit und Anstrengungen. Seine Verdienste sind hinreichend bekannt durch Leistungen, die er an der Spitze der kaiserlichen Armeen vollbrachte. Er ist klug, kann voraussehen entsprechend der langen Erfahrung und allem, was er durch besondere Neigung zur Lektüre lernen konnte, ist fähig zu politischer und militärischer Führung, höflich, ehrenhaft und so uneigennützig, dass er nach langer Tätigkeit an Stellen, wo er ohne Schwierigkeiten die Möglichkeit gehabt hätte, sich zu bereichern, nur mittelmäßigen Besitz hat, abgesehen von Vorteilen, die ihm vom Kaiser zuteil werden. Er ist ein Feind des Fürsten Lobkowitz, steht*

aber in guter Beziehung zur Kaiserin-Witwe. Als Höfling hat er geringen Einfluss, ist schüchtern in seinen Ansprüchen und wenig imstande, seine Freunde zu fördern. Übrigens verbirgt er viel Ehrgeiz unter seinem maßvollen Auftreten. Er ist mit einer Schwester des Fürsten Ferdinand Dietrichstein verheiratet, von der er einen recht jungen Sohn hat und wohlgeratene Töchter."

Die Prozesse gegen die ungarischen Rebellen dauerten mehrere Monate lang, erst 1671 waren sie abgeschlossen. Die Hauptschuldigen wurden hingerichtet, ihnen und vielen Mitschuldigen die Güter konfisziert. Der Kaiser hatte die Todesurteile – es waren ohnehin wenige – sehr ungern unterzeichnet, aber die Geheime Konferenz stimmte dafür, auch Montecuccoli, der ihr als Präsident des Hofkriegsrates angehörte. Heute denkt man über Todesurteile anders, vom Standpunkt der Staatsraison erschienen sie damals berechtigt. Immerhin hatten die Rebellen ja dem Kaiser nach dem Leben getrachtet, im Hinterhalt bei Pottendorf 1666 nicht unmittelbar, sondern nur für den Fall, daß die Entführung mißlänge, aber auch schon vorher. Im Auftrage des französischen Botschafters Grémonville – so erzählte wenigstens Markgraf Hermann von Baden im September 1672 dem Esaias Pufendorf – lauerte ein ungarischer Fanatiker im Park des Schlosses Schönbrunn, um den Kaiser zu ermorden; nur die Aufmerksamkeit eines Gärtners soll die Untat verhindert haben.

Den jungen Franz I. Rákóczy begnadigte der Kaiser und hatte danach keine Schwierigkeiten mit ihm, aber dessen Sohn Franz II. wurde noch ein gefährlicher Rebell, dessen Aufstände viele Opfer fordern.

Zu jener und auch in der folgenden Zeit galt Montecuccoli als Feind der Ungarn. Das ist nur bedingt richtig. In seinem militärtheoretischen Werk „Sulle Battaglie" von 1639/41 äußerte er kein einziges negatives Wort über sie, erwähnte sie nur bei den Aufgaben der leichten Reiterei, die man gut brauchen könne. Erst seine Erfahrungen als General-Lieutenant und Präsident des Hofkriegsrates brachten ihn in einen Gegensatz zum ungarischen Nationalismus.

Die öffentliche Ordnung war nur einigermaßen wieder hergestellt, verlässliche Ruhe herrschte noch nicht. Immer wieder kamen über die Grenze oder auch aus Schlupfwinkeln im Lande bewaffnete Scharen, von denen man nicht recht wusste, ob es im Sinne der Staatsmacht

Würden Wahlen unsere
Lebensgrundlagen verbessern,
hätten die Machthaber sie
längst verboten

Rebellen, nach ihren eigenen Begriffen Freiheitskämpfer waren oder bloße Räuberbanden. Sie stellten sich nie zum Kampfe, sondern verschwanden eilig wieder, sobald sie Beute gemacht hatten. Da sie die Wege zwischen Wäldern und Sümpfen gut kannten, waren sie kaum zu fassen. Montecuccoli und andere Herren bei Hofe waren deshalb überzeugt, dass eine Besatzung aus verlässlichen Truppen im Lande bleiben müsse, so wenig das den Ungarn auch gefiel.

XVIII.

Feldzüge am Main und Rhein

Das war aber noch das kleinere Übel im Vergleich zu den Bedrohungen am Niederrhein. Frankreich hatte sich mit England und Schweden gegen die Republik der Vereinigten Niederlande verbündet, auch der Kurfürst von Köln und der Bischof von Münster hatten sich angeschlossen, Herzog Karl Ludwig von Bayern und andere deutsche Fürsten erklärten sich neutral; somit konnte König Ludwig XIV. unbesorgt in Lothringen einfallen und den Herzog vertreiben.

Der Markgraf von Brandenburg aber fürchtete für seine Besitzungen am Rhein und wandte sich an den Kaiser um Hilfe. Leopold I. war durch einen Bündnisvertrag dazu verpflichtet und wollte auch den Holländern beistehen, nicht so sehr ihretwegen als aus Sorge um die Spanischen Niederlande, die von den Franzosen besetzt waren, aber Fürst Lobkowitz überredete ihn, einen Neutralitätsvertrag mit Frankreich zu unterzeichnen. Der kaiserliche Diplomat Francesco Paolo Baron Lisola, der die Situation in den spanischen wie in den freien Niederlanden gut kannte, legte in Wien eine Schrift vor, die zur Hilfe für die Niederlande anregte, Montecuccoli ließ sich davon überzeugen. Da Fürst Lobkowitz zu der Zeit krank war, beschlossen der Präsident des Reichshofrates Johann Adolf von Schwarzenberg, 1670 in den Fürstenstand erhoben, der Oberstkämmerer Johann Max Graf Lamberg und Montecuccoli, den Niederländern 12.000 Mann zu Hilfe zu schicken, ohne offiziell den Krieg zu erklären.

Nachdem die Niederlande sich verpflichtet hatten, monatlich 45.000 Taler für den Unterhalt der kaiserlichen Truppen zu zahlen, stimmte Leopold I. dem Feldzug zu. Dafür brauchte er den bewährten Montecuccoli und ersuchte ihn, das Oberkommando zu übernehmen. Dessen Antwort vom 17. Juli 1672 lautete:

„Obwohl ich die Last eines vorgerückten Alters und die Folgen der Krankheiten an meinem Körper schmerzlich verspüre und ich mich inmitten meiner Familie, an der Seite meiner geliebten Gattin und im Kreise von kleinen Kindern unendlich wohl fühle, darf ich keinen Augenblick zaudern, diese Schwäche zu überwinden, wenn es gilt, dem Rufe Eurer kaiserlichen Majestät Folge zu leisten."

An diesen schönen ersten Absatz des Briefes fügte er einen Wunsch an, den er insgeheim schon längere Zeit gehegt hatte und nun, da der Kaiser ihn brauchte, endlich äußern durfte: er wollte in den Stand der Reichsfürsten erhoben werden. Dafür fügte er Beispiele an, dass schon früher verdiente Feldherren wie Gallas, Piccolomini und Collalto mit einem höheren Rang geehrt worden waren. Zudem meinte er, dass bei den künftigen Unterhandlungen im Reiche der Fürstentitel ihm mehr Autorität verleihen würde. Das war zweifellos richtig.

Wenige Tage später eröffnete ihm jedoch der Obersthofmeister Fürst Lobkowitz, dass dieser große Wunsch auf ein einfaches Gesuch hin nicht erfüllt werden könne, dazu sei schon die Fürsprache hochgestellter Persönlichkeiten nötig; wenn Montecuccoli sie beibringe, dürfe er seine Bitte erneuern. Darüber ärgerte der Feldmarschall sich sehr, denn er erinnerte sich an den Fall des Ottavio Piccolomini: dieser brachte zu seiner Bitte um die Reichsfürstenwürde Empfehlungen bei, erhielt die Würde auch, aber mit der Bemerkung, er hätte auf Fürbitten verzichten sollen, denn die beeinträchtigten den Wert kaiserlicher Entschlüsse. Das war freilich ein anderer Kaiser und ein anderer Obersthofmeister gewesen!

Lobkowitz bemühte sich, den Beleidigten zu beruhigen, und erklärte ihm in einem Gespräch am 23. Juli, Seine Majestät sei der Bitte nicht abgeneigt, müsse aber die Empfehlungen hoher Herren verlangen, weil er das bei den Bedingungen zu seiner Kaiserwahl so zugesagt habe, und es gebe noch viele andere Bewerber um den Fürstenstand, einen Grafen von Nassau und einen von Saarbrücken, den Reichshofratspräsidenten Ernst Graf von Öttingen-Wallerstein, den Grafen Georg Friedrich von Waldeck, der in der Schlacht bei Mogersdorf die Reichsarmee befehligt hatte, und den Präsidenten der kaiserlichen Hofkammer Georg Ludwig Graf Sinzendorf. Gerade die Erwähnung dieser beiden letzten Herren steigerte noch Montecuccolis Ärger, denn er war bei dem einen von dessen militärischer Unfähigkeit, bei dem anderen von dessen korrupter Geldgier überzeugt.

Zum Ende der unerfreulichen Besprechung notierte Montecuccoli: *„So kehre ich zu meinem Dienste zurück und werde meine Befriedigung in genauester und treuester Pflichterfüllung suchen und finden.“* So tat er es und übernahm in seinem Range als Feldmarschall wieder die Stelle eines General-Lieutenants. Die Verhandlungen hatten aber so lange gedauert, dass es schon recht spät, fast zu spät war, einen Feldzug zu beginnen. Immerhin bewährten sich Montecuccolis Maßnahmen für das Heer, er brauchte nicht Rekruten anwerben zu lassen, sondern hatte altgediente, erprobte Soldaten zur Verfügung.
15.000 bis 16.000 Mann sammelten sich in Böhmen, nach anderen Angaben sollen es sogar 17.000 gewesen sein, jedenfalls mehr, als ursprünglich vereinbart worden war; das war das Verdienst des eifrigen Baron Lisola. Auch an die 500 Freiwillige fanden sich ein, Abenteurer und junge Adelige, die sich unter Montecuccoli Kriegsruhm erwerben wollten. Zu ihnen zählte Prinz Foresto d'Este, ein jüngerer Bruder des Prinzen Luigi. Er erhielt die Stelle eines Rittmeisters bei den Kürassieren. Das war für einen Zwanzigjährigen etwas Außergewöhnliches, sein fürsorglicher Onkel Kardinal Rinaldo d'Este dankte dafür schriftlich in schönen Worten.
Der Feldmarschall hatte den Jüngling nur in Erinnerung an dessen Vater Borso d'Este zu sich genommen, hegte wenig Vertrauen zu seinen militärischen Fähigkeiten und gab ihm deshalb die beste Kompanie seines eigenen Regiments, 75 verlässliche Kürassiere, die ihrem unerfahrenen Kommandanten keine Schwierigkeiten bereiten würden. Leider war Foresto sehr verwöhnt und anspruchsvoll, hatte schon seine Reitpferde vorausgeschickt, ließ in Wien noch eine Karosse und Wagenpferde kaufen und kam mit uniformierten Lakaien, Pagen, Kutscher, berittenem Trompeter, Koch und viel Gepäck, das alles enthielt, von verschiedenen Mänteln bis zum Tafelsilber. Auch sein Hofmeister kam mit, Graf Antonio Zappola aus dem Friaul. Er hatte die undankbare Aufgabe gehabt, in Paris den Prinzen zu beaufsichtigen und zu unterrichten, nun tat er es auch beim Heer in Böhmen. Täglich nach dem Kirchgang und abends lehrte er ihn die deutsche Sprache.
Am 26. August 1672 hielt der Feldmarschall in Eger vor den höheren Offizieren eine Ansprache, höchstwahrscheinlich auf Deutsch, das Konzept dafür liegt aber im Kriegsarchiv zu Wien in italienischer Sprache vor. Tapferkeit, strenge Manneszucht und Gehorsam, Ordnung

auch im Gefecht hatte er immer schon gefordert, ebenso bekannt war seine Frömmigkeit, so dass sich niemand wunderte, als er sagte: „*Das Gelingen jeder Unternehmung hängt in erster Linie von der Gnade Gottes ab, der den Sieg nach seinem Willen lenkt, und ich lege jedem Einzelnen ans Herz, immer zuerst Gottes Hilfe zu erflehen und ihm alle Ehre zu erweisen.*“
Anderes in der Ansprache aber war neu im Vergleich zum Dreißigjährigen Krieg, dessen Ende nun schon fast ein Vierteljahrhundert zurücklag, und auch zu den Feldzügen seither. Der Tross sollte so klein wie möglich gehalten werden, für jede Kompanie nur drei Wagen. „*Auch die Offiziere müssen sich, schon des guten Beispiels wegen, an Entbehrungen gewöhnen, denn wer seine Bequemlichkeit vermisst, der bleibe lieber gleich zu Hause ... Die Offiziere dürfen zu ihrer Bedienung keine Soldaten verwenden und diese so dem Dienste entziehen ... Es ist vorgekommen, dass in den Briefen der Offiziere Nachrichten über die Armee oder deren Operationen enthalten waren, die dadurch in die Öffentlichkeit kamen. Das kann großen Schaden bringen! Seine Majestät hat unter Androhung seiner Ungnade befohlen, dass diesem Übelstande radikal abgeholfen werde und in den Briefen nur Privates, absolut keine dienstlichen Angelegenheiten behandelt werden dürfen.*“
Ein Vertrauensmann des Feldmarschalls in Italien, vielleicht Dr. Ricci oder der Verwalter des Stammschlosses, erstellte ein „Verzeichnis der Dienerschaft und Sachen, die dem Herrn Grafen Montecuccoli in diesem Feldzug notwendig sein werden“. Es ist nicht datiert; falls es sich auf das Jahr 1672 bezog, ist anzunehmen, dass der Feldmarschall sich nicht ganz daran hielt, sondern den für ihn vorgeschlagenen Tross verringerte, wie er es von seinen Offizieren gefordert hatte. Der Kuriosität wegen sei jedoch angeführt, was der fürsorgliche Herr in Italien für nötig gehalten hatte:

„*1 Küchenmeister oder eher Hausverwalter*
1 guter Koch
3 Mägde: 2 für die Küche, 1 für das Tafelsilber
3 gute italienische Maultiertreiber
1 guter Sattelknecht
1 Kalesche für die Küche mit 6 oder eher 8 guten Pferden samt ihrer Ausrüstung. Alles befindet sich in Hohenegg.“

Für die Küche schien ein großes Zelt nötig, ferner 14 kleinere für das Personal vom Hausverwalter bis zu den Maultiertreibern, für den Proviant 60 große Säcke. Zum Transport des Gepäcks, der Zelte und der Vorräte würden fünf Wagen nötig sein. Die Karosse, die Wagen- und Reitpferde des Feldmarschalls sind in dem Verzeichnis nicht eigens genannt, wohl aber sein Zelt, das auf seinem Gestänge mitgeführt wurde. Um dessen Ausstattung sorgte sich der Herr in Italien sehr:
„Bezüglich der Decken für Tische und Sessel und die Dekorationen ist es nötig, dass Euer Excellenz mir sagen, aus welchem Stoffe Sie es wünschen, ob sie aus Brokat in modernem Blumen- oder in Flammenmuster sein sollen, sowie die Farbe …"
Das Verzeichnis zeigt somit, dass der Feldmarschall sich an etlichen Aufwand gewöhnt hatte, und erweist ihn auch als Feinschmecker: außer rotem und weißem Wein sollte ihm das allerfeinste Olivenöl (Olio vergine) geliefert werden. Dieses zu besorgen hatte seinen Vertrauensmann viel Mühe gekostet.
Als Montecuccoli am 29. August 1672 aus Eger aufbrach, wusste er noch nicht, ob er oder der Markgraf von Brandenburg, Kurfürst Friedrich Wilhelm I., den Oberbefehl führen werde. Deshalb gönnte er bei Halberstadt den Soldaten ein paar Tage Rast und fragte beim Kaiser an. Leopold I. entschied sich für den Kurfürsten, um den wichtigen Verbündeten nicht zu vergrämen. Darüber freute Montecuccoli sich gar nicht, fügte sich aber in gewohntem Pflichtgefühl und vertraute darauf, dass seine Generäle nur ihm gehorchen würden, er wohl auch den Kurfürsten beeinflussen könne. Die beiden Heere vereinigten sich am 12. September bei Hildesheim, zusammen 40.000 Mann. Die Kaiserlichen sollten noch Verstärkung erhalten, doch die Regimenter und die Artillerie, die schon unterwegs waren, wurden wegen Unruhen in Ungarn zurückberufen.
Friedrich Wilhelm I. wollte das Heer nach Westfalen führen, aber dabei wäre man mit den Franzosen zusammengestoßen, und Montecuccoli hatte Befehl aus Wien, da der Krieg noch nicht erklärt war, keinesfalls eine Schlacht zu schlagen. Er wusste eine andere Möglichkeit, den Feind zum Rückzug zu zwingen, der Kurfürst ließ sich überzeugen. Zunächst zogen die Verbündeten los, als wollten sie geradewegs von Osten die Weser überschreiten, wandten sich aber dann in Eilmärschen nach Südwesten, gelangten an die Lahn und flussabwärts bis zu ihrer

Mündung in den Rhein nahe bei Koblenz. Dort wollten sie den Rhein überschreiten, hatten beim Kurfürsten von Trier um die Erlaubnis gebeten, erhielten sie aber nicht. Die Erzbischöfe von Trier hatten schon früher oft eine reichsfeindliche Politik betrieben, auch Karl Kaspar von der Leyen machte keine Ausnahme. Der Erzbischof und Kurfürst von Mainz verhielt sich nicht besser.

Der schnelle Vormarsch hatte die Franzosen überrascht, der Flussübergang hätte den Vorteil noch vergrößert, aber nun verging kostbare Zeit. Der französische Marschall Henri de la Tour d'Auvergne, Vicomte de Turenne nützte sie aus, indem er weiter nördlich feste Stellungen bezog, und zwar nahe bei Wesel. Diese Stadt am rechten Rheinufer nahe der Einmündung der Lippe gehörte seit über 40 Jahren zur Markgrafschaft Brandenburg, war zwar gut befestigt, aber Friedrich Wilhelm I. wäre wahrscheinlich gern zu ihrer Sicherung hinmarschiert. Darüber hätte Turenne, der große Stratege, sich nur gefreut, doch Montecuccoli tat ihm nicht den Gefallen, sondern schlug seine Brücke über den Rhein viel weiter südlich, vom Feind unbehelligt, bei Mainz im Schutze der Festung Gustavsburg. König Gustav II. Adolf hatte sie seinerzeit errichtet, nun erwies sie sich als sehr nützlich.

Damit zwang Montecuccoli den Gegner, die Stellungen am Rheinufer zu räumen, die Bedrohung von Wesel aufzugeben und nach Süden zu marschieren. Turenne befürchtete nämlich, dass die 6000 Mann, die Montecuccoli schon über den Rhein geführt hatte, in Frankreich einfallen würden, und ging bei Andernach in solcher Eile über den Strom, dass viele Soldaten, angeblich 1000, die zum Fouragieren unterwegs waren, zurückblieben und von den Bauern des Westerwaldes erschlagen wurden.

Die beiden Feldherren waren einander ebenbürtig, fast gleich alt, nur hatte Turenne als Sohn des Herzogs von Bouillon während des Dreißigjährigen Krieges ein rascheres Avancement gehabt und schon den Generalsrang erreicht, als Montecuccoli noch Obristlieutenant war. Sie hatten beide ihren Beruf gut erlernt und wussten, dass man nicht tollkühn angreifen, sondern nur dann, wenn der Sieg sicher wäre, eine Schlacht schlagen dürfe. Also marschierten sie hin und her, bedrohten einander, aber keiner war so unvorsichtig, angesichts des Feindes die Mosel überschreiten zu wollen. Die mutigen Streifzüge der kaiserlichen Kavallerie störten den Gegner, ermüdeten ihn, aber er erhielt Verstärkungen. Diese brachte Louis II. Prinz von Condé und Herzog von Bourbon – derselbe, mit dem Montecuccoli seinerzeit bei Erzherzog Leopold Wilhelm in Flandern als Verbündetem verkehrt hatte.

Noch war nichts Entscheidendes geschehen, der Krieg war noch nicht förmlich erklärt, aber Montecuccoli hatte schon etwas erreicht, nämlich die Hilfe für die Niederlande. Die Franzosen hatten die begonnene Belagerung von Herzogenbusch (Hertogenbosch, Bois-le-Duc in Nordbrabant) und von Maastricht abgebrochen und die in den Niederlanden eroberten Plätze geräumt, weil sie ihre Truppen am Rhein und an der Mosel brauchten.

Mitte Dezember 1672 wurde es zu kalt, um im Freien Lager aufzuschlagen, die Truppen mussten in Winterquartiere geführt werden. Die verbündeten Kaiserlichen und Brandenburger zogen sich nach Osten zurück, überschritten den Main gerade noch rechtzeitig, denn am nächsten Tag zerstörte Treibeis die Brücken, und marschierten zu den vorgesehenen Winterquartieren in Westfalen.

Nun konnte Montecuccoli um Urlaub ansuchen, um bei der Hochzeit seiner ältesten Tochter anwesend zu sein. Für den Fall, dass er nicht rechtzeitig kommen könne, bat er seinen Schwager Fürst Ferdinand Dietrichstein, ihn bei der Feierlichkeit zu vertreten. Es gab noch einen zweiten, vielleicht noch dringenderen Grund für einen Urlaub: Die Strapazen der langen Märsche hatten seine alten Leiden wieder akut gemacht. Im Dezember 1672 hatte er schon aus dem Feldlager bei Mainz an Dr. Ricci, seinen Anwalt in Modena, einen Brief geschrieben über die Verwaltung seines Besitzes; er möge sich bemühen, dass das Geld von den Schuldnern einlaufe und die fälligen Rechnungen bezahlt würden, und schloss mit den Worten: „Betet zu Gott für mich."

Diese Bitte war nötig, denn der Zustand seiner Gesundheit war bereits bedenklich geworden. Er schilderte das in einem Brief an seinen Wiener Arzt am 8. Januar 1673 aus dem Winterquartier in Paderborn: *„Da Euer Wohlgeboren meinen Zustand kennen und mich schon oft behandelt haben, kann ich nicht umhin, Sie zu benachrichtigen, dass die Anstrengungen des Feldzuges einen Rückfall in mein altes Leiden bewirkt haben und der gewöhnliche Blutfluss sehr stark aufgetreten ist. Es ist mir zwar gelungen, durch Einnehmen von Medizin den Blutfluss zu stillen, aber es stellten sich dafür Congestionen im Kopfe, Nebel vor den Augen und dergleichen ein … Es ist leicht zu sagen, dass meinem*

Körper, der durch Mühen, Krankheiten und Wunden herabgekommen ist, eine gute Diät und Regelmäßigkeit notwendig wäre. Ich bitte Sie, das Seiner Majestät mitteilen zu wollen, damit Klarheit über meinen Zustand herrsche und man nicht erstaunt sei, auf einmal zu hören, dass ich in irgendeinem elenden Neste zurückbleiben musste und krank darnieder liege.“

Der Wunsch nach einem Urlaub war also sehr berechtigt. Deswegen schrieb Montecuccoli auch an Fürst Lobkowitz und Fürst Schwarzenberg; Anfang Februar konnte er schon dem Kaiser aus dem Lager bei der Festung Ziegenhain in Hessen für den bewilligten Urlaub danken, aber auch in diesem Brief machte er sich noch Sorgen um die Truppen, Aufstellung neuer Regimenter und um gute Quartiere. Zu dieser Zeit musste er sich auch mit Unerfreulichem auseinandersetzen: die Brandenburger hatten sich in den Dörfern, in denen sie überwinterten, viele Übergriffe zu Schulden kommen lassen, und da die geschundenen Bauern Untertanen kirchlicher Würdenträger waren, beschwerte sich der päpstliche Nuntius Mario Albizzi darüber bei dem kaiserlichen Gesandten in Berlin und auch bei Montecuccoli.

Als dieser seine Reise nach Wien antrat, kam er nicht weit, musste sie schon in Nürnberg unterbrechen und lag schwer krank und schwach zu Bett. Entsprechend betrüblich schrieb er am 4. März 1673 an den Kaiser: *„Die Ärzte meinen wohl, dass ich noch völlig genesen könne, aber nur durch Blutveränderung durch den Genuss von Kräutersäften und Ziegenmilch, welche Kur aber erst im April, zur Zeit der Kräuterblüte, begonnen werden kann.“* Am Schluss des Briefes schrieb er resignierend: *„Ich bitte mir zu gestatten, zu den Stufen des Thrones zurückzukehren und mein Können jenen Dienstzweigen zuzuwenden, denen meine Gesundheit gewachsen ist.“*

Er dachte also daran, den Oberbefehl über die kaiserlichen Truppen im Feld abzugeben, so schwer ihm das auch fiel, aber er war ja noch Präsident des Hofkriegsrates! Im Krankenbett in Nürnberg entwarf er einen Plan für den Feldzug 1673 zusammen mit dem Kurfürsten von Brandenburg. Als er erfuhr, dieser werde von den Schweden bedrängt und verhandle deshalb über einen Frieden mit Frankreich, war er nicht erschüttert. Offenbar an einem Tag, an dem es ihm gesundheitlich besser ging und der alte Mut zurückkehrte, notierte er, er sei bereit, auch allein einen offensiven Krieg zu führen, nur davor, in

einem defensiven Krieg jemand anderem unterstellt zu sein, möge Gott ihn bewahren.
Als er Mitte April nach Wien kam, riet er allen Herren bei Hofe, als Ersatz für Brandenburg aus allen Reichsstaaten, Lothringen und Spanien, dazu Dänemark und Schweden eine Allianz zu bilden. Ferner schlug er vor, während eines Waffenstillstandes mit Frankreich Magazine anzulegen, die Festungen zu verstärken und durch neue Werbung das Heer auf 30.000 bis 40.000 Mann zu bringen.
Während Montecuccoli krank und dann in Wien war, führte den Befehl über das Heer der Feldmarschall Alexander Herzog von Bournonville und Graf zu Hénin, ein Wallone, der vorher im Dienste der Königin von Spanien gestanden war. Montecuccoli kannte ihn und seine Familie schon von Brüssel 1655 her und hatte 1664 vorgeschlagen, ihm im kaiserlichen Heer ein Kommando anzuvertrauen. Militärisch war Bournonville erfahren, nicht aber im Umgang mit dem Großen Kurfürsten. Dieser hatte angeblich 80.000 Taler Subsidien erhalten, aber anscheinend nicht mit den Kaiserlichen teilen wollen, ja vielleicht sogar die Summe verheimlicht. Bournonville erhob Vorwürfe, so dass es zu bösem Streit kam und der Kurfürst betrübt daran dachte, wie gütlich er sich mit Montecuccoli geeinigt hätte. Um dem alten Kampfgefährten eine Freude zu bereiten, schrieb er einen Brief an den Kaiser, in dem er dringend empfahl, Montecuccoli in den Fürstenstand zu erheben, doch Leopold I. hatte andere Sorgen:
Seine geliebte Gemahlin Margarita Teresa stand erst im 22. Lebensjahr, aber ihr Körper war von vier Geburten erschöpft, sie wurde zusehends schwächer und starb am 22. März 1673, von den Kindern war nur mehr eine Tochter am Leben. Um die Dynastie weiter bestehen zu lassen, musste der Kaiser noch einmal heiraten, vorläufig wollte er jedoch nicht daran denken. Umso mehr beschäftigten sich die Würdenträger des Hofes mit dem Problem, auch Montecuccoli. Am 23. Juni legte er in Wien seine Meinung dazu nieder; wann er diese Schrift dem Kaiser überreichte, ist nicht bekannt, aber dass er es überhaupt wagen durfte, zeugt für das Ansehen, das er genoss.
Dieses „Gutachten", wie es in der deutschen Übersetzung benannt ist, umfasst nur eineinhalb Seiten, ist anfangs mit lateinischen Zitaten aufgeputzt, nennt dann die drei Prinzessinnen, die in Frage kamen, samt allem, was für oder gegen die beiden ersten sprach, und empfahl danach

die dritte. Erzherzogin Claudia Felicitas war die letzte Habsburgerin der Tiroler Linie, Cousine und Mündel des Kaisers, kaum 20 Jahre alt; von ihr war zu erwarten, dass sie einen Thronerben zur Welt bringen würde. Fürst Lobkowitz trat für eine andere der drei Damen ein, aber der Hofkanzler und der Beichtvater des Kaisers waren derselben Meinung wie Montecuccoli, sie setzten sich durch. Schon am 15. Oktober 1673 wurde die Ehe geschlossen.

Im Juli dieses Jahres war Montecuccoli nicht im Felddienst, doch als Präsident des Hofkriegsrates tätig gewesen und hatte eine Denkschrift über die schlechte Wirtschaft in der Hofkammer verfasst. Zum Teil waren es dieselben Übelstände, die er schon früher angeprangert hatte, aber diesmal gebrauchte er noch offenere, noch härtere Worte gegen die Korruption der Hofkammer und sogar des Obersthofmeisters. Markgraf Hermann von Baden bezeichnete diesen in einem Gespräch mit Pufendorf geradezu als Verräter. Auch andere Herren bei Hofe misstrauten ihm. Lobkowitz verspürte die vielfache Abneigung und bat im September 1673 um seinen Abschied, aber der Kaiser wünschte keine Veränderungen im Hofstaat und beließ ihn in seinem Amte.

Zu der Zeit lebte, wie erwähnt, im Jesuitenkolleg zu Wien Pater Carlantonio Montecuccoli, ein entfernter Vetter des Feldmarschalls. Er hatte nicht den Titel, aber die Aufgaben des modenesischen Geschäftsträgers am Kaiserhof. Im Laufe der Zeit hatte er allerlei optimistische, kaum realisierbare Aufträge erhalten oder selbst als Projekt entwickelt wie etwa, eine Prinzessin aus dem Hause Este mit dem eben erst verwitweten Kaiser zu verheiraten, dem Prinzen Rinaldo d'Este oder dem Herzog selbst die Krone von Polen zu verschaffen. Für all das bestand wenig, eher gar keine Aussicht, weil der Herzog von Modena wegen seiner Differenzen mit Spanien eher der Seite Frankreichs zuneigte. Carlantonio fühlte sich jedoch ganz als Österreicher, „bis zum letzten Blutstropfen", wie er sagte. Nebenbei besorgte er in Österreich Piken für die modenesischen Truppen, mit Raimondo stand er in vertrautem Verkehr. Für eine Weile hielten sich noch zwei andere Mitglieder der Familie in Wien auf, Marchese Giuseppe Montecuccoli-Polinago, ehemals Gouverneur von Reggio, und dessen Bruder Carlo. Sie sollten dem Kaiser zum Tode seiner ersten Gemahlin das Beileid ihres Herzogs überbringen und blieben gleich, um ihm zur zweiten Ehe zu gratulieren.

Dies und die vielen anderen Ereignisse des Jahres vermochten vielleicht den Feldmarschall von einem großen Kummer abzulenken: seine älteste Tochter Luigia Anna starb. Er hatte sie im zarten Alter von 13 Jahren dem Kämmerer Franz Anton Graf Berkha zur Frau gegeben; anscheinend war ihr Körper noch nicht kräftig genug für eine Entbindung, sie dürfte im Kindbett gestorben sein.

Pater Carlantonio begleitete den elfjährigen Leopold Philipp, den Sohn seines Vetters Raimondo, von Wien nach Hohenegg und blieb als sein Lehrer bei ihm, denn Raimondo hatte auf Wunsch des Kaisers gegen den Rat seiner Ärzte doch wieder das Oberkommando der kaiserlichen Armee übernommen. Am Wiener Hof waren viele Herren dagegen gewesen, sie hofften immer noch auf Frieden mit Frankreich. Noch mehr wünschten das der Nuntius Albizzi und der venezianische Botschafter Morosini; sie hätten es lieber gesehen, wenn der Kaiser nicht die niederländischen Ketzer in Schutz nähme und die beiden großen katholischen Herrscher nicht gegeneinander, sondern gemeinsam gegen die Türken kämpften.

Leopold I. aber dachte an seine Verpflichtungen als Kaiser dem Reich gegenüber, das schutzlos den Franzosen preisgegeben wäre, und ließ sich sogar von seiner Stiefmutter Eleonore, Schwarzenberg und Montecuccoli überreden, zu einer Heerschau nach Eger zu reisen. Albizzi und Morosini hätten ihn gern dorthin begleitet, um ihn noch im letzten Augenblick umzustimmen, aber er nahm nur den spanischen Botschafter Balbases mit, denn Spanien hatte für den Krieg Hilfsgelder versprochen.

Davon wusste Montecuccoli, er kannte die Umtriebe der ausländischen Diplomaten. Umso mehr freute er sich, dem Kaiser ein beachtliches Heer zeigen zu können, und der Kaiser äußerte sich sehr zufrieden mit dem, was sein General-Lieutenant zustande gebracht hatte. Es sollen 10.000 Kürassiere gewesen sein, 1000 Dragoner, 16.000 Infanteristen. Während des Feldzuges erhöhte sich die Zahl noch auf insgesamt 32.000 Mann.

Nach der Heerschau führte Montecuccoli die Truppen nach Westen. Am 2. September 1673 hielt er in Auerbach eine Ansprache an die Generäle. Es gibt mehrere Orte namens Auerbach; ob es der in der Oberpfalz war oder einer weiter westlich, ist nicht eindeutig geklärt, doch der Wortlaut der Rede ist erhalten; sie klang sehr ernst. Nach der üblichen religiösen Ermahnung sagte er:

„Man muss sich jederzeit zum Gefecht bereit halten, da wir fortwährenden Angriffen ausgesetzt sein werden und dies unausgesetzte Operationen erfordern wird. Es darf daher bei Lebensstrafe niemand seine Fahnen und Standarten verlassen oder sich über Musketenschussweite aus dem Quartier entfernen. Der Tross ist auf ein Mindestmaß zu reduzieren, Weiber und Kinder sind zurückzulassen und man muss sich weiters begnügen, einfach und ohne jeden Luxus zu leben, da der Soldat nur für den Krieg angeworben ist … Land und Leute dürfen nicht ausgeplündert werden, wie es im Feldzuge des vergangenen Jahres geschehen ist, wodurch es kam, dass auf dem Regensburger Reichstage sich das ganze Reich über die Ausschreitungen des kaiserlichen Heeres beklagte … Ich will nicht, dass man uns eine Rotte Gauner und Diebe nenne, es wird daher der Rumormeister ununterbrochen patrouillieren, und wehe dem, der ertrappt wird! Ich werde für eine regelmäßige Bezahlung und Verpflegung sorgen, damit jeder leben und Ordnung halten könne, ohne das Land in Mitleidenschaft zu ziehen.“

Mit diesem Problem hatte Montecuccoli sich schon beschäftigt, als er 1641 in der Gefangenschaft zu Stettin seine „Abhandlung über den Krieg“ verfasste. Da schrieb er im 4. Kapitel über die Disziplin: *„… damit die Soldaten sich aller Gewalttätigkeit und allen Raubes enthalten und reine Hände haben. Es soll den Soldaten nicht gestattet sein, mit ihren Quartiergebern grob umzugehen, sie sollen mit den Landesbewohnern nach dem bürgerlichen Rechte leben … Es soll niemand des anderen Huhn rauben, des anderen Vieh antasten noch auch Trauben abreißen, die Feldfrüchte verwüsten … Um solch eine gute Ordnung in einem Heere aufrecht zu erhalten, ist vor allem nötig, dass die Auszahlung des Soldes sicher sei, denn wovon könnte der Soldat leben als vom Solde oder vom Raube?“*

Über die Duldung von Weibern und Kindern im Tross des Heeres hatte Montecuccoli geschrieben, als er 1667/68 im Auftrag des Kaisers ein Gutachten über das Werk „Von der Notwendigkeit eines stehenden Heeres“ abgab, das der Domherr Johann Baptist Wenzel in lateinischer Sprache verfasst hatte. Darin heißt es:

„Die Weiber dienen dem Soldaten zur Kriegszeit insbesondere, um ihm ein Hemd, einen Topf, ein Bündel nachzutragen, ihn mit Wasser zu versehen, eine Suppe zu kochen, Stroh herbeizuschaffen und ähnliche Dinge zu einer Zeit zu besorgen, während welcher der Soldat auf

der Wache oder in Bereitschaft ist, damit er bei der Rückkehr eine Labung und Erquickung finde... damit sie die Kinder der Soldaten zur Welt bringen, warten und pflegen, welche, geboren unter Gottes freiem Himmel und inmitten von Ungemach herangezogen, die besten Rekruten für die Armee liefern."

Weder der Domherr noch der Feldmarschall gingen auf ein Gebiet ein (vielleicht weil es ihnen selbstverständlich schien), auf dem die Frauen damals sehr nötig waren, nämlich in der Sorge für die Verwundeten und Kranken. Militärärzte und Sanitäter gab es noch lange nicht, höchstens medizinisch halbwegs gebildete „Chirurgen", die ihrerseits die Feldschere anlernten. Solch ein Chirurg oder Feldscher konnte vielleicht ein zerschmettertes Glied grausam amputieren, einen Knochenbruch schienen, einen Säbelhieb vernähen, eine Musketenkugel herausziehen, wenn sie erreichbar war, und Schröpfköpfe oder Blutegel setzen, aber die Pflege der Verwundeten und Kranken blieb den Frauen überlassen. Sie verfügten über altüberliefertes Wissen, nützliche oder zweifelhafte Methoden, mit viel Aberglauben vermengt, doch mochten auch ihre Kräutertränke und Salben nicht verlässlichen Erfolg haben, half schon ihr Beistand, wenn sie einem Soldaten, der unter dem Messer des Feldschers lag, die Hände hielten oder einem Fiebernden den Schweiß von der Stirne wischten.

Es war also eine sehr harte Maßnahme des Feldmarschalls, die Soldatenfrauen aus dem Tross des Feldheeres zu verbannen, doch nötig, denn die französischen Soldaten führten keine Familien mit sich. Die Offiziere aber taten es zum großen Teil (auch noch auf Napoleons Feldzug nach Rußland 1812!) und ihr Tross war groß, so dass Montecuccoli nun schneller operieren konnte als der Feind.

Da der Markgraf von Brandenburg einen günstigen Separatfrieden mit Frankreich geschlossen hatte, war der Gegner an Truppenzahl überlegen, aber Montecuccoli brauchte keine Rücksicht mehr auf den Feldherrenehrgeiz des Großen Kurfürsten zu nehmen und konnte seiner eigenen Strategie gemäß vorgehen. Sie bewährte sich wieder: er ließ sich nicht zu einer Schlacht gegen die Übermacht verleiten, sondern wich aus, bedrohte dafür die Nachschubwege des Gegners. Sooft dieser vorstieß, fand er die Kaiserlichen in einer unangreifbaren Stellung, gedeckt durch Flüsse, Sumpfland oder Berge.

Ebenso vermied es Montecuccoli, Turenne anzugreifen, wenn dieser eine bessere Stellung innehatte. Als ihm aber einmal eine Gelegenheit günstig erschien und alle seine Offiziere die Schlacht forderten, durfte er sie nicht schlagen, denn ein ausdrücklicher Befehl aus Wien verbot es ihm. Wer davon nichts wusste, machte sich über den Zauderer lustig, in Wien waren Spottverse zu hören. Montecuccoli erfuhr davon durch Pater Carlantonio, ärgerte sich sehr, aber er war nicht der Mann, sich über einen klaren Befehl seines Kaisers oder des Obersthofmeisters hinwegzusetzen.

Es war die Situation bei Ochsenfurt: Zu beiden Ufern des Mains standen die Heere einander gegenüber, keiner der beiden erfahrenen Strategen und Taktiker versuchte, einen Flussübergang zu erzwingen. Montecuccoli hatte jedoch die Franzosen von ihrer Zufuhr aus Bayern abgeschnitten, ein Streifkorps von 1000 Kürassieren zerstörte Magazine der Franzosen, bemächtigte sich der neun Kähne, die auf dem Main Nachschub bringen sollten, und erbeutete 52 Karren voll von Lebensmitteln. Der Hunger der Truppen zwang Turenne, das Lager abzubrechen und sich in Richtung auf Philippsburg zurückzuziehen, eine ehemalige Reichsfestung, nun in Hand der Franzosen, an einem rechten Nebenarm des Rheins.

Jeder Offizier wusste, dass das der richtige Zeitpunkt wäre, den Fluss zu überschreiten und den Feind zu verfolgen, im Rücken anzufallen und zu schlagen, aber niemand wusste, dass es verboten worden war. Trotzdem nützte der Feldmarschall die Lage aus, zog den Main abwärts und gelangte binnen eines Tages und einer Nacht nach Würzburg. Angesichts des Feldmarschalls und dessen Heeres sah der Bischof ein, dass es besser sei, die Feinde des Reiches nicht mehr zu unterstützen.

Dafür versprach Montecuccoli, das Frankenland vor künftigen feindlichen Einfällen zu schützen, und ließ einige Regimenter in Würzburg zurück. Mit den übrigen Soldaten brach er auf mit dem Ziel Bonn, Sitz des Erzbischofs von Köln, des Kurfürsten Prinz Maximilian Heinrich von Bayern, der mit Frankreich verbündet war. Da ein schwieriger Marsch bevorstand, teilte er das Heer. Den größeren Verband führte Bournonville auf einer leichten, aber längeren Strecke, den anderen Montecuccoli auf kürzerem, schwierigerem Weg durch den Spessart. Bei Lohr am Main trafen sie wieder zusammen und zwangen Turenne, sich immer weiter zurückzuziehen. Als sie bei Frankfurt den Main überschritten hatten, war Franken von der Furcht befreit.

Mit vielen Märschen, richtigen Winkelzügen, machte Montecuccoli den Gegner glauben, er plane einen Vorstoß ins Elsass, und hielt ihn davon ab, Bonn Hilfe zu bringen. Nach kurzem Aufenthalt in Wiesbaden überschritt er den Rhein und die Mosel; diesmal gestattete es ihm der Erzbischof von Trier. In Koblenz erhielt er Nachricht, dass die Spanier nahe seien, und zog ihnen mit der Kavallerie entgegen. Bald darauf führte der junge Prinz von Oranien die Holländer heran, so dass es möglich war, gemeinsam Bonn zu belagern. Turenne rächte sich für seine Misserfolge, indem er die Pfalz fürchterlich verwüsten ließ, aber zum Entsatz von Bonn konnte weder er etwas unternehmen noch das französische Heer, das aus Flandern heranmarschierte. Nach sieben Tagen harter Kämpfe ergaben sich die französischen und kölnischen Truppen in Bonn am 12. November 1673.
Bonn war gut mit Artillerie ausgestattet, deshalb hatte Montecuccoli, wenn er gleich den anderen Feldherren auf Erkundung ritt, sich mehrmals in unmittelbarer Gefahr befunden. Das hatte den alten Krieger nicht erschreckt, aber die Strapazen des Feldzuges waren seiner ohnehin schwachen Gesundheit nicht gut bekommen. Seine Willenskraft hatte ihm geholfen, alle Schmerzen zu ertragen, doch nach dieser letzten Waffentat kehrte er, während die Truppen ihre Winterquartiere bezogen, in die Heimat zurück.
Hier fand er nicht den dankbaren Empfang, den er verdient hätte. Der Kaiser zwar verhielt sich gnädig bis freundlich wie immer, die Kaiserin-Witwe stand weiterhin auf seiner Seite, die Minister und anderen Würdenträger bei Hofe (mit Ausnahme der sogenannten Dietrichstein-Partei) begegneten ihm aber bestenfalls zurückhaltend, meistens recht kühl, zuweilen sogar feindselig. Man wusste ja nicht, weshalb er keine entscheidende Schlacht geschlagen hatte, auch wenn die Voraussetzungen dafür günstig waren, und alte Gegner wie Ludwig Graf Sinzendorf oder der General-Kommissar Giovanelli vergaßen es ihm nicht, dass er ihre Misswirtschaft offen angeklagt hatte.
Von dieser feindlichen Seite dürfte auch eine Schildung des Feldmarschalls herrühren, die Eduard Vehse in seiner Geschichte des österreichischen Hofes und Adels und der österreichischen Diplomatie (Hamburg 1852, 5. Teil, Seite 55 ff) verwendete: *„Montecuccoli war ein durch und durch negativer, unverträglicher, immer tadelnder und maulender, höchst intriganter, leicht vor nichts zurückschreckender Charakter."*

Der Gerechtigkeit wegen fügte Vehse als Historiker doch auch Positives an: „*... aber ein scharfblickender, geordneter Kopf und ein so vorsichtiger, stets an sich haltender, zaudernder General, dass man ihn ‚centum oculi' zu nennen pflegte, ein Meister der Märsche und Lager. Grundgelehrt hat er auch als Schriftsteller durch seine ‚Memorie della guerra' sich berühmt gemacht ... das Feuer seiner schwarzen Augen war durch Feinheit und Bedachtsamkeit gedämpft. Seine Lebensart war sehr mäßig, er war ebenso Feind lärmender Ergötzlichkeiten als der Etikette. Sein Temperament war entschieden melancholisch ... Montecuccoli war ein klug italienisch Haupt, nicht bloß Kriegsheld und Kriegsverständiger, sondern auch ein großer Theolog, Philosoph, Naturverständiger und Jurist, also ein recht universeller Staatsmann. ... Er hatte eine so ausgezeichnete Rednergabe, dass er ohne alle Vorbereitung die längsten und durchdachtesten Reden halten konnte über einen beliebigen Gegenstand, wobei ihm sein bewundernswürdiges Gedächtnis zu Hilfe kam ... Er besaß in Wien eine umfängliche Bibliothek, sammelte eine Galerie, die zugleich seine Hauskapelle war ... Von den Töchtern berichtet Pacichelli, sie seien die lebhaftesten und bizarrsten am ganzen Wiener Hofe gewesen.*" Das könnte einer der Gründe dafür sein, dass sie schon in sehr jungen Jahren umworben wurden und früh heirateten.

Zu Beginn des Jahres 1674 musste der Feldmarschall sich wieder einmal mit einem lästigen Brief aus Italien befassen: Prinz Foresto d'Este hatte den Feldzug des letzten Jahres mitgemacht, aber enttäuscht festgestellt, dass es dabei weniger kühne Reiterattacken gab als lange, erschöpfende Märsche; er war der Anstrengungen überdrüssig geworden und hatte sich in die Heimat beurlauben lassen. Nun wollte er doch den Ruhm sammeln, der ihm im vergangenen Jahr nicht beschieden war, und dazu wieder seine Kompanie im Kürassier-Regiment Montecuccoli übernehmen. Der Feldmarschall lehnte jedoch mit höflichen Worten ab.

Er war nicht in der Stimmung, sich noch einmal um den hochgeborenen, anspruchsvollen Jüngling zu kümmern; ihn quälten seine Leiden so sehr, dass er ernstlich daran dachte, nicht mehr das Oberkommando zu führen. Als das bekannt wurde, hieß es, er wolle sich nicht mehr mit den anderen Feldherrn herumstreiten, denn die Spanier und Holländer waren nützliche Verbündete, ihre Heerführer aber ihm im Range gleich, sie gehorchten nicht so wie seine Generäle. Es hätte aber seinem Charakter, seiner unwandelbaren Treue zum Kaiser nicht entsprochen, aus solchen Gründen die schwere Bürde nicht mehr zu übernehmen. Viel wahrscheinlicher ist es, dass seine schlechte Gesundheit nicht nur ein Vorwand, sondern ein zwingender Grund dafür war.

In diesem Jahr 1674 bemühte Montecuccoli sich, wieder zu Kräften zu kommen, besuchte Badeorte, schonte sich und verfolgte die Ereignisse der großen Politik und des Hoflebens nur von ferne. Die Ehe des Kaisers mit seiner Cousine Claudia Felicitas von Tirol brachte nicht den ersehnten Thronfolger, eine Tochter starb noch im Jahre ihrer Geburt. England hatte sich vom Bündnis mit Frankreich zurückgezogen, der Kurfürst von Brandenburg seine Neutralität aufgegeben und sich bereit erklärt, wieder auf der Seite des Kaisers zu kämpfen.

In Wien aber geschah schon zu Anfang des Jahres etwas Entscheidendes: Der Hofkanzler Johann Paul Hocher entdeckte unter französischen Depeschen, die abgefangen worden waren, dass die Kanzlei des Obersthofmeisters Fürst Lobkowitz Kopien der Schreiben des Kaisers an Montecuccoli ins französische Heerlager geschickt hatte, Turenne also alle Pläne des kaiserlichen Feldmarschalls kannte und wusste, dass dieser keine Schlacht schlagen durfte. Außerdem soll Lobkowitz diesbezügliche Befehle an Montecuccoli geschickt und dazu das kaiserliche Siegel gefälscht haben. Dass der Erzbischof von Trier im Vorjahr Montecuccoli den Übergang über Rhein und Mosel zunächst verweigert hatte, war auf Wunsch des Obersthofmeisters geschehen!

Zusammen mit Hocher waren Fürst Schwarzenberg und Graf Lamberg der Meinung, Lobkowitz müsse gestürzt werden. Die Herren trafen sich heimlich mit dem Diplomaten Baron Lisola und dem Freiherrn Christoph von Abele, einem einflussreichen Berater des Kaisers, und verfassten eine Anklage mit allen Einzelheiten, die dem Obersthofmeister vorzuwerfen waren. Auch die Kaiserinwitwe Eleonore, die Kaiserin Claudia Felicitas, ihre Mutter Anna von Tirol und Fürst Ferdinand Dietrichstein dürften mitgewirkt haben. In den Schriften Montecuccolis findet sich kein Wort darüber, aber es ist nicht anzunehmen, er habe keinen Anteil gehabt, ja manche Historiker sehen sogar in ihm die treibende Kraft. Jedenfalls musste er sich freuen, dass Lobkowitz bloßgestellt und er selbst dafür gerechtfertigt war, dass er keine Schlacht gegen Turenne gewagt habe; preußische Geschichtsschreiber machten ihm das allerdings noch zwei Jahrhunderte später zum Vorwurf.

Diese Verschwörung gegen den Obersthofmeister brauchte freilich ihre Zeit, um wirksam zu werden. Es scheint, dass auch der Erzbischof von Mainz etwas dazu beitrug, indem er, um sich zu rechtfertigen, dem Kaiser einen Brief vorlegen ließ, in dem Lobkowitz ihn ersucht hatte, den kaiserlichen Truppen den Rheinübergang zu verwehren. Leopold I. setzte eine Untersuchungskommission aus fünf hohen Würdenträgern ein, auch Montecuccoli gehörte dazu. Einen förmlichen Prozess wünschte der Kaiser nicht, um Lobkowitz vor der Öffentlichkeit zu schonen, benahm ihm aber am 16. Oktober 1674 alle Ämter und verbannte ihn vom Hofe. Die Hofkammer beschlagnahmte alle seine Wertpapiere, soweit sie in Wien lagen, und Bargeld von angeblich 190.000 Gulden, aber Lobkowitz war deswegen noch kein armer Mann. Auf seinen Gütern in Böhmen im schönen Schloss Raudnitz (Roudnice) an der Elbe mit reicher Bibliothek konnte er noch einige Jahre zwar krank, aber unbehelligt leben.

XIX.

Noch einmal in den Krieg

Zu Beginn des Jahres 1675 hatte Montecuccoli sich vorgenommen, sich der Ruhe und Erholung zu widmen, und es vorerst auch getan, aber auf längere Zeit hätte er Untätigkeit nur schwer ertragen. Das Amt als Präsident des Hofkriegsrates ergab genug Arbeit, dazu befasst er sich mit Plänen zu einer umfassenden Reform des Heeres und dürfte auch an dem Werk über Ungarn weitergearbeitet haben, das er später unter dem Titel „L'Ungheria nell anno 1677" abschloss.

Dazwischen fand er doch Zeit, sich um seine Frau und die Kinder zu kümmern. Die älteste Tochter war, wie erwähnt, bereits verstorben, die anderen beiden, auch bald heiratsfähig, lebten noch im Kreise der Familie, und besondere Aufmerksamkeit widmete er seinem Sohne Leopold Philipp, der bereits zwölf Jahre alt geworden war.

Die Probleme der Königswahl in Polen berührten ihn nicht übermäßig, aber ganz gleichgültig waren sie ihm nicht, denn unter den vielen Kandidaten befanden sich zwei, denen er sich verbunden fühlte, Karl V. von Lothringen und Rinaldo III. d'Este. Er äußerte sich nicht darüber, wem von beiden er die Krone eher gegonnt hätte, seinem Kampfgefährten oder seinem Landsmann; bekanntlich errang sie keiner von beiden, sondern ein einheimischer Adeliger namens Jan Sobieski.

Raimondo Montecuccoli dachte mit zunehmendem Alter immer öfter an die Heimat. In der Kirche der Santa Margherita in Modena stand ein Altar, welcher der Familie Montecuccoli gehörte, und zwar dem Zweig, dessen Oberhaupt Raimondo war. Er ersuchte seinen Vetter Giulio, für die Ausstattung des Altares 25 Scudi in Gold aufzuwenden, nach anderen Angaben sogar die doppelte Summe; das Geld werde ihm die Schwester, die Nonne geworden war, vorläufig ersetzen. Vielleicht löste er damit ein Gelübde ein, das er für glückliche Rückkehr aus dem letzten Feldzuge abgelegt hatte.

Die geringen Erfolge der kaiserlichen Truppen während des Jahres 1674 und die schlechten Winterquartiere verstärkten bei den Offizieren und Soldaten das alte Verlangen, für 1675 möge wieder Montecuccoli das Kommando übernehmen; auch der Kaiser wünschte es. Noch dazu hatte Turenne gleich zu Beginn des Jahres zwei Siege errungen und der Kurfürst von Brandenburg ließ seine Soldaten lieber gegen die Schweden als gegen die Franzosen kämpfen.

Dass Montecuccoli Feinde und Neider bei Hofe und einzelne auch in der Armee hatte, war bekannt und im allgemeinen Intrigenspiel nicht verwunderlich. Daneben gab es hohe Herren, die persönlich nichts gegen ihn hatten, ihn aber als Konkurrenten betrachteten, als Störfaktor bei Hofe; deshalb hätten sie ihn lieber am Rhein als in Wien gesehen. Graf Lamberg war vorläufig in der Nachfolge des Fürsten Lobkowitz als Obersthofmeister eingesetzt und sah diese schöne Stellung gefährdet, falls Montecuccoli sich darum bewerben sollte, Fürst Schwarzenberg als Präsident des Reichshofrates legte wenig Wert darauf, einen starken Mann in der unmittelbaren Umgebung des Kaisers zu sehen, Graf Sinzendorf wusste von der Kritik Montecuccolis an der Hofkammer und fürchtete strengere Kontrollen seines einträglichen Amtes, wenn Montecuccoli bei Hofe bliebe. Diese Herren sollen den Beichtvater des Kaisers Pater Emerich Sinelli benützt haben, der gutmütig und beschränkt war und Intrigen liebte, wenn er sie auch nicht ganz durchschaute. Das erwähnte zumindest Pater Carlantonio Montecuccoli, der sich als Jesuit dem biederen Kapuziner überlegen fühlte, in seinen regelmäßigen Berichten nach Modena. Pufendorf dagegen nannte in seinen Tagebüchern Sinelli einen aufrichtigen Mann. Als Sohn eines Fleischhauers in Komorn hatte der Pater keinen leichten Stand zwischen den hochadeligen Herren, doch 1680 machte der Kaiser ihn zum Bischof von Wien.

Den meisten Wert legte der Kaiser darauf, dass Raimondo Montecuccoli im Jahre 1675 wieder den Oberbefehl übernehme, und wusste auch, wie er ihn dazu verlocken könnte, die Rücksicht auf die schwache Gesundheit zu überwinden. Am 8. März schrieb er ihm: *„In Anerkennung der treuen und nützlichen Dienste, die Ihr Mir und Meinem Hause geleistet habt, aus welchen Mir so viele Vorteile erwachsen* *sind, will ich Euch diese Gnade antun und Euch hiemit versprechen, dass ich Euch bei der nächsten Ernennung von Reichsfürsten auch einbeziehen werde.“*

Dieser Brief enthielt noch weitere Versprechungen. Diejenige, dass Montecuccolis Kürassier-Regiment dereinst an seinen Sohn übergehen werde, wurde erfüllt, von anderen ist es nicht ganz sicher, Ländereien in Ungarn im Wert von 100.000 Gulden scheinen im Testament des Feldmarschalls nicht auf.[45]

Ein erster Entwurf zu diesem Testament stammt aus dem Jahre 1672. In der vernünftigen Ansicht, dass die Güter nicht durch Erbteilungen im Laufe der Generationen zerflattern sollten, erklärte Montecuccoli Hohenegg und Osterburg zu einem Familienfideikommiss:

„Ich ernenne also zum Universalerben meinen Sohn Leopold Philipp mit der Verpflichtung, diese beiden Herrschaften weder zu teilen noch zu verkleinern oder zu entwerten und sie nach dem Prinzip der Erstgeburt auf seinen Sohn und so weiter zu vererben … Meine Feudalherrschaft Montecucculo in Italien geht ohnehin ohne weitere Bestimmung auf meinen Sohn über; über die weiteren mir gehörigen Güter kann mein Erbe nach eigenem Gutdünken disponieren und, ohne das Fideikommiss zu belasten, auf dieselben die Witwenversorgung vormerken lassen.“

Nach diesem Entwurf in italienischer Sprache fertigte Montecuccoli nun 1675 eine neue Fassung an. Die Stiftung eines Familienfideikommisses bedurfte der Zustimmung des Kaisers. Leopold I. bestätigte sie am 2. April.

Nunmehr war Montecuccoli geneigt, wieder das Heer zu führen, stellte aber Bedingungen: Erstens dürfe er keinem anderen Feldherrn unterstellt werden und auch nicht abhängig sein von Weisungen des Hofkriegsrates, dessen Vorsitz während seiner Abwesenheit ja jemand anderer übernehmen würde. Zweitens forderte er für Sold, Verpflegung und Munition des Heeres 60.000 Taler. Der Kaiser bewilligte beides und schrieb ihm, dass er ihm überlasse, wie er zu operieren habe *„und Ihr schon denen vorfallenden Conjuncturen nach, ohne weitere Bescheiderholung wohl zu tuen wissen werdet“*.

Vor der Abreise bat Montecuccoli seine Frau, Pater Carlantonio zuzureden, er möge ihn ins Feld begleiten. Die Gräfin und sogar der Kaiser ersuchten den Pater dringend, über die Gesundheit des Feldmarschalls zu wachen. Am 30. März 1675 erstattete Montecuccoli dem Kaiser einen Vortrag, der schriftlich niedergelegt wurde, über die Eröffnung des Feldzuges mit allen geplanten Maßnahmen und den zu erwartenden Schwierigkeiten.

Sobald er am 11. April von Wien aufgebrochen war, fühlte er sich schon besser, die neue große Aufgabe weckte seine Lebensgeister. Er nahm seinen Weg über München, um vom Kurfürsten Unterstützung zu erbitten; darüber, welche Zusagen er erhielt, gibt es widersprechende Berichte.[46] Die schwäbischen Städte versprachen, Truppen zu stellen, insgesamt aber blieben die Rüstungen der deutschen Reichsstände weit hinter dem zurück, was man in Wien erhofft hatte.

In Ulm lag General Enea Caprara krank. Das nahm Pater Carlantonio zum willkommenen Vorwand, bei seinem Verwandten in der schönen Stadt zu bleiben, sich die Strapazen eines Feldzuges zu ersparen und dessen Verlauf nur von fern zu verfolgen, aber er schickte eifrig Berichte darüber nach Modena. Sie sind nicht völlig verlässlich, immerhin zusammen mit anderen Angaben von Zeitgenossen nützlich, da Raimondo Montecuccoli selbst nichts aufzeichnete.

Der Feldmarschall kaufte in Bayern Lebensmittel für die Soldaten und begab sich über Frankfurt den Main abwärts zum Sammelplatz des Heeres. Er fand die Truppen recht niedergeschlagen von den Leiden in den schlechten Winterquartieren und den letzten Misserfolgen im Felde, aber als sie hörten, er werde sie wieder führen, jubelten sie und noch mehr die Offiziere. Nur Graf de Souches, der inzwischen einen Teil der Armee kommandiert hatte, freute sich gar nicht.

Der begeisterte Empfang befriedigte Montecuccoli, der Zustand der Truppen dagegen erweckte große Sorge. Ein Infanterie-Regiment sollte theoretisch 1200 Mann zählen, aber das beste der vorhandenen war nach dem Feldzug des Vorjahres nur mehr 421 Mann stark! Durch Tod, Verwundung, Krankheiten, Gefangenschaft und Fahnenflucht war die Infanterie sehr herabgekommen, bei der Kavallerie stand es teilweise besser. Dem Kürassier-Regiment Gondola fehlten nur 63 Mann zur Soll-Stärke von 888, aber General Dünewald, ein alter Reiterführer aus dem Dreißigjährigen Krieg, hatte nur mehr 347 Mann, manche Regimenter waren noch schwächer, vor allem fehlte es an diensttauglichen Pferden. Als Präsident des Hofkriegsrates, noch bevor er das Oberkommando übernahm, hatte Montecuccoli dafür gesorgt, dass die Lücken aufgefüllt würden, im schweizerischen Aargau, in Tirol und Salzburg Pferde einkaufen und überall die Werbetrommel rühren lassen, doch was da an Männern und Pferden zusammenkam, war nur zum Teil hinreichend ausgebildet.

Turenne stand nach dem Feldzug 1674 auf dem Höhepunkt seines Ruhmes, wollte ihn nicht mehr aufs Spiel setzen und erwog, sich in ein Kloster zurückzuziehen, doch König Ludwig XIV. gewährte es ihm nicht. Aus Ehrgefühl, aber angeblich mit trüben Ahnungen zog er wieder in den Krieg. Beide große Feldherren empfanden die Herausforderung; man sagte, Turenne sei so vorsichtig geworden wie Montecuccoli, dieser so verwegen wie Turenne, und sie lieferten Musterbeispiele der Strategie.

In den Niederlanden sollten außer den einheimischen Truppen auch Streitkräfte aus Spanien und Braunschweig-Zell stehen, am Oberrhein Kaiserliche und Reichstruppen, an der Mosel Kaiserliche, Lothringer, 1000 Spanier sowie 5000 Mann des westfälischen Kreises und des Bischofs von Münster, dazu ein Hilfskorps aus Brandenburg und des Prinzen von Oranien. Gegen einen Angriff aus Schweden standen Truppen des Königs von Dänemark, des Kurfürsten von Brandenburg und des Herzogs von Braunschweig-Wolfenbüttel bereit, dazu noch Kaiserliche und Sachsen. Das sah auf der Landkarte recht beruhigend aus, aber Montecuccoli wusste, dass es sich nicht ganz so verhielt: Die Aufmarschpläne waren vorhanden, aber noch nicht ausgeführt, die Stellungen an der Mosel noch gar nicht besetzt.

Ein besonderer Fall war die Freie Reichsstadt Straßburg. Sie bemühte sich begreiflicherweise, möglichst unbehelligt zu bleiben, aber als das kaiserliche Heer anrückte, musste sie ihm den Rheinübergang auf ihrer festen Brücke gewähren. Der Feldmarschall bemühte sich, die Behörden der Stadt zur Zusammenarbeit zu gewinnen, ließ Mühlen errichten, um das angelieferte Getreide für die Soldaten mahlen zu lassen, und zur Sicherheit noch eine Schiffsbrücke, während Bournonville die vorhandene feste Brücke durch 3000 Mann des Generals Caprara sicherte.

Als aber Turenne heranmarschierte, zwangen die Straßburger Soldaten Caprara, die Brücke zu verlassen. Er hätte Gewalt anwenden können, doch ein Kampf Kaiserlicher gegen die Truppen einer Freien Reichsstadt hätte im ganzen Reich unliebsames Aufsehen erregt. Also ließ Montecuccoli einen ansehnlichen Teil seiner Streitmacht weiter nördlich bei Speyer den Rhein überschreiten und bot Turenne eine Schlacht an. Dieser nahm sie jedoch nicht an, zog ab, überschritt den Strom an einer anderen Stelle und bedrohte Offenburg südöstlich von Straßburg. Das war wieder ein prachtvolles Beispiel der gegenseitigen Winkelzüge! Turenne erklärte seinen Offizieren, auch große Feldherren könnten Fehler begehen, in diesem Falle, dass Montecuccoli das rechte Rheinufer ungeschützt gelassen habe. Als dieser aber wieder an das Ostufer zurückging und in Richtung Offenburg anmarschierte, musste Turenne gestehen, der Gegner habe seinen Fehler allzu schnell ausgebessert und den Franzosen die Beute entrissen.

Wieder bewährten sich die beiden großen Strategen in Tücke und Schlauheit. Turenne hatte eine unangreifbare Position inne, Montecuccoli versuchte vergeblich, ihn herauszulocken, und als das nicht gelang, schnitt er dem Gegner den Nachschub ab. Turenne litt solchen Mangel, dass die Pferde mit Laub genährt werden mussten und viele Soldaten des Hungers wegen desertierten, aber er bestach Bürger von Straßburg mit hohen Summen, dass sie das Getreide, das in der Stadt für die Kaiserlichen aufbewahrt wurde, rheinaufwärts nach Basel verschifften, wo die Franzosen es aufkauften.

Somit hungerte auch das kaiserliche Heer. In Ulm war viel Getreide vorhanden, schrieb Pater Carlantonio nach Modena, aber die kaiserlichen Beamten scheuten den hohen Preis, kauften lieber im Innern der Monarchie, wo es billiger war, doch der Transport dauerte viel länger. Die Heere standen einander so nahe gegenüber, dass die Vorposten miteinander plaudern konnten. Regengüsse machten ihnen das Leben schwer, die Pferde standen manchmal bis zum Leib im Schlamm. Im Juli verließ Montecuccoli das ungünstige Lager und wollte durch einen überraschenden Marsch Turenne von dessen Quartieren abschneiden, erfuhr aber, dass ein Offizier den Plan verraten habe. Danach wurde er vorsichtiger, hielt keine Stabsbesprechungen mehr ab, gab die Marschbefehle erst im letzten Augenblick oder änderte sogar unterwegs die Marschrichtung.

Beide Gegner wollten Sasbach gewinnen, ein Pfarrdorf im Kreis Baden. Am 27. Juli 1675 erreichte Montecuccoli früher das Ziel und bestieg den Kirchturm, der guten Überblick bot, sah die Stellen, wo der Feind anrücken würde, und richtete demgemäß die Verteidigung ein. Als Turenne vor Sasbach eintraf, fand er den rechten Flügel der Kaiser-

lichen in einer unangreifbaren Stellung, auf der anderen Seite aber einen Durchgang, der möglich schien. Er wusste nicht, dass ihm dort Montecuccoli eine Falle gestellt hatte.
Bevor Turenne das Gefecht begann, gönnte er sich noch kurze Ruhe (im Alter von 64 Jahren begreiflich) und befahl, ihn zu wecken, sobald im Lager der Kaiserlichen sich Bewegung zeige. Das war bald der Fall: Montecuccoli ließ auf einem Hügelrücken Kanonen aufstellen. Turenne wurde geweckt und bestieg sein Pferd, um von einem anderen Hügel aus den Vorgang zu beobachten. An seiner Seite ritt der Vicomte de Saint Hilaire, der als General der Artillerie einen roten Mantel trug. Das erschien den Kaiserlichen als lohnendes Ziel; sie schossen nicht nur eine Kanone ab, sondern mit der ganzen Batterie.
Ein Schuss riss Saint Hilaire einen Arm ab, ein anderer traf Turenne in den Leib. Sein Pferd trug ihn zurück ins Lager, dort stürzte er tot aus dem Sattel. Es war 4 Uhr nachmittags. Die Franzosen wollten den Tod ihres Marschalls verheimlichen, aber dessen Barbier lief ins kaiserliche Lager und teilte das Ereignis mit, weil er hoffte, dafür belohnt zu werden. Montecuccoli war erschüttert wie einst vom Tode des Schwedenkönigs Gustav II. Adolf und sagte: *„Es ist ein Mann gestorben, welcher der Menschheit Ehre gemacht hat."*
Artilleriefeuer leitete schon die Schlacht ein, da zogen die Franzosen sich zurück. Den Befehl führte nun ein Neffe des Turenne, der Herzog Guy-Aldonce de Lorges. Er verfügte über Material, Brücken über die kleinen Flüsse und Bäche der Gegend bauen zu lassen. Derlei fehlte Montecuccoli, er konnte nur die Nachhut einholen und besiegen. Eine richtige Schlacht entbrannte erst bei Altenheim, westlich von Offenburg nahe dem Rhein. Sie dauerte den ganzen 1. August über mit wechselndem Erfolg, gegen Abend begannen die Franzosen zu weichen, zogen sich in Wälder zurück und entkamen im Dunkel der Nacht. Montecuccoli hatte noch einmal alle Kräfte seines Körpers angespannt und war trotz des schweren Kürasses 14 Stunden lang im Sattel gesessen.
Bevor er am nächsten Tag die Verfolgung aufnahm, ließ er einen Dankgottesdienst abhalten. Die Franzosen flüchteten indessen über den Rhein und warfen alles, was sie behinderte, schwere Artillerie und Trosswagen, in den Strom. Montecuccoli konnte sie nicht mehr einholen und überschritt den Rhein erst nach ihnen. Zwei Meilen von Straß-

burg entfernt gönnte er seinen Soldaten eine kurze Rast, danach eroberte er einige kleinere Festungen. Das kostete wenig Mühe, brachte aber als Lohn den Proviant, den Turenne dort hatte einlagern lassen.

Hagenau an der Moder im Unterelsass war ehemals eine Freie Reichsstadt gewesen und 1648 Frankreich zugefallen. Während der Feldmarschall begann, Hagenau zu belagern, kam aus Wien sein Neffe Francesco, Sohn des kaiserlichen Kammerherrn Gianbattista Montecuccoli, mit Nachschub an Truppen und dem Sold der Armee für einen Monat. Dazu traf der Herzog von Sachsen-Lauenburg mit 500 Kürassieren ein, aber ohne Geld für ihren Sold. Von einem anderen Heeresteil kam günstige Nachricht; der alte Herzog Karl IV. von Lothringen hatte Trier belagert und ein französisches Heer, das zum Entsatz kam, geschlagen; darauf ergab sich die Besatzung von Trier. Allerdings zeigte sich auch Unerfreuliches im Heer; in der Zeit schlechter Versorgung waren viele Soldaten davongelaufen, mehrere Obristen kamen vor Gericht, weil ihre Regimenter geraubt und geplündert hatten, ein General wurde abgesetzt, denn er hatte Geld für den Sold seiner Soldaten unterschlagen.

Hagenau war eingeschlossen, aber den Kaiserlichen fehlte die schwere Artillerie, die nötig gewesen wäre, die starken Befestigungen sturmreif zu schießen. Zudem rückte ein Entsatzheer an. König Ludwig XIV. hatte den Prinzen Condé, den einzigen Feldherrn, der nach Turenne sich mit Montecuccoli messen konnte, aus den Niederlanden ins Elsass berufen. Am 21. August fing eine Patrouille einen Brief ab, in dem Condé ankündigte, er werde die Kaiserlichen von Straßburg und damit allem Nachschub abschneiden; er kam aber nicht, wie man erwartet hätte, von Norden heran. Montecuccoli verzichtete also darauf, Hagenau weiter zu belagern, und zog mit seinen Truppen Condé entgegen nach Süden. Regenwetter machte die Straßen schwer passierbar.

An den Ufern des kleinen Flusses Breusch, der durch den Regen angeschwollen war, standen die beiden Heere einander gegenüber; da die Kaiserlichen die bessere Position hatten, zog Condé sich nach Schlettstadt zurück. Montecuccoli erreichte nur mehr die Nachhut, schlug sie und eroberte den Tross. Bei dem schlechten Wetter waren besonders die Zelte eine willkommene Beute. Ein Kälteeinbruch setzte den Soldaten sehr zu, denn sie besaßen keine Winterkleidung. Viele Pferde gingen wegen des Mangels an Futter zugrunde.

In diesem Jahr 1675 war nichts mehr zu unternehmen. Condé stellte

sich nicht zum Kampf, für die Eroberung von Hagenau und Zabern fehlte die schwere Artillerie. Im Elsass waren kaum Lebensmittel aufzutreiben, daher dachte Montecuccoli an Winterquartiere nicht nur beiderseits des Rheins, sondern auch in Franken und Schwaben.
Er litt an Bronchitis und der alten Gicht, konnte den rechten Arm kaum bewegen, wollte seine Schwäche aber nicht zugeben. Der toskanische Gesandte in Wien berichtete jedoch darüber in Briefen, ebenso Pater Carlantonio. Dieser schrieb auch, die Befehle aus Wien hätten dem Heer mehr geschadet als die Franzosen, und das dürfte richtig sein, denn der Kaiser musste Rücksicht nehmen auf die Beschwerden deutscher Fürsten, die sich weigerten, dem Heer Winterquartiere zu gewähren. Im Elsass sollen 1300 Soldaten an Hunger gestorben sein, bis Montecuccoli es durchsetzte, seine Truppen doch über den Rhein zurückführen zu dürfen. Zum Schutz des Rheinüberganges befestigte er noch Weißenburg und Lauterburg im Niederelsass, ließ dort 2500 Mann mit zwölf Kanonen zurück und sicherte auch die Brücke bei Straßburg. Das kostete allerdings seine letzten Kräfte, er konnte sich kaum mehr auf den Beinen halten.
Er war entschlossen, mit diesem Feldzug, ungefähr seinem 50., die aktive militärische Tätigkeit zu beenden, vorwiegend aus Gründen seines Alters und der schlechten Gesundheit, aber wohl auch aus Ärger darüber, wie wenig für die Truppen gesorgt wurde. Die Generäle freilich wünschten, dass er auch 1676 wieder das Kommando führe. Das erstrebten ebenso seine Gegner bei Hofe, die ihn weiterhin von Wien fernhalten wollten. Zu ihnen zählte aus unbekannten Gründen der spanische Botschafter Marchese de los Balbases; er soll dem Kaiser zugeredet haben, Montecuccoli für das nächste Jahr neuerlich den Oberbefehl im Elsass zu übergeben oder, wenn dessen Gesundheit es nicht erlaube, ihn wieder als Gouverneur nach Raab zu schicken.
Von Mitte November bis in die ersten Januartage 1676 hielt der Feldmarschall sich in der Freien Reichsstadt Esslingen am Neckar auf, dann glaubte er, stark genug zur Heimreise zu sein. Er musste aber unterwegs Halt machen, um sich zu erholen, und kam erst, begleitet von Caprara und anderen Generälen, am 18. Januar in Wien an. Am selben Abend noch wurde er von Graf Ferdinand Dietrichstein mit einer Kutsche abgeholt und zu einer ersten Unterredung zum Kaiser gebracht, zwei Tage später hatte er wieder hohes Fieber.

In der Wiener Hofburg lebte zu dieser Zeit der berühmte Arzt Gianforte, Professor der Universität von Padua. Der Kaiser hatte ihn holen lassen, damit er seine Gemahlin Claudia Felicitas heile. Gianfortes Diagnose lautete auf Schwindsucht, da gab es wenig Hoffnung. Er übernahm auch die Behandlung des Feldmarschalls und stellte – was niemanden überraschte – Gicht und Arthritis fest und warnte vor einem neuen Feldzug. Trotz arger Schmerzen besuchte der Feldmarschall den Kaiser am 8. Februar 1676. In Wien nahm man allgemein an, er werde sich überreden lassen, doch wieder das Heer am Rhein zu führen, aber er blieb fest, ein neuer Gichtanfall bestärkte ihn in seinem Entschluss. Immerhin nahm er als Präsident des Hofkriegsrates an Konferenzen über den nächsten Feldzug teil und bestand darauf, dass genug Geld für die Soldaten und mehr Artillerie zur Verfügung gestellt würden.

Pater Carlantonio Montecuccoli wurde vom Ordensgeneral der Jesuiten nach Rom zurückberufen und schrieb von dort, er sei ein Opfer des Neides geworden. Die Kaiserinwitwe suchte ihm sein weiteres Schicksal zu erleichtern und schickte empfehlende Briefe an den greisen Papst Clemens X. sowie an Cosimo III., den Großherzog der Toscana, und rühmte Carlantonios Verdienste und seine Redlichkeit.

Die Königin von Spanien wusste, dass ihr Gesandter in Wien den Feldmarschall hasste, und schrieb deshalb direkt an ihren Bruder Kaiser Leopold I. Sie bat, er möge den Befehl über die Armee am Rhein keinem anderen als Montecuccoli übergeben. Ebenso wünschte es der Kommandant der spanischen Truppen in Flandern. Die Königin versprach Montecuccoli den Fürstenrang, der Kaiser suchte über Graf Ferdinand Dietrichstein, ihn zu bewegen, schließlich auch die Kaiserinwitwe Eleonore, aber der Arzt Gianforte erklärte es für vorläufig unmöglich.

Zu Beginn des Frühjahrs unterzog Montecuccoli sich der Kur, die der Arzt vorgeschrieben hatte, und die dauerte entsprechend lange. Währenddessen wurde viel darüber geredet, ob er das Heer wieder führen werde. Er war nicht dazu geneigt, erreichte aber, dass ihm zwei Millionen Gulden bewilligt wurden. Das war eine sehr hohe Summe, nur leider musste er davon auch den Sold für die Truppen in Ungarn und in den Erblanden bestreiten.

Als die Zeit für den Feldzug kam, erhielt vorläufig Herzog Karl V. von Lothringen das Kommando am Rhein; es sollen (Zahlenangaben sind selten verlässlich) 28.000 Mann zu Fuß und 12.000 Reiter gewesen sein.

Als es klar wurde, dass Montecuccoli nicht ins Feld ziehen könne und er vom aktiven Dienst befreit wurde, erlangte der Herzog die definitive Bestellung, aber der Kaiser beließ sowohl aus Höflichkeit wie in leiser Hoffnung Montecuccoli noch den Titel des Oberkommandanten.
Der Herzog von Lothringen hielt sich genau an das, was er von Montecuccoli gelernt hatte. Er soll nur gegen seine Diener, nicht gegen die Soldaten ein Tyrann gewesen sein, gleich seinem Vorbild nicht geldgierig, wegen seiner Armut auch nicht großzügig, nüchtern, wachsam, redlich, fromm, urteilsfähig und vorsichtig. Montecuccoli konnte mit seinem Schüler als Nachfolger zufrieden sein. Auch der Kaiser war zufrieden und gab zwei Jahre später seine Halbschwester Eleonore, die verwitwete Königin von Polen, dem Herzog zur Frau.

XX.

Die letzten Lebensjahre

Gegen die Schwindsucht, wie man damals die Tuberkulose nannte, war auch der große Arzt Gianforte machtlos, Kaiserin Claudia Felicitas starb am 8. April 1676. Sie war eine gute Frau gewesen, aber einen Thronfolger hatte sie nicht geboren, darum musste der Kaiser, ob er danach verlangte oder nicht, recht bald eine dritte Ehe schließen. Nun kam die Prinzessin Eleonore Magdalena von Pfalz-Neuburg an die Reihe, die schon für die zweite Ehe erwogen worden war. Sie war 21 Jahre alt, nicht gerade attraktiv, dafür sehr fromm.

Ende November 1676 reiste der Kaiser ihr entgegen; wegen der militärischen Ereignisse am Rhein und in Ungarn wollte er Montecuccoli als Berater bei sich haben. Dieser reiste nach Linz voraus, wohl aus der vernünftigen Erwägung, dass er so bei den Poststationen leichter frische Pferde vorfinden würde, als wenn er im großen Gefolge des Kaisers führe. In Linz erwartete ihn Ärger. Sooft er in die Stadt kam, pflegte er im Gasthof „Zum schwarzen Adler" am Hauptplatz abzusteigen, aber diesmal waren alle Zimmer besetzt, denn der Pfalzgraf Adolf Johann von Zweibrücken war, obwohl nicht eingeladen, nicht einmal angesagt, mit Frau und Töchtern nach Linz gekommen und hatte sich gerade in diesem Gasthof einquartiert. Es fand sich jedoch bald ein Ausweg, Montecuccoli brauchte sich nur an den Landeshauptmann von Österreich ob der Enns zu wenden, Helmhard Christoph Graf Ungnad von Weißenwolf. Dieser bot ihm gern Unterkunft in seinem Freihaus am Hauptplatz; sein Sohn Michael Wenzel heiratete zwei Jahre später Christine Ernesta, die jüngste Tochter des Feldmarschalls.

Nachdem der Kaiser am 28. November in Linz eingetroffen war, setzte das übliche Hofleben ein. Montecuccoli erhielt Mitte Dezember eine erschütternde Nachricht: seine Frau war von den Pocken befallen worden, einer Krankheit, gegen die es noch kein Heilmittel gab. Er fuhr unverzüglich nach Wien, traf seine Frau aber nicht mehr lebend an; sie war am 15. Dezember 1676 gestorben. Er war untröstlich, denn er hatte gehofft, seine letzten Lebensjahre vom Felddienst befreit und endlich daheim mit ihr zusammen verbringen zu können. In einem Brief an den Marchese Coccapani schrieb er: *„Auf der Welt gibt es niemanden, der sich in bittererem Schmerze befindet als ich durch den Tod meiner geliebten Gemahlin … da ich mich einer Gefährtin beraubt sehe, die der größte Schatz war, den ich besessen habe. Wir müssen uns dem Willen Gottes fügen."*[47]

Dieser Trauerfall ließ den Kaiser und die Generäle hoffen, Montecuccoli würde, schon um sich von seinem Kummer abzulenken, das Kommando über das Heer am Rhein übernehmen, wodurch der Herzog von Lothringen für Flandern frei würde, aber der alte kranke Herr war dazu nicht mehr imstande. Er suchte Trost in der Sorge um die Kinder; besonders der Sohn Leopold Philipp, 14 Jahre alt, brauchte den Vater. Das Leid trieb Montecuccoli noch einmal zur Poesie, er verfasste ein Sonett auf den Tod seiner Frau. Am liebsten hätte er in stiller Trauer auf Schloss Hohenegg gelebt und sich um die Verwaltung des Besitzes gekümmert.

Die Pflichten im Hofkriegsrat riefen ihn aber nach Wien, dann sollte er bei den Feierlichkeiten der Hochzeit des Kaisers in Passau und danach wieder in Linz anwesend sein. Er reiste mit dem Postwagen. Als der Kutscher die zugefrorene Ybbs überqueren wollte, um sich den Umweg zur nächsten Brücke zu ersparen, brach das Eis ein, der Wagen versank, Montecuccoli stand schon bis zum Halse im Wasser, bis er endlich vom Postillion und Mitreisenden gerettet wurde. Das kalte Bad tat seiner Gicht nicht gut, er konnte nicht an allen Festlichkeiten teilnehmen und war in seiner Trauer auch weniger an ihnen interessiert als an den Nachrichten vom Heer.

Diese waren ungünstig: Kaiserliche Truppen waren durch Soldaten der Landesfürsten am Rhein aus ihren Winterquartieren vertrieben worden und mussten ihre Zelte auf freiem Felde aufschlagen! Montecuccoli befahl dem Herzog von Lothringen, die Quartiere notfalls mit Waffengewalt zurückzugewinnen.

Mitunter brachte der Aufenthalt in Linz auch Erfreuliches, vor allem den Kontakt mit dem Vater der neuen Kaiserin, Herzog Philipp Wilhelm von Pfalz-Neuburg. Von ihm dürfte Montecuccoli den kostbaren Diamantring als Geschenk erhalten haben, den er in einem Nachtrag zu seinem Testament erwähnte. Die Jesuitenzöglinge spielten ein lateinisches Theaterstück, eine italienische Schauspielertruppe führte am 7. Januar 1677 im Landhaus eine kleine Komödie auf. Am folgenden Tag nahm der Kaiser in Ebelsberg Abschied von seinem Schwiegervater und begab sich nach Wien zurück; mit dem übrigen Hofstaat reiste auch Montecuccoli.

Nach der Rückkehr aus Linz musste er sich wieder seinen Pflichten als Gouverneur des Komitates Raab widmen, zumindest zeitweise genoss er die Ruhe, die er sich redlich verdient und auch nötig hatte. Er befasste sich mit seinen Werken, schaute die schon geschriebenen durch, verbesserte und ergänzte manches. Sogar seine Gegner in den letzten Feldzügen, Turenne und Condé, hatten seine militärischen Schriften kennengelernt und gelobt. Da diese nur für einen kleinen Personenkreis bestimmt waren, wollte Montecuccoli sie nicht drucken, sondern lediglich Kopien herstellen lassen. Das erwies sich aber nicht durchwegs als zweckmäßig, denn nicht alle Kopisten beherrschten die italienische Sprache ausreichend, so dass sich etliche Irrtümer und Missverständnisse einschlichen.

Herzog Karl V. von Lothringen führte immer eine Kopie mit sich, wenn er ins Feld zog, ebenso tat es ein halbes Jahrhundert später Fürst Leopold I. von Anhalt-Dessau, der als „der alte Dessauer" berühmt wurde. Die erste gedruckte Ausgabe erschien 1704 in Köln in italienischer Sprache und enthielt noch etliche Fehler, danach ließ ein Marchese Francesco Montecuccoli eine lateinische Übersetzung drucken, denn damals beherrschte noch jeder gebildete Europäer diese Sprache. Weitere Übersetzungen erschienen in deutscher, spanischer und französischer Sprache, im 19. Jahrhundert italienische Ausgaben, die nach neuerlichem Studium der Manuskripte verbessert worden waren.

Noch ein Thema lag Montecuccoli in seinen letzten Lebensjahren am Herzen. Im Verlauf der Türkenkriege waren in Ungarn viele Dörfer zum größeren Teil verlassen, Einzelgehöfte ganz aufgegeben worden, Landstriche verödet. Hier, meinte Montecuccoli, sollte die Regierung Soldaten ansiedeln, die 1677 ausgemustert worden waren und vorläufig keinen Lebensunterhalt hatten. Wenn sie samt ihren Familien, mit Vieh und Geräten ausgestattet, sich da niederlassen dürften, wären sie ver-

sorgt und würden ein verlässliches Element zum Schutz des Landes bilden. Wahrscheinlich dachte Montecuccoli dabei an eine Einrichtung nach dem Vorbild der Militärgrenze. Schon Kaiser Ferdinand I. hatte 1535 christlichen Flüchtlingen aus dem Osmanisches Reich Grundstücke im Grenzgebiet von Krain und Kroatien als erbliche Lehen überlassen, sie waren von Abgaben befreit, keinem Grundherrn unterworfen, dafür zum Kriegsdienst verpflichtet. Aus den ersten Ansiedlungen entwickelte sich eine ganze Zone, die dem Hinterland Sicherheit bot, vom Adriatischen Meer bis an die Drau, und außerdem gute Soldaten stellte, die nicht nur ihr eigenes Gebiet schützten, sondern auch anderwärts verfügbar waren. Diese Grenzer, leichte Reiter und Infanterie, kannte Montecuccoli seit dem Dreißigjährigen Krieg und war offenbar überzeugt, dass auch in Ungarn solche Wehrbauern gute Dienste leisten könnten. Er erlebte es nicht mehr, daß sein Projekt verwirklicht wurde, in den folgenden Jahrzehnten aber dehnte sich die Militärgrenze bis Siebenbürgen aus, ihre Männer bewährten sich an allen Fronten.
Die Akademie der Naturforscher war 1651 in der Freien Reichsstadt Schweinfurt in Unterfranken als älteste dieser Art im deutschen Sprachraum begründet, dann nach Wien verlegt worden. Sie ersuchte Montecuccoli, ihr Mitglied zu werden. In einem schönen Schreiben in lateinischer Sprache nahm er die Ehre an, 1678 wurde er Protektor der Akademie. Dafür waren sein Name und sein Rang wichtig, unabhängig davon, ob seine eigenen naturwissenschaftlichen Forschungen und Versuche die anderer interessierter Herren übertrafen oder nicht. Aber dass ein Feldherr und Staatsmann andere als rein militärische und politische Interessen hatte, ist bemerkenswert; es entsprach eben dem Streben nach umfassender Allgemeinbildung, das jenes Jahrhundert aus der Zeit der Renaissance übernommen hatte.
In jüngeren Jahren hatte Montecuccoli, wie erwähnt, Liebesgedichte verfasst und darin lebhaftes Gefühl in eleganter Form ausgedrückt, zumeist nach antikem Vorbild, aber auch gereimt wie die Erzählung „Historia miserabile ma vera degli amori di Morindo per Ariana", die vielleicht Autobiographisches enthält. Nun im Alter beschäftigte er sich mehr mit juridischen Studien, vor allem dem damals aktuellen Thema des Naturrechtes, und mit der Theologie. Die Frömmigkeit, die ihn von Kindheit an beherrscht hatte, bekam eine leicht mystische Färbung; er las nicht nur viel, sondern verbrachte auch manche Nacht mit

tiefsinnigen Gesprächen in seiner Bibliothek. In der bildenden Kunst versuchte er sich nicht selbst, unterstützte aber Maler und schmückte sein Wiener Palais sowie Schloss Hohenegg mit Gemälden älterer und zeitgenössischer Künstler.

Mit Dekret vom 8. Januar 1677 wurde der junge Leopold Philipp Montecuccoli unter die kaiserlichen Edelknaben eingereiht. Das war eine Ehre, aber der Feldmarschall hatte noch andere Pläne für seinen Sohn. Er sandte ihn nach Italien und stellte ihn in einem Brief vom 20. April dem Herzog Francesco II. von Modena vor. Leopold Philipp sollte das Italienische erlernen – auf Hohenegg war ja nur deutsch gesprochen worden – und blieb deshalb nicht in Modena oder auf einem der Schlösser der Familie, sondern begab sich nach Siena, weil dort das reinste, das toskanische Italienisch zu hören war. Rein praktische Erwägungen wie etwa ein geeignetes Internat, wenn er das Studium an der Universität beginnen wollte, können mitgespielt haben; es ist durchaus möglich, dass er sich unter Gleichaltrigen wohler fühlte als bei den Verwandten, die ihm bisher fremd gewesen waren.

Bei allem familiären Zusammenhalt gab es naturgemäß auch Probleme, besonders als mit dem Tode des Carlo Montecuccoli die Linie ausstarb, die Montecenere besessen hatte. Zu Erben waren der Feldmarschall Raimondo Montecuccoli und Alessandro, der letzte der Grafen von Renno, eingesetzt, und daraus ergab sich ein Prozess. Er zog sich über Jahre dahin und trübte die Stimmung zwischen Leopold Philipp, obwohl der ganz unschuldig daran war, und einigen Verwandten. Dafür erlebte er von anderer Seite eine große Ehrung: König Karl II. von Spanien nahm ihn in den Orden des San Giacomo auf mit der erleichternden Erlaubnis, dazu nicht nach Madrid reisen zu müssen, sondern in Wien investiert werden zu können.

Das hatte der König, nur ein Jahr älter als Leopold Philipp, freilich nicht aus Achtung vor dem Jüngling oder fast noch Knaben, sondern vor dessen Vater getan. Im nächsten Jahr ging Karl II. noch weiter und verlieh Raimondo Montecuccoli Ende März 1678 den Titel eines spanischen Fürsten, wie es seine Mutter Eleonore schon während ihrer Regentschaft zugesagt hatte. Diese Tatsache wurde zum Anlass für viele Irrtümer. Das DIARIUM EUROPAEUM berichtete:

„Am 21. dieses Monats ward Herr General-Lieutenant Graf Montecuccoli von kaiserlicher Majestät in den Fürstenstand erhoben und

ihm der Titel des verstorbenen Duc d'Amalfi zugeeignet." Fast wörtlich so, nur mit dem 22. statt des 21. März, war es im THEATRUM EUROPAEUM zu lesen. Dass Zeitungsberichte nicht verlässlich sind, soll auch heute noch vorkommen, die Falschmeldungen vom Frühjahr 1678 waren aber besonders arg. Sie besagten, nicht der König von Spanien, sondern der Kaiser habe den Fürstenrang verliehen, demnach wäre Montecuccoli Reichsfürst gewesen! Das wurde von den Historikern jener Zeit geglaubt und weitergegeben, noch bis zu Beginn unseres Jahrhunderts stand es so in Lexika. Zwar regten sich allmählich Zweifel, aber die Versuche einer Verbesserung kamen der Wahrheit nicht näher. Schon 1736 schien der Titel eines Herzogs von Amalfi unglaubhaft, denn Amalfi gehörte der Familie Piccolomini; man machte daraus Melfi, doch dieses imposante Kastell in der Basilicata, gleich weit von Neapel wie von Bari entfernt, befand sich im Besitz der Familie Doria und war überhaupt kein Herzogtum.[48]

Der Krieg gegen Frankreich ging dem Ende zu, aber die Bedingungen für den Frieden, die in der niederländischen Festungsstadt Nijmwegen ausgehandelt wurden, betrübten Montecuccoli sehr. Es war ihm ein geringer Trost, dass man allgemein sagte, wenn er die frühere Kraft besessen hätte, wäre alles anders ausgefallen.

Der Kaiser glaubte es wahrscheinlich auch. Er schätzte seinen Feldherrn, Präsidenten des Hofkriegsrates und Diplomaten von unwandelbarer Treue, darüber hinaus aber auch als vielseitig gebildeten Mann und Freund der Musen. Zum 70. Geburtstag Montecuccolis Ende Februar 1679 verfasste und übersandte er ihm ein Gedicht, das in lateinischer Sprache die Verdienste des Feldmarschalls würdigte und ihm dafür dankte.

Darüber freute der einsame alte Herr sich sehr. Er hatte bis kurz vor dem endgültigen Friedensschluss geglaubt, die Niederlage abwenden zu können, wenn er imstande wäre, das Oberkommando wieder zu übernehmen, aber damit überschätzte er den Zustand des Heeres, die verfügbaren Geldmittel und seine eigenen Kräfte. Als er dann die Bedingungen erfuhr, unter denen der Frieden abgeschlossen worden war, soll er den Tag als den unglücklichsten seines Lebens bezeichnet haben.

Sooft es ihm zwischendurch gesundheitlich besser ging, glaubte er, wieder an die Spitze der Armee treten zu können. Solch einen Tag milder

Selbsttäuschung, der Hoffnungen und Illusionen nützte der päpstliche Nuntius Francesco Buonvisi aus. Er erbat ein sachverständiges Gutachten, ob es möglich wäre, die Soldaten, die nun nicht mehr gegen Frankreich nötig seien, für einen Feldzug gegen die Türken zu verwenden; der Papst würde das finanziell unterstützen. Da fühlte der alte Feldmarschall sich plötzlich wieder jung und rüstig und erklärte, wenn der Kaiser ernstlich darauf eingehe, werde er ihm binnen eines Monats Gran und Ofen (Esztergom und Buda) erobern, wie es seinem lang gehegten Plan eines Vorstoßes längs der Donau entsprach, Neuhäusel werde dadurch von selbst fallen.

Selbstverständlich erhoben sich viele Gegenstimmen, der Kaiser konnte sich nicht entschließen. Ein neues großes Unheil nahm ihm die Entscheidung ab: Von Südosten her wurde die Beulenpest eingeschleppt! Die Angaben über die Zahl ihrer Opfer schwanken, im Laufe des Jahres 1679 sollen allein in Wien fast 50.000 Menschen der Seuche zum Opfer gefallen sein.

Montecuccoli litt wieder an den Hämorrhoiden und war nicht imstande, den Kaiser zu begleiten, als dieser aus Wien in die nähere Umgebung flüchtete. Erst als der Kaiser und die Hofgesellschaft nach Prag abreisten, konnte er mitfahren. Prag war weiter entfernt und schien zur vorläufigen Residenz besser geeignet als die früheren Zufluchtsorte Laxenburg, Heiligenkreuz oder der Kahlenberg.

Soweit es der Hofkriegsrat erforderte, weilte Montecuccoli also in Prag, während der übrigen Zeit im nordwestlichen Böhmen unterhalb des Erzgebirges. Dort in Teplitz-Schönau (Teplice-Šanov) entspringen heiße Quellen, die schon den Kelten die Leiden der Gicht und des Rheumatismus gelindert hatten; die Hussiten und dann der Dreißigjährige Krieg suchten den Ort schwer heim, aber nun herrschte schon wieder reger Kurbetrieb. Die Liste der Kurgäste, die später auch große Namen wie Goethe, die Kaiserin Maria Ludovica und Schopenhauer nannte, beginnt mit dem Jahr 1680, als Feldmarschall Montecuccoli dort wohnte. Seiner Gicht und seinem Rheumatismus taten die Thermalbäder gut, gegen die Hämorrhoiden konnten sie kaum helfen, und die Schmerzen sowie die verordnete Diät stimmten ihn trübe. Das Hofleben war ihm fremd geworden, zeitweise widerte es ihn an, aber auch im Kurort fühlte der alte Herr sich vereinsamt, lieber hätte er in Hohenegg gelebt. Am 14. Februar schrieb er an den Kaiser:

„Ich gehorche den Geboten der Natur, wenn ich für mich, abseits vom Strome des Lebens, ein Plätzchen zur Ruhe suche. Ich glaube aber auch, Euer Majestät damit einen Dienst zu erweisen, denn das Amt, das ich einnehme, erfordert einen ganzen Mann und jede Halbheit, der geringste Fehler, rächt sich oft bitter … Euer Majestät geruhen zu gestatten, dass ich das Amt eines Hofkriegsrats-Präsidenten, das ich nun schon fast 12 Jahre ununterbrochen innehabe, zu den Füßen Euer Majestät zurücklege."

Der Antwortbrief des Kaisers enthielt einen für Montecuccoli sehr rühmlichen Satz: *„Da die jetzigen Zeitläufte sich so drohend und gefahrvoll gestalten und die Ausblicke in die Zukunft so düster sind, hoffe ich, dass Ihr Mich jetzt nicht verlassen und Euer Amt in der bisherigen lobenswerten Weise weiterführen werdet … und Ihr könnt versichert sein, dass Ich Euch mein besonderes Zutrauen und kaiserliches Wohlwollen auch weiterhin bewahre."*

Soweit klang der Brief des Kaisers sehr freundlich, der letzte Satz aber war ein Befehl: *„Dies ist Mein Beschluss und Meine Antwort auf Euer Begehren."* Trotz des Alters und der Krankheit musste Montecuccoli seine Pflicht weiter erfüllen. Er tat es nicht gerne und hatte bald noch einen Grund, sich zu ärgern. Sobald bei Hofe bekannt wurde, er wolle aus seinem Amt scheiden, waren böswillige Vermutungen darüber zu hören, ja richtige Verleumdungen: Er wolle sich zurückziehen, weil er sich genug bereichert habe.

Das hing offensichtlich mit einem ernsten Korruptionsskandal zusammen, welcher zu der Zeit viel Aufsehen erregte. Montecuccoli hatte ja schon mehrmals auf die Missstände in der Hofkammer hingewiesen, nun wurde doch endlich gegen deren Präsidenten Ludwig Georg Graf Sinzendorf eine Untersuchungskommission eingesetzt; sie brachte sehr arge Verfehlungen zutage. Die berechtigten Vorwürfe gegen einen hohen Herrn zogen anscheinend gleich weitere Verdächtigungen nach sich, aber ihre Urheber sind namentlich nicht bekannt. Vielleicht wollten Sinzendorfs Freunde die allgemeine Aufmerksamkeit ablenken. Jedenfalls tuschelte man, Montecuccoli habe über das Geld, das er für das Heer erhalten hatte, nicht ausreichend Rechnung gelegt, wie das anderen Befehlshabern in früheren Jahren tatsächlich nachgewiesen worden war.

Er fühlte sich selbstverständlich in seiner Ehre gekränkt und schrieb am 23. Februar 1680 darüber einen ausführlichen Brief an den Kaiser, in dem er alle Fälle aufzählte, in denen er ganz legale Gelegenheiten, viel Geld zu erhalten, nicht ausgenützt hatte, erwähnte die Geschenke, die er erhalten hatte, Pferde, Uhren, spanische Pastillen, Schokolade. *„Ich nenne diese Gegenstände mit Absicht und bin bereit, sie jederzeit zurückzustellen. Diese Kleinigkeiten können doch nicht als Bestechung aufgefasst werden, denn sowohl beim kaiserlichen wie bei den anderen Höfen ist es Brauch, bei Erreichung eines Amtes mitunter sehr wertvolle Geschenke zu machen – und gerade mir soll daraus ein Vorwurf erwachsen? Ich wäre strafbar, wenn ich jemals einen Unwürdigen empfohlen hätte, aber der Umstand, dass die von mir empfohlenen Personen stets brauchbar und würdig waren, zeigt augenscheinlich, dass die Empfehlung keine Folge der Geschenke, sondern umgekehrt das Geschenk eine Folge der Ernennung war ...“*

Im Archiv zu Modena befindet sich ein Schriftstück, das noch einen anderen Grund als das Alter und die Krankheit nennt, weshalb Montecuccoli von seinem Amt als Präsident des Hofkriegsrates zurücktreten wollte: Zwischen dem Kaiser und ihm schwebte eine Differenz, die keiner von beiden erwähnt hatte. Einflussreiche Herren bei Hofe hatten dem Kaiser geraten, nun nach dem Frieden mit Frankreich das Heer zu reduzieren, und Leopold I. hatte zugestimmt, ohne deswegen eine Sitzung des Hofkriegsrates einzuberufen, ja Montecuccoli überhaupt nur zu informieren!

Montecuccoli fühlte sich mit Recht beleidigt; man hatte ihn einfach übergangen, weil man wusste, er werde sich dem Plan widersetzen. Das Osmanische Reich hielt ja vorläufig noch Frieden (leider nur mehr drei Jahre lang!), aber der Aufstand in Ungarn war noch nicht beendet. In einer Konferenz am 1. Mai 1680 legte Montecuccoli dem Kaiser dar, dass es gefährlicher Leichtsinn wäre, zu diesem Zeitpunkt bewährte Soldaten zu entlassen; er war ja schon mehrmals dafür eingetreten, ein stehendes Heer beizubehalten. Wieder fand er bei anderen Ratgebern Widerspruch, aber schon wenige Tage später wurde seine Warnung bestätigt. Vom Rhein her brachte ein Eilkurier die Nachricht von bedenklichen Bewegungen der französischen Truppen in Richtung auf Straßburg.

Zu solchen Konferenzen musste der Feldmarschall nach Prag fahren und dadurch seine Kur in Bad Teplitz unterbrechen. Vielleicht war ihm die Abwechslung willkommen, denn ein Kurort, mag er auch schön und freundlich sein, bietet einem greisen Witwer doch nur mäßige Unterhaltung, und die Herren, mit denen er früher Briefe gewechselt hatte, Prinz Mattia Medici, der Bruder Massimiliano und der Vetter Carlantonio, waren bereits verstorben. Er dachte jedoch daran, seinen Sohn nach dessen Studium in die Leitung der Güter einzuführen, und schrieb deshalb an die Verwalter. Ein Brief an den Verwalter der Herrschaft Gleiß ist erhalten:

„Ich schicke hiemit meinen Sohn, den Grafen Leopold, auf die Herrschaft, damit er einesteils sehe, wie derzeit die Wirtschaft allda eingerichtet ist und gehalten wird, andernteils aber die Weise zu bewirtschaften und was ihm in Ein- und Anderem zu wissen notwendig ist erlerne. Weshalb Ihr ihm dann, sowohl auf was für Weise alles dermalen eingerichtet ist, als auch was ihm als einem guten Wirt künftig zu wissen zusteht, fleißig und treulich zeigen werdet."

Teplitz erwies sich als günstiger Aufenthaltsort, als auch in Prag die Pest Einzug hielt. Der Kaiser übersiedelte erst in die Nähe von Brandeis an der Elbe, wo eine gotische Burg in der Zeit der Renaissance zu einem wohnlichen Jagdschloss umgestaltet worden war, dann mit kleinem Gefolge weiter nach Osten, elbaufwärts, in das Schloss von Pardubitz. Die Landschaft ist schön, Gelegenheit zur Jagd war reichlich vorhanden, aber für Regierungsgeschäfte war Pardubitz doch zu entlegen. Am 4. Juli brach der Kaiser nach Linz auf. Das THEATRUM EUROPAEUM berichtete, sein Gefolge habe aus 300 Personen bestanden, für die vielen Wagen der Herrschaften und Diener, das Gepäck, die Akten der Reichskanzlei und der Hofkammer seien insgesamt 6000 Pferde nötig gewesen.

Als Leopold I. am 15. Juli in Linz einzog, soll Montecuccoli hinter ihm geritten und von einem herabfallenden Balken verletzt worden sein. Diese Geschichte ist nicht in seiner ausführlichen Biographie des Marchese Campori zu finden, wohl aber in fast allen kürzeren Darstellungen von Montecuccolis Leben bis gegen Ende des vorigen Jahrhunderts, die neuere Forschung hat sie widerlegt.[49] Es wäre auch schwer zu glauben, dass der alte kranke Feldmarschall nicht in einer Kutsche fuhr, sondern zu Pferde saß.

In Linz bezog er vermutlich wieder seine gewohnten Räume im Gasthof „Zum schwarzen Adler", diesmal ohne Schwierigkeiten, obwohl die

Stadt und ihre Umgebung allmählich überfüllt wurden. Die Kaiserin wohnte in Ebelsberg, offenbar in dem Schloss, das den Bischöfen von Bamberg gehörte. Auch in Enns und Wels wurden die Quartiere knapp, denn um den Kaiser und seine Würdenträger scharte sich alles, was sich dem Hof zugehörig fühlte, die Botschafter von Spanien und der Republik Venedig, die Vertreter vieler Reichsfürsten, sogar die Witwen hoher Herren, weil sie eben auch dabei sein wollten. Ganz arg wurde das Wohnungsproblem, als gegen Ende August auch der Herzog von Lothringen auf dem Wasserweg aus Innsbruck kam, wo er residierte, mit ihm seine Gemahlin Eleonore und ein Gefolge von mehr als 100 Personen.

Alle diese Herrschaften stellten ihre Ansprüche, bescheiden war nur Pater Marco d'Aviano. Der Kaiser schätzte ihn und seine Predigten sehr, der Gottesdienst am 17. September 1680 in der Kapuzinerkirche in Linz wurde zu einem großen Ereignis mit allem barocken Prunk. Es ist nicht ausdrücklich bezeugt, dass Montecuccoli daran teilnahm, aber höchstwahrscheinlich saß er unter den kaiserlichen Ministern im Mittelschiff der Kirche.

Ihn plagten zu dieser Zeit neue Sorgen, weil die Rebellion in Ungarn von Frankreich aus unterstützt wurde; er hatte dem Kaiser Pläne unterbreitet, dass neue Truppen auszuheben seien, aber nicht völlige Zustimmung erreicht. Zudem ärgerte es ihn, dass der Beichtvater des Kaisers sich in militärische Belange einmischte und jungen Herren Offiziersstellen verschaffte, wenn sie sich recht fromm gebärdeten und aus entsprechenden Familien stammten, ohne Rücksicht darauf, ob sie auch wirklich geeignet seien. Darüber beschwerte sich Montecuccoli beim Kaiser und hatte sogar Erfolg.

Seine Kräfte aber nahmen weiter ab, so dass er am 1. Oktober den Kaiser noch einmal ersuchte, das Amt des Hofkriegsratspräsidenten niederlegen zu dürfen. Am Schluss des Briefes erneuerte er seine Bitte, in den Stand der Reichsfürsten erhoben zu werden; das hatte der Kaiser ja schon vor 5 Jahren versprochen. Da Montecuccoli nur zu gut wusste, wie sehr Leopold I. sich von seinem Beichtvater beeinflussen ließ, schrieb er am selben Tag auch an Pater Emerich; seine Worte sind ein bewegendes Zeugnis für die Stimmung eines Mannes, der sein Lebensende nahe fühlt:

„Meine leiblichen Beschwerden mahnen mich immer mehr, dass die Zeit meiner Entschließungen gekommen sei; es ist mir aber der Gedan-

ke ein Trost, dass meine Tätigkeit das Licht der Sonne nicht zu scheuen braucht, denn ich habe während der 70 Jahre meines Lebens 55 Jahre treu und angestrengt gedient. Ich habe meine ganze Kraft und mein ganzes Können dem Dienste des Kaisers gewidmet, ohne jedes Sonderinteresse, nur mit der Absicht, mir einen ehrlichen guten Namen zu machen und die kaiserliche Gnade zu verdienen. Ich habe nun gebeten, das Hof-Kriegsrats-Präsidium niederlegen zu dürfen, denn ich fühle, dass ich zwar das Recht hätte, als einer der ersten Diener Seiner Majestät zu gelten, dass ich aber im Ansehen der letzte bin …"

Es gehört zu den menschlichen Schwächen, im Alter besonders empfindlich zu werden. Montecuccoli war immer darauf bedacht gewesen, dass seine Leistungen anerkannt würden; sooft er sich zurückgesetzt fühlte, wurden ihm neue Aufgaben oder Rangerhöhungen zuteil, aber die letzte, die er sich gewünscht hatte, die Würde eines Reichsfürsten, blieb noch aus und jede Aufgabe war zur Bürde geworden. Er war vereinsamt, grübelte viel und grämte sich, fand keinen Trost gegen die körperlichen Schmerzen.

Der letzte Satz des Briefes an den Beichtvater dürfte ein leiser Vorwurf dafür sein, dass der Kaiser mit Pater Emerichs Wissen oder sogar auf dessen Rat Entscheidungen getroffen hatte, die in die Kompetenz des Hofkriegsrates gehörten, vielleicht bezogen sie sich auch auf die Verdächtigungen, er habe sich im Dienste bereichert. Davon hatte man schon früher gesprochen und jetzt erst recht wieder, denn das vom Kaiser berufene Hofgericht befasste sich gerade mit dem Korruptionsfall Sinzendorf, von dem ein wenig Schatten auch auf Montecuccoli fiel, sei es tatsächlich, sei es nur in seiner Einbildung. Am 9. Oktober 1680 trat das Gericht im Hause des Böhmischen Oberstkanzlers Grafen von Nostitz zusammen und sprach in Gegenwart von 500 bis 600 Personen den ehemaligen Hofkammer-Präsidenten für schuldig, gegen zwei Millionen Gulden veruntreut zu haben. Gegen Montecuccoli sprach niemand ein Wort offen aus, aber dass jemand ihm irgendeine Unredlichkeit überhaupt nur zugetraut haben könnte, verletzte ihn tief.

Das Testament hatte er schon 1675 vor dem letzten Feldzug an den Rhein abgefasst, im nächsten Jahre nach dem Tod seiner Frau ein wenig abgeändert, am 15. Oktober 1680 fügte er noch ein Kodizill hinzu. Darin bedachte er seinen jungen Vetter oder Neffen Andrea, zur Zeit Edelknabe seiner Majestät, mit 1000 Gulden, die Kapuziner in Linz mit 500,

„damit sie für meine arme Seel beten", dem Kammerdiener Johann Gautier über die Besoldung bis Jahresende hinaus noch 50 Gulden. Seinen Sohn ermahnte er, für ihn zu beten und sich an den Rat seiner Onkel zu halten, des Fürsten Ferdinand und des Grafen Gundaker von Dietrichstein. Die Töchter hatten schon bei der Heirat ihren Anteil am Familienvermögen erhalten; die älteste lebte nicht mehr, den beiden anderen und den Schwiegersöhnen Graf Berkha und Graf Khissel erteilte er seinen Segen. Der dritte Schwiegersohn, Graf Ungnad von Weissenwolf, war bereits nach sehr kurzer Ehe verstorben.
Der Sohn wurde benachrichtigt und kam eilends mit der Post, um den Vater noch einmal zu sehen und dessen Segen zu empfangen. Der Kammerdiener kümmerte sich brav und treu um seinen Herrn, der Beichtvater, der Kapuzinerpater Lucius aus Trient, versah den Sterbenden mit den Tröstungen der Religion. Um 10 Uhr nachts des 16. Oktober 1680 schied Raimondo Montecuccoli aus dieser Welt.
Dem Wunsch des Verstorbenen gemäß sorgte der Sohn dafür, dass der Leichnam nach Wien überführt wurde. Um die Verwesung hinauszuzögern, mussten vorher, wie es üblich war, die inneren Organe herausgenommen werden; sie wurden in der Linzer Kapuzinerkirche beigesetzt. Graf Leopold Philipp ließ dazu einen schönen Grabstein anfertigen. Das Herz und der übrige Körper wurden auf einem Donauschiff nach Wien gebracht und ganz ohne den sonst gebräuchlichen barocken Pomp in der Kirche der Jesuiten Zu den neun Chören der Engel am Platz Am Hof in die Familiengruft gesenkt, wie der Verstorbene es gewünscht hatte. Dort ruht der Feldmarschall neben seiner Frau; das Epitaphium mit einer schönen Inschrift wurde 1945 von einem Bombentreffer zerstört.[50]

Die große Lücke, die der Tod Montecuccolis gerissen hatte, musste im Interesse des Staates schnell geschlossen werden. Schon am 19. Oktober 1680 ernannte der Kaiser Herzog Karl V. von Lothringen zum Generalissimus (Oberstbefehlshaber des Heeres) und Graf Leopold Philipp Montecuccoli zum Inhaber des Kürassier-Regiments seines Vaters. Als Präsident des Hofkriegsrates folgte am 28. Februar 1681 der Markgraf Hermann von Baden, als Gouverneur von Raab der Feldmarschall Otto Heinrich Grana, Marchese del Carreto, Savona e Millesimo.
Die Erhebung in den Stand der Reichsfürsten, um die Montecuccoli

sich bemüht hatte, dürfte im Oktober 1680 schon vorbereitet gewesen sein, er hatte sie aber nicht mehr erlebt.[51] Sie wurde neun Jahre später seinem Sohn zuteil; dieser kam auch rasch zu anderen Würden, wohl im Andenken an den Vater, er stieg vom Obristen eines Kürassier-Regiments zum Feldmarschall-Lieutenant auf, wurde Kapitän der kaiserlichen Trabanten-Leibgarde, Kämmerer, Geheimer Rat und Ritter des Ordens vom Goldenen Vlies. Er heiratete die Gräfin Maria Antonia Colloredo, starb schon am 6. Januar 1698 im 36. Lebensjahr und hinterließ keine Nachkommen.

Wie zu erwarten, entbrannte um das ansehnliche Erbe Streit, ein Prozess zog sich über zwei Generationen hin, bis ein Zweig der Familie der Grafen Montecuccoli-Laderchi unbezweifelbar in den Besitz der niederösterreichischen Herrschaften kam. Ihre Nachkommen leben im Schloss und Gut Mitterau, das 1710 erworben wurde, das Schloss Hohenegg ist eine eindrucksvolle Ruine.

Nachwort

Als Napoleon gefragt wurde, wen er für die größten Feldherren der Weltgeschichte halte, nannte er als ersten Alexander den Großen, als letzten berechtigt und ohne falsche Bescheidenheit sich selbst, dazwischen als Franzose natürlich nicht Montecuccoli, sondern dessen ebenbürtigen Gegner Turenne. Montecuccolis Ruhm war zu seiner Zeit groß, spätestens seit dem Sieg von Mogersdorf/St. Gotthard 1664, wurde aber bald noch übertroffen, nicht so sehr von seinem Schüler Herzog Karl V. von Lothringen wie von dessen Schüler Prinz Eugen. Doch so gut wie alle Biographen des Savoyers erkennen an, dass er seine Siege nicht allein seinem Genie verdankte, sondern auch der kaiserlichen Armee, die Montecuccoli im Laufe von Jahrzehnten vorzüglich reorganisiert hatte.

Als Militärtheoretiker blieb Montecuccoli noch lange Zeit maßgebend sowohl für Strategie wie für Taktik, bis die technische Entwicklung des 19. Jahrhunderts ganz andere Voraussetzungen schuf. Solange die Truppen noch nicht mit der Eisenbahn befördert wurden, sondern alle Strecken zu Fuß zurücklegen mussten, bewährte sich Montecuccolis Methode, Männer und Pferde zu schonen, sich auf Festungen als Operationsbasis zu stützen, die Ziele bedachtsam zu wählen, nichts tollkühn zu unternehmen, bei jeder Operation abzuwägen, wieviel Aussicht auf Erfolg sie habe.

Indessen ist Montecuccoli auch in anderer Hinsicht wert, dass man sich seiner erinnere. Er war ein guter Diplomat und Ratgeber, bewährte sich in allen Ämtern, die er bekleidete, war zwar kein gewandter Höfling, aber ein kultivierter Kavalier, menschlich sympathisch durch Treue, Redlichkeit und die Sorge für seine Frau und Kinder sowie die vielen italienischen Verwandten, nicht minder durch sein Interesse für Wissenschaft und Kunst.

Anmerkungen

Die Angaben der Quellen stimmen gelegentlich nicht überein, sogar in den Schriften des Grafen Raimondo Montecuccoli finden sich einzelne Widersprüche, wenn er auf Ereignisse eingeht, die er Jahrzehnte vorher anders geschildert hat. Noch mehr verschiedene Darstellungen und Ansichten finden sich naturgemäß in der Sekundärliteratur der neueren Zeit, sehr oft in Registern, die nicht vom Autor selbst erstellt wurden, sondern von jemandem, der mit dem Thema nicht hinreichend vertraut war. Wenn ein italienischer Historiker des 17. Jahrhunderts Treptow mit Troppau verwechselte, Wismar mit Weimar, ist das verzeihlich, aber hätte ich jedesmal dargelegt, weshalb ich mich für die eine oder die andere Version entschied, jeden Zweifel ausführlich erwogen, jedem offenkundigen Unsinn widersprochen und für alles, was ich schrieb, die Quellen angegeben, wären die Anmerkungen umfangreicher als der Text geworden. Ich habe deshalb darauf verzichtet und in die Anmerkungen vorwiegend Tatsachen aufgenommen, die den Text ergänzen, aber nicht jeden Leser interessieren müssen.
Für die italienischen Vornamen habe ich die originale Form beibehalten, um Irrtümer zu vermeiden, wie sie sich sogar in den Registern sehr solider Werke finden, wenn z. B. Girolamo und Hieronymus Montecuccoli als zwei verschiedene Personen angeführt werden. Es ist allerdings schwer, sich im Gewirr der verzweigten Verwandtschaft zurechtzufinden, da oft verschiedene Personen den gleichen Vornamen trugen. Sollte ich trotz aller Mühe mich irgendwo geirrt haben, bin ich für jede Berichtigung dankbar.

1 Mit dem Stammbaum beschäftigte sich Raimondo Graf Montecuccoli im Februar 1655 eingehend und hatte große Schwierigkeiten dabei, weil die verschiedenen Überlieferungen nicht übereinstimmten. Eine Abschrift vom 4. Februar 1677 nennt die Montegaleatiner in der italienischen Namensform Mongaleazzi, beginnt mit Gismondo um 850, führt über Bernardo um 1060 zu Matteo I. und Angelo Montecuccoli um 1140.

2 Die Bibliothek ist leider nicht erhalten. Anfang Juni 1799 zog der Marschall Etienne MacDonald aus dem Köngreich Neapel, das er für Frankreich erobert hatte, in die Lombardei den Österreichern und Russen entgegen und kam dabei durch das Gebiet Frignano. Die letzten Getreuen des Erzherzogs Ferdinand Karl von Österreich, Herzogs von Modena, sammelten sich auf Schloss Montecucculo, um Widerstand zu leisten. Bei diesen Kämpfen erlitt das Schloss schwere Schäden. Bücher, alte Handschriften, das Archiv und auch Gemälde verbrannten oder wurden von den Siegern in alle Winde zerstreut.

3 Was davon noch erhalten ist, findet sich in den Inventari dei Manoscritti delle Biblioteche d'Italia, Volume LVII, Firenze 1934. Die Rechte und Verbote, die für das Bürgermeisteramt von Montecuccolo galten, die Steuern, Ergebnisse von Gerichtsver-

handlungen, Beweise, persönliche und kollektive Proteste samt den Rekursen bieten Einblicke in das Leben der kleinen Leute, doch darauf näher einzugehen würde zu weit vom Thema des Buches wegführen.

4 Die deutsche Überlieferung italienischer Namen ist oft unsicher. Das gilt für die Ortschaften Renno (fälschlich Renne geschrieben) und Rancidoro (fälschlich Raneidoro) und auch für den Familiennamen dieser Dame. Die Lesart Bisi ist weniger wahrscheinlich als Bigi; die Familie Bigi genießt heute noch Ansehen.

5 Er wurde später als Raimund berühmt; weshalb ich die italienische Namensform beibehalte, habe ich in der Einleitung zu den Anmerkungen dargelegt. Ebenso verwende ich den italienischen Adelstitel Marchese, denn er entspricht nicht ganz dem deutschen Markgrafen.

6 Über den Beginn seiner militärischen Tätigkeit sind verschiedene Meinungen verbreitet, seine eigenen Angaben darüber sehr knapp.

7 Dieser Brief fehlt in den Ausgewählten Schriften, ist aber in der Biblioteca Estense zu Modena erhalten.

8 Die Form des Namens ist nicht genau gesichert, Montecuccoli schrieb „Wangher".

9 Harms Kaufmann zeichnet in seiner (im Literaturverzeichnis angeführten) vorzüglichen Dissertation ein recht negatives Bild von Ernesto Montecuccoli. Gewiss war er ein rauher Krieger, aber nicht rücksichtsloser und grausamer als die meisten Feldherren seiner Zeit. Raimondo nahm ihn sich in jungen Jahren so zum Vorbild, dass er auf seinem ersten Urlaub in Italien sogar Ernestos etwas bizarre, zumindest in Italien ungewohnte Art der Kleidung nachahmte. Ernestos Bruder war zu der Zeit, wie erwähnt, Minister am Innsbrucker Hof. Einige Jahre später, am 19. August 1636, richtete Erzherzogin Claudia Felicitas ein Ersuchen an Kaiser Ferdinand II., den Grafen Girolamo Montecuccoli zu ihrem Obersthofmeister zu ernennen.

10 Diese Angaben stammen aus der Geschichte der k. u. k. Wehrmacht von Alphons Freiherrn von Wrede, einem anerkannten Standardwerk. Montecuccoli nennt jedoch nicht Ottavio della Trappola, sondern dessen Bruder oder Vetter Bettino und spricht nicht von Kürassieren, sondern Arkebusieren. Der Name Trappola sagt wenig, wird aber bekannt, wenn man ihn vollständig nennt: Ottavio Ricasoli, Baron della Trappola. Der Chianti Ricasoli genießt heute noch vorzüglichen Ruf.

11 Von dem, was er damals schrieb, war manches schon überholt, als er aus der Gefangenschaft kam, z. B. die Lanzierer und die volle Panzerung der Kürassiere. Er erwähnte auch für jede Kompanie zu Fuß 12 Doppelhaken, überschwere Gewehre, die zum Schuss auf hölzerne Böcke gelegt und von 2 Mann bedient werden mussten, aber die Hakenbüchse war schon vor seiner Zeit durch die leichtere Muskete abgelöst worden. Von den Schilden, die in der ersten Reihe des Fußvolkes getragen werden sollten, wird noch später die Rede sein. Überhaupt stand Montecuccoli stark unter dem Einfluss der antiken Literatur, brachte viele Beispiele aus dem Altertum, entwarf eine eher theoretische als der Praxis entsprechende Einteilung. Fast möchte man meinen, ihm habe ein militärisches Idealbild vorgeschwebt. Für die Politik gab er sich jedoch keinen Illusionen hin, denn er schrieb (Ausgewählte Schriften I, 24): „Was immer auch die Ursache eines Krieges sei, sie wird mit dem blendenden Weiß der Gerechtigkeit bemalt und mit ihrem Mantel bedeckt, indem man dem Krieg einen gerechten Vorwand gibt."

12 Die Schlacht ist auf einem Ölgemälde dargestellt, das nur wenig später angefertigt wurde. Es zeigt links oben ein Porträt des Feldherrn. Das Original befindet sich im Archivio di Stato zu Modena, Kopien davon im Museo civico von Modena und im Museum von Nonantola. Siehe Abb. im Bildteil.

13 Diesen nennt Wrede a. a. O. Der Name Amon, der in den Ausgewählten Schriften III/139 genannt ist, dürfte ein Irrtum sein, verzeihlich angesichts der schwer lesbaren Handschrift Montecuccolis; der Name Amon scheint in der kaiserlichen Kavallerie jener Zeit nirgends auf.

14 Montecuccoli schrieb seine Erinnerungen an jene Jahre erst viel später auf, und zwar in zwei Fassungen, die einander ergänzen, nur leider nicht immer übereinstimmen. Zuweilen bringt die Biographie des Marchese Campori eine dritte Version.

15 Der Fürst Max Dietrichstein hatte tatsächlich eine Tochter Maria Clara (1626 bis 1668), die 1650 der Graf Johann Friedrich von Trauttmansdorff heiratete.

16 Eine moderne italienische Gesamtausgabe der Schriften des Montecuccoli gibt es leider nicht. So wertvoll die Übersetzungen in den „Ausgewählten Schriften" auch sind, müssen sie doch immer wieder überprüft werden; der italienische Historiker Piero Pieri vermerkt etliche Ungenauigkeiten und Missverständnisse. Ich habe bei diesem Zitat aus Band IV, Seite 15 das Wort „Kammerdiener", das dort steht, durch „Kämmerer" ersetzt, erstens, weil der Oberstkämmerer erwähnt ist, die Kämmerer jedoch gar nicht, zweitens, weil Kammerdiener gewiss nicht mit Mantel und Degen zum Dienst erschienen. Eine Nachforschung im Archiv zu Modena hat die Vermutung bestätigt: Montecuccoli schrieb nicht „cameriere", was „Kammerdiener" bedeuten würde, sondern „cameriero" = Kämmerer, Kammerherr. An anderer Stelle bezeichnete er sich selbst als cameriero.

17 Wer an das glatte Tanzparkett des 19. und 20. Jahrhunderts denkt, mag sich über die Teppiche wundern. Sie entsprachen dem Klima in Schweden und störten im 17. Jahrhundert nur wenig, weil vorwiegend Schreit- oder Hüpftänze üblich, Drehungen seltener waren.

18 Die Arcièren, zu deutsch Hartschiere genannt, hatten ihre Bezeichnung davon, dass sie ursprünglich Bogenschützen (archers) waren. Außerhalb der Stadt waren sie in der Folgezeit mit Degen und Pistolen bewaffnet, in der Stadt führte jeder eine Stangenwaffe mit sensenähnlicher Klinge. Anfangs wurden nur Edelleute in ihre Reihen aufgenommen, später auch bewährte Soldaten. Die Trabanten waren von weniger vornehmer Herkunft, aber ebenfalls nach spanischem Vorbild prächtig gekleidet, ihre Waffe war die Hellebarde. Das Kommando über diese Garden gehörte zu den höheren Ehrenämtern des Kaiserhofes.

19 Dazu gehörten die wirtschaftlichen Sorgen um seinen Grundbesitz, gesellschaftliche Unterhaltungen und auch naturwissenschaftliche Interessen, darunter die Korrespondenz mit Johann Rudolf Glauber aus Karlsstadt in Franken. Dieser Herr dürfte zu der Zeit in den Niederlanden gelebt haben, jedenfalls war er Arzt und beschäftigte sich mit Alchemie. Dabei entdeckte er ein angebliches Lebenselixier, das ihm so viel einbrachte, wie wenn er die Kunst des Goldmachens gefunden hätte. Bei seinen Experimenten kam das schwefelsaure Natron zustande, das nach ihm „Glaubersalz" benannt wurde. Darüber wollte Montecuccoli Genaueres wissen; in der kurzen Ruhepause zwischen den Reisen nahm er Kontakt mit Glauber auf oder setzte diesen fort, falls er ihn schon während seines Aufenthaltes in Flandern kennengelernt hatte.

20 Zitiert nach Grimberg, Seite 443.

21 Die lombardische Meile entsprach 1.784,88 m. Eine Aufstellung, wer von den Montecuccoli welche Güter besaß, ist im Archiv von Modena zu finden, wäre aber wenig wichtig für die Biographie des Feldherrn. Immerhin sei vermerkt, dass Burgone schon seit 1435 der Familie gehörte und noch im 19. Jahrhundert als Besitz der „Montecuccoli di Vienna" bezeichnet wurde.

22 Von dieser Reise brachte er auch etwas sehr Nützliches mit, eine Ergänzung zu seinem privaten Verzeichnis der Poststationen, wo ein Reiter das Pferd, ein Kutscher das Gespann wechseln konnte. Von Graz bis Marburg an der Drau, auf heutiger Straße 68 km, waren es drei, zwei weitere von dort nach Cilli (62 km), von Viterbo nach Rom (82 km) fünf Poststationen. Solche Aufzeichnungen konnten für künftige Reisen brauchbar sein, deshalb notierte Montecuccoli im Laufe der Zeit auch andere Strecken, z. B. von Wien über Stockerau, Neuhaus (Jindrichuv Hradec) und Tabor nach Prag, insgesamt 19 Poststationen, ebenso die Route von Prag nach Regensburg, nach Augsburg, nach Nürnberg und nach Dresden. Natürlich lassen sich so trockene, kurze Notizen nicht mit dem großen Werk „Zibaldone" vergleichen, sie entspringen aber dem gleichen Wunsche, etwas Wichtiges für späteren Gebrauch aufzuschreiben.

23 Falls die früher geäußerte Vermutung zutrifft, war die Braut die jüngere Schwester jener Maria Clara, um die Montecuccoli sich 12 Jahre vorher bemüht hatte. Nun war ihm doch die Einheirat in die hochgeachtete, reiche Fürstenfamilie Dietrichstein geglückt. Der Ehekontrakt war eine komplizierte Angelegenheit mit einer Mitgift, deren Höhe sehr verschieden angegeben wird, Widerlage des Bräutigams und Morgengabe. Als Zeugen unterzeichneten Johann Ferdinand Graf Porcia, Johann Adam Graf Schwarzenberg, Don Annibale Gonzaga, Ferdinand Fürst Dietrichstein, Carl Eusebius Fürst Liechtenstein, Hans Friedrich Graf Trauttmansdorff und Adam Graf Mansfeldt (Kriegsarchiv B 492(a/1/2). Ein Porträt der Gräfin in Schloss Mitterau aus späterer Zeit lässt von ihrer gerühmten Schönheit wenig erahnen, das ist nach vier Entbindungen und mindestens zwei Fehlgeburten begreiflich. Von Graf Raimondo gibt es viele Bilder, die aber voneinander abweichen. Gemeinsam sind ihnen nur der ernste Ausdruck des runden Gesichtes, die Stirnwülste über den Augenbrauen, der Schnurrbart und die gekrausten dunklen Haare.

24 Campori Seite 344 nennt Friedrichsöde, aber seine Ortsangaben sind für die nördlichen Gegenden nicht verlässlich. Es dürfte sich um Friedrichsort 10 km nördlich von Kiel handeln.

25 Diese Briefe sind nicht in den Ausgewählten Schriften enthalten, sondern wurden erst später von Prof. Adalbert Fuchs entdeckt und 1910 veröffentlicht.

26 Der Hofstaat des Ali Pascha soll 2000 Mann betragen haben, die Janitscharen 10.000, Grenzsoldaten 16.000, Türken und Albanesen 24.000, Tataren 8.000.

27 Dieses Regiment stand unter dem Kommando des Feldmarschall-Lieutenants Jobst Gilmar Freiherrn von Knigge. Der Name dieser hannoveranischen Familie wurde nicht durch ihn berühmt, sondern den Nachfahren Adolf Franz Friedrich, der 1788 das Buch „Über den Umgang mit Menschen" veröffentlichte.

28 Nach anderer Angabe sollen es sogar 120.000 gewesen sein, nämlich 12.000 Janitscharen, 35.000 Mann Kavallerie und Infanterie aus Albanien und Kleinasien, 18.000 aus Temesvár mit Ali Pascha, 5.000 aus Siebenbürgen, 15.000 von den Grenzen, 35.000 Tataren, Moldauer und Walachen, dazu 200 leichte, 25 schwere Geschütze.

29 Unter den Truppen aus dem Reich waren etliche junge Adelige, die als Freiwillige kamen. Zu ihnen dürfte Christoph Rilke von Langenau gezählt haben, der Held der unvergleichlichen „Weise von Liebe und Tod des Cornets Christoph Rilke" von Rainer Maria Rilke. Der Freiherr von Pirovano, in dessen Kompanie er diente, ließ sich nicht eruieren, wohl aber das kaiserliche Regiment zu Ross (Kürassiere) des Grafen Heister, zu dem die Kompanie gehörte, und natürlich General Sporck, der Christoph Rilke den Rang eines Cornets verlieh.

30 Diese Mahnung war ganz berechtigt. Noch im folgenden Jahrhundert kam es vor, dass

Soldaten im Lager des Feindes vorzeitig plünderten und dessen Gegenstoß den ersten Sieg in eine Niederlage verwandelte.

31 Die Aufzeichnung ist nicht in den Ausgewählten Schriften enthalten, wohl aber im Kriegsarchiv unter der Nummer B/492/a/3/6.

32 Das Xantus-Janos-Museum in Raab bewahrt ein Dokument in deutscher Sprache, in dem Montecuccoli die Erzeugung von Glasflaschen gestattet.

33 Diese etwas dubiose Geschichte steht bei Campori Seite 429, eine Bestätigung dafür konnte ich nicht finden, wohl aber Hinweise darauf.

34 Verfasst von Johann Christian Lünig, erschienen Frankfurt am Main 1719, 7. Abteilung, Kap. 27, Seite 1173 f.

35 Johann Rudolf Graf Morzin, Bartholomäus Graf Starhemberg, Enea Graf Caprara, Jakob Graf Brandeis, Franz Leopold Freiherr Thürheim und Georg Sigmund Graf Trauttmansdorff.

36 In diesem Jahr 1667 verfasste Montecuccoli noch weitere kurze Schriften und drei längere, nämlich „Via al discorso", „La logica e la morale" und „De iure naturali", aber diese scheinen dem Thema wie dem Umfang nach nicht für Vorträge bei den Illustrati bestimmt gewesen zu sein.

37 Der heutige Wert eines Gulden (abgekürzt fl = Florin) lässt sich nicht berechnen, denn Lebensmittel und Dienstleistungen waren spottbillig im Vergleich zu bestimmten Handelswaren, besonders Importgütern. Ein Obrist der Kavallerie erhielt neben den Naturalien für sich, seine Dienerschaft und 17 Pferde an barem Geld monatlich 200 fl Sold, ein Rittmeister 75, ein Korporal der Kürassiere im Winterquartier 3, im Sommer 5 fl, ein Korporal der Infanterie im Winter 2, im Sommer 4 fl.

38 Laut dankenswerter Auskunft des Wiener Provinzarchivs der Jesuiten war P. Massimiliano Montecuccoli von 1667 bis 1670 Confessarius (= Beichtiger) in Görz, er starb am 4. Februar 1671 in Bologna. Harms Kaufmann (a. a. O. Seite 20) schreibt, P. Massimiliano sei Beichtvater der Kaiserinwitwe Eleonore gewesen, gibt aber keine Quelle für diese Nachricht an. In dem Werk von Tommaso Sandonnini über Montecuccoli und seine Familie ist nichts darüber zu finden, nur ein Gerücht, Massimiliano sei in Amerika gestorben.

39 Ob es überhaupt Schildträger gab, ist umstritten. Per Sörensen (siehe Literaturverzeichnis) meint, Montecuccoli habe „spintisiert", nämlich sich in seiner theoretischen Darstellung während der Gefangenschaft zu sehr von Machiavelli und den geliebten antiken Autoren beeinflussen lassen. 1641 schrieb er als Hypothese „Der Schild nach römischem Muster wäre auch eine Schutzwaffe, die mit Nutzen gebraucht werden könnte ... Ein großer Politiker rühmt sie, indem er sagt, Prinz Moritz von Oranien habe sie einführen wollen." Abbildungen von Schildträgern der Kaiserlichen im Dreißigjährigen Krieg oder gar noch später sind mir nicht bekannt.

40 Das Original befindet sich im Kriegsarchiv zu Wien, die drei Bücher in einem Band vereinigt. Es scheint erst nach 1678 in Schweinsleder gebunden worden zu sein, da auf dem Buchrücken Montecuccoli bereits Fürst genannt wird.

41 Zwei der Adler erscheinen heute noch im Wappen der Marktgemeinde Hafnerbach, in deren Bereich die Ruine des Schlosses Hohenegg steht.

42 Diese Politik bewährte sich 13 Jahre später, als Michal Wisniowiecki gestorben, seine Witwe mit Herzog Karl V. von Lothringen verheiratet und Jan Sobieski König von Polen war.

43 Die Frangipani spielten schon im 13. Jahrhundert eine Rolle in den Kämpfen der Guelfen und Ghibellinen in Italien, zeichneten sich in den Türkenkriegen des späten

16. Jahrhunderts aus, einer wurde zum Banus von Dalmatien, Kroatien und Slawonien ernannt. Außer der Burg von Bakar gehörte ihnen eine am Ausgang des schönen Weintales (Vinodol), von der in dem Badeort Novi Vinodolski ein Turm erhalten ist. Zwischen diesen beiden Burgen stand eine der Zriny in Porto Rè (Kraljevica).

44 Seine Aufzeichnungen werden zuweilen dem französischen Botschafter in Wien Jacques Brethel de Gramonville (Montecuccoli nennt ihn Grémonville) zugeschrieben oder mit den berühmten Memoiren des Marschalls Antoine Herzog von Gramon verwechselt.

45 Vielleicht hat er sie schon vor seinem Tode wieder verkauft. Im Wiener Kriegsarchiv ist ein Verzeichnis der Güter und Leibeigenen erhalten, ohne Datum von fremder Hand in ungarischer Sprache verfasst. Es nennt Besitzungen bei Freistadtl an der Waag (Galgocz, slowakisch Hlohovec), wo die Magnatenfamilie Erdödy ein Schloss und Grundstücke besaß, ferner bei Ghymes (ebenfalls im westlichen Oberungarn, heute Slowakei), wo die Forgách begütert waren, und noch viele kleinere Orte, anscheinend Streubesitz.

46 Einerseits heißt es, der Kurfürst Herzog Ferdinand Maria habe sogleich 10.000 Soldaten zur Verfügung gestellt, doch Anton Marx schreibt in seiner ungemein genauen Studie über den Feldzug 1675, Montecuccoli habe nur mit Herzog Maximilian, dem Bruder des Kurfürsten, unterhandelt und nicht mehr als das Versprechen erhalten, Bayern werde nichts gegen den Kaiser unternehmen.

47 Der Brief befindet sich im Archiv von Modena, ist nicht in den Ausgewählten Schriften enthalten.

48 Weitere Diskussion darüber will ich dem Leser ersparen; er findet sie, falls sie ihn interessiert, in der Einleitung zu den Ausgewählten Schriften, Seite XXV–XXX.

49 Zusammenfassend von Wilhelm Rausch, siehe Literaturverzeichnis.

50 Der Text dieser Inschrift und der in der Kapuzinerkirche von Linz bei Wilhelm Rausch, Seite 37.

51 Seine Titel lauteten: Raimund Fürst Montecuccoli, Reichsgraf, General-Lieutenant und Feldmarschall, Herr von Hohenegg, Osterburg, Gleiß und Haindorf; Hofkriegsrats-Präsident, Oberster Land- und Hauszeugmeister, Obrist von Raab und bestellter Obrist eines Regiments zu Pferde, wirklicher Geheimer Rat, Kämmerer und Ritter des Ordens vom Goldenen Vlies.

Personenregister

Ortsregister

Lebensdaten

1609	Geburt auf Schloss Montecucculo
1619	Vater gestorben
1625	Beginn des Kriegsdienstes im kaiserlichen Heer
1629	Fähnrich in einem Infanterie-Regiment
1630	Als Belohnung der Tapferkeit zum Hauptmann befördert
1631	Rittmeister im Kürassier-Regiment Ernesto Montecuccoli
1632	Obristfeldwachtmeister bei der Infanterie, Obristlieutenant im Kürassier-Regiment Vitzthum
1633	Ernesto Montecuccoli stirbt an seinen Verwundungen
1638	Gräfin Anna, Raimondos Mutter, stirbt in Modena. Als Obrist in schwedischer Gefangenschaft. In Stettin Studien in der Bibliothek des Herzogs von Pommern
1641	„Abhandlung über den Krieg" und weitere Werke verfasst
1642	Entlassung aus der Gefangenschaft, zum Generalfeldwachtmeister befördert
1643	Kommandant der Kavallerie des Herzogtums Modena, Sieg bei Nonantola über die päpstlichen Truppen. Die Herrschaft Hohenegg geerbt.
1644	Zum Feldmarschall-Lieutenant befördert
1645	Hofkriegsrat und kaiserlicher Kämmerer
1648	General der Kavallerie. Ende des Dreißigjährigen Krieges
1649/50	Reise in die Niederlande
1652	Reise nach Italien
1653/54	Reise nach Sachsen, Brandenburg, Dänemark und Schweden
1654/55	Reise nach Flandern
1655	Landtag in Preßburg. Wieder nach Flandern. Mit Königin Christina in Rom
1657	Hochzeit mit Maria Margarete Dietrichstein. Kommandant der kaiserlichen Kavallerie im Krieg gegen Schweden
1658	Tochter Luigia Anna geboren
1660	Ende des Schwedenkrieges. Tochter Carolina Polissena geboren

1661	Gouverneur von Raab. Beginn des Krieges in Siebenbürgen
1662	Sohn Leopold Philipp geboren
1663	Tochter Christina Ernesta geboren
1664	Berater am Reichstag zu Regensburg, dann wieder Oberkommandant des kaiserlichen Heeres. Sieg bei Mogersdorf/St. Gotthard. Friede von Vasvár
1665	Tätigkeit als Gouverneur von Raab. Herrschaft Gleiß erworben
1666	Reise nach Ligurien zum Empfang der Kaiserin Margarita Teresa
1667	Das große Rossballett. Krankheit
1668	Schlaganfall. Ritter des Goldenen Vlieses, Präsident des Hofkriegsrates
1669	Tätigkeit als Gouverneur von Raab und als Land- und Hauszeugmeister
1670	Werk „Vom Krieg mit den Türken in Ungarn". Verschwörung der ungarischen Magnaten. Reisen nach Polen. Palais und Lusthaus in Wien
1671	Prozess gegen die Verschwörer
1672	Beginn der Feldzüge an Rhein und Main
1673	Tochter Luigia Anna heiratet und stirbt noch in diesem Jahr. Montecuccoli übernimmt trotz Krankheit wieder den Oberbefehl und erobert Bonn
1674	Krankheit und Schwäche. Prozess gegen den Obersthofmeister Fürst Lobkowitz
1675	Montecuccoli wieder Oberbefehlshaber. Der Kaiser verspricht ihm die Würde eines Reichsfürsten
1676	Montecuccoli übergibt den Oberbefehl an den Herzog Karl V. von Lothringen. Tod seiner Frau
1678	Protektor der Akademie der Naturforscher. Titel eines spanischen Fürsten
1679	Pest in Wien. Mit dem Kaiser in Prag und zur Kur in Teplitz-Schönau
1680	Tod in Linz, Beisetzung in Wien

Verzeichnis der benützten Literatur

Allgemeine deutsche Biographie, 22. Band, Leipzig 1885.

Andraschko Ferdinand: Schloss Schwarzenberg im Wandel der Zeiten, Neustadt an der Aisch 1967.

Atti di convegno di studi su Raimondo Montecuccoli nel terzo centenario della battaglia sulla Raab, Modena 1964.

Barker Thomas M.: Montecuccoli as an opponent of the Hungarians, Torino 1972.

Bastl Beatrix: Feuerwerk und Schlittenfahrt (in Wiener Geschichtsblätter Heft 4/1996).

Bastl Beatrix und Heiss Gernot: Die Hochzeitsbankette Kaiser Leopolds I. (in Wiener Geschichtsblätter, Heft 4/1995).

Boeheim Wendelin: Handbuch der Waffenkunde, Graz 1966 (Nachdruck von 1890).

Bonini Abbate Filippo: Vita della contessa Margarita Montecuccollo, nata dei principi di Dietrichstein, Wien 1677.

Broucek Peter: Louis Raduit de Souches, kaiserlicher Feldmarschall (im Jahrbuch der heraldisch-genealogischen Gesellschaft „Der Adler", Jahrgang 8, Wien 1971/73).

Broucek Peter: Der Schwedenfeldzug nach Niederösterreich. Militärhistorische Schriftenreihe Heft 7, Wien 1967, 3. Auflage 1989.

Campori Marchese Cesare: Raimondo Montecuccoli, Firenze 1876.

Dercsényi Dezsö und Balázs: Kunstführer durch Ungarn, Budapest 1974

Egloffstein Graf Albrecht: Barocke Jagdkultur der Fürstbischöfe von Bamberg, München 1984.

Europäische Stammtafeln, Band III, von Franz Baron Freytag von Loringhoven, München 1975.

Festschrift Historische Gedächtnisausstellung Raimund Montecuccoli, Hafnerbach 1980.

Fuchs Adalbert: Briefe an den Feldmarschall Raimund Grafen Montecuccoli, Beiträge zur Geschichte des Nordischen Krieges in den Jahren 1659–1660, Veröffentlichungen der Gesellschaft für neuere Geschichte Österreichs, Band II, Wien 1910.

Gandini Conte Luigi Alberto: Sulla venuta in Italia degli Archiduchi d'Austria, conti del Tirolo (1652), corredato da documenti inediti, Modena 1892.

Gandini Conte Luigi Alberto: Il principe Foresto d'Este nella armata Cesarea commandata dal maresciallа Raimondo Montecuccoli 1672/73. Documenti inediti Modena 1893.

Gecsényi Lajos: Ungarische Städte im Vorfeld der Türkenabwehr Österreichs (in Archiv und Forschung, München 1993).
Geschichte des k. u. k. Dragoner-Regiments Nr. 4, Wiener Neustadt 1902.
Grimberg Carl: Die wunderbaren Schicksale des schwedischen Volkes, München 1938.
Großmann Julius: Raimund Montecuccoli (in Archiv für österreichische Geschichte, Band 57, Wien 1879).

Hackett Francis: Franz I., Berlin o. J.
Häusler Wolfgang: Geschichte der Burg und Herrschaft Hohenegg (in Hafnerbach, Werden und Sein, Heimatbuch, St. Pölten 1987).
Hagenau Gerda: Jan Sobieski, der Retter Wiens, Wien 1983.
Hamann Brigitte: Die Habsburger, ein biographisches Lexikon, Wien 1988.
Hasan Aga: Kleinodien der Historie (Osmanische Geschichtsschreiber Band 8 „Krieg und Sieg in Ungarn", Graz 1976).
Hummelberger Walter: Der Dreißigjährige Krieg und die Entstehung des kaiserlichen Heeres (in Unser Heer, Wien 1963).

Inventari dei manoscritti delle biblioteche d'Italia, Volume LVII, Firenze 1934.

Janko W. E. von: Niklas Graf Zrinyi (in österreichische militärische Zeitschrift, VIII. Jahrgang, 4. Band, Wien 1867).
Jordan Johann: Schatz/Schutz/ und Schantz deß Ertz-Hertzogthumbs Oesterreich, Wien 1781.

Katalog: Das barocke Wien, Sonderausstellung des Historischen Museums der Stadt Wien, Wien 1966.
Kaufmann Harms: Raimondo Graf Montecuccoli, phil. Diss. Berlin 1972.
Klopp Onno: Der Dreißigjährige Krieg bis zum Tode Gustav Adolfs, Paderborn 1891.
Kriegsarchiv, Akt 492, Karton I–VI (ältere Stellenangaben in der Literatur sind durch eine Neuordnung nach 1990 überholt).

Lechner Karl (Hrsg.): Handbuch der historischen Stätten, Österreich Band 1, Stuttgart 1970.
Leisching Peter: Mars und Apoll. Zu Raimund Montecuccolis literarischem Schaffen. In Morgen (Kulturzeitschrift aus Niederösterreich) 13/80.
Leisching Peter: Die Grafen Montecuccoli auf Hohenegg und Mitterau (in Hafnerbach, Werden und Sein, Heimatbuch St. Pölten 1987).
Leisching Peter: Hohenegg. Das Werden des Montecuccolischen Herrschafts-Fideikommisses in Niederösterreich. Innsbrucker historische Studien 10/11, 1988.
Levinson Artur: Nuntiaturberichte vom Kaiserhof Leopolds I. 1657–1669, Archiv für österreichische Geschichte Bd. 103 und 106, Wien 1913.
Lünig Johann Christian: Theatrum Ceremoniale Historico-Politicum, Frankfurt 1719.
Luzzati Ivo: Katharina Medici, München 1943.

Marx Anton: Der Feldzug 1675 in Deutschland, Österreichische militärische Zeitschrift 1841 und 1842.
Montecuccoli Raimondo, Aforismi dell'arte bellica, prefazione del generale Giacomo Carboni, Firenze (um 1940).

Montecuccoli: Ausgewählte Schriften des Raimund Fürsten Montecuccoli, herausgegeben von der Direktion des k. u. k. Kriegsarchivs, bearbeitet von Hauptmann Alois Veltzé, 4 Bände, Wien und Leipzig 1899–1900.
Murat Princesse Lucien: La vie amoureuse de Christine de Suède, Paris 1930.

Nottebohm Wilhelm: Montecuccoli und die Legende von St. Gotthard, Berlin 1887.

Paz Julián: Archivo general de Simancos, Catalogo II Secretaria de Estado (in Archiv für österreichische Geschichte, Band 103, Wien 1913).
Peball Kurt: Die Schlacht bei St. Gotthard-Mogersdorf 1644, Militärhistorische Schriftenreihe Heft 1, 4. Aufl. Wien 1989.
Pezzl Johann: Österreichische Biographien, 4. Band, Wien 1790–1792.
Pieri Piero: Guerra e politica negli scrittori Italiani, Milano 1955.
Pribram A. F.: Aus dem Bericht eines Franzosen über den Wiener Hof in den Jahren 1671 und 1672, Mitteilungen des Instituts für österreichische Geschichtsforschung, 12. Band, Innsbruck 1891.
Prokosch Erich (Hrsg.) siehe Hasan Aga.

Ranke Leopold von: Geschichte Wallensteins, Köln o. J.
Rausch Wilhelm: Die beiden letzten Linzer Aufenthalte Montecuccolis, Modena 1964
Rausch Wilhelm: Der Tod des Feldherrn (in Festschrift, Historische Gedächtnisausstellung Raimund Montecuccoli, Hafnerbach 1980)
Redlich Oswald: Das Tagebuch des Esaias Pufendorf (in Mitteilungen des Instituts für österreichische Geschichtsforschung, XXXVII. Band, Heft 4).
Regele Oskar: Der österreichische Hofkriegsrat 1556–1848, Wien 1949.
Ricci Lodovico (1742–1799). Corografia dei Territori di Modena, Reggio e degli altri stati appartementi alla casa d'Este, neu bearbeitet und herausgegeben von Angelo Spaggiari, Modena 1988.
Rothauscher C.: Montecuccoli über Geschichtsschreibung, Streffleurs österreichische militärische Zeitschrift, 11. Jg., 4. Bd., Wien 1870.

Sandonnini Tommaso: Il generale Raimondo Montecuccoli e la sua famiglia, Modena 1913.
Schreiber Georg: Des Kaisers Reiterei, Wien 1967.
Schützner Hubert: Dunkelsteiner Heimatbuch 1950.
Siebmachers Großes allgemeines Wappenbuch, 1. Bd., 3. Abt., Reihe III A. Die Fürsten des heiligen Römischen Reiches deutscher Nation.
Sörensson Per: Das Kriegswesen während der letzten Periode des Dreißigjährigen Krieges, Historische Vierteljahresschrift, 27. Jahrgang, Dresden 1932.
Sokop Brigitte: Stammtafeln europäischer Herrscherhäuser, Graz 1976.
Spielman John: Leopold I., Graz 1981.
Stenzel Gerhard: Von Burg zu Burg in Österreich, Wien 1973.

Teuffenbach Albin Reichsfreiherr von (Hrsg.): Vaterländisches Ehrenbuch, Wien und Teschen 1877.
Tiraboschi Girolamo: Dizionario Topografico-Storico degli stati Estensi, Modena 1824.
Tomaschek Eduard Freiherr von: Geschichte des k. k. Dragoner-Regiments Nr. 8, Wien 1889.

Vehse Karl Eduard: Geschichte des österreichischen Hofes und Adels und der österreichischen Diplomatie, Band 5, Hamburg 1852.

Wagner Georg: Das Türkenjahr 1664. Burgenländische Forschungen, Heft 48, Eisenstadt 1964.

Wertheimer Oskar von: Christine von Schweden, Wien 1936.

Wilke K. A.: Das kaiserliche Heer unter Grafen Raimund von Montecuccoli (in: Österreichischer Zinn-Club, Sammler-Nachrichten 4/1994).

Wrede Alphons Freiherr von: Geschichte der k. u. k. Wehrmacht, Band 3, Wien 1998.

Wurzbach Constant von: Biographisches Lexikon des Kaiserthums Österreich, 19. Teil, Wien 1868.

Für schriftliche und mündliche Auskünfte danke ich besonders meinem Bruder Prof. Dr. Hermann Schreiber, München

Herrn Univ.-Prof. Dr. Peter Leisching †, Innsbruck und Mitterau

Herrn Dr. Erwin Schmidl, Militärwissenschaftliches Büro, Wien

ferner in alphabetischer Reihenfolge

Bertoni Prof. Mario, Modena

Dronowicz Waltraud Prof. Mag., Gmunden

Krumpöck Dr. Ilse, Heeresgeschichtliches Museum Wien

Jäger-Sunstenau Prof. Hanns, Wien

Montecuccoli Dipl.-Ing. Graf Alfred, Mitterau

Montecuccoli Gräfin Barbara, Mitterau

Müller-Klesó Hertha, Wien

Pohl OStR Heinz, Wien

Rauchensteiner Hofrat Dr. Manfried, Direktor des Heeresgeschichtlichen Museums Wien

Spaggiari Prof. Dr. Angelo, Direktor des Staatsarchivs Modena

Szábó Péter, Hauptverwalter des Museums von Raab (Györ)

Trenti Prof. Giuseppe, Modena

Wrba Pater Johannes SJ, Provinz-Archiv SJ Wien

und den freundlichen, hilfsbereiten Beamten des Kriegsarchivs, der Stadt- und Landesbibliothek, Nationalbibliothek, Universitätsbibliothek Wien, des Archivio di Stato und der Biblioteca Estense in Modena, des Xantus-János-Museums in Raab.